A Governação das Sociedades Anónimas nos Sistemas Jurídicos Lusófonos

A Governação das Sociedades Anónimas nos Sistemas Jurídicos Lusófonos

Paulo Câmara ▪ Bruno Ferreira ▪ Sofia Vale
Ary Oswaldo Mattos Filho ▪ Juliana Bonacorsi de Palma
Raquel Spencer Medina ▪ José Espírito Santo Leitão
Telmo Ferreira ▪ Rui de Oliveira Neves
Francisco Mendes Correia ▪ Gabriela Figueiredo Dias
Ana Rita Almeida Campos ▪ Hugo Moredo Santos
Duarte Schmidt Lino ▪ Bruno Xavier de Pina

2014

Reimpressão da edição de outubro de 2013

A GOVERNAÇÃO DAS SOCIEDADES ANÓNIMAS
NOS SISTEMAS JURÍDICOS LUSÓFONOS

EDITOR
EDIÇÕES ALMEDINA, S.A.
Rua Fernandes Tomás, n.os 76, 78 e 80
3000-167 Coimbra
Tel.: 239 851 904 · Fax: 239 851 901
www.almedina.net · editora@almedina.net

DESIGN DE CAPA
FBA.

IMPRESSÃO E ACABAMENTO
Papelmunde
Outubro, 2014

DEPÓSITO LEGAL
365609/13

GRUPOALMEDINA

BIBLIOTECA NACIONAL DE PORTUGAL – CATALOGAÇÃO NA PUBLICAÇÃO

CÂMARA, Paulo, 1967-

A Governação de Sociedades Anónimas nos Sistema Jurídicos Lusófonos. – (Governance Lab)
ISBN 978-972-40-5354-7

CDU 347

ABREVIATURAS

AGMVM	Auditoria Geral do Mercado de Valores Mobiliários (Cabo Verde)
art.	artigo
BNA	Banco Nacional de Angola
BVM	Bolsa de Valores de Moçambique
CC	Código Civil (Portugal)
CCM	Código Civil moçambicano, aprovado pelo Decreto-Lei n.º 47344, de 25 de Novembro de 1966, estendido a Moçambique pela Portaria n.º 22869, de 4 de Setembro de 1967
Ccom	Código Comercial português
CComM	Código Comercial moçambicano, aprovado pelo Decreto-Lei n.º 2/2005, de 27 de Dezembro e alterado pelo Decreto-Lei n.º 2/2009, de 24 de Abril
CEC	Código das Empresas Comerciais (Cabo Verde)
CMC	Comissão do Mercado de Capitais (Angola)
CMVM	Comissão do Mercado de Valores Mobiliários (Portugal)
CMVMM	Código do Mercado de Valores Mobiliários de Moçambique, aprovado pelo Decreto-Lei n.º 4/2009, de 24 de Julho
CodGov	Código de Governo das Sociedades da CMVM
CSC	Código das Sociedades Comerciais (Portugal)
CVM	Código dos Valores Mobiliários (Portugal)
ISSM	Instituto de Supervisão de Seguros de Moçambique
Lei de SegurosM	Decreto-Lei n.º 1/2010, de 31 de Dezembro, que aprova o regime jurídico dos seguros em Moçambique
Lei das PPPs	Lei n.º 15/2011, de 10 de Agosto, sobre Parcerias Público-Privadas, Projectos de Grande Dimensão e Concessões Empresariais (Moçambique)
Lei PPP	Lei n.º 2/11, de 14 de Janeiro (Angola)
LIC	Lei 15/99, de 1 de Novembro, alterada pela Lei n.º 9/2004, de 21 de Julho, que regula o estabelecimento e o exercício da actividade das instituições de crédito e das sociedades financeiras em Moçambique;

LSC	Lei das Sociedades Comerciais (Angola)
NIC	Normas Internacionais de Contabilidade
p.	página
RAEM	Região Administrativa Especial de Macau
RCVMM	Regulamento Central de Valores Mobiliários moçambicana, aprovado pelo Decreto n.º 25/2006, de 23 de Agosto
Regulamento das PPPs	Regulamento da Lei sobre Parcerias Público-Privadas, Projectos de Grande Dimensão e Concessões Empresariais, aprovado pelo Decreto n.º 16/2012, de 4 de Junho (Moçambique)
RJS	Regime Jurídico dos Seguros moçambicano
RREL	Regulamento do Registo das Entidades Legais moçambicano, aprovado pelo Decreto-Lei n.º 1/2006, de 3 de Maio
ss.	seguintes
vol.	volume

APRESENTAÇÃO

Dedica-se o presente volume a estudar a governação das sociedades anónimas nos países de língua oficial Portuguesa, reunindo exposições referentes a Angola, Brasil, Cabo Verde, Macau, Moçambique, Portugal e S. Tomé e Princípe.

O objetivo principal desta investigação é o de apurar até que ponto a comunhão linguística determina uma convergência de soluções relacionadas com o governo de sociedades anónimas. Com vista a atingir essa finalidade, o livro organiza-se em torno de uma matriz comum de temas, que são percorridos por especialistas nas sete jurisdições lusófonas aqui tidas como referência. Em cada capítulo são examinados, sucessivamente, os traços essenciais das sociedades anónimas, os modelos de governo societário (estrutura orgânica e mitigação de conflitos de interesses), os acionistas (direitos sociais, abuso de maioria e de minoria, divulgação de participações sociais, mercado de controlo acionista e negócios com a sociedade), a administração (estrutura, incompatibilidades e independência, designação, substituição e destituição, titulares executivos e não executivos, remuneração, prestação de contas e negócios com a sociedade) e a fiscalização (estrutura, incompatibilidades e independência, designação, substituição e destituição, gestão de riscos, controlo interno e auditoria interna, remuneração, controlo de negócios com partes relacionadas e auditoria). Esta sequência é antecedida por um capítulo introdutório, que procura detetar tendências comuns e cuidar de pontos transversais.

Este volume é organizado pelo Governance Lab – grupo dedicado à investigação jurídica e à reflexão crítica sobre temas relacionados com o governo das organizações, sejam estas privadas ou públicas, procurando, desta forma, contribuir activamente para o progresso das práticas, das recomendações e das regras jurídicas aqui envolvidas.

Trata-se da sexta publicação do Governance Lab, precedida por *Código das Sociedades Comerciais e o Governo das Sociedades* (2008), *Conflito de Interesses no Direito*

Societário e Financeiro. Um balanço a partir da crise financeira (2010), *O Governo das Organizações. A vocação expansiva do Corporate Governance* (2011), *Código de Governo das Sociedades Anotado* (2012) e *O Governo da Administração Pública* (2013), todos editados pela Almedina.

À semelhança do sucedido nas obras referidas, cada contributo para o presente livro é individual, e – embora tenha pressuposto, ao longo da sua preparação, diálogo e troca colectiva de ideias – não vincula os demais co-autores, nem as instituições a que uns e outros pertençam ou a que estejam associados.

O Governance Lab assume-se como um projeto independente e sem finalidade lucrativa, revertendo as receitas das suas iniciativas para instituições de solidariedade social. As receitas provenientes da venda deste volume serão exclusivamente destinadas ao Hospital Carmelo, unidade sanitária de referência para doentes de Tuberculose e Sida, situado na cidade de Chokwe (Moçambique) e gerido e administrado pelas Filhas da Caridade de São Vicente de Paulo.

As iniciativas e as reflexões dos autores do Governance Lab são divulgadas e sujeitam-se a comentários através do sítio da Internet disponível em www.governancelab.org.

Julho de 2013

CAPÍTULO I

A IDENTIDADE LUSÓFONA DA GOVERNAÇÃO DE SOCIEDADES

PAULO CÂMARA
BRUNO FERREIRA

INTRODUÇÃO

1. ENQUADRAMENTO

A governação das sociedades anónimas – aqui entendida como o sistema de normas jurídicas, de práticas e de comportamentos relacionados com a estrutura de poderes decisórios (incluindo a administração e demais órgãos diretivos) e com a fiscalização destas sociedades, compreendendo nomeadamente a determinação do perfil funcional e da posição jurídica dos atores organizativos e titulares de órgãos e corpos organizativos e as relações entre estes, os titulares de capital e os outros sujeitos com interesses na sociedade (*stakeholders*) – envolve um amplo conjunto de problemas que apresentam aspetos comuns em diversas jurisdições.

Contudo, no que diz respeito aos sistemas jurídicos lusófonos no seu conjunto, a investigação jurídica tem estado arredada da temática da governação das sociedades anónimas ou até mesmo da governação das organizações em geral. Para reter um exemplo significativo, o único livro que até ao momento procurou tratar transversalmente a governação nos países lusófonos reuniu apenas especialistas nas áreas da gestão e das finanças[1].

[1] JOSÉ PAULO ESPERANÇA/ANA SOUSA/ELISABETE SOARES/IVO PEREIRA, *Corporate Governance no Espaço Lusófono*, Texto Editores, Alfragide, 2011.

Assim, não tem até ao momento sido possível confrontar de forma plena os problemas relacionados com a governação das sociedades anónimas e as respostas aos mesmos nos sistemas jurídicos lusófonos, apercebendo as respetivas semelhanças e diferenças.

Esta obra pretende ser um contributo inicial para colmatar esta falha[2], procurando assim estabelecer elementos adicionais que permitam maximizar as vantagens que têm sido reconhecidas à (boa) governação das sociedades.

Não nos parece ocioso fazer um breve elenco das diversas vantagens que têm sido apontadas ao facto de as sociedades anónimas funcionarem de forma que lide adequadamente com os muitos problemas e conflitos surgidos no seu seio. Tal facto tem, aliás, frequentemente levado a que se sobreponha a perspetiva normativa (tratando do que deve ser a governação das sociedades, como acontece caso sejam observados os regimes jurídicos descritos na presente obra) sobre a análise direta das práticas e procedimentos seguidos na governação das sociedades.

A pesquisa em torno destas matérias tem identificado benefícios da boa governação das sociedades em diversos âmbitos, tendo-se vindo a encontrar confirmação empírica de vantagens ao nível do acesso ao financiamento[3], da redução dos custos de capital, da melhoria do desempenho operacional através da melhor alocação de recursos e da melhor gestão[4], da redução do risco de crises financeiras e da melhoria em geral do relacionamento com os diversos interessados (*stakeholders*)[5]. Além do impacto micro-empresarial, também se exibem efeitos positivos das boas práticas de governação em termos de crescimento macro-económico[6].

Este contributo assume-se como um primeiro passo no sentido de iniciar a exploração de um âmbito de investigação ainda incipiente no conjunto dos sistemas tratados, sendo que tal natureza iniciática se revela em diversos aspetos desta obra que, contudo, deixam antever um frutuoso caminho a percorrer.

[2] Partilhada, aliás, com as falhas existentes ao nível da investigação dos traços jurídicos comuns de boa parte das diversas áreas do Direito dos sistemas jurídicos lusófonos, em particular no que respeita ao Direito comercial, salvo honrosas exceções.

[3] Roberto Newell/Gregory Wilson, "Corporate Governance. A Premium for Good Governance", The Mckinsey Quarterly n.º 3, 2002, 20.

[4] Sanjai Baghat/Brian Bolton, "Corporate governance and firm performance", *Journal of Corporate Finance* 14, 2008 257–273.

[5] Podem encontrar-se referências a todos estes elementos, bem como uma descrição daquele que é o estado da arte da discussão em torno da governação das sociedades, em Stijn Claessens/B. Burcin Yurtoglu, "Corporate Governance in Emerging Markets: A Survey", 2012, disponível em http://ssrn.com/abstract=1988880 (consultado em 29.07.2013).

[6] Como o atestam Thankom Gopinath Arun/John Turner (coord.), *Corporate Governance and Development. Reform, Financial Systems and Legal Frameworks*, Cheltenham/Northhampton, 2009; Maria Maher/Thomas Andersson, "Corporate Governance: Effects on Firm Performance and Economic Growth" 2000, disponível em http://ssrn.com/abstract=218490 (consultado em 29.07.2013).

Em primeiro lugar, muitas das contribuições que compõem a presente obra representam incursões em terreno virgem em muitas das jurisdições aqui tratadas.

Por outro lado, a presente obra não é uma obra de direito comparado. Ainda que possa ser útil para a comparação dos regimes ora tratados, em particular face à estrutura comum adotada pelos textos de cada uma das jurisdições, não há aqui verdadeiramente um trabalho de comparação de que seja possível retirar traços jurídicos comuns e notas distintivas[7].

Ainda que se procure adiantar alguns aspetos a este respeito no presente capítulo introdutório, tal trabalho fica, em grande medida, por fazer.

Por outro lado, em termos de objeto optou-se por tratar as sociedades anónimas em geral, não se circunscrevendo a presente obra apenas às sociedades cotadas. Tal amplitude resulta, não apenas das diferenças existentes entre as jurisdições no que concerne ao nível de desenvolvimento dos respetivos mercados de capitais ou de valores mobiliários, mas também à ausência em algumas delas de tratamento dogmático de base das temáticas em causa, o que será pressuposto essencial para o adequado aprofundamento ao nível das sociedades cotadas.

Não obstante, nas jurisdições onde existe tratamento legislativo dos mercados organizados de valores mobiliários são devidamente tidas em conta as especialidades aplicáveis às sociedades que a eles recorrem[8], existindo também situações em que não se verificando a existência de tal tratamento legislativo são tidas em conta as especialidades aplicáveis às sociedades que recolhem capitais junto do público[9].

Fica, assim, aberta uma outra via de investigação que se debruce de forma mais detalhada sobre as diversas especialidades dos sistemas jurídicos lusófonos no que concerne às sociedades que recorrem ao mercado de capitais.

A natureza inaugural da presente obra revela-se, ainda, pelo facto de muito do que nela se trata passar pela descrição das regras jurídicas em vigor em cada jurisdição, pontuada pelo tratamento de incidências jurisprudenciais, sem que, contudo, se atenha à realidade da governação das sociedades anónimas, cujo tratamento precisaria ainda de uma adequada investigação empírica. Não obstante, como se poderá verificar, são vários os aspetos em que se faz referência à prática da governação das sociedades, ainda que frequentemente com base apenas na experiência pessoal dos autores.

[7] Apesar da breve referência efetuada *infra*, no ponto 4.

[8] Trata-se, fundamentalmente, das contribuições relativas a Angola, Brasil, Cabo Verde, Moçambique e Portugal.

[9] Veja-se, por exemplo, no que respeita a Macau a obrigação das sociedades que emitam obrigações ou recorram a subscrição pública de submeter as contas a parecer a emitir por auditor ou sociedade de auditores de contas sem relação com a sociedade ou com o fiscal único ou com qualquer dos membros do conselho fiscal (artigo 257.º/1 do Código Comercial de Macau).

Note-se, adicionalmente, que não se pretendeu realizar a presente análise adotando qualquer das jurisdições aqui tratadas como modelo, face ao qual as restantes seriam comparadas ou de certa forma medidas. Pretende-se, assim, evitar juízos pré-concebidos quanto ao estádio de desenvolvimento de cada sistema, o que aconteceria necessariamente caso fosse eleito um deles como modelo face ao qual todos os outros haviam de ser avaliados – procura-se assim evitar também que se menosprezem as diferenças entre eles.

No que concerne ao âmbito, nota-se a ausência de um capítulo dedicado à Guiné-Bissau e a Timor-Leste. Após um momento inicial em que foi ponderada a inclusão das referidas jurisdições, cedo se verificaram as dificuldades inerentes ao tratamento da matéria de forma satisfatória, em boa parte em resultado das dificuldades económicas e sociais sentidas nestes países, ainda que de índole diversa.

2. OS SISTEMAS DE GOVERNAÇÃO DAS SOCIEDADES

Em termos de análise comparada, um dos fatores que tem sido considerado como mais relevante no âmbito da governação das sociedades diz respeito ao chamado sistema de governação que seja predominante nas sociedades cotadas. Trata-se de um elemento preponderante que terá influência na natureza dos problemas a enfrentar e das respostas aos mesmos.

O impacto do sistema de governação coloca-se essencialmente no que respeita às sociedades que recorram ao mercado de capitais para o financiamento da sua atividade através da dispersão de ações representativas do seu capital social (seja em mercados organizados ou fora deles).

A este respeito, tem-se concluído que nos Estados Unidos da América e no Reino Unido predomina o sistema de governação das sociedades com capital disperso, apelidado de *outsider*, em que o capital se encontra mais disperso, não havendo, em regra, acionistas que detenham controlo significativo sobre os destinos da sociedade[10].

Por contraposição a este sistema anglo-americano, pode dizer-se que predomina no resto do mundo o sistema de governação de sociedades com capital

[10] John Armour/Joseph A. McCahery, "Introduction – After Enron – Improving Corporate Law and Modernising Securities Regulation in Europe and the US", in John Armour/Joseph A. McCahery (Eds.), *After Enron – Improving Corporate Law and Modernising Securities Regulation in Europe and the US*, Hart Publishing, Oxford/Portland, 2006, p. 8; Rafael La Porta/Florencio Lopez-De-Silanes/Andrei Shleifer, "Corporate Ownership Around the World", Harvard Institute of Economic Research Paper No. 1840, 1998, disponível em http://ssrn.com/abstract=103130, pp. 19 e 20 (consultado em 29.07.2013).

concentrado, dito *insider*, que se pauta por uma maior concentração do capital das sociedades, existindo, em regra, acionistas de controlo (*blockholders*)[11].

Os problemas colocados por estes acionistas de controlo (em particular face aos acionistas minoritários) nem sempre haviam sido tidos em conta na expansão do tratamento da temática da governação das sociedades cotadas para fora dos EUA[12], onde o acento vinha sendo colocado na separação entre a propriedade (dos acionistas) e o controlo (pelos administradores ou pelos gestores).

Os estudos que têm sido realizados a este propósito apenas têm incluído dois dos sistemas jurídicos aqui tratados: Brasil e Portugal – sendo que relativamente a ambos se tem vindo a confirmar a prevalência do sistema de capital concentrado fora dos EUA e do Reino Unido[13]. Aliás, o Brasil tem-se mostrado como um interessante objeto de estudo, em particular no que respeita ao impacto das reformas relativas à criação do Novo Mercado[14].

Ainda que não existam estudos empíricos que permitam ter certezas sobre o sistema que prevalece nos restantes sistemas jurídicos objeto da presente obra, poder-se-á com alguma confiança assumir que prevalece o sistema do capital concentrado, mesmo nas sociedades que recorram aos mercados organizados de valores mobiliários. Apontam neste sentido não apenas a experiência pessoal cujo testemunho é deixado por alguns dos autores da presente obra[15], mas também os estudos que têm sido realizados em sistemas jurídicos próximos[16].

[11] John Armour/Joseph A. McCahery, "Introduction – After Enron – Improving Corporate Law and Modernising Securities Regulation in Europe and the US", cit., p. 9; Rafael La Porta/Florencio Lopez-de-Silanes/Andrei Shleifer, "Corporate Ownership Around the World", cit., pp. 19 e 20.

[12] Ou também no tratamento de jurisdições não anglo-americanas na investigação jurídica efetuada a partir dos EUA.

[13] Vide para o Brasil André Carvalhal da Silva/Ricardo Câmara Leal, "Ownership, Control, Valuation and Performance of Brazilian Corporations", *in* Corporate Ownership & Control, 4/1, 2006, pp. 300 e ss. e para Portugal CMVM, *Relatório Anual sobre o Governo das Sociedades Cotadas*, 2011, pp. 13 e ss.

[14] Cfr. André Carvalhal da Silva/Ricardo Câmara Leal, "Ownership, Control, Valuation and Performance of Brazilian Corporations", cit.; Alexandre di Miceli da Silveira/Richard Saito, "Corporate Governance in Brazil: Landmarks, Codes of Best Practices, and Main Challenges", 2008, disponível em http://ssrn.com/abstract=1268485 (consultado em 29.07.2013); Pablo Rogers/Kárem C. S. Ribeiro/José Roberto Securato, "Corporate Governance, Stock Market and Economic Growth in Brazil", *in* Corporate Ownership & Control, 6/2, 2008, pp. 222 e ss.; Bernard S. Black/Antonio Gledson de Carvalho/Érica Gorga, "What Matters and for Which Firms for Corporate Governance in Emerging Markets? Evidence from Brazil (and Other BRIK Countries)", 2012, disponível em http://ssrn.com/abstract=1832404 (consultado em 29.07.2013); Antonio Gledson de Carvalho/George G. Pennachi, "Can a Stock Exchange Improve Corporate Behavior? Evidence from Firms' Migration to Premium Listings in Brazil", 2010, disponível em http://ssrn.com/abstract=678282 (consultado em 29.07.2013).

[15] Cfr. as referências efetuadas nas contribuições relativas a Angola (ponto 3.2.1.), Cabo Verde (ponto 5.6.) e Macau (ponto 1.1.).

[16] Vejam-se, por exemplo, os estudos que têm sido realizados em sistemas jurídicos da África subsariana Stijn Claessens/B. Burcin Yurtoglu, "Corporate Governance in Emerging Markets: A Survey", cit., p. 8

Encontramos aqui uma primeira nota comum da governação das sociedades anónimas nos sistemas jurídicos lusófonos.

Esta nota comum não pode, contudo, fazer esquecer que os problemas colocados pela existência de acionistas de controlo podem também variar, não apenas em resultado da forma de controlo exercida, mas também pela natureza do acionista controlador[17].

A existência de controlo de uma sociedade por parte de uma família, de um Estado ou de uma instituição financeira pode causar problemas de natureza diversa e clamar por respostas adaptadas, sendo este um elemento a ter em conta aquando do confronto entre os sistemas jurídicos lusófonos e cuja investigação tem ainda caminho para percorrer.

A constatação das diferenças em termos da predominância de sistemas de governação tem gerado um intenso debate, quer no que respeita às causas que subjazem a tal situação quer quanto às vantagens inerentes a cada sistema, mais precisamente quanto ao fomento e expansão do sistema de capital disperso para fora dos EUA e do Reino Unido.

Pode dizer-se, pois, que a procura de uma explicação para a existência dos diversos sistemas de governação tem estado envolta num profundo debate.

No plano da análise histórica, tem sido difícil encontrar uma explicação que seja comum a cada uma das jurisdições que têm sido analisadas, em particular tendo em conta os eventos que historicamente explicam determinados aspetos da governação das sociedades em cada sistema jurídico[18].

A teoria que tem tido maior visibilidade considera que os sistemas de governação em que prepondera uma maior dispersão se tenderiam a verificar nas jurisdições que conferem uma maior proteção aos acionistas, estando nesse particular em vantagem as jurisdições anglo-americanas[19]. Em termos expansíveis a outras temáticas, a origem dos sistemas jurídicos, baseada na *common law* ou no direito continental ou codificado, teria uma influência decisiva nas regras jurídicas existentes em cada sistema, o que, por sua vez, seria preponderante no

e as referências ai realizadas; MINGA NEGASH, "Corporate Governance and Ownership Structure in Sub Sahara Africa: The Case of Ethiopia", Ethiopian Electronic Journal for Research and Innovation Foresight, 5/1, 2013, disponível em http://ssrn.com/abstract=2121504 (consultado em 29.07.2013).

[17] RANDALL K. MORCK/LLOYD STEIER, "The Global History of Corporate Governance", in RANDALL K. MORCK (Ed.), *A History of Corporate Governance Around the World*, The University of Chicago Press, Chicago/London, 2005, p. 2.

[18] RANDALL K. MORCK/LLOYD STEIER, "The Global History of Corporate Governance", cit., p. 29.

[19] Avançada por RAFAEL LA PORTA/FLORENCIO LOPEZ-DE-SILANES/ANDREI SHLEIFER/ROBERT W. VISHNY, "Law and Finance", NBER Working Paper No. W5661, 1996, disponível em http://ssrn.com/abstract=7788 (consultado em 29.07.2013). Vide também RAFAEL LA PORTA/FLORENCIO LOPEZ-DE-SILANES/ANDREI SHLEIFER, "Corporate Ownership Around the World", cit., pp. 3.

desenvolvimento económico e social[20], tudo isto sublinhando frequentemente a maior capacidade dos sistemas com origem na *common law* para lidar com a proteção dos acionistas e dos credores[21], fomentando assim a dispersão acionista e a existência de mercados de capitais mais líquidos e desenvolvidos[22]. Esta posição ficou conhecida como a teoria das origens jurídicas (*legal origins*).

Contudo, esta teoria tem sido alvo de diversas críticas que se ativeram não apenas aos aspetos estritamente jurídicos subjacentes a tais investigações[23], mas também a outros elementos. Destacam-se aqui, de entre outros aspetos, a verificação do reduzido impacto que têm tido as reformas destinadas a transplantar elementos presentes nos sistemas anglo-saxónicos[24], a existência de diversas fragilidades metodológicas[25], incluindo do ponto de vista da econometria[26].

Para além destas críticas, a referida teoria das origens jurídicas fica também exposta às críticas que podem ser dirigidas à relevância dos aspetos jurídicos no desenvolvimento económico, tendo em conta que tem vindo a ser demonstrado, em especial em termos empíricos, que a qualidade do direito ou da lei e o desenvolvimento económico não estão necessariamente correlacionados em sentido causal.

A crítica da *legal origins* tem aliás sido acompanhada do questionamento da chamada teoria do "direito e desenvolvimento" (*law and development*) que, ainda que de forma diversa, também procura ligar a existência de desenvolvimento

[20] Rafael La Porta/Florencio Lopez de Silanes/Andre Shleifer, "The Economic Consequences of Legal Origins", 2007, disponível em http://ssrn.com/abstract=1028081 (consultado em 29.07.2013).

[21] Rafael La Porta/Florencio Lopez-de-Silanes/Andrei Shleifer/Robert W. Vishny, "Law and Finance", cit.

[22] Para uma panorâmica resumida cfr. John Armour/Simon Deakin/Viviana Mollica/Mathias Siems, "Law and Financial Development: What We are Learning from Time-Series Evidence", pp. 41 e ss. (também disponível em http://www.ecgi.org/wp/wp_id.php?id=426) em Michael Faure/Jan Smits (Eds.), *Does Law Matter? On Law and Economic Growth*, Intersentia, Cambridge, 2011.

[23] Sofie Cools, "The Real Difference in Corporate Law between the United States and Continental Europe: Distribution of Powers", in Delaware Journal of Corporate Law, Vol. 30, No. 3, pp. 697-766, 2005, disponível em http://ssrn.com/abstract=893941 (consultado em 29.07.2013), pp. 704 e ss. e diversa bibliografia aí citada.

[24] John Armour/Simon Deakin/Viviana Mollica/Mathias Siems, "Law and Financial Development: What We are Learning from Time-Series Evidence", cit., pp. 41 e ss.

[25] Mathias M. Siems, "What Does Not Work in Comparing Securities Laws: A Critique on La Porta et al.'s Methodology", International Company and Commercial Law Review, pp. 300-305, 2005, disponível em http://ssrn.com/abstract=608644 (consultado em 29.07.2013); Ralf Michaels, "The Functionalism of Legal Origins", pp. 26 e ss, Michael Faure/Jan Smits (Eds.), Does Law Matter? On Law and Economic Growth, Intersentia, Cambridge, 2011. Para além dos artigos constantes desta última obra coletiva é também bastante útil a consulta das contribuições publicadas no volume 6 (2009) da Brigham Young Law Review disponíveis em http://www.lawreview.byu.edu/archive.php (consultado em 29.07.2013).

[26] Eric Helland/Jonathan Klick, "Legal origins and empirical credibility", Michael Faure/Jan Smits (Eds.), *Does Law Matter? On Law and Economic Growth*, Intersentia, Cambridge, 2011, pp. 99 e ss.

económico à qualidade do sistema jurídico, propugnando ambas frequentemente (diretamente ou servindo como base para tal) a adoção pelos países emergentes das regras jurídicas dos países mais desenvolvidos, o que é também frequentemente acompanhado, em especial no que concerne à *legal origins*, pela defesa da superioridade dos sistemas jurídicos de origem anglo-saxónica ou de *common law*[27]. A este respeito tem sido destacado como desmentindo o postulado das referidas correntes o exemplo paradigmático da China em que se verifica a presença de crescimento económico não obstante as fragilidades do sistema jurídico formal[28].

Apesar das críticas que tem sofrido a teoria das origens jurídicas, o certo é que as jurisdições anglo-americanas têm usualmente sido usadas à escala global como modelo para reformas jurídicas, incluindo no que respeita à governação das sociedades.

Neste preciso particular tais jurisdições têm servido como modelo para o sistema jurídico ideal a partir do qual são avaliados os diversos sistemas jurídicos na preparação pelo Banco Mundial dos relatórios *Doing Business*[29] que avaliam diversos aspetos relativos ao ambiente para realização de negócios, incluindo elementos jurídicos relacionados com a governação das sociedades anónimas (como a proteção dos investidores)[30]. Estes relatórios fazem parte do instrumentário utilizado pelas organizações de cooperação internacional como o Banco Mundial e o Fundo Monetário Internacional nas suas atividades[31].

Seja pela ausência de alternativas que disponibilizem material de trabalho e auxílio em tanta abundância, seja mesmo pela influência decisiva das jurisdições modelo, incluindo no que diz respeito à cooperação internacional, a verdade é

[27] Para uma panorâmica sobre ambas as escolas cfr. o volume Michael Faure/Jan Smits (Eds.), *Does Law Matter? On Law and Economic Growth*, Intersentia, Cambridge, 2011, em especial o artigo introdutório de Michael Faure/Jan Smits, pp. 1 e ss., bem como os artigos de Ralf Michaels, "The Functionalism of Legal Origins", pp. 26 e ss. e de John Armour/Simon Deakin/Viviana Mollica/Mathias Siems, "Law and Financial Development: What We are Learning from Time-Series Evidence", pp. 41 e ss. (também disponível em http://www.ecgi.org/wp/wp_id.php?id=426). Para uma análise crítica *vide* ainda Katharina Pistor, "Rethinking the 'Law and Finance' Paradigm", Brigham Young University Law Review, 2009/6, 2010, pp. 1647 e ss.

[28] Cf. Julan Du, "Does China need law for economic development", em Michael Faure/Jan Smits (Eds.), *Does Law Matter? On Law and Economic Growth*, ob. cit., pp. 265 e ss.

[29] Disponíveis em http://www.doingbusiness.org/reports.

[30] Ralf Michaels, "Comparative Law by Numbers? Legal Origins Thesis, *Doing Business* Reports, and the Silence of Traditional Comparative Law", American Journal of Comparative Law 57, 2009, p. 771, disponível em http://scholarship.law.duke.edu/faculty_scholarship/2109/(consultado em 29.07.2013); John Armour/Simon Deakin/Viviana Mollica/Mathias Siems, "Law and Financial Development: What We are Learning from Time-Series Evidence", p. 42.

[31] Vide nota anterior e também as interessantes contribuições para o debate por parte da doutrina francesa preparadas sob o auspícios da Association Henri Capitant des amis de la culture juridique française disponíveis em http://www.henricapitant.org/node/16.

que tal metodologia tende a não considerar as especificidades de cada sistema jurídico, tendendo a adotar uma solução única para os problemas existentes no âmbito da governação das sociedades (*one size fits all*) e contribuindo para uma convergência formal em que as reformas adotadas acabam por não surtir os efeitos desejados[32].

Pensamos que obras como a presente visam dar um contributo para conhecer as particularidades dos sistemas jurídicos lusófonos, contribuindo assim para que se desmistifique a inevitabilidade anglo-saxónica, visando também, como acima ficou dito, evitar a inevitabilidade do modelo ocidental, procurando colocar em pé de igualdade cada um dos sistemas jurídicos ora analisados.

3. A CULTURA JURÍDICA LUSÓFONA E O SEU LUGAR NO ATLAS JURÍDICO MUNDIAL

Antes de entrar na análise de algumas especialidades societárias presentes nos sistemas jurídicos ora analisados, torna-se útil direcionar a nossa atenção sobre alguns aspetos da afinidade da cultura jurídica civilística dos mesmos, especialmente importante tendo em conta a consabida natureza basilar do direito civil como direito privado comum. Não deixamos, contudo, de considerar também a perspetiva comercialista.

Na verdade, Angola, Cabo Verde, Moçambique, Portugal e São Tomé e Príncipe partilham parte bastante relevante do Código Civil de 1966, o que no que respeita às jurisdições africanas acontece em resultado das chamadas cláusulas de salvaguarda inseridas nas respetivas constituições[33].

Tal comunhão jurídico-cultural entre as referidas jurisdições acontece também ao nível do direito comercial, não apenas através da partilha de parte relevante do Código Comercial de 1888[34], mas também pelas evidentes notas comuns que mantém a legislação comercial e societária que entretanto foi substituindo a referida codificação, que podem ser confirmadas no que respeita ao direito das sociedades pela leitura da presente obra. De resto, estas afinidades são prolongadas no direito

[32] Sobre as diferentes formas de convergência cfr. MATHIAS M. SIEMS, *Convergence in Shareholder Law*, Cambridge University Press, Cambridge, 2011, pp. 23 e ss.

[33] DÁRIO MOURA VICENTE, "O lugar dos sistemas jurídicos lusófonos entre as famílias jurídicas", Palestra proferida em Díli, em 8 de Setembro de 2009, na abertura do ano letivo na Universidade Nacional de Timor-Leste, disponível em http://www.fd.ul.pt/LinkClick.aspx?fileticket=Hok25hMXaWk%3D&tabid=341, p. 24 (consultado em 29.07.2013) (=AAVV., *Estudos em homenagem ao Prof. Doutor Martim de Albuquerque*, Coimbra, 2010, pp. 401-429), p. 4, nota 8.

[34] Em particular em São Tomé e Príncipe onde as matérias societárias ainda são reguladas na referida codificação.

financeiro, dada a proximidade de soluções sobretudo na vertente bancária e do mercado mobiliário em Angola, Moçambique, Cabo Verde e Portugal[35].

Por outro lado, no que diz respeito a Macau, também se notam notas comuns aos sistemas jurídicos acima mencionados nas diversas codificações modernas entretanto aprovadas para vigorar no referido território[36], em particular no que respeita ao Código Comercial da Região Administrativa Especial de Macau[37].

No que respeita ao Brasil, a maior distância face às restantes jurisdições objeto da presente obra não pode ser negada. Para esta maior distância, mais visível na vertente comercial e societária do que nas temáticas civilistas[38], poderá explicar-se certamente pela sua especificidade jurídico-cultural, de um lado, e por uma intensa influência proveniente dos Estados Unidos da América, de outro lado[39].

Esta influência terá, pelo menos parcialmente, operado através dos esforços de cooperação e assistência que podem ser inseridos nos diversos momentos ou movimentos associados ao "direito e desenvolvimento" (*law and development*)[40].

Contudo, para além de não se poder dar excessiva importância à referida distância, de natureza por vezes mais formal que substancial, os elementos de diversidade que apresenta o sistema jurídico brasileiro terão certamente um

[35] Acerca do direito lusófono dos valores mobiliários como vetor promissor de evolução da disciplina do mercado de capitais, pode consultar-se Paulo Câmara, *Manual de Direito dos Valores* Mobiliários, 2.ª Edição, Almedina, Coimbra, 2011, pp. 835-840.

[36] Dário Moura Vicente, "O lugar dos sistemas jurídicos lusófonos entre as famílias jurídicas", pp. 4 e 5.

[37] Vide o ponto 1 da contribuição relativa a Macau.

[38] Sublinhando precisamente o reavivar das ligações entre o sistema jurídico português e o brasileiro com a aprovação do Código Civil brasileiro de 2002 cfr. Dário Moura Vicente, "O lugar dos sistemas jurídicos lusófonos entre as famílias jurídicas", p. 3.

[39] Para uma descrição da evolução histórica e das especificidades do ambiente externo e interno da governança corporativa no Brasil, pode consultar-se Adriana Andrade/José Paschoal Rossetti, *Governança Corporativa. Fundamentos, Desenvolvimentos e Tendências,* Atlas, São Paulo, 2004, 245-357.

[40] Sobre os diversos momentos ou movimentos do direito e desenvolvimento vide David M. Trubek/Alvaro Santos, "Introduction: the third moment in law and development theory and the emergence of a new critical practice", em David M. Trubek/Alvaro Santos (Eds.), *The New Law and Economic Development – A Critical Appraisal*", Cambridge University Press, Cambridge, 2006, pp. 1 e ss. Esta temática em geral (e a influência do trabalho de David M. Trubek em particular) é deveras interessante e mereceria uma reflexão adicional (até pelas conclusões que se podem retirar dos sucessos e insucessos do trabalho de décadas desenvolvido no Brasil) que a presente ocasião não permite. Para informação adicional (com acesso a fontes para aprofundamento) veja-se para além da obra já citada a entrevista concedida por David M. Trubek à Revista Direito GV 6 (2007) intitulada "O Novo Direito e Desenvolvimento: Entrevista com David Trubek" e disponível em http://direitogv.fgv.br/sites/direitogv.fgv.br/files/rd-06_13_pp.305-330_o_novo_direito_e_desenvolvimento_-_entrevista_com_david_trubek.pdf (consultado em 29.07.2013) e o artigo seminal de David M. Trubek, "Law, Planning and the Development of the Brazilian Capital Market", N.Y.U. Institute of Finance Bulletin, 1971, disponível em http://www.law.wisc.edu/facstaff/trubek/pub_Law_Planni-arket_1971.pdf (consultado em 29.07.2013).

inestimável valor não apenas pela sua valia intrínseca mas também como representando uma síntese entre elementos de *common law* e *civil law*.

Tradicionalmente a comparação de direitos tem procurado enquadrar os sistemas jurídicos em famílias, agrupando os diversos sistemas jurídicos consoante a afinidade técnico-jurídica, ideológica e cultural, como representando determinada conceção do Direito[41].

Não existem em geral muitas dúvidas sobre a inserção dos sistemas jurídicos objeto da presente obra na família romano-germânica, pelo menos no que respeita ao Direito privado[42]. Mais espinhosa se apresenta a tarefa de enquadramento no seio dos ramos em que tradicionalmente se subdivide tal família: sistemas de matriz francesa, sistemas de matriz germânica e sistemas nórdicos[43].

Ainda que não autonomizáveis em família jurídica autónoma, tem a doutrina considerado ser possível agrupar os diversos sistemas jurídicos lusófonos numa comunidade jurídica própria em resultado das afinidades existentes entre eles[44].

4. ALGUMAS NOTAS SOBRE A GOVERNAÇÃO DAS SOCIEDADES ANÓNIMAS NOS SISTEMAS JURÍDICOS LUSÓFONOS

Pela observação dos contributos efetuados na presente obra, torna-se possível retirar algumas primeiras notas sobre certas regras jurídicas da governação das sociedades anónimas nos sistemas jurídicos lusófonos.

4.1. Modelos de governação

As sociedades anónimas podem estruturar-se de acordo com determinado modelo, sendo atribuídas certas competências aos respetivos órgãos[45].

[41] Konrad Zweigert/Hein Kötz, *An Introduction to Comparative Law*, 3.ª edição, OUP, Oxford, 1998, 63-321; Dário Moura Vicente, *Direito Comparado – Volume I*, Almedina, Coimbra, 2008, p. 68; Carlos Ferreira De Almeida, *Direito Comparado. Ensino e Método*, Cosmos, Lisboa, 2000, 139-156.

[42] Dário Moura Vicente, "O lugar dos sistemas jurídicos lusófonos entre as famílias jurídicas", cit.; Carlos Ferreira De Almeida, *Introdução ao Direito Comparado*, Almedina, Coimbra, 1994, 33-72.

[43] Sobre as famílias jurídicas em geral *vide* nomeadamente Konrad Zweigert/Hein Kötz, *An Introduction to Comparative Law*, 3.ª edição, cit., 63-321 (que assinalam a "atenção inteligente que o direito português presta a sistemas jurídico-civis estrangeiros" (111)); Carlos Ferreira De Almeida, *Introdução ao Direito Comparado*, cit., 33-145; Id., *Direito Comparado . Ensino e Método*, cit., 139-156; Dário Moura Vicente, *Direito Comparado – Volume I*, pp. 70 e ss.

[44] Dário Moura Vicente, "O lugar dos sistemas jurídicos lusófonos entre as famílias jurídicas", p. 32.

[45] Em geral: Paulo Câmara, *Os Modelos de Governo das Sociedades Anónimas*, em AAVV., *A Reforma do Código das Sociedades Comerciais. Jornadas em Homenagem ao Professor Raul Ventura*, Almedina, Coimbra, 2007, pp. 179-242.

Os sistemas jurídicos lusófonos apresentam como nota comum a existência de modelos de governação pré-determinados em que a liberdade de conformação dos acionistas se encontra sujeita a determinados limites.

Em regra, as diversas jurisdições aqui analisadas apenas permitem um modelo de governação, ainda que exista alguma margem na conformação de alguns dos seus elementos. Tal modelo determina a existência de um órgão em que os acionistas exercem as suas competências diretamente no que respeita às matérias fundamentais para a vida da sociedade; um órgão de administração, a quem é confiada a gestão da sociedade; e um órgão de fiscalização a quem são acometidas funções de supervisão. Os dois últimos órgãos podem em determinadas situações não ser colegiais. Trata-se, no fundo do modelo a que a doutrina portuguesa tem convencionado chamar de latino ou clássico[46], que se assume assim como elemento comum.

Contudo, o sistema jurídico brasileiro e o sistema jurídico português apresentam a este respeito importantes desvios.

Começando pelo sistema jurídico português, saliente-se que este adota de forma expressa a possibilidade de escolha de entre três modelos de governação: o clássico (acima descrito nos seus traços essenciais); o anglo-saxónico (em que a fiscalização é especialmente acometida a certos membros do órgão de administração, que contudo mantêm também poderes de administrar a sociedade); e o germânico (em que a fiscalização é especialmente acometida a um órgão – o conselho geral e de supervisão – que tem também certos poderes de administrar a sociedade)[47].

Os restantes sistemas jurídicos lusófonos não admitem (pelo menos de forma tão expressa) a existência de tais modelos, sendo que se poderia eventualmente colocar a questão de saber se as opções deixadas aos acionistas na conformação do modelo latino (enquanto modelo único) poderiam elas próprias configurar modelos de governação separados.

Tal questão faz particularmente sentido no que respeita ao Brasil, em que surge a diretoria como órgão de gestão obrigatório para todas as sociedades anónimas, a que acresce necessariamente o conselho de administração para as companhias abertas. A esta particularidade pode acrescentar-se a possibilidade do conselho fiscal não ser permanente.

A questão de saber se existem vantagens em alargar o âmbito das opções que são concedidas aos acionistas a este respeito merece uma ponderação cuidada.

[46] Vejam-se os pontos 2.1. e 4.1.2. da contribuição relativa a Portugal.

[47] Interessa notar que estudos empíricos recentes indiciam uma melhor observância dos padrões de governação por parte das empresas portuguesas que adotam o modelo de governo anglo-saxónico Miguel Athayde Marques/Paulo Câmara/Leonor Modesto, *Governo das Sociedades em Portugal em 2011. Relatório Católica Lisbon/AEM*, 48, 2012, disponível em http://www.clsbe.lisboa.ucp.pt/resources/Documents/PROFESSORES/CEA/Estudos%20Recentes/121122_Catolica-AEM_CorporateGovernance2012_RelatorioDados2011_Circulado.pdf (consultado em 29.07.2013).

Se por um lado, tal alargamento permite uma maior adaptabilidade do modelo de governação às circunstâncias concretas da sociedade anónima (dimensão, atividade, etc.), por outro lado pode acarretar diversos custos, principalmente com a apreensão plena do funcionamento dos modelos alternativos[48].

Paralelamente, reconhece-se que a designação de administradores não executivos no modelo clássico permite um reforço importante do escrutínio sobre a gestão executiva, propiciando alternativas de maior robustez e eficácia dentro do mesmo modelo.

Como quer que seja, pensamos que surge neste particular como elemento central a ponderar nos sistemas jurídicos lusófonos as vantagens e inconvenientes da acumulação de poderes de gestão e de fiscalização num mesmo órgão, em particular no que respeita à proximidade (e inerente acesso a informação) dos fiscalizadores que também contribuam para o processo de tomada de decisão.

4.2. Negócios entre a sociedade e os acionistas

Conforme atrás referido[49], a preponderância dos acionistas de controlo representa um dos problemas de governação das sociedades que deve ser tido em particular conta nos sistemas jurídicos lusófonos.

A este respeito, facilmente se pode concluir que alguns dos sistemas jurídicos lusófonos padecem de fragilidades quando comparados com os restantes.

Em Macau e em Moçambique, a aquisição ou alienação de bens a acionistas titulares de participação superior a 1% do capital social deve ser sempre objeto de deliberação por parte dos sócios (em que não pode votar o sócio interessado) que deve ser registada, devendo o valor de tais bens ser alvo de verificação por perito.

Contudo, em Angola, Cabo Verde, Portugal, apenas existem regras expressas quanto a tais negócios no regime das chamadas quase entradas, sendo as mesmas aplicáveis apenas quando, com certas exceções, os mesmos digam respeito a

[48] Para uma análise em torno do tema cfr. Gustavo Olivieri, "Costi e benefici dei nuovi modelli di amministrazione e controllo", em Giuliana Sconamiglio (Org.), *Profili e problemi dell'amministrazione nella riforma delle società*, Giuffrè, Milano, 2003, pp. 61 e ss. Existe também um interessante debate em torno do papel que deve ser desempenhado pelo legislador ao propor modelos no direito das sociedades e que pode ser consultado em Daniel M. Häusermann, "The Case Against Statutory Menus in Corporate Law", U. of St. Gallen Law & Economics Working Paper No. 2012-01, 2012, disponível em http://ssrn.com/abstract=2024876 (consultado em 29.07.2013). Ainda sobre a comparação entre modelos monistas e dualistas (concluindo que não é possível determinar a superioridade de uns sobre os outros em termos empíricos e no que respeita ao desempenho das sociedades que adotam tais modelos) *vide* Carsten Jungmann, "The Effectiveness of Corporate Governance in One-Tier and Two-Tier Board Systems – Evidence from the UK and Germany", ECFR 4/2006, pp. 426 e ss.

[49] Cfr. *supra*, 2.

aquisições de bens a acionistas realizadas nos dois anos posteriores à constituição da sociedade ou ao aumento de capital ou quando se torna necessária deliberação dos sócios, caso em que os sócios interessados ficam impedidos de votar[50].

Apesar dos elementos em comum nos diversos sistemas jurídicos, Macau e Moçambique apresentam-se como estabelecendo soluções que parecem acautelar de forma mais completa os problemas que surgem neste aspeto da governação das sociedades.

4.3. Identificação de situações de abuso pelo acionista controlador

No confronto das soluções legislativas apresentadas nos sistemas jurídicos lusófonos merece também especial destaque a posição assumida pelas codificações de Macau e de Moçambique no que concerne à exemplificação das situações de abuso pelo sócio dominante, sem paralelo nas restantes jurisdições.

Estabelecem a este respeito o artigo 125.º do Código Comercial de Macau e o artigo 212.º do Código Comercial de Moçambique que são, entre outras, situações passíveis de gerar responsabilidade do sócio dominante:

- Fazer eleger administrador ou membro do conselho fiscal ou fiscal único que se sabe ser inapto, moral ou tecnicamente;
- Induzir administrador, mandatário, membro do conselho fiscal ou fiscal único a praticar ato ilícito;
- Celebrar diretamente ou por interposta pessoa contrato com a sociedade de que seja sócio dominante, em condições discriminatórias e de favor, em seu benefício ou de terceiro;
- Induzir a administração da sociedade ou qualquer mandatário desta a celebrar com terceiros contrato em condições discriminatórias e de favor, em seu benefício ou de terceiro;
- Fazer aprovar deliberações com o consciente propósito de obter, para si ou para terceiro, vantagem indevida em prejuízo da sociedade, de outros sócios ou de credores daquela.

Trata-se um elenco bastante útil no manejar de modelos de decisão a este respeito.

[50] Em Angola devem contudo destacar-se as exigências em torno da contratação de serviços de assistência técnica estrangeira (vide ponto 3.7. do capítulo sobre Angola) sujeitos a determinados limites e a autorização administrativa, sendo que em Portugal surgem ainda as normas que dizem respeito à divulgação de negócios entre partes relacionadas.

5. A REFORMA DO DIREITO DA GOVERNAÇÃO DAS SOCIEDADES ANÓNIMAS NO SEIO DA REFORMA LEGISLATIVA EM GERAL

A complementar a análise transversal efetuada, não nos podemos furtar a um olhar para o futuro, na perspetiva dos caminhos da reforma do direito da governação das sociedades anónimas nos sistemas jurídicos lusófonos, que pode, em grande medida, estender-se à reforma legislativa em geral.

Antes, porém, de efetuar uma análise sobre alguns dos principais fatores que têm contribuído para a reforma do direito da governação das sociedades anónimas, será útil efetuar um breve relance sobre alguns aspetos da implementação dessa reforma.

A análise que se segue centra-se na reforma legislativa, sendo que facilmente se compreende que a mesma é apenas uma parte daquilo que, de forma mais ampla, será a reforma do direito como movimento dirigido a modificar a prática social em determinado setor. Fica assim aberto mais um caminho para explorar.

A decisão de reforma legislativa envolve diversas escolhas entre alternativas de política legislativa, disponíveis em maior ou menor número tendo em conta a problemática que se pretende regular. Colocando o processo em abstrato e de forma prática: identifica-se o problema a tratar; confirma-se que a solução passa por alterar a ordem jurídica; elencam-se as alternativas que podem ser utilizadas para o efeito e os respetivos custos e benefícios; toma-se uma decisão quanto ao teor da reforma.

A este respeito, pode fazer-se um certo paralelo com a forma como a economia trata a decisão de produzir ou comprar e que já tem sido, aliás, objecto de estudo pela análise económica do direito (*law and economics*) na matéria ora em discussão naquilo a que se tem vindo a designar por temática da "lei como produto" (*law as a product*)[51]. Trata-se de pensar a temática da reforma legislativa encarando o legislador como tomador da decisão de produzir ou comprar "produtos legislativos".

[51] Poderá, entre outras, colocar-se a questão em duas perspetivas distintas: por um lado, temos o mercado de "produtos legislativos" com autoridades públicas como produtores e com consumidores privados, em que estes podem escolher a lei que "consomem" ao escolher a lei pela qual determinado ato ou atividade se regula (por exemplo, temos aqui o caso de concorrência entre jurisdições como configurada atualmente nos Estados Unidos da América na concorrência entre os Estados no que diz respeito ao direito das sociedades ou a concorrência entre ordenamentos nacionais na União Europeia ou mesmo a concorrência global entre jurisdições – cf. entre muitos outros relativamente as estes temas o texto seminal de ROBERTA ROMANO, "Law as a Product – Some Pieces of the Incorporation Puzzle", Journal of Law, Economics, & Organization, Vol. 1/2, 1985, pp. 225-283 e ANNE PETERS, "Wettbewerb von Rechtsordnungen", Veröffentlichungen der Vereinigung der Deutschen Staatsrechtslehrer 69, 2010, pp. 7-56; por outro lado temos o mercado de "produtos legislativos" de consumidores públicos ou de legisladores que procuramos tratar acima no texto – cf. RALF MICHAELS, "Make or Buy – A Public Market for Legal Transplants?", HORST EIDENMÜLLER (Ed.), *Regulatory Competition in Contract Law and Dispute Resolution*, Hart Publishing, Oxford (em curso de publicação).

O paralelo não pode, obviamente, ser completo, nomeadamente em resultado da ausência de preços diretos de mercado ou mesmo de um pagamento na decisão de compra[52], facto que dificulta a comparação com os eventuais custos de produção que possam ser identificados.

Não obstante, existem elementos que, numa análise preliminar, podem ser identificados como tendo relevância em sede de decisão de reforma tal como a vimos enquadrando. A este respeito podem destacar-se três fatores: a existência de prática local; a complexidade da matéria a regular; a especificidade da matéria a regular[53].

Existirá um maior pendor para a "produção própria" quanto mais relevante for a prática local nas matérias a regular e quanto menos complexas e mais específicas forem tais matérias. Por outro lado, tenderá a existir um maior pendor para a "compra" de soluções externas quanto menor for a prática local nas matérias a regular e quanto mais complexas e menos específicas forem tais matérias.

A este respeito, pode ainda salientar-se que em certas matérias, como acontece por exemplo no que respeito aos problemas colocados na governação das sociedades anónimas, as respostas em diversas geografias apresentam notas comuns, fator que tende a revelar uma menor especificidade das referidas matérias face a outros âmbitos normativos, como por exemplo no que respeita à regulação das relações familiares[54].

A decisão quanto ao teor da reforma haverá, contudo, de encontrar-se na conjugação entre os dois caminhos: dificilmente se conseguiria tomar um rumo de cópia completa de soluções externas (o que, como veremos adiante, poderá ter impacto na eficácia da mesma) ou criar soluções novas (ignorando assim a experiência das mesmas).

5.1. As vantagens da partilha de soluções legislativas entre os sistemas jurídicos lusófonos

Nas situações em que se conclua que a opção mais acertada passa também pela "compra" ou pela procura das soluções a implementar noutras jurisdições

[52] Ralf Michaels, "Make or Buy – A Public Market for Legal Transplants?", p. 21.

[53] Ralf Michaels, "Make or Buy – A Public Market for Legal Transplants?", p. 16.

[54] Ralf Michaels tende mesmo a concluir por uma menor especificidade das matérias comerciais e a sua menor dependência face à cultura local (Ralf Michaels, "Make or Buy – A Public Market for Legal Transplants?", p. 14). Tal conclusão importa no presente domínio tendo em conta que o espaço normativo da governação das sociedades é, em boa parte, ocupado por temas mercantis. Podem considerar-se como contribuindo também para revelar a menor especificidade das matérias em causa as diversas iniciativas em termos internacionais de uniformização ou coordenação das iniciativas regulatórias (ainda que não seja totalmente claro se tais iniciativas são a causa ou o efeito da menor especificidade das matérias).

haverá que adotar um conjunto de cautelas, algumas das quais daremos ora nota. No fundo, trata-se de procurar determinar quais os critérios que devem ser ponderados na decisão de procura das soluções externas.

Pensamos que a busca de tais critérios pode beneficiar dos avanços que têm sido feitos a propósito da investigação realizada quanto aos chamados movimentos de circulação de modelos jurídicos.

Neste âmbito e a respeito dos chamados transplantes jurídicos[55], podem destacar-se desde logo pelo menos dois fatores que são essenciais para o sucesso de tais movimentos, ou seja, para que a reforma legislativa atinja os objetivos pretendidos numa situação em que há que buscar inspiração em soluções externas: a adaptação das soluções importadas às necessidades e condições locais, a sua correta integração no sistema jurídico envolvente e, sobretudo, o seu "acolhimento" pelos respetivos utilizadores enquanto "consumidores" da reforma legislativa[56].

Em relação aos fatores indicados, pode afirmar-se que quanto maior for a proximidade entre o sistema jurídico de origem (onde se busca a solução externa) e o de destino (onde se implementa a reforma) maior a probabilidade de sucesso da reforma na medida em que menor será o esforço de adaptação necessário (e o inerente risco de distorções à solução original) e maior será a probabilidade de bom acolhimento da reforma, tendo em conta a maior facilidade de apreensão do seu conteúdo.

Esta proximidade deve ser ponderada através de um conjunto diverso de fatores jurídicos, económicos, sociais e culturais em geral.

Por exemplo, para que resulte potenciada a referida facilidade de apreensão poderemos enumerar um conjunto de elementos que podem ser considerados relevantes: cognoscibilidade linguística, facilidade de manuseamento de conceitos e acesso a modelos de decisão e outras análises ou elaborações de natureza dogmática.

Assim, facilmente se confirmam as vantagens que apresenta a recolha ou mesmo a circulação de soluções entre os sistemas jurídicos lusófonos. Desde logo, surge a comunhão linguística, que sem dúvida propicia a partilha dos elementos

[55] Em geral: ALAN WATSON, *Legal Transplants: An Approach to Comparative Law*, University of Georgia Press, Athens, 1974, reimp. 1993, *passim*.

[56] Cf. entre outros DANIEL BERKOWITZ/KATHARINA PISTOR/JEAN FRANÇOIS RICHARD, "The transplant effect", American Journal of Comparative Law, 51, 2003, pp. 163 e ss.; KATHARINA PISTOR/ YORAM KEINAN/ JAN KLEINHEISTERKAMP/MARK D. WEST, "Evolution of corporate law and the transplant effect: Lessons from six countries", The World Bank Research Observer, 18/1, 2003, pp. 89 e ss.

acima referidos[57]. Mas, talvez como elemento mais importante, devem destacar-se as afinidades entre as culturas jurídicas lusófonas[58].

5.2. O controlo da implementação das soluções de reforma

O adequado controlo da implementação das soluções de reforma apresenta-se essencial, em particular quando se trata de soluções externas. Parte relevante deste controlo passa pela identificação do impacto da reforma e da adaptação das soluções externas às necessidades e ao entorno local.

Mesmo entre sistemas jurídicos lusófonos, a comunhão linguística e jurídico-cultural, apesar das suas inegáveis vantagens, não pode fazer esquecer as diferenças entre os diversos sistemas e as sociedades em que os mesmos se inserem e que impedem a sua transposição acrítica ou sem adaptações.

Em primeiro lugar, pensamos que é essencial a assunção expressa da fonte onde se retira a solução a implementar. Contudo, algumas considerações de natureza política tendem frequentemente a impedir que a origem da solução inspiradora seja expressamente assumida, em particular entre sistemas jurídicos lusófonos e em resultado de algumas marcas e tensões coloniais. Este facto pode levar a que seja dada menos importância ao controlo da implementação local da solução em causa e que seja mais difícil afastar o espectro da receção acrítica.

Por muitos cuidados que se tenham com o controlo da implementação e com a adaptação às necessidades locais, existem dificuldades que dificilmente podem ser ultrapassadas: a aplicação prática das soluções não será certamente idêntica àquela da jurisdição de origem, independentemente das adaptações efetuadas. Se não bastasse o senso comum resultante da observação dos diferentes comportamentos, a investigação tem amplamente demonstrado tal realidade, tendo este

[57] Vale a pena consignar aqui uma advertência quanto à exportação de normas comunitárias vigentes no ordenamento jurídico da União Europeia. É certo que as mesmas apresentam versões em língua portuguesa. Todavia, pensamos que a este propósito a recolha de soluções de tais normas deve ser rodeada de particulares cuidados. Na verdade, para além dos respetivos instrumentos legislativos terem uma natureza marcadamente fragmentária, as normas que os compõem são fruto do peculiar método comunitário em que tendem a ser objeto de tratamento harmonizado aqueles âmbitos normativos em que vai sendo possível chegar a um consenso entre os diversos Estados-Membro, sem que frequentemente exista uma visão global coerente que seja possível enquadrar como uma unidade sistemática. A este problema, acrescem ainda não apenas as fragilidades que frequentemente atingem as traduções de tais instrumentos legislativos, mas também a particular técnica que procura estabelecer um regime comum relativamente a ordenamentos com características diversas e que inclui, nomeadamente, ordenamentos de *common law*.

[58] Cf. supra o ponto 3.

facto sido aliás uma das críticas mais eficazes ao movimento "direito e desenvolvimento" (*law and development*)[59].

Daí que tenha pouco sentido considerar que quanto mais fiel for a inspiração no modelo, maior semelhança terá o funcionamento da solução em causa face ao funcionamento na jurisdição de origem.

Porém, a posição oposta, de que quanto mais alterações forem efetuadas face ao modelo inspirador mais eficaz será o funcionamento da reforma legislativa, também pode não se afigurar correta.

Haverá, portanto, que encontrar um ponto ótimo: devem ser efetuadas todas as alterações necessárias à adaptação do modelo ao entorno e às condições sócio-culturais, mas apenas essas, sob pena de perder os benefícios da solução na origem e tornar mais difícil o controlo do impacto da reforma no destino.

A este respeito podem destacar-se, a título de exemplo, algumas indicações efetuadas no capítulo relativo a Moçambique, em que se identificam referências à diretoria quando tal órgão não encontra acolhimento legal e à instalação do conselho fiscal quando o mesmo não seja permanente, sendo que de acordo com outras normas tal órgão deve existir em termos obrigatórios[60].

6. OS MOTORES DE DESENVOLVIMENTO DA GOVERNAÇÃO DAS SOCIEDADES ANÓNIMAS

Tendo em conta os benefícios gerados pela boa governação das sociedades, bem como a frequente mutação dos desafios que esta coloca, existe uma preocupação de reformar as regras jurídicas a esta subjacentes que, podemos dizer sem exagero, é quase contínua[61].

Tais movimentos visam também frequentemente responder a preocupações que ciclicamente vão atingindo os mercados e as economias em geral, resultantes em particular de escândalos ou crises.

A este respeito podem identificar-se certos padrões no que respeita aos motores de desenvolvimento e de reforma, sendo possível mesmo tentar-se um elenco através dos exemplos constantes na presente obra.

[59] David M. Trubek/Marc Galanter, "Scholars in Self-Estrangement: Some Reflections on the Crisis in Law and Development Studies in the United States", Wisconsin Law Review, 1974, pp. 1062 e ss. Sobre o diferente funcionamento dos instrumentos legislativos no ordenamento de origem e no ordenamento em que o mesmo é transplantado vide, entre muitos outros, Pierre Legrand, "The Impossibility of 'Legal Transplants'", Maastricht Journal of European and Comparative Law 4, 1997, pp. 111 e ss.; Holger Spamann, "Contemporary Legal Transplants – Legal Families and the Diffusion of (Corporate) Law", Brigham Young University Law Review, 2009/6, 2010, pp. 1813 e ss.

[60] Pontos 4.4. e 5.3.1.

[61] Paulo Câmara, *Corporate Governance de 2013 a 2023: Desafios e Objetivos*, em Instituto Português de Corporate Governance, *Volume comemorativo do 10.º aniversário*, 2013.

6.1. O Estado

Em boa parte das jurisdições objeto da presente análise o Estado representa o motor do desenvolvimento original – e muitas vezes único – das regras relativas à governação das sociedades.

No que concerne ao papel do Estado, merece a este respeito particular destaque o papel desempenhado no sistema jurídico brasileiro pelo Estado no estabelecimento de planos de desenvolvimento de que surgiu nomeadamente a lei das anónimas de 1976[62]. À margem do exemplo brasileiro, podemos detetar uma influência importante da Lei das Sociedades Comerciais em Angola, do Código das Empresas Comerciais em Cabo Verde, do Código Comercial em Moçambique, em São Tomé e em Macau e do Código das Sociedades Comerciais em Portugal.

O peso das fontes legislativas no sistema de fontes de governo das sociedades constitui, assim, um traço transversal da lusofonia jurídica, a caracterizar todas as jurisdições nesta obra examinadas[63].

6.2. Os reguladores

A regulação e supervisão do mercado de valores mobiliários tem também sido um dos motores de desenvolvimento da governação das sociedades, levando a que as autoridades de supervisão tenham vindo a desempenhar um papel preponderante nas reformas da governação das sociedades e na sua implementação.

Exemplo desta situação é o sistema jurídico português, no qual o regulador do mercado de capitais – a Comissão do Mercado de Valores Mobiliários – tem vindo a ter uma posição decisiva, não apenas na governação das sociedades cotadas, através da regulação e supervisão dos mecanismos de *soft law* (com destaque para o Código de Governo das Sociedades da CMVM, aprovado em 1999 e sucessivamente atualizado[64]), mas também das restantes sociedades anónimas, tendo inclusivamente tido uma participação decisiva na reforma do Código das Sociedades Comerciais de Portugal operada em 2006[65].

Outra ilustração importante pode encontrar-se no papel que tem desempenhado a autoridade de supervisão bancária em Angola. O Banco Nacional de Angola fez publicar em 2013 um conjunto importante de Avisos sobre governação

[62] Vide ponto 1.1.1. do texto relativo ao Brasil.

[63] Quanto ao panorama português, reenvia-se para Paulo Câmara, *Corporate Governance de 2013 a 2023: Desafios e Objetivos*, em Instituto Português De Corporate Governance, *Volume comemorativo do 10.º aniversário*, 2013.

[64] AAVV., *Código do Governo das Sociedades Anotado*, Almedina, Coimbra, 2012.

[65] Sobre a função exercida pela CMVM no desenvolvimento do código de governo, v. Paulo Câmara, *Introdução*, em AAVV., *Código do Governo das Sociedades Anotado*, Almedina, Coimbra, 2012, 35-43; Id., *Corporate Governance de 2013 a 2023: Desafios e Objetivos*, cit.

corporativa de instituições financeiras bancárias[66]. Os diplomas são bastante avançados e tratam das políticas, práticas, estruturas decisórias e procedimentos sobre estrutura de capital, estratégia de negócio, gestão de risco, remuneração, prevenção e gestão de conflito de interesses e transparência e divulgação de informação de instituições financeiras e SGPS sujeitas à supervisão do BNA. O pioneirismo e a importância destas iniciativas regulamentares conduzem a que o Banco Nacional de Angola se possa considerar já uma instituição de referência na promoção de práticas de bom governo no setor bancário.

Merece ainda salientar o papel dos reguladores na promoção do governo societário em Cabo Verde. De um lado, a Auditoria Geral do Mercado de Valores Mobiliários tem mostrado elevado empenho nesta matéria, de modo a que o Código do Mercado de Valores Mobiliários de Cabo Verde atualmente obriga a que os emitentes de ações admitidas à negociação em bolsa divulguem em capítulo autónomo do relatório anual de gestão ou em anexo deste informação detalhada sobre a estrutura e as práticas de governo societário[67].

De outro lado, o Banco de Cabo Verde tem promovido uma reforma da legislação bancária, a culminar na aprovação de uma nova Lei de Bases do Sistema Financeiro e de uma Lei das Atividades e Instituições Financeiras. Esta reforma impõe designadamente muitos deveres relacionados com o governo de instituições financeiras[68]. Além disso, a Lei de Atividades e Instituições Financeiras contém ainda a previsão de um Código do Governo das Instituições Financeiras, a instituir por aviso do Banco de Cabo Verde, através do qual serão fixadas as recomendações aplicáveis relativamente às matérias que assumem maior relevância no âmbito da boa governação das instituições financeiras.

6.3. As bolsas de valores

O desenvolvimento das regras relativas à governação das sociedades nos sistemas jurídicos da *common law* tem tradicionalmente vindo a ser operado

[66] Em referência estão sobretudo os Avisos do BNA n.º 1/2013 (governo das sociedades) e n.º 2/2013 (controlo interno), complementados através do Instrutivo n.º 1/2013. Cabe ainda mencionar, em áreas próximas, os Avisos do BNA n.º 10/2013 (participações qualificadas, fusões e cisões) e n.º 11/2013 (registo de membros de órgãos sociais e directores).

[67] Art. 131.º Cód MVM de Cabo Verde.

[68] Refiram-se, como exemplos: o dever de apresentar dispositivos sólidos em matéria de governo da sociedade; o dever de organização de processos eficazes de identificação, gestão, controlo e comunicação de riscos; o dever de dispor de mecanismos adequados de controlo interno, incluindo procedimentos administrativos e contabilísticos sólidos; o dever de dispor de políticas e práticas de remuneração que promovam e sejam coerentes com uma gestão sã e prudente dos riscos; deveres de cuidado e de lealdade dos membros de órgãos sociais; e o dever de segregação entre auditoria e fiscalização de contas.

através das regras de mercado aprovadas pelas entidades gestoras dos mercados organizados[69].

Tratam-se das chamadas *listing rules* que estabelecem um conjunto de regras (quer injuntivas quer de natureza recomendatória) que devem ser respeitadas pelas sociedades que admitem as suas ações nos mercados em causa[70].

Este aspeto pode também verificar-se fora dos sistemas jurídicos de *common law*, podendo apontar-se aqui também o exemplo brasileiro. Aliás, as mudanças operadas pela BM&F Bovespa[71] a propósito da criação do Novo Mercado são um caso de estudo notável[72]. Refira-se que, embora a um nível distinto, em Cabo Verde e em Portugal, as entidades gestoras de mercados regulamentados também têm conduzido iniciativas de apoio à promoção de boas práticas de governação[73].

6.4. Associações representativas do sector privado

Desempenhando um papel relevante no que respeita ao desenvolvimento da governação das sociedades, surgem também as associações representativas do setor empresarial.

No Brasil, a ANBIMA – Associação Brasileira das Entidades do Mercado Financeiro e de Capitais tem desenvolvido um trabalho bastante influente na auto-regulação, tendo aprovado diversos códigos dirigidos às instituições financeiras[74].

Como exemplo adicional pode apontar-se a AEM – Associação de Empresas Emitentes de Valores Cotados em Mercado, que em Portugal tem participado ativamente no debate em torno da governação das sociedades[75].

Sem ligações exclusivas ao setor empresarial, importa referir o Instituto Brasileiro de Governança Corporativa (IBGC) e o Instituto Português de Corporate

[69] As referências no texto valem, naturalmente, para os sistemas financeiros em que exista um mercado regulamentado ou bolsa de valores. No momento em que escrevemos, não existe bolsa de valores a operar em Macau, em São Tomé nem em Angola. No caso angolano, porém, vislumbram-se desenvolvimentos próximos, dado que através de Despacho Presidencial de 26 de Abril de 2013 foi criada a Comissão Instaladora da Futura Sociedade Gestora de Mercado Regulamentado (CISGMR), a quem incumbe promover e coordenar um importante processo conducente ao planeamento da sociedade gestora do mercado regulamentado e do sistema centralizado de valores mobiliários.

[70] Em geral: Paulo Câmara, *O Governo das Bolsas*, Direito dos Valores Mobiliários, Vol. VI, Coimbra Editora, Coimbra, 2006, pp. 187-228.

[71] A entidade gestora dos principais mercados regulamentados brasileiros.

[72] Cfr. em particular Antonio Gledson De Carvalho/George G. Pennachi, "Can a Stock Exchange Improve Corporate Behavior? Evidence from Firms' Migration to Premium Listings in Brazil", cit.

[73] Tal documenta-se através da regulamentação da Bolsa de Valores de Cabo Verde nomeadamente em matéria do código de conduta e, em Portugal, no apoio que a Euronext Lisbon tem prestado aos relatórios *Católica Lisbon/AEM* sobre o grau de observância das recomendações de governo das sociedades.

[74] Existe ampla informação disponível no sítio Internet da associação: http://portal.anbima.com.br.

[75] Sobre esta associação veja-se o respetivo sítio da Internet em http://www.emitentes.pt/.

Governance (IPCG). Fundado em 1995, o IBGC tem-se revelado o instituto privado dirigido ao corporate governance com o *acquis* de intervenções mais extenso do mundo lusófono. Este Instituto é vocacionado para promover padrões de excelência na governação. Além de diversas publicações e eventos, o Instituto brasileiro preparou em 1999 um Código das Melhores Práticas de Governança Corporativa e tem vindo a proceder à sua atualização periódica. A sua versão mais recente corresponde à sua 4.ª edição (2009)[76].

Por seu turno, o Instituto Português de Corporate Governance iniciou a sua atividade em 2003 e tem revelado uma incansável energia na discussão dos temas sobre governo societário, nomeadamente através de publicações e da organização de conferências e seminários [77]. Uma obra muito importante do IPCG foi a aprovação do primeiro Código de Corporate Governance privado em Portugal (2013).

6.5. Organizações internacionais

Por último, deve destacar-se no que respeita primordialmente aos mecanismos de cariz recomendatório o papel desempenhado pelas organizações internacionais.

Merece destacar o papel seminal desempenhado pela OCDE (Organização para a Cooperação Económica e Desenvolvimento) com a aprovação dos seus Princípios do Governo das Sociedades[78] e das Orientações sobre Empresas Públicas[79], e o trabalho complementar que tem desenvolvido à escala global[80]. A OCDE fomenta múltiplas iniciativas regionais, com o propósito de estudar as preocupações específicas de governação societária de cada quadrante geográfico e de procurar influenciar a evolução do sistema de governação de cada jurisdição,

[76] O documento encontra-se disponível em http://www.ibgc.org.br/CodigoMelhoresPraticas.aspx.

[77] O site do IPCG (www.cgov.pt) contém relevante informação adicional sobre o Instituto. Sobre a história e os projetos futuros do IPCG, remete-se respetivamente para Manuel Alves Monteiro, *Instituto Português de Corporate Governance: Razões e Desafios do seu Aparecimento e da sua Afirmação*, e Pedro Rebelo de Sousa, *O Instituto Português de Corporate Governance de 2013/2023*, ambos em Instituto Português de Corporate Governance, *Volume comemorativo do 10.º aniversário*, 2013. Cfr. ainda *Livro Branco sobre Corporate Governance em Portugal*, 2006, *Corporate Governance. Reflexões I. Comissão Jurídica do IPCG*, 2007 e o 1.º fascículo dos *Cadernos do IPCG*, 2011.

[78] Os Princípios foram aprovados em 1999 e revistos em 2004. Encontram-se disponíveis em http://www.oecd.org/corporate/ca/corporategovernanceprinciples/31557724.pdf (consultado em 29.07.2013).

[79] OECD, *Guidelines on Corporate Governance of State-owned Entreprises* (2005), disponível em http://www.oecd.org/daf/ca/corporategovernanceofstate-ownedenterprises/34803211.pdf (consultado em 29.07.2013).

[80] Como ilustração: OECD, *White paper on Corporate Governance in Latin America*, 2003; Id., *White paper on Corporate Governance in Asia*, 2003; Id., OECD, *Evidence from the Regional Corporate Governance Roundtables*, 2003; Id., *Corporate Governance of Non-Listed Companies in Emerging Markets*, 2006; Id., *Corporate Governance in Eurasia. A comparative overview*, 2004; Id, *Corporate Governance and the Financial Crisis: Key Findings and Main Messages*, 2009.

em parceria com instituições locais. No que concerne à África lusófona, refira-se a constituição de uma Rede sobre Governação de Empresas Públicas de Estados da África do Sul (*Network on State Owned Entreprises for Southern African Countries*), que reúne periodicamente[81].

Neste âmbito, a título adicional deve por fim referir-se o trabalho desenvolvido pelo Banco Mundial[82], pelo Fundo Monetário Internacional[83] e também pela Conferência das Nações Unidas sobre o Comércio e o Desenvolvimento[84], entre outras[85].

[81] A reunião de 2009 deste grupo internacional decorreu em Moçambique. Para mais informações, pode consultar-se http://www.oecd.org/southafrica/soe-africa.htm.

[82] Pode ser consultada uma descrição em http://web.worldbank.org/WBSITE/EXTERNAL/TOPICS/EXTFINANCIALSECTOR/0,,contentMDK:22180291~menuPK:6122987~pagePK:210058~piPK:210062~theSitePK:282885,00.html.

[83] Veja-se http://www.imf.org/external/np/exr/facts/sc.htm

[84] Veja-se nomeadamente o Guia de Boas Práticas relativas à Divulgação de Informação no Governo das Sociedades disponível em http://www.ecgi.org/codes/code.php?code_id=331 (consultado em 29.07.2013).

[85] Cabe referir o *Basel Committee on Banking Supervision*, agora muito interventivo (como nomeadamente o confirmam os *Principles for enhancing corporate governance* e os *Compensation Principles and Standards Assessment Methodology*, ambos de 2010) e o ECODA (com destaque para o seu interessante *Corporate Governance Guidance and Principles for Corporate Governance in Europe*, 2010).

CAPÍTULO II

A GOVERNAÇÃO DE SOCIEDADES EM ANGOLA

SOFIA VALE

1. INTRODUÇÃO

1.1. Características essenciais das sociedades anónimas

A Lei das Sociedades Comerciais[1] (doravante "LSC") consagra, no seu art. 2.º, n.º 1, quatro tipos de sociedades comerciais, a saber, as sociedades em nome coletivo, as sociedades por quotas, as sociedades em comandita (simples ou por ações) e as sociedades anónimas.

À semelhança dos demais tipos sociais, as sociedades anónimas gozam de personalidade jurídica a partir do momento em que se encontram registadas na Conservatória do Registo Comercial (art. 5.º da LSC) e têm capacidade jurídica para a prática dos atos necessários ou convenientes à prossecução do seu objeto social (art. 6.º da LSC). Ainda que o objeto de eleição das sociedades anónimas seja de natureza comercial (art. 1.º, n.º 2 da LSC), nada impede que sociedades que tenham um objeto civil adotem o tipo sociedade anónima previsto na LSC (art. 1.º, n.º 3 da LSC). Esta possibilidade afigura-se de extrema importância pois, a par das sociedades por quotas, também as sociedades anónimas permitem limitar a responsabilidade dos seus sócios ao capital social que subscreveram (art. 301.º da LSC).

[1] Lei n.º 1/04, de 13 de Fevereiro, Das Sociedades Comerciais, publicada no Diário da República, I Série, n.º 13.

No direito angolano, são apontadas às sociedades anónimas[2] as seguintes características: (i) terem uma firma-nome, uma firma-denominação ou uma firma mista, a que se adita a expressão "Sociedade Anónima" ou "S.A." (art. 303.º, n.º 1 da LSC); (ii) o seu capital social estar representado por ações (art. 301.º, 1.ª parte da LSC), cujo valor mínimo deve ser o equivalente em kwanzas a USD 5 (art. 305.º, n.º 2 da LSC); para as sociedades anónimas unipessoais, o valor nominal mínimo de cada ação é o correspondente em kwanzas a USD 100[3]; (iii) o capital social mínimo não ser inferior ao equivalente em kwanzas a 20.000 USD (art. 305.º, n.º 3 da LSC); (iv) a responsabilidade dos acionistas ser limitada (quer no que concerne à subscrição do capital social quer no que respeita à responsabilidade perante os credores sociais) ao valor das ações subscritas (art. 301.º, 2.ª parte da LSC); e (v) terem no mínimo cinco sócios (art. 304.º, n.º 1 da LSC). Esta última regra comporta duas exceções: a primeira, que autoriza que o número de sócios seja reduzido a dois, no caso de o Estado, empresas públicas ou entidades equiparadas ao Estado deterem a maioria do capital social (art. 304.º, n.º 2 da LSC); a segunda, no caso de se constituírem sociedades anónimas unipessoais[4].

Uma vez que o mercado acionista não se encontra ainda em funcionamento em Angola, as sociedades anónimas são atualmente fechadas, não havendo, portanto, lugar à subscrição do seu capital por parte do público. Não obstante, o art. 309.º da LSC prevê já as regras que pautarão a constituição de sociedades anónimas com subscrição pública. Retomaremos esta questão mais à frente, indicando as medidas que estão a ser preparadas tendo em vista a abertura do mercado acionista em Angola.

A nossa experiência tem-nos permitido constatar que a maioria das sociedades comerciais constituídas em Angola adotam o tipo de sociedade por quotas, mesmo quando se destinam a levar a cabo projetos de grande dimensão. As sociedades anónimas tendem a ser menos procuradas pelos empresários em geral, sendo mais utilizadas pelos bancos e pelas seguradoras (uma vez que o legislador assim o impõe, como veremos de seguida). Curioso é também o facto de alguns grupos económicos angolanos de relevo, de natureza marcadamente familiar, optarem

[2] Para maiores desenvolvimentos sobre o regime jurídico das sociedades anónimas no direito angolano, veja-se Joaquim Marques de Oliveira, *Manual de Direito Comercial Angolano*, vol II, Cefolex, Luanda, 2011, p. 51 e ss.

[3] A possibilidade de constituição de sociedades unipessoais foi consagrada recentemente no direito angolano, com a publicação da Lei n.º 19/12, de 11 de Junho, Lei das Sociedades Unipessoais, publicada no Diário da República, I Série, n.º 110 (doravante "LSU"). O valor nominal mínimo das ações encontra-se previsto no art. 16.º, n.º 2 deste diploma.

[4] Art. 2.º da LSU. O legislador angolano pretendeu, com este diploma, por termo à constituição de sociedades com sócios fictícios cujo único intuito era o cumprimento da formalidade legal do número mínimo de sócios; veja-se, a este propósito, o art. 29.º da LSU, que permite a exclusão unilateral de sócio no prazo de um ano a contar da data da entrada em vigor do mesmo.

por constituir uma sociedade anónima que encabeça as atividades do grupo, em que os sócios são pais e filhos[5] e onde o regime da transmissão das ações fica significativamente condicionado, de tal modo que se aproxima do regime de transmissão das quotas (art. 251.º e ss da LSC). Neste último caso, as sociedades anónimas são consideravelmente conformadas pelo pacto social, afastando-se da sua caracterização legal enquanto "sociedades de capitais" e assemelhando-se às "sociedades de pessoas".

1.2. Sociedades anónimas sujeitas a regimes especiais

1.2.1. Instituições financeiras

A Lei das Instituições Financeiras[6] (doravante "LIF"), aplicável a empresas tanto de direito público como de direito privado (art. 2.º, n.º 10 da LIF), classifica as instituições financeiras em bancárias e não bancárias (art. 3.º, n.º 1 da LIF). Dentro desta classificação, a LIF apresenta subclassificações consoante o tipo de instituição financeira em causa e a entidade encarregada da sua supervisão. Assim, as instituições financeiras bancárias (art. 4.º, n.º 2 da LIF) e as instituições financeiras não bancárias ligadas à moeda e ao crédito (art. 5.º, n.º 1 da LIF) encontram-se sujeitas à supervisão do Banco Nacional de Angola, as instituições financeiras não bancárias ligadas à atividade seguradora e à previdência social ficam submetidas à supervisão do Instituto de Supervisão de Seguros (art. 5.º, n.º 2 da LIF) e as instituições financeiras não bancárias ligadas ao mercado de capitais e ao investimento são supervisionadas pela Comissão do Mercado de Capitais (art. 5.º, n.º 3 da LIF).

1.2.1.1. Instituições financeiras bancárias

A constituição de instituições financeiras bancárias (bancos) em Angola carece de prévia autorização por parte do Banco Nacional de Angola (art. 16.º, n.º 1 da LIF).

Os bancos devem obrigatoriamente adotar a forma de sociedade anónima (art. 13.º, al. b) da LIF), emitir exclusivamente ações nominativas (art. 13.º, al. d) da LIF), e possuir um capital social mínimo de Akz 600 000 000[7] que, na data de

[5] Maria do Carmo Medina, *Direito da Família*, 1.ª edição, Escolar Editora, Luanda, 2011, p. 149 e 150 e, da mesma autora, *Código da Família Anotado*, Edição da Faculdade de Direito da Universidade Agostinho Neto, Luanda, 2005, p. 84.

[6] Lei n.º 13/05, de 30 de Setembro, publicada no Diário da República, I Série, n.º 117.

[7] Nos termos do Aviso do Banco Nacional de Angola n.º 4/07, de 26 de Setembro, publicado no Diário da República, I Série, n.º 116.

constituição do Banco, deve estar integralmente subscrito e realizado (art. 14.º, n.º 2 da LIF). No caso de o Banco ser constituído com capital social superior ao mínimo legal, pode diferir-se a realização de 50% do capital subscrito que ultrapasse o valor do capital social mínimo, até seis meses (art. 14.º, n.º 3 da LIF).

1.2.1.2. Instituições financeiras não bancárias

A constituição de instituições financeiras não bancárias depende também de prévia autorização do organismo de supervisão competente para a respetiva área de atividade (art. 93.º da LIF).

A LIF não dispôs expressamente que as instituições financeiras não bancárias devem adotar a forma de sociedade anónima, pelo que esta obrigatoriedade só decorre se lei especial aplicável ao sector de atividade assim o impuser, como sucede para as sociedades que pretendam exercer a atividade seguradora (art. 13.º, n.º 1 da Lei Geral da Atividade Seguradora[8]). As seguradoras, resseguradoras, fundos de pensões e respetivas sociedades gestoras não podem constituir-se como sociedades unipessoais (art. 17.º, n.º 1 da LSU); tal só é possível para as instituições financeiras não bancárias que constam do elenco taxativo do art. 17.º, n.º 2 da LSU.

O capital social mínimo das instituições financeiras não bancárias deve ser determinado pelo organismo de supervisão competente (art. 92.º, n.º 1 da LIF), e varia em função da atividade específica. Atualmente, o capital social das sociedades de cessão financeira e de locação financeira é de Akz 50.000.000[9]. As sociedades cooperativas de crédito devem ter um capital social mínimo de Akz 5.000.000[10], as sociedades de microcrédito de Akz. 2.500.000[11] e as casas de câmbio de Akz 10.000.000[12]. As empresas de seguros que procedam à exploração conjunta dos ramos Vida e não Vida devem ter um capital social correspondente em kwanzas a, pelo menos, USD 6.000.000, as que apenas explorem seguros de Vida o correspondente a USD 5.000.000, as que explorem apenas seguros Não Vida o correspondente a USD 4.000.000 e as mútuas de seguros o equivalente a USD 200.000[13]. As sociedades de resseguro devem ter um capital social *"livremente*

[8] Lei n.º 1/00, de 3 de Fevereiro, publicada no Diário da República, I Série, n.º 5.

[9] Art. 1.º, al. b) do Aviso do Banco Nacional de Angola n.º 4/07.

[10] Art. 4.º do Aviso do Banco Nacional de Angola n.º 9/12, de 2 de Maio, publicado no Diário da República, I Série, n.º 63.

[11] Art. 3.º do Aviso do Banco Nacional de Angola n.º 8/12, de 29 de Abril, publicado no Diário da República, I Série, n.º 62.

[12] Art. 1.º do Aviso do Banco Nacional de Angola n.º 6/10, de 18 de Novembro, publicado no Diário da República, I Série, n.º 218.

[13] Art. 5.º do Decreto Executivo n.º 5/03, de 24 de Janeiro, publicado no Diário da República, I Série, n.º 6, que aprova o Regulamento sobre as regras e Procedimentos do Pedido de Autorização para a Constituição e Funcionamento de Seguradoras (doravante "Regulamento das Seguradoras").

pré-determinado e adequado ao nível da sua atividade e aos seus critérios de solvabilidade"[14], devendo as sociedades de corretagem de resseguros possuir um capital social não inferior ao equivalente em kwanzas a USD 150.000[15].

No que em particular respeita às sociedades seguradoras, refira-se que as suas ações devem sempre ser nominativas (art. 7.º, n.º 1 do Regulamento das Seguradoras), permitindo ao Instituto de Supervisão de Seguros manter um permanente controlo da titularidade da respetiva carteira acionista. O processo de constituição das sociedades seguradoras segue as regras gerais aplicáveis às sociedades anónimas (já indicadas) e importa ainda um registo especial junto do Instituto de Supervisão de Seguros. Ficam sujeitos a este registo especial, entre outros, os nomes dos administradores e de quaisquer outros mandatários com poderes de gerência, dos membros do Conselho Fiscal e da Mesa da Assembleia Geral, bem como dos auditores (externos, leia-se), nos termos do art. 3.º, n.º 1 do Regulamento das Seguradoras.

1.2.2. Sociedades abertas

Perspetivando a futura negociação em bolsa do capital social das sociedades anónimas angolanas, a Lei dos Valores Mobiliários[16] (doravante "LVM") contém disposições específicas quanto às sociedades abertas. Consagra-se que estas sociedades não estão sujeitas ao limite mínimo do capital social previsto na LSC ou a qualquer limite temporal para a alienação das suas ações (art. 109.º, n.º 1 da LVM), também não lhe sendo aplicáveis restrições quanto à disposição do seu capital social, reservas e ações (art. 109.º, n.º 4 da LVM). As sociedades abertas perdem essa qualidade quando um acionista passe a deter mais de 90% do capital social da sociedade (na sequência de uma oferta pública de aquisição) ou quando tiver decorrido mais de um ano sobre a exclusão da negociação das ações em mercado regulamentado, fundada na falta de dispersão pelo público (art. 115.º, n.º 1, al. a) e b) da LVM).

As sociedades abertas devem efetuar o seu registo (art. 25.º, al. f) da LVM) junto da Comissão do Mercado de Capitais[17]. Só quando se proceder à regulamentação da LVM estaremos em condições de identificar com precisão os requisitos que deverão preencher as sociedades anónimas angolanas para que as suas ações possam vir a ser cotadas em bolsa.

[14] Nos termos do art. 2.º, n.º 2 do Decreto n.º 06/01, de 2 de Março, publicado no Diário da República, I Série, n.º 10, sobre Resseguro e Co-Seguro.

[15] Art. 13.º, n.º 1 do Decreto n.º 06/01.

[16] Lei n.º12/05, de 23 de Setembro, publicada no Diário da República, I Série, n.º 114.

[17] Criada pelo Decreto n.º 9/05, de 18 de Março, publicado no Diário da República, I Série, n.º 33, alterado pelo Decreto Presidencial n.º 22/12, de 30 de Janeiro, publicado no Diário da República, I Série, n.º 20.

1.2.3. Sociedades de fim específico que desenvolvem parcerias público-privadas

A Lei das Parcerias Público-Privadas[18] (doravante "Lei PPP") estabelece que os projetos a implementar em regime de parceria público-privada em Angola importam a constituição de uma sociedade de fim específico para esse efeito. Esta sociedade, onde se congregam capitais públicos e privados, poderá adotar qualquer dos tipos previstos na LSC (art. 13.º da Lei PPP). Se a sua receita anual estimada estiver acima do valor que vier a ser determinado pela Comissão Ministerial de Avaliação das Parcerias Público-Privadas, então a sociedade de fim específico deve ser necessariamente uma sociedade anónima, podendo emitir valores mobiliários (art. 13.º, n.º 3 da Lei PPP).

A Lei das PPP terá sido o primeiro diploma legal em Angola onde expressamente se faz referência a regras de boa governação das sociedades anónimas. O art. 13.º, n.º 4 deste diploma consagra que as sociedades anónimas com receita anual superior ao limiar que vier a ser definido pela Comissão Ministerial de Avaliação das Parcerias Público-Privadas devem: (i) obedecer a padrões internacionais de gestão corporativa, (ii) publicar as suas demonstrações financeiras, e (iii) adotar contabilidade e demonstrações financeiras padronizadas (*International Finance Report Standard*). No que respeita aos padrões internacionais de contabilidade, note-se que, muito por influência dos investidores estrangeiros, eles são cada vez mais utilizados pelas empresas angolanas que apresentam já dimensão significativa.

1.2.4. As empresas públicas e as sociedades de capitais públicos

São empresas públicas as *"unidades económicas criadas pelo Estado [...] com capitais próprios ou fornecidos por outras entidades públicas, destinadas à produção e distribuição de bens e à prestação de serviços, tendo em vista a prossecução de interesses públicos e o desenvolvimento da economia nacional"*, tal como indica o art. 1.º da Lei das Empresas Públicas[19] (doravante "LEP").

Ainda que não tenham a natureza jurídica de sociedades anónimas, o tratamento das empresas públicas neste capítulo justifica-se por três ordens de razão. Em primeiro lugar, porque às empresas públicas, na medida em que praticam atos de comércio, é subsidiariamente aplicável a lei comercial (art. 4.º da LEP e art. 1.º do Regulamento da Lei das Empresas Públicas[20] – doravante "Regulamento

[18] Lei n.º 2/11, de 14 de Janeiro, publicada no Diário da República, I Série, n.º 9.

[19] Lei n.º 9/95, de 19 de Setembro, publicada no Diário da República, I Série, n.º 37, com a redação dada pela Lei n.º 10/10, de 30 de Junho, publicada no Diário da República, I Série, n.º 121.

[20] Aprovado pelo Decreto n.º 8/02, de 12 de Abril, publicado no Diário da República, I Série, n.º 29.

da LEP"), designadamente as regras contidas na LSC quanto às sociedades anónimas, que são as que se mais lhe assemelham em termos de estrutura orgânica. Em segundo lugar, porque a LEP é também aplicável às sociedades comerciais de capitais públicos cuja estratégia não prevê a respetiva privatização (art. 68.º da LEP). Em terceiro lugar, porque as empresas públicas e as sociedades comerciais de capitais públicos têm uma função primordial no desenvolvimento da economia angolana, tornando pertinente que a elas se estendam as reflexões sobre governança corporativa que, nesta sede, nos propomos efetuar.

As empresas públicas e as sociedades de capitais públicos são criadas por ato legislativo (art. 37.º da LEP e art. 9.º do Regulamento da LEP), devendo os seus estatutos conter um conjunto de menções obrigatórias previstas no art. 36.º da LEP. Devem ainda ser registadas na Conservatória do Registo Comercial (art. 35.º do Regulamento da LEP), e os seus estatutos publicados no Diário da República. Para efeitos de acompanhamento e controlo da respetiva gestão, as empresas públicas estão sujeitas a registo especial junto do Ministério das Finanças (art. 36.º do Regulamento da LEP).

Do ponto de vista da sua estrutura orgânica, as empresas públicas e as sociedades de capitais públicos devem ter obrigatoriamente um conselho de administração (art. 45.º da LEP) e um conselho fiscal (art. 47.º da LEP). Ainda que o Regulamento da LEP não contenha regulamentação específica sobre o tipo de ações que as sociedades de capitais públicos devem emitir, tem-se entendido que as suas ações devem ser obrigatoriamente nominativas.

2. MODELOS DE GOVERNO SOCIETÁRIO

2.1. Estrutura orgânica

A estruturação da administração e da fiscalização das sociedades anónimas em Angola reconduz-se ao modelo clássico ou latino de governo das sociedades[21], existindo a par do conselho de administração (ou administrador único) um conselho fiscal (ou fiscal único), sem prejuízo das competências últimas que sempre residem na assembleia geral.

Esta trilogia presente no direito societário angolano erige a assembleia geral como órgão deliberativo, o conselho de administração como órgão executivo e o

[21] PAULO CÂMARA, "Os Modelos de Governo das Sociedades Anónimas", in *Jornadas em Homenagem ao Professor Doutor Raúl Ventura*, Almedina, Coimbra, 2007, p. 207. Sobre este tema, veja-se ainda, do mesmo autor, "Códigos de Governo das Sociedades", in *Cadernos do Mercado de Valores Mobiliários*, n.º 15, Edição da Comissão do Mercado de Valores Mobiliários, 2002, disponível em http://www.cmvm.pt/CMVM/Publicacoes/Cadernos/Pages/caderno15.aspx. (consultado em 13.10.2012), p. 65 e ss.

conselho fiscal como órgão de fiscalização, conferindo-lhes competências distintas e separadas. Ao contrário do que sucede nas sociedades por quotas (em que o art. 272.º da LSC consagra uma panóplia de competências imperativas e supletivas da assembleia geral), à assembleia geral das sociedades anónimas são conferidas competências residuais, cabendo-lhe "*deliberar sobre todas as questões que interessem à sociedade, desde que não compreendidas nas atribuições dos restantes órgãos*" (art. 393.º, n.º 2 da LSC). O conselho de administração, por seu lado, alia o poder exclusivo de representar a sociedade (art. 425.º, n.º 1, al. a) da LSC) ao poder de a gerir com autonomia (art. 425.º, n.º 1, al. b) da LSC), podendo deliberar sobre qualquer assunto relativo à administração da sociedade (o art. 425.º, n.º 2 da LSC elenca, a título exemplificativo, as competências do conselho de administração). Por último, cabe ao conselho fiscal fiscalizar a atividade do conselho de administração e realizar todos os atos necessários para promover o cumprimento das disposições legais e estatutárias por parte da sociedade (art. 441.º, n.ºs 1 e 2 da LSC).

Os órgãos sociais acima referidos são de existência obrigatória, correspondendo à aplicação do princípio da tipicidade à orgânica das sociedades anónimas. Para além dos órgãos de existência obrigatória, a LSC consagra a possibilidade das sociedades anónimas instituírem órgãos de natureza facultativa, designadamente a comissão executiva e administradores delegados (art. 426.º da LSC). Em ambos os casos, estamos perante situações de delegação de competências por parte do conselho de administração (art. 426.º, n.º 1 da LSC). Esta delegação deve respeitar à "*gestão de assuntos determinados e específicos*" (art. 426.º, n.º 1, última parte da LSC), não podendo abranger as matérias mencionadas nas al. a) a m) do art. 425.º, n.º 2 da LSC. No fundo, o que o legislador pretendeu com esta limitação foi assegurar-se de que a comissão executiva ou os administradores delegados apenas ficariam encarregues de assuntos relacionados com a gestão corrente da sociedade. E, note-se, a delegação de competências assim efetuada não exclui a competência do conselho de administração para deliberar sobre os mesmos assuntos (art. 426.º, n.º 5 da LSC). A diferença entre delegar poderes num ou em mais administradores delegados ou numa comissão executiva reside essencialmente no facto de esta última tomar decisões colegiais enquanto que aqueles tomam decisões individuais.

Coloca-se ainda a questão de saber se este modelo de governação configurado pela LSC (com os órgãos obrigatórios e facultativos acima referidos) limita a autonomia estatutária, não permitindo aos sócios das sociedades anónimas angolanas configurar no contrato de sociedade um outro modelo de governação que se afigure mais adequado à sociedade em questão, atenta a sua dimensão e distribuição do seu capital social. Note-se que a tipicidade do modelo de governação consagrado na LSC tem a clara vantagem de permitir que terceiros que contratem com a sociedade facilmente identifiquem quais as competências atribuídas a cada órgão e qual o equilíbrio de poderes inerente aos órgãos sociais[22]. Mas, pensamos, deve também ter-se presente que o limite negativo à alteração do modelo de governo da LSC é apenas e exclusivamente o referido princípio da tipicidade. Dito de outro modo, se a mudança do modelo de governo operada em sede estatutária não conduzir à mudança do tipo social sociedade anónima, então, ela deve ser admissível[23] porquanto se respeitam as normas imperativas da LSC.

Com base neste raciocínio deve, em nosso entender, permitir-se que uma sociedade anónima institua estatutariamente outros órgãos, como um conselho superior ou consultivo, uma comissão de remunerações, uma comissão de gestão de riscos ou uma comissão de responsabilidade social. Em qualquer dos casos, estes órgãos sempre terão funções meramente consultivas[24], devendo as suas deliberações ser sancionadas pelos órgãos tipificados na LSC para que se tornem vinculativas perante a sociedade e terceiros, sempre que tais decisões caiam no âmbito da respetiva competência. As exatas funções destes órgãos e o seu modo de funcionamento deverão estar previstos nos estatutos da sociedade.

Entre nós, temos já constatado a consagração de órgãos sociais atípicos em alguns estatutos de sociedades angolanas. Tal sucede, pensamos, pelo facto destas sociedades se constituírem com recurso a investimento estrangeiro, tendo os sócios estrangeiros importado para o direito angolano órgãos sociais que conhecem dos seus ordenamentos jurídicos. O problema que aqui se coloca prende-se com o facto de não poderem ser atribuídos a estes órgãos sociais atípicos competências que a lei imperativamente atribui a um órgão social típico, facto que deverá ser devidamente fiscalizado pelo notário que outorga a escritura pública de constituição da sociedade e pelo conservador de registo comercial que procede ao respetivo registo.

No que em particular respeita às instituições financeiras, foi recentemente aprovado pelo Banco Nacional de Angola um pacote legislativo que versa especificamente sobre as regras de governação corporativa a que estas devem obedecer. No Aviso 1/13, de 19 de Abril[25], prevê-se, no seu art. 8.º, n.º 2, que as instituições financeiras sujeitas à supervisão do Banco Nacional de Angola devem constituir uma comissão executiva quando optarem pela existência de administradores executivos e não executivos. No mesmo diploma antevê-se ainda a possibilidade

[22] Paulo Câmara, "Os modelos..." op. cit., p. 209 e 210, refere a *"importância de uma utilização rigorosa de nomem iuris típicos na designação dos órgãos sociais"*.

[23] No mesmo sentido, mas em relação ao direito português, Paulo Câmara, "Os modelos..." op. cit., p. 210 e Paulo Olavo Cunha, "Designação de Pessoas Coletivas Para os Órgãos das Sociedades Anónimas e Por Quotas", in *Direito das Sociedades em Revista*, Ano I, vol. 1, Almedina, Coimbra, 2009, p. 186.

[24] Paulo Olavo Cunha, "Designação...", op. cit., p. 187.

[25] Publicado no Diário da República n.º 73, I Série.

de serem delegadas competências num ou mais acionistas quanto à remuneração dos membros dos órgãos sociais (art. 8.º, n.º 3, al. a) e art. 17.º), bem como em certos administradores (art. 8.º, n.º 3, b)) no que respeita ao sistema de controlo interno (art. 13.º) e à gestão de risco (art. 14.º). As disposições do Aviso 1/13 constituem um marco significativo entre nós no que toca à implementação de regras de governação corporativa por parte das instituições financeiras bancárias, na medida em que fomentam a repartição de centros de decisão no seio do conselho de administração (a administração estratégica fica claramente separada da gestão corrente da sociedade) e promovem a fiscalização das práticas de gestão por parte de administradores ou acionistas que atuam com competências delegadas. Aqui torna-se importante assegurar uma adequação entre a dimensão da instituição financeira bancária e o número de administradores que atuam com poderes delegados. Sem prejuízo das cautelas que deverão estar presentes na implementação destas orientações, pensamos que o modelo clássico de governação das sociedades previsto na LSC sai, quanto às instituições financeiras, reforçado.

Já as empresas públicas e as sociedades de capitais públicos têm a sua estrutura orgânica consagrada no art. 44.º da LEP que aponta como órgãos de natureza imperativa o conselho de administração e o conselho fiscal (ou o fiscal único, para empresas de pequena e média dimensão – art. 47.º, n.º 3 da LEP). As empresas públicas e as sociedades de capitais públicos em Angola não têm optado por instituir uma comissão executiva ou administradores delegados (embora seja possível terem administradores delegados se os seus estatutos assim o previrem – art. 19.º, n.º 2 do Regulamento da LEP), continuando os poderes de gestão da sociedade a estar particularmente concentrados no presidente do conselho de administração. Assim, é ao presidente do conselho de administração que cabe, em primeira linha, implementar as orientações definidas pelo sócio único (o Estado), que muitas vezes não são meramente estratégicas mas antes determinações concretas quanto à gestão da sociedade. Torna-se, pois, particularmente relevante para as empresas públicas e para as sociedades de capitais públicos a permeabilidade a boas práticas de governo societário.

2.2. Mitigação de conflitos de interesses

Atualmente o código de governo das sociedades angolanas está essencialmente vertido na LSC e na LVM, como veremos ao longo deste trabalho, bem como em eventuais códigos de conduta ou de autorregulação aprovados por cada sociedade anónima em particular.

O pacote legislativo recentemente aprovado pelo Banco Nacional de Angola constitui a primeira regulamentação especialmente dirigida ao governo das sociedades em Angola. Este pacote compreende o Aviso 1/13 sobre a Governação

Corporativa, o Aviso 2/13, de 19 de Abril, sobre o Sistema de Controlo Interno[26], o Aviso 4/13, de 22 de Abril, sobre Auditoria Externa[27], e o Aviso n.º 3/13, de 22 de Abril, sobre Supervisão em Base Consolidada para Efeitos Prudenciais[28].

Ainda que a referida regulamentação apenas tenha como destinatários as instituições financeiras[29], estamos em crer que, pelo facto de ser pioneira e de as sociedades comerciais angolanas manifestarem crescente preocupação com a melhoria do seu governo, sempre servirá de referência às sociedades anónimas em geral, tanto de natureza pública como privada.

Mas a implementação de regras de bom governo das sociedades está, entre nós, muito ligada ao grau de desenvolvimento da cultura empresarial em Angola. Dito de outro modo, os conceitos e as práticas que vemos serem aplicadas no estrangeiro carecem de ser adaptadas à evolução que se vai verificando na nossa realidade empresarial e cultural. Assiste-se hoje em Angola ao desenvolvimento de uma cultura empresarial, tanto no setor público como no setor privado, que acredita que os princípios de transparência, de independência e de prestação de contas são essenciais para que as nossas sociedades anónimas cresçam e se mantenham rentáveis, promovendo a sua crescente credibilidade e idoneidade como parceiros em investimentos a realizar em Angola e no estrangeiro. A vocação de internacionalização das empresas públicas e privadas angolanas será tanto mais conseguida quanto mais sólidas e reforçadas forem as suas práticas de boa governação.

Assim, é neste contexto de contínuo crescimento económico e de emergência de uma nova cultura empresarial que as sociedades anónimas angolanas, fechadas, com o capital social concentrado nas mãos de acionistas de referência, vão tentando mitigar os conflitos de interesses que vão surgindo no seu seio. Com base na nossa perceção da realidade empresarial angolana, conseguimos identificar os seguintes conflitos de interesses que mais correntemente se fazem sentir e que carecem de ser tratados ao nível das regras e das práticas de governação corporativa:

i) Conflitos entre acionistas de referência e conselho de administração, na medida em que os acionistas de referência canalizam para a assembleia geral decisões que deveriam caber ao conselho de administração, o que conduz a um emperrar continuado da autonomia de gestão da sociedade por parte do conselho de administração;

[26] Publicado no Diário da República n.º 73, I Série.

[27] Publicado no Diário da República n.º 74, I Série.

[28] Publicado no Diário da República n.º 74, I Série.

[29] O governo das instituições financeiras apresenta especificidades em relação ao governo das sociedades em geral, uma vez que tem um particular perfil de sujeitos afetados e de risco, como refere Paulo Câmara, "Vocação e Influência Universal do 'Corporate Governance': Uma Visão Transversal Sobre o Tema", in *O Governo das Organizações – A Vocação Universal do Corporate Governance*, Almedina, Coimbra, 2011, p. 14.

ii) Conflitos entre membros do conselho de administração, uma vez que as decisões deste continuam muito centralizadas no presidente do conselho de administração (o "chefe"), não havendo lugar à delegação da gestão corrente das sociedades em comissões executivas, administradores delegados ou comissões especializadas, faltando um sistema coerente de repartição de poderes decisórios que permita, ao mesmo tempo, um melhor controlo das decisões de gestão;

iii) Conflitos entre conselho de administração e conselho fiscal, havendo necessidade dos membros do conselho fiscal tomarem real consciência de que a lei lhes atribui um conjunto de poderes de fiscalização e de supervisão que carecem de ser efetivamente exercidos, contribuindo assim para o reforço do papel do órgão de fiscalização no seio das sociedades anónimas angolanas.

A questão da mitigação de conflitos de interesses está particularmente tratada no art. 20.º do Aviso 1/13, onde se prevê que o conselho de administração das instituições financeiras deve implementar políticas e processo destinados a identificar, monitorizar e mitigar eventuais conflitos de interesses que possam surgir.

Ao longo deste trabalho, teremos o cuidado de indicar as soluções legalmente consagradas que procuram minimizar os conflitos de interesses acima apontados, indicando o modo como, do nosso ponto de vista, a sua implementação poderá ser otimizada tendo em vista a melhoria do governo das sociedades anónimas angolanas.

3. ACIONISTAS

3.1. Direito aos lucros

O direito aos lucros aparece consagrado na parte geral da LSC, como o primeiro direito conferido aos sócios em todos os tipos de sociedades comerciais angolanas (art. 23.º, n.º 1, al. a) da LSC). Salvo se de outro modo for convencionado no contrato de sociedade, o direito ao lucro de cada sócio corresponde à sua participação no capital social (art. 24.º, n.º 1 da LSC). O direito ao lucro é de tal modo essencial à noção de sociedade comercial, que o legislador sancionou com nulidade a cláusula do contrato de sociedade que exclua um sócio da participação nos lucros (art. 24.º, n.º 3 da LSC).

O direito dos sócios a quinhoarem nos lucros da sociedade reporta-se a uma noção particular de lucro: o lucro de exercício distribuível. Dito de outro modo, para que os sócios tenham direito a receber lucros da sociedade é necessário que, no final do ano económico, a sociedade tenha uma situação líquida positiva e que os lucros apurados não devam ser canalizados para cobrir perdas transitadas, formar ou reconstituir a reserva legal ou quaisquer reservas estatutárias (nos termos do art. 34.º, n.º 1 da LSC). O princípio da intangibilidade do capital social (consagrado no art. 33.º da LSC) estabelece, a este respeito, que *"não podem ser distribuídos aos sócios bens da sociedade quando a situação líquida desta [...] for inferior à soma do capital e das reservas que a lei ou o contrato não permitam distribuir aos sócios ou se tornar inferior a esta soma em consequência da distribuição"*. Em regra, também não haverá lugar à distribuição de lucros aos sócios enquanto as despesas de constituição da sociedade, de desenvolvimento ou de investigação não estiverem completamente amortizadas (art. 34.º, n.º 2, 1.ª parte da LSC).

No que em particular respeita às sociedades anónimas, o art. 327.º da LSC impõe que se retire do lucro de exercício um montante nunca inferior à vigésima parte dos lucros (5%) para a constituição ou reintegração da reserva legal, até que esta perfaça o valor correspondente a 20% do capital social. Podem os sócios, querendo, determinar no contrato de sociedade que uma percentagem superior dos lucros de exercício será canalizada para a reserva legal.

Para que se proceda à distribuição do lucro de exercício, deve o conselho de administração da sociedade submeter o relatório de gestão, as contas de exercício e os demais documentos de prestação de contas à apreciação da assembleia geral, até ao final do mês de Março do ano subsequente ao que o exercício respeita (art. 70.º, n.º 6 e 396.º, n.º 1, ambos da LSC). Aprovadas as contas, a assembleia geral delibera, por maioria absoluta dos votos emitidos (art. 406.º, n.º 1 da LSC), a repartição entre os sócios dos lucros constantes dos documentos de prestação de contas. Com o intuito de mitigar conflitos entre sócios maioritários e sócios minoritários, dando maior peso ao voto destes últimos, o legislador estabeleceu que a não distribuição de pelo menos metade dos lucros de exercício distribuíveis deve sempre ser aprovada por uma maioria qualificada de 75% dos votos correspondentes ao capital social (art. 239.º, n.º 1, aplicável por remissão expressa do art. 326.º, n.º 1, ambos da LSC).

Aprovada a deliberação que determina a distribuição de lucros pelos sócios, o crédito do sócio à sua parte dos lucros vence-se no prazo de trinta dias a contar da data da referida deliberação (art. 239.º, n.º 2 da LSC, por remissão do art. 326.º, n.º 1 da LSC). Esta regra comporta duas exceções: (i) o diferimento pode ocorrer até sessenta dias após a data em que o crédito se vença, caso a assembleia geral assim o tenha deliberado por maioria qualificada de 75% dos votos correspondentes ao capital social (art. 239.º, n.º 3 da LSC, por remissão do art. 326.º, n.º 1 da LSC), e (ii) o diferimento pode ocorrer até uma qualquer data a determinar pelo sócio credor, nos termos em que ele assim consentir (art. 239.º, n.º 2 da LSC, por remissão do art. 326.º, n.º 1 da LSC).

É também comum entre nós proceder-se a adiantamentos sobre os lucros de exercício. Mas, para que tal possa suceder, é necessário que o contrato de sociedade expressamente preveja os adiantamentos sobre lucros (art. 329.º, n.º 1, al. a) da LSC) ou, não o fazendo, que a os sócios deliberem alterar o contrato de sociedade nesse sentido (devendo a deliberação ser aprovada por maioria de 2/3 dos votos emitidos, nos termos do art. 406.º, n.º 3 da LSC). Neste último caso, porém, só poderá haver adiantamento sobre lucros no exercício subsequente àquele em que ocorrer a alteração (art. 329.º, n.º 2, última parte da LSC).

O art. 329.º, n.º 1 da LSC submete a um conjunto apertado de requisitos cumulativos o adiantamento sobre lucros. Para o efeito, é necessário que a distribuição seja autorizada pelo órgão de fiscalização, que tenha sido elaborado um balanço intercalar (com a antecedência máxima de 30 dias) aprovado pelo perito contabilista, que tal distribuição seja consentânea com os limites de distribuição de bens aos sócios, que as importâncias a adiantar não excedam metade das que seriam distribuíveis e, por último, que se efetue apenas um adiantamento em cada exercício e apenas na segunda metade deste. Sem prejuízo de reconhecermos a bondade da solução legal consagrada, que teve presente a necessidade de manter permanentemente capitalizadas as sociedades anónimas angolanas, protegendo assim os interesses de terceiros que contratam com a sociedade (designadamente, credores e trabalhadores), temos de admitir que a fraca flexibilidade deste regime conduz a que ele seja frequentemente derrogado pela prática empresarial.

3.2. Participação na assembleia geral

3.2.1. Formas de deliberação

A assembleia geral das sociedades anónimas pode tomar deliberações em assembleia geral regularmente convocada, em assembleia universal ou deliberar unanimemente por escrito, sendo-lhe apenas vedada a possibilidade de deliberar por voto escrito (art. 59.º, n.º 2 da LSC, *a contrario*).

As deliberações em assembleia regularmente convocada pressupõem a publicação de uma convocatória no jornal mais lido da localidade onde se situa a sede da sociedade, com pelo menos trinta dias de antecedência face à data de realização da reunião (art. 397.º, n.º 2 da LSC), podendo o contrato de sociedade estabelecer outras formas de convocação e outros prazos (art. 397.º, n.º 3 da LSC). A convocatória deve conter um conjunto de menções obrigatórias (art. 397.º, n.º 4 e 7 da LSC), de modo a que os acionistas claramente se apercebam das matérias que serão tratadas na reunião.

Já as deliberações unânimes por escrito são menos utilizadas entre nós. Embora os acionistas possam deliberar unanimemente por escrito com ou sem reunião da assembleia (art. 58.º, n.º 1 e 393.º, n.º 1, 1.ª parte, ambos da LSC), o certo é que se o fizerem em assembleia normalmente recorre-se ao regime das deliberações tomadas em assembleia regularmente convocada, e se o fizerem quando não há convocação utiliza-se correntemente o regime das assembleias universais.

As deliberações em assembleia universal prescindem do envio de convocatória, uma vez que todos os acionistas se encontram presentes, decidem constituir-se em assembleia e acordam quanto à ordem de trabalhos (art. 57.º da LSC). Esta forma de deliberação é particularmente utilizada nas sociedades anónimas angolanas, uma vez que a concentração do respetivo capital social e a utilização sistemática de procuradores que representam vários acionistas a torna particularmente célere e eficiente. Claro está, com prejuízo da participação efetiva dos acionistas nas assembleias gerais e na discussão dos assuntos de maior relevância para a vida societária. Vemos, na prática societária angolana, muitas deliberações em assembleia universal onde todos os pontos da ordem de trabalhos são aprovados por unanimidade, o que nos leva a crer que os sócios concertaram as suas posições fora da assembleia geral, fragilizando a posição da assembleia geral no âmbito da orgânica destas sociedades.

3.2.2. Participação e representação na assembleia geral

Contrariamente ao que se prevê para as sociedades por quotas (art. 275.º, n.º 3 da LSC), nas sociedades anónimas só têm direito a estar presentes, discutir e votar na assembleia geral os acionistas que tiverem, pelo menos, um voto (art. 399.º, n.º 1 da LSC). Os acionistas sem direito de voto e os obrigacionistas apenas poderão estar presentes nas assembleias gerais caso o contrato de sociedade o não proíba (art. 399.º, n.º 2 da LSC). Uma vez que o contrato de sociedade pode exigir a titularidade de um certo número de ações para a atribuição de um voto, poderão os acionistas agrupar-se para perfazer o número de ações exigidas e fazer-se representar na assembleia através de um representante comum (art. 399.º, n.º 6 da LSC).

Para além dos sócios, devem ainda estar presentes nas assembleias gerais os membros do conselho de administração e os membros do conselho fiscal (art. 399.º, n.º 4 da LSC), de modo a melhor responderem às questões colocadas pelos acionistas, permitindo assim a tomada de deliberações informadas e esclarecidas. Este dever é também extensivo ao perito contabilista que tenha examinado as contas da sociedade, devendo fazer-se presente na assembleia geral em que elas devam ser aprovadas (art. 399.º, n.º 5 da LSC).

Na assembleia podem ainda estar presentes peritos, consultores e quaisquer outras pessoas que o presidente da mesa tenha por conveniente para a boa discussão das matérias constantes da ordem de trabalhos (art. 399.º, n.º 7 da LSC).

Mas, note-se, os sócios podem deliberar excluir pessoa a quem o presidente da mesa concedeu autorização para estar presente na assembleia geral (art. 399.º, n.º 7, última parte).

Quanto à representação dos acionistas na assembleia geral, dispõe o art. 400.º, n.º 1 da LSC que *"o contrato de sociedade não pode impedir que os acionistas se façam representar em assembleia geral pelo seu cônjuge, ascendente, descendente, membro do conselho de administração ou outro acionista, bastando para tanto uma carta subscrita pelo acionista e dirigida ao presidente da mesa [...]"*. A redação desta cláusula apresenta-se francamente infeliz, uma vez que coloca um pendor injustificadamente familiar como regra geral para a representação nas sociedades anónimas (tal como também o faz o art. 277.º, n.º 3 da LSC para as sociedades por quotas), esquecendo-se de tratar aspetos bem mais importantes como a representação de pessoas coletivas. Por outro lado, promove um formalismo excessivo, permitindo apenas a utilização da carta mandadeira por parte das pessoas que a disposição citada elenca (impondo, por exemplo, que um advogado deva seguir a regra geral e apresentar procuração com assinatura reconhecida notarialmente). Por último, afigura-se desajustada da realidade das sociedades anónimas angolanas, em que os acionistas são muitas vezes estrangeiros e/ou pessoas coletivas, que sentem necessidade de se fazer representar por outros terceiros, da sua confiança, devendo estabelecer-se regras quanto à emissão por aqueles de cartas mandadeiras. Como seria de esperar, a realidade da prática societária acabou por se impor a esta disposição legal injustificadamente restritiva, acabando as cartas mandadeiras por ser correntemente utilizadas por qualquer pessoa na representação de acionistas em assembleia geral. As pessoas coletivas fazem-se representar por quem for o seu representante legal, nos termos dos seus estatutos e de acordo com a legislação que lhes for aplicável (quando estrangeiras), sendo comum estes constituírem um mandatário através de carta mandadeira. A ampla utilização de cartas mandadeiras afigura-se essencial como forma de promover a participação de acionistas, especialmente estrangeiros, nas assembleias uma vez que entre nós não se encontra consagrada a possibilidade do exercício de direito de voto por correspondência eletrónica[30].

A representação de vários acionistas encontra-se disciplinada pelo art. 401.º da LSC, que estabelece no seu n.º 1 que a representação de vários acionistas só é válida para uma assembleia específica. Prevê-se também a possibilidade de o contrato de sociedade limitar o número de acionistas que cada pessoa pode repre-

[30] Sobre o voto por correspondência eletrónico, veja-se André Figueiredo, "Voto e Exercício do Direito de Voto", in *Código de Governo das Sociedades Anotado*, Almedina, Coimbra, 2012, p. 87 e ss e Luís Menezes Leitão, "Voto Por Correspondência e Realização Telemática de Reuniões de Órgãos Sociais", in *Cadernos do Mercado de Valores Mobiliários*, n.º 24, Edição da Comissão do Mercado de Valores Mobiliários, 2006, disponível em http://www.cmvm.pt/CMVM/Publicacoes/Cadernos/Documents/608032e98c5c41289da4248cab523234Artigo9.pdf (consultado em 13.10.2012), p. 256 e ss.

sentar (art. 400.º, n.º 2 da LSC). Cabe aqui referir que são várias as situações em que uma mesma pessoa (normalmente um advogado) representa um conjunto de acionistas (tanto nacionais como estrangeiros) em assembleia geral, exercendo os respetivos direitos de voto nos termos em que lhe tenham sido indicados.

Para participarem na assembleia geral os acionistas devem fazer prova dessa qualidade perante o presidente da mesa. O facto da LSC não exigir que as ações ao portador sejam depositadas com antecedência na sede da sociedade constitui uma boa prática de governo, que fomenta a participação dos acionistas nas assembleias gerais[31].

3.2.3. Direito de voto e impedimentos de voto

A cada ação corresponde um voto (art. 404.º, n.º 1, última parte da LSC). A proporcionalidade entre os direitos de voto e a participação acionista é uma regra essencial que permite assegurar que quem é titular do capital social exerce também o controlo das decisões societárias proferidas pela assembleia geral.

Esta regra contém porém diversas exceções: (i) o contrato de sociedade pode estabelecer que a um certo número de ações corresponde um voto, desde que essa correspondência abranja todas as ações emitidas pela sociedade e a cada voto fique a corresponder, pelo menos, o equivalente em kwanzas a USD 500 de capital social (art. 404.º, n.º 2, al. a) da LSC); (ii) o contrato de sociedade pode prever que não sejam contados votos acima de um certo número, quando forem emitidos por um mesmo acionista, em nome próprio ou como representante de outros acionistas (art. 404.º, n.º 2, al. b) da LSC); esta limitação, porém, não se aplica ao Estado ou a entidades públicas (art. 404.º, n.º 3 da LSC); (iii) não pode exercer o direito de voto o acionista em mora na realização do capital social subscrito (art. 404.º, n.º 4 da LSC); (iv) as ações preferenciais sem voto não conferem ao respetivo titular direito de voto (art. 363.º, n.º 2 da LSC); mas se o dividendo prioritário que lhes está associado não for pago durante dois exercícios sociais seguidos ou interpolados, as ações preferenciais passam a conferir direito de voto e só voltam a perdê-lo no exercício seguinte àquele em que o dividendo prioritário for pago (art. 365.º, n.º 3 da LSC).

[31] Note-se que a obrigação de depósito de ações aparece normalmente associada às sociedades cotadas. Para maiores desenvolvimentos, veja-se Francisco Mendes Correia, "Participação na Assembleia", in *Código de Governo das Sociedades Anotado*, Almedina, Coimbra, 2012, p. 71 e ss e João Sousa Gião, "Notas Sobre o Anunciado Fim do Bloqueio de Ações como Requisito do Exercício do Direito de Voto em Sociedades Cotadas", *Cadernos do Mercado de Valores Mobiliários*, n.º 21, Edição da Comissão do Mercado de Valores Mobiliários, 2005, disponível em http://www.cmvm.pt/CMVM/Publicacoes/Cadernos/Documents/f9be7d6e784d42e684827a486cb4b6bcJoaoGiao.pdf, p. 48 e ss.

As exceções supra indicadas, na medida em que admitem a existência de ações que não conferem direito de voto e estabelecem que não são contados votos acima de um certo número (quando emitidos por um só acionista ou por acionistas com ele relacionados), não se afiguram consentâneas com as boas práticas de governo das sociedades. A nossa experiência permite-nos concluir que as referidas exceções não têm sido, em regra, consagradas nos estatutos das sociedades anónimas angolanas, onde os acionistas se procuram assegurar de que a titularidade de determinada percentagem de capital social lhes confere um efetivo e proporcional direito de voto.

No que tange a impedimentos de voto, o art. 404.º, n.º 6 da LSC enumera exemplificativamente as seguintes situações que impedem um acionista de votar (por si, através de representante ou como representante de outro acionista): (i) quando estiver em causa a liberação de uma obrigação ou responsabilidade própria desse acionista (na qualidade de acionista, membro do conselho de administração ou membro do conselho fiscal); (ii) se estiver em causa um litígio que tenha por objeto uma pretensão da sociedade contra esse acionista ou deste contra a sociedade, antes ou depois da ação ter dado entrada em tribunal; (iii) a sua destituição, com justa causa, do cargo de administrador; (iv) qualquer relação, estabelecida ou a estabelecer, entre a sociedade e o acionista, estranha ao contrato de sociedade.

Sendo esta enumeração meramente exemplificativa, deve considerar-se impedido de votar qualquer acionista em relação a quem se verifique, numa deliberação em concreto, uma situação de conflito de interesses com a sociedade (esta é, aliás, a regra geral prevista para as sociedades por quotas no art. 280.º, n.º 1 da LSC, com uma redação francamente mais clara do que a do art. 404.º, n.º 6 da LSC). Este princípio revela-se fundamental para assegurar boas práticas de governação societária.

O art. 13.º, n.º 5 da Lei das PPP impede a administração pública de ser titular da maioria do capital com direito a voto nas sociedades de fim específico criadas para a implementação de parcerias público-privadas. Tal só poderá suceder, a título excecional, nos casos em que haja incumprimento de contratos de financiamento e uma instituição financeira execute o seu direito de *step-in* (art. 13.º, n.º 6 da Lei das PPP).

3.2.4. Quórum constitutivo e quórum deliberativo

No que respeita ao quórum constitutivo, a regra é que a assembleia geral se encontra validamente constituída para deliberar independentemente do número de acionistas/capital social que representem (art. 403.º, n.º 1 da LSC). Para que a assembleia possa deliberar, em primeira convocação, sobre matérias que exijam uma maioria qualificada para aprovação (as relativas à alteração do contrato de sociedade, não distribuição de lucros, fusão, cisão ou transformação) exige-se um quórum constitutivo de 1/3 do capital social com direito de voto (art. 403.º, n.º 2 da LSC); já em segunda convocação, prescinde-se de qualquer quórum constitutivo (art. 403.º, n.º 3 da LSC).

No que tange ao quórum deliberativo, a assembleia geral aprova as deliberações por maioria dos votos emitidos (art. 406.º, n.º 1 da LSC). Só para as matérias que importem a alteração do contrato de sociedade se exige, quer em primeira quer em segunda convocação, que as deliberações sejam aprovadas por maioria de 2/3 dos votos emitidos (art. 406.º, n.º 3 da LSC).

As regras supra indicadas são um aspeto importante para assegurar o bom governo das sociedades, promovendo um quórum constitutivo e um quórum deliberativo que não são demasiado elevados[32], de modo a que a assembleia geral não veja bloqueada a sua capacidade de tomar decisões. A necessidade de quórum constitutivo é facilmente ultrapassada uma vez que o art. 403.º, n.º 4 da LSC permite que na convocatória se fixe, desde logo, a data da segunda reunião.

Mas o certo é que, no âmbito da sua liberdade contratual, os sócios podem contratualmente prever a exigência de quóruns (constitutivos ou deliberativos) mais elevados, assegurando que um conjunto de acionistas de referência retém o poder de aprovar deliberações que incidam sobre matérias que eles consideram estratégicas (e daí retirar benefícios privados de controlo[33]). Isto permite-lhes bloquear a sociedade, em sede de assembleia geral, mesmo que tenham já perdido o controlo sobre a administração[34]. Esta prática, bastante comum entre nós, acaba por comprometer a efetiva participação de alguns acionistas na vida da sociedade, na medida em que lhes retira uma real capacidade de decisão. Deve, assim, refletir-se sobre a necessidade de dotar as sociedades anónimas angolanas de melhores prática de governação que promovam um aumento do valor económico da sociedade, ainda que limitando a liberdade contratual dos seus acionistas.

[32] Para maiores desenvolvimentos, veja-se TATIANA NENOVA, "The Value of Corporate Voting Rights and Control: A Cross-Country A Cross-Country Analysis", in *Journal of Financial Economics*, n.º 68, Edição de Elsevier, 2003, disponível em http://www.sciencedirect.com/science?_ob=ArticleListURL&_method=list&_ArticleListID=2141276739&_sort=r&_st=13&view=c&_acct=C000228598&_version=1&_urlVersion=0&_userid=10&md5=7c143ada54d63452dccd62c2d5a92a5b&searchtype=a (consultado em 13.10.2012), p.325 e ss.

[33] Veja-se quanto a esta problemática, JOSÉ FERREIRA GOMES, "Conflitos de Interesses Entre Acionistas nos Negócios Celebrados Entre a Sociedade Anónima e o Seu Acionista Controlador", in *Conflito de Interesses no Direito Societário e Financeiro*, Almedina, Coimbra, 2010, p. 78 e ss.

[34] No mesmo sentido, DIOGO COSTA GOMES, "Quórum Deliberativo", in *Código de Governo das Sociedades Anotado*, Almedina, Coimbra, 2012, p. 96.

3.3. Direito de informação

O direito à informação que assiste aos sócios das sociedades anónimas angolanas encontra-se particularmente bem tratado na LSC. A par de um direito geral à informação (art. 320.º da LSC), prevê-se ainda um direito à informação preparatória da assembleia geral (art. 321.º da LSC) e um direito à informação no decurso da assembleia geral (art. 322.º da LSC).

A regra geral de que todos os sócios têm o direito de obter informação sobre a vida da sociedade[35], podendo, para o efeito, consultar a respetiva escrituração mercantil (art. 23.º, n.º 1, al. c) da LSC), aparece, nas sociedades anónimas, condicionado à detenção de 5% do capital social (art. 320.º, n.º 1 da LSC). Caso o acionista detenha uma percentagem menor de capital social, deverá reunir-se com outros pequenos acionistas, de modo a, em conjunto, reunirem 10% de capital social e elegerem um representante comum que exerça o direito de consulta dos livros de escrituração mercantil na sede da sociedade (art. 320.º, n.º 4 da LSC).

A informação preparatória da assembleia geral deve estar à disposição de qualquer acionista para consulta (art. 321.º, n.º 1 da LSC), existindo apenas o dever de ser enviada (quando solicitada) aos acionistas titulares de ações nominativas ou de ações ao portador registadas que representem pelo menos 1% do capital social (art. 321.º, n.º 2 da LSC).

Durante a assembleia geral, qualquer acionista pode requerer que lhe seja prestada informação pertinente (art. 322.º, n.º 1 da LSC), quer em relação à sociedade quer em relação a outras sociedades coligadas (art. 322.º, n.º 2 da LSC). A recusa de informação só se justifica se a divulgação puder causar grave prejuízo para a sociedade (art. 322.º, n.º 3 da LSC). Os administradores ficam, assim, obrigados a prestar informação fidedigna, suficiente e clara, sob pena de os sócios que a solicitaram arguirem a anulabilidade da deliberação tomada (art. 322.º, n.º 4 da LSC).

Por último, e tendo em vista assegurar os direitos dos sócios minoritários, prevê-se ainda um direito coletivo à informação, que pode ser exercido pelos acionistas que detenham, pelo menos, 10% do capital social (art. 323.º da LSC).

As regras acabadas de indicar promovem a disseminação de informação entre os acionistas, fomentam o controlo sobre a atuação dos administradores e incentivam os acionistas a participar ativamente nas deliberações da assembleia geral, contribuindo para a boa governação das sociedades anónimas angolanas.

[35] Veja-se, a este propósito, António Fernandes Oliveira, "Atas e Informações Sobre Deliberações Adotadas", in *Código de Governo das Sociedades Anotado*, Almedina, Coimbra, 2012, p. 99 e ss.

3.4. Abuso de maioria/abuso de minoria

São variadas as disposições encontradas na LSC que têm por objetivo obstar a que os sócios maioritários afastem por completo os sócios minoritários do processo de tomada de decisões sociais.

No que respeita ao abuso de maioria, importa referir o disposto no art. 88.º da LSC, que trata da responsabilidade solidária dos sócios em relação aos atos praticados pelos membros do conselho de administração e do conselho fiscal. Na verdade, os sócios das sociedades anónimas concertam antecipadamente as suas posições e vinculam-se no exercício dos seus direitos de voto através de acordos parassociais (art. 19.º da LSC), assegurando-se, assim, que são eleitos para os órgãos da sociedade pessoas por si escolhidas. Ao concertarem as suas posições em sede parassocial, os sócios promovem a constituição de maiorias capazes de sempre eleger os administradores por si selecionados, o que lhes assegura um permanente controlo sobre a administração da sociedade. O legislador esteve bem quando reconheceu esta realidade muito comum entre nós e previu que, havendo culpa na escolha da pessoa designada e sobre esta recaia o dever de indemnizar (a sociedade, outros sócios ou terceiros), devem os sócios que se concertaram para a sua designação responder solidariamente[36].

De modo a evitar que os sócios minoritários fiquem sistematicamente afastados do exercício dos seus direitos sociais, o legislador consagrou disposições especialmente destinadas a assegurar-lhes o respetivo exercício, ainda que condicionados à detenção de uma determinada percentagem de capital social.

Assim, é necessário deter, pelo menos, 5% do capital social para: (i) consultar em qualquer momento na sede social diversos documentos relativos à escrituração mercantil da sociedade especificados na lei, designadamente o livro de registo de ações, as convocatórias e listas de presenças da assembleia geral e os relatórios de gestão (art. 320.º da LSC); requerer ao presidente da mesa a convocação da assembleia geral (art. 395.º, n.º 1 da LSC) e, caso este indefira o seu requerimento, requerer a convocação judicial (art. 395.º, n.º 5 da LSC) da assembleia geral; e (iii) requerer ao presidente da mesa a inclusão de determinados assuntos na ordem de trabalhos da assembleia geral (art. 398.º, n.º 1 da LSC) e, no caso de indeferimento, a convocação judicial de nova assembleia para deliberar sobre esses assuntos (art. 398.º, n.º 3 da LSC).

A detenção de, pelo menos, 10% do capital social é imprescindível para: (i) requerer a prestação de informação por escrito ao órgão de administração da sociedade (art. 323.º, n.º 1 da LSC); (ii) propor contra a sociedade uma ação de

[36] Veja-se quanto á responsabilidade dos sócios por designação dos membros do órgão de administração, Gilberto Luther, *A Responsabilidade Solidária do Sócio e o Direito de dar Instruções nos Grupos de Sociedades*, Coleção Teses e Mestrados, Casa das Ideias, Luanda, 2012, p. 87 e ss.

inquérito judicial (324.º n.º 1 da LSC) destinada a obter a informação que lhe foi recusada no âmbito do art. 320.º ou 322.º, ambos da LSC; (iii) caso o contrato de sociedade assim preveja, o direito de subscrever uma lista indicativa de nomes para o órgão de administração (art. 413.º, n.º 1 da LSC) e o direito, caso tenha votado contra a lista vencedora, de designar pelo menos um administrador (art. 413.º, n.º 5 da LSC); (iv) obstar à eficácia da deliberação da assembleia geral que destitua um administrador sem fundamento, que tenha sido eleito no âmbito do art. 413.º LSC (art. 423.º, n.º 2 da LSC); (v) quando tiver votado contra as propostas que venceram para a eleição dos membros do órgão de fiscalização, o direito de requerer judicialmente a nomeação de mais um membro efetivo e de mais um membro suplente para aquele órgão (art. 438.º, n.º 1 da LSC); (vi) propor, caso a sociedade a não proponha, ação de responsabilidade civil contra os administradores da sociedade por danos causados à própria sociedade (art. 82.º n.º 1 da LSC); e (vii) requerer a nomeação de representante judicial da sociedade em ações de responsabilidade civil instauradas contra administradores ou fiscais da sociedade (81.º n.º 1 da LSC).

A lei prevê especificamente que os sócios minoritários se agrupem e elejam um representante desse coletivo para exercer determinados direitos sociais, designadamente os seguintes: (i) o direito de consultar os elementos de escrituração mercantil na sede da sociedade (como refere o art. 320.º, n.º 4 da LSC), que exige a detenção de pelo menos 10% do capital social; e (ii) caso o direito a participar na Assembleia Geral esteja condicionado (pelo contrato de sociedade) à detenção de uma dada percentagem mínima de capital social, os acionistas têm o direito de se agruparem para perfazer aquele mínimo (art. 399.º, n.º 6 da LSC).

No que respeita às minorias de bloqueio, note-se que os sócios minoritários também se socorrem frequentemente de acordos parassociais, nos quais convencionam votar concertadamente para impedir a aprovação de determinadas matérias submetidas à apreciação da assembleia geral. Apesar de não serem oponíveis à sociedade (art. 19.º, n.º 1 da LSC), estes acordos podem ser muito eficazes quando os interesses dos sócios que a eles se vinculam são convergentes e quando neles se insere uma cláusula penal de avultado montante.

Tanto o abuso de maioria como o abuso de minoria retiram à assembleia geral a sua funcionalidade, instrumentalizando-a e subjugando-a aos interesses da maioria ou de uma minoria. Sendo esse o caso, há que lançar mão do art. 63.º, n.º 1, al. b) da LSC, que determina a anulabilidade das deliberações resultantes do exercício abusivo do direito de voto por parte dos acionistas maioritários ou minoritários, nomeadamente quando tal direito for utilizado com o propósito de obtenção de vantagens especiais para esses acionistas, em prejuízo da sociedade ou de outros acionistas. Apesar de este mecanismo ter bastante interesse em termos teóricos, ele não sido muito utilizado, na prática, entre nós.

3.5. Divulgação de participações sociais

A LSC estabelece um conjunto de deveres de publicação e de declaração de participações sociais em relação às sociedades com sede em Angola (art. 463.º, n.º 4 da LSC) que se encontrem em relação de coligação com outras sociedades. Prevê-se que as sociedades que adquirem participações sociais noutras sociedades de valor igual ou superior a 10% do respetivo capital social efetuem uma comunicação formal desse facto à sociedade participada (art. 466.º e 468.º, ambos da LSC) ou informem a aquisição de participações que lhe conferem uma influência dominante (art. 470.º da LSC). No que concerne ao dever de publicação (leia-se publicização) das referidas aquisições, a LSC apenas se limita a remeter para lei especial.

O referido dever de publicitar a existência de participações sociais qualificadas surge entre nós quando há necessidade de as sociedades anónimas demonstrarem perante entidades públicas que são empresas angolanas, ie, que a maioria do seu capital social se encontra detido por cidadãos ou empresas angolanas (art. 19.º, n.º 1 da Lei do Fomento do Empresariado Privado Angolano[37]), para efeito de beneficiarem da legislação destinada a promover o empresariado privado angolano. Assim sucede, por exemplo, para poderem exercer atividade no sector das telecomunicações, para prestarem determinados serviços à indústria petrolífera ou para beneficiarem de preferência na seleção no âmbito de processos de contratação pública.

O quadro legal angolano prevê ainda obrigações quanto à divulgação de participações sociais aplicáveis às instituições financeiras. Na verdade, o pedido para a constituição de uma instituição financeira bancária importa a prévia divulgação ao Banco Nacional de Angola da relação dos sócios que detenham participações qualificadas na pessoa coletiva participante, bem como da relação das sociedades em cujo capital a pessoa coletiva participante detenha participações qualificadas (art. 17.º, n.º 2, al. c) e d) da LIF). Depois de constituída a instituição financeira bancária, fica sujeita a autorização a transmissão de lotes de ações entre residentes que representem mais de 10% do capital social (art. 14.º, n.º 7 da LIF) e quaisquer transmissões em que intervenham não residentes (art. 14.º, n.º 8 da LIF).

A LIF sujeita ainda a prévia autorização do Banco Nacional de Angola qualquer aquisição ou aumento (direto ou indireto) de participação qualificada (art. 22.º da LIF). E, note-se, o Banco Nacional de Angola pode opor-se ao projeto de aquisição ou de incremento de participação qualificada se *"considerar demonstrado que a pessoa em causa não reúne as condições que garantam uma gestão sã e prudente da instituição financeira bancária"* (art. 23.º, n.º 1 da LIF), tendo o legislador o cuidado de, a título exemplificativo, indicar em que circunstâncias tais condições não se verificam (art. 23.º, n.º 2 da LIF, onde se apontam a ilicitude de proveniência de fundos, a falta de idoneidade da pessoa em questão ou a inviabilidade de

[37] Lei n.º 14/03, de 18 de Julho, publicada no Diário da República, I Série, n.º 56.

uma adequada supervisão por parte do Banco Nacional de Angola). O art. 6.º do Aviso 1/13 aponta regras mais precisas para o cálculo de participações qualificadas, tendo em conta a cadeia de entidades a quem essa participação pode ser imputada. As regras acabadas de apontar asseguram ao Banco Nacional de Angola um elevado e contínuo controlo da estrutura acionista das instituições financeiras bancárias em Angola, promovendo a transparência da real titularidade do respetivo capital social.

No que toca às seguradoras, o Instituto de Supervisão de Seguros é chamado a aprovar as transações entre acionistas residentes que, isolada ou conjuntamente, correspondam a mais de 20% do seu capital social (art. 7.º, n.º 2 do Regulamento das Seguradoras). Quando as transações envolverem não residentes, a respetiva autorização deve ser conferida pelo Ministério das Finanças, sob parecer do Instituto de Supervisão de Seguros (art. 7.º, n.º 3 do Regulamento das Seguradoras).

A LVM impõe também obrigações de divulgação de participações sociais em relação às sociedades abertas. Assim, quem venha a adquirir uma participação igual ou superior a 5% do capital social e a cada múltiplo de 5% dos direitos de voto correspondentes ao capital social de uma sociedade aberta e, bem assim, quem reduzir a sua participação para valor inferior a qualquer dos limites apontados, fica na obrigação de, no prazo de cinco dias, comunicar tal facto à Comissão do Mercado de Capitais (art. 112.º, n.º 1 da LVM). Estão também sujeitos a comunicação à Comissão do Mercado de Capitais, no prazo de três dias após a sua celebração, os acordos parassociais através dos quais se procure adquirir ou reforçar uma participação qualificada numa sociedade aberta ou, de contrário, frustrar o êxito de ofertas públicas de aquisição (art. 113.º, n.º 1 da LVM), sob pena das deliberações tomadas com base nesses acordos serem anuladas (art. 113, n.º 3 da LVM). Note-se que a não observância dos deveres de comunicação mencionados importa a aplicação de sanções por parte da Comissão do Mercado de Capitais, nos termos do art. 122.º da LVM.

3.6. Mercado de controlo acionista

Como já aqui se referiu, o mercado acionista não se encontra ainda em funcionamento em Angola. A Comissão do Mercado de Capitais, entidade a quem caberá efetuar a supervisão do mercado de valores mobiliários, está neste momento em fase de preparação da respetiva regulamentação[38].

[38] Como se poderá constatar através da consulta do site da Comissão de Mercado de Capitais (http://www.cmc.gv.ao/legislacao.php), há um conjunto de regulamentos que foram preparados mas que, até à data, não chegaram a ser aprovados. Uma vez que a generalidade destes projetos de regulamento está atualmente a ser revista, porquanto se encontram já bastante desatualizados, optámos por não lhes fazer referência expressa no presente artigo.

Na verdade, desde 2006 que tem vindo a ser anunciada a criação de uma Bolsa em Angola que, por vicissitudes várias, sempre foi sendo sistematicamente adiada. No início de 2012, a Comissão do Mercado de Capitais deu início à definição de um plano estratégico a cinco anos, que pretende ver implementado até 2017[39]. Este plano foi concebido em quatro fases: (i) até ao final de 2012 ficou definido e aprovado o plano estratégico para o mercado de capitais em Angola, sendo igualmente definido o quadro normativo para os fundos de investimento; (ii) em 2013 deverá arrancar o mercado da dívida pública (que até agora funciona apenas entre o Banco Nacional de Angola e os bancos comerciais, servindo sobretudo para financiar o orçamento de Estado) e o mercado da dívida corporativa; (iii) em 2016 deverá arrancar o mercado acionista e (iv) em 2017 deverá arrancar o mercado de futuros. Assim, espera-se que a Bolsa propriamente dita surja em 2016 ou 2017, após um ensaio de funcionamento do mercado acionista num formato de mercado de balcão regulamentado.

Esta visão realista e prudente da Comissão do Mercado de Capitais tem o mérito de conceder tempo às empresas angolanas de considerável dimensão para reunirem as condições que lhes permitirão virem a ser cotadas em Bolsa, cumprindo, designadamente, os procedimentos exigidos no que respeita à prestação de contas.

3.7. Negócios com a sociedade

Os negócios realizados entre sócios e a sociedade podem ser potencialmente geradores de conflitos de interesses, na medida em que aqueles podem tentar obter para si vantagens que não se coadunam com a prossecução do interesse social[40].

Por essa razão, a LSC regulamentou a aquisição de bens por parte da sociedade aos seus sócios, sendo este regime aplicável a todos os tipos sociais. Assim, para que tal aquisição seja válida, é necessário que a assembleia geral a aprove (art. 36.º, n.º 1 da LSC), estando o sócio alienante impedido de votar (art. 36.º, n.º 3, última parte da LSC). A assembleia geral, porém, só se poderá pronunciar quanto aos termos da projetada aquisição após o bem em causa ter sido avaliado por um perito contabilista independente (art. 30.º e 36.º, n.º 3, ambos da LSC).

[39] Para maiores desenvolvimentos, veja-se a entrevista do atual Presidente da Comissão de Mercado de Capitais, Archer Mangueira, "Novo Rosto do Mercado", in *Exame Angola*, publicada em 15.08.2012, disponível em http://www.exameangola.com/pt/?id=2000&det=28361 (consultada em 13.10.2012).

[40] Veja-se José Ferreira Gomes, "Relações com Acionistas", in *Código de Governo das Sociedades Anotado*, Almedina, Coimbra, 2012, p. 311, onde se refere, em particular, os negócios entre a sociedade e os acionistas controladores. Do mesmo autor, "Conflitos de Interesses entre Acionistas nos Negócios Celebrados com a Sociedade Anónima e o Seu Acionista Controlador", in *Conflitos de Interesses no Direito Societário e Financeiro*, Almedina, Coimbra, 2010, p. 81.

O referido contrato deve, por fim, ser reduzido a escrito (art. 36.º, n.º 4 da LSC), sob pena de nulidade, nos exatos termos aprovados pela assembleia geral.

Sendo de natureza duradoura, os negócios celebrados entre os sócios e a sociedade têm muitas vezes o intuito de lhes permitir retirar proveitos da sociedade antes de haver lugar à distribuição de dividendos. Na verdade, nos últimos anos, recorria-se frequentemente à celebração de contratos de gestão e de assistência técnica com sócios estrangeiros, de modo a que estes recebessem no exterior do país proveitos gerados pela atividade da sociedade em Angola, de forma continuada, ainda antes da sociedade poder apurar da existência de dividendos.

Ciente desse facto, o legislador angolano tem procurado instituir mecanismos legais que impeçam os sócios de descapitalizar as sociedades, para o que contribuiu a publicação do Regulamento sobre a Contratação de Serviços de Assistência Técnica Estrangeira ou de Gestão[41] (doravante "Regulamento CSATEG"). Este diploma veio consagrar que os contratos de prestação de serviços de assistência técnica ou de gestão realizados com empresas estrangeiras que importem um pagamento anual ao prestador de serviços estrangeiro superior a USD 300.000 (art. 1.º, n.º 5 do Regulamento CSATEG) devem ser previamente submetidos à aprovação de uma comissão criada para o efeito, onde têm assento representantes do Ministério da Economia e do Banco Nacional de Angola. Os referidos contratos, que devem respeitar um conjunto de requisitos previstos neste diploma (art. 4.º do Regulamento CSATEG), devem ter uma duração máxima de três anos e não podem estar sujeitos a renovação automática (art. 7.º, n.º 2 do Regulamento CSATEG). Quando celebrados com um sócio da sociedade que seja estrangeiro, a referida autorização só pode ser concedida pela Agência Nacional para o Investimento Privado, após prévio parecer favorável do Ministério da Economia (art. 1.º, n.º 6 do Regulamento CSATEG).

4. ADMINISTRAÇÃO

4.1. Estrutura

A administração das sociedades anónimas angolanas é exercida, em regra, por um conselho de administração (art. 315.º, n.º 1 da LSC). Caso o capital social não ultrapasse uma quantia equivalente, em moeda nacional, a USD 50.000 (art. 315.º, n.º 2, al. b) da LSC) ou a sociedade tenha apenas dois sócios, sendo um deles o Estado ou entidades a ele equiparadas que detenham a maioria do capital social

[41] Aprovado pelo Decreto Presidencial n.º 273/11, de 27 de Outubro, publicado no Diário da República, I Série, n.º 208.

(art. 315.º, n.º 2, al. a) e 304.º, n.º 2, ambos da LSC), a sociedade pode ser administrada por um administrador único.

No que respeita à composição quantitativa do conselho de administração, o art. 410.º, n.º 1 da LSC é bastante lato, exigindo apenas que o coletivo seja constituído por um número ímpar de administradores. Esta exigência é reafirmada pelo art. 9.º, n.º 1 do Aviso 1/13.

Deste modo, recai no âmbito da liberdade contratual dos sócios a determinação exata do número de administradores que integram o conselho de administração de uma determinada sociedade. É comum entre nós prever-se no contrato de sociedade que o conselho de administração terá um número mínimo e um número máximo de administradores, como forma de adaptar a dimensão do conselho de administração ao real crescimento da sociedade[42] sem que, a todo o momento, haja necessidade de alterar o contrato de sociedade. Também o art. 9.º, n.º 2 do Aviso 1/13 refere que o número de membros que integram o conselho de administração deve ser suficiente e adequado à dimensão, natureza e situação económica de cada instituição financeira. A ampla margem de configuração numérica do conselho de administração promove a conformação por parte de cada sociedade concreta de um conselho de administração com uma dimensão adequada às suas características e necessidades, contribuindo para flexibilizar o modelo de governo societário consagrado na LSC.

A exigência de um número ímpar de administradores já se nos afigura de menor utilidade do ponto de vista prático. Na verdade, basta que um dos membros do conselho de administração se abstenha, esteja ausente ou fique impedido de votar para que seja possível o surgimento de empates nas votações. Se a ideia do legislador era evitar esses empates, melhor seria que se tivesse instituído como regra geral um voto de qualidade, atribuído ao presidente do conselho de administração, em caso de empate nas votações (e não se estabelecesse esta possibilidade a título meramente facultativo, como se fez no art. 416.º, n.º 1 da LSC)[43].

Entre nós, podem integrar o conselho de administração pessoas que sejam ou não acionistas da sociedade (art. 410.º, n.º 2 da LSC). Não obstante, o contrato de sociedade pode impedir que não acionistas sejam eleitos para o conselho de administração (art. 315.º, n.º 2 da LSC). Esta regra já se nos afigura mais difícil de compreender à luz do atual contexto socioeconómico angolano, em que se vem promovendo uma gestão cada vez mais profissionalizada das empresas angolanas.

[42] Veja-se a propósito Paulo Câmara e Gabriela Figueiredo Dias, "O Governo das Sociedades Anónimas", in *O Governo das Organizações – A Vocação Universal do Corporate Governance*, Almedina, Coimbra, 2011, p. 53 e ss.

[43] Câmara e Dias, "O Governo...", op. cit., p. 52.

Ao contrário do que sucede com a administração das sociedades por quotas (art. 281.º, n.º1 da LSC), nas sociedades anónimas admite-se a nomeação de pessoas singulares e de pessoas coletivas[44] para o cargo de administrador. Sendo designada uma pessoa coletiva, ela deve necessariamente indicar uma pessoa singular para exercer o cargo (art. 410.º, n.º 3 da LSC). Neste caso, o legislador estabeleceu que a pessoa singular nomeada exerce o cargo em nome próprio, sendo-lhe diretamente imputáveis os atos praticados, e ficando a pessoa coletiva solidariamente responsável pelos atos praticados por aquela (art. 410.º, n.º 4 da LSC). Apesar da consagração legal, não tem sido prática corrente entre nós nomearem-se pessoas coletivas como administradores das sociedades.

Por último, uma pequena nota no que concerne às competências do conselho de administração das instituições financeiras para definir, implementar e rever a estrutura orgânica e funcional das instituições financeiras que encabeçam e das suas filiais (respetivamente, art. 9.º, n.º 4 al. b) e n.º 6 do Aviso 1/13). No direito angolano a competência para definir a estrutura orgânica do conselho de administração das sociedades anónimas radica nos acionistas, que a definem no contrato de sociedade e a podem modificar através de deliberações posteriores da assembleia geral. No âmbito das suas competências, o conselho de administração poderá apenas proceder à sua reorganização interna, instituindo comissões[45] que atuam com base em poderes delegados[46]. Assim, o máximo que o conselho de administração poderá fazer é recomendar aos acionistas (da sociedade mãe e das filiais) a revisão dessa estrutura orgânica. As estruturas de grupo conduzem à existência de riscos particulares no contexto das sociedades financeiras, devendo o conselho de administração prever mecanismos de controlo que assegurem a transparência e o controlo do mercado[47].

4.2. Incompatibilidades e independência

O art. 69.º da LSC impõe aos administradores que atuem, em primeira linha, no interesse da sociedade. Sem prejuízo das querelas sobre o que se deve entender

[44] Veja-se Manuel Nogueira Serens, "Designação de Pessoas Coletivas Para os Órgãos de Sociedades Anónimas e por Quotas", in *Direito das Sociedades em Revista*, Ano I, vol. I, Almedina, Coimbra, 2009, p. 165 e ss.

[45] Para maiores desenvolvimentos, veja-se Alexandre Soveral Martins, "Comissão Executiva, Comissão de Auditoria e outras Comissões na Administração", in *Reformas do Código das Sociedades*, Almedina, Coimbra, 2007, p. 243 e ss.

[46] Sobre esta problemática, veja-se Duarte Schmidt Lino, "Estrutura e Competência", in *Código de Governo das Sociedades Anotado*, Almedina, Coimbra, 2012, p. 119 e ss.

[47] Para maiores desenvolvimentos, veja-se José Ferreira Gomes, "Conselho de Administração", in *Código de Governo das Sociedades Anotado*, Almedina, Coimbra, 2012, p. 213 e 214.

por interesse social[48], o que aqui se procura é assegurar a implementação de mecanismos e de estruturas que permitam aos membros do conselho de administração tomar decisões com independência, robustecendo a atuação deste órgão enquanto entidade a quem cabe diariamente concretizar o interesse social.

Com o propósito de evitar que sejam designados administradores pessoas que se encontrem em situação de conflito de interesse com a sociedade, o legislador estabeleceu um conjunto de incompatibilidades que devem considerar-se aplicáveis tanto aos administradores de direito como aos administradores de facto[49] das sociedades anónimas.

De acordo com o art. 287.º da LSC (aplicável por remissão expressa do art. 419.º, n.º 1 da LSC), fica vedado aos administradores das sociedades anónimas exercerem, por conta própria ou alheia, diretamente ou por interposta pessoa, qualquer atividade concorrente com a da sociedade, salvo se a assembleia geral lhes der autorização para o efeito. A proibição de concorrência inclui também a detenção de participação social de valor igual ou superior a 20% do capital social em sociedade concorrente (art. 287.º, n.º 3 da LSC). O exercício de atividade concorrente sem autorização da assembleia geral é fundamento para a destituição do administrador com justa causa (art. 287.º, n.º 5 da LSC). Esta previsão legal promove a transparência quanto às demais atividades exercidas e aos interesses que movem os administradores, que se veem forçados a comunica-los à sociedade e a obter a respetiva autorização dos sócios.

No que respeita a sociedades que se encontram em relação de grupo, o art. 419.º, n.º 2 da LSC estabelece que os administradores não podem durante o exercício do seu mandato exercer outras funções noutras sociedades do grupo (ao abrigo de contrato de trabalho ou de prestação de serviço), nem celebrar contratos destinados a vigorar despois do seu mandato ter cessado. Quaisquer contratos que se encontrem em vigor, suspendem-se automaticamente ou caducam aquando da designação para o cargo de administrador (art. 419.º, n.º 3 da LSC).

A LIF apresenta já um conjunto de requisitos mais apertados para que uma pessoa possa ser eleita para a administração de instituições financeiras bancárias, exigindo-lhe idoneidade (cuja apreciação é feita de acordo com as regras do art. 26.º da LIF) e experiência profissional adequada (art. 27.º da LIF). A pertença ao conselho de administração de uma instituição financeira bancária

[48] Sobre o que deva entender-se por interesse social veja-se, ainda que por referência ao anteprojeto da LSC, Gilberto Luther, "A Questão da Preferência Societária – Um Breve Olhar Sobre um Problema Novo no Direito das Sociedades em Angola", *in RAD – Revista Angolana de Direito*, Casa das Ideias, Luanda, 2009, p. 125.

[49] A existência de administradores de facto nas sociedades comerciais angolanas é particularmente comum. Veja-se Sofia Vale e Teresinha Lopes, "A Responsabilidade Civil dos Administradores de Facto", in *Revista da Faculdade de Direito da Universidade Agostinho Neto*, n.º 10, Edição da FDUAN, Luanda, 2010, p. 55 e ss.

é incompatível com o exercício de outros cargos de gestão e de quaisquer outras funções noutras instituições financeiras bancárias ou não bancárias (art. 29.º, n.º 1 da LIF), salvo se as diferentes sociedades se encontrarem em relação de grupo (art. 29.º, n.º 2 da LIF). Esta maior flexibilidade para a acumulação de funções em instituições financeiras que se encontram em relação de grupo (que, como vimos, não é autorizada pelo art. 419.º, n.º 2 da LSC) só pode compreender-se pela falta, que ainda se faz sentir entre nós, de profissionais altamente qualificados que estejam habilitados para o exercício de tais cargos. Seria, pois, desejável que, num futuro próximo, a acumulação de funções deixasse de ser possível, de modo a que se evitassem os conflitos de interesses que aí possam surgir. De qualquer modo, o Banco Nacional de Angola tem sempre a última palavra quanto à possibilidade de acumulação de funções, podendo (quando apurar que existe grave risco de conflitos de interesses ou quando se tratar de administradores executivos) determinar a interrupção do último mandato registado (art. 29.º, n.º 3 da LIF). Este quadro legal é aplicável também às instituições financeiras não bancárias (art. 98.º da LIF).

Encontra-se já consagrada entre nós a figura do administrador independente[50], a quem, com assento no conselho de administração, cabem funções de controlo e de vigilância da atuação do próprio conselho de administração. Nessa medida, o art. 3, n.º 2 e 9 do Aviso 1/13 define administrador independente como o membro do órgão de administração que tem capacidade para efetuar juízos valorativos e tomar decisões sobre as políticas e processos da instituição financeira sem a influência da gestão diária corrente e de interesses exteriores contrários aos objetivos da instituição financeira. A aferição da independência passa pela não verificação, em relação ao administrador, dos índices apontados nos diversas alíneas do art. 3.º, n.º 9 do Aviso 1/13, destinados a confirmar a autonomia subjetiva do mesmo no processo de tomada de decisão.

Sem prejuízo de reconhecermos o avanço demonstrado pelo Aviso 1/13 quanto à consagração legal da figura do administrador independente, pensamos que o legislador deveria ter ido mais longe e estabelecido regras para o real enquadramento desta figura no seio do conselho de administração[51].

Por último, refira-se ainda que a atuação dos administradores independentes estará particularmente condicionada nas sociedades anónimas em que exista um

[50] Sobre esta figura, veja-se Rui De Oliveira Neves, "O Administrador Independente", in *Código das Sociedades Comerciais e Governo das Sociedades*, Almedina, Coimbra, 2008, p. 143 e ss., e Bang Dang Nguyen e Kaspar Meisner Neilsen, "The Value of Independent Directors: Evidence from Sudden Deaths", in *Journal of Financial Economics*, Vol. 98, 2010, disponível em http://papers.ssrn.com/sol3/papers.cfm?abstract_id=1342354## (consultado em 13.10.2012), p. 550 e ss.

[51] Veja-se João Gomes Da Silva e Rui Oliveira Neves, "Incompatibilidade e Independência", in *Código de Governo das Sociedades Anotado*, Almedina, Coimbra, 2012, p. 125 e ss.

grande acionista de referência (como é o caso do Estado), onde será difícil ao administrador independente fiscalizar o relacionamento do acionista de referência com a sociedade, evitando conflitos de interesses[52].

4.3. Designação, substituição e destituição

Os administradores são indicados no contrato de sociedade ou eleitos posteriormente pela assembleia geral (art. 411.º, n.º 1 da LSC), sendo permitida a sua reeleição (art. 412.º, n.º 2 última parte da LSC). O mandato do conselho de administração tem uma duração máxima de quatro anos (podendo estabelecer-se duração inferior no contrato de sociedade – art. 412.º, n.º 1 da LSC), mas enquanto não houver nova eleição os administradores designados devem manter-se em funções (art. 412.º, n.º 3 da LSC). Este enquadramento legal da duração dos mandatos dos administradores assegura uma desejável renovação, obrigando a assembleia geral a pronunciar-se regularmente, sem impedir o normal funcionamento da sociedade enquanto ela não o puder fazer.

O direito de designar administradores não pode ser configurado como um direito especial atribuído a uma categoria de ações, embora se possa prever nos estatutos que a eleição de um máximo de 1/3 dos administradores deve ser aprovada pela maioria dos votos conferidos a certa categoria de ações (art. 411.º, n.º 2 da LSC). Em regra, os administradores são eleitos por uma maioria simples dos votos emitidos (art. 406.º, n.º 2 da LSC), mas o contrato de sociedade pode prever que sejam eleitos por maioria qualificada dos votos correspondentes ao capital social (art. 411.º, n.º 2 da LSC). Com o intuito de salvaguardar os direitos dos sócios minoritários, o legislador consagrou a possibilidade de sócios que representem pelo menos 10% do capital social apresentarem listas onde propõem a eleição de administradores (art. 413.º da LSC). A nomeação judicial de administradores pode ocorrer nos termos do art. 415.º da LSC, a requerimento de qualquer acionista, de modo a ultrapassar impasses resultantes da não reunião do conselho de administração por falta de administradores efetivos ou caso tenham decorrido mais de cento e oitenta dias após o termo do mandato.

Os administradores são substituídos[53] quando ficarem impedidos, incapacitados ou faltarem, a título definitivo (art. 414.º, n.º 1 da LSC) ou em caso de suspensão temporária (art. 414.º, n.º 4 e 421.º, ambos da LSC). Se os impedimentos ou a incapacidade nos parecem objetivamente determináveis, já o número de faltas às reuniões do conselho de administração que permitam concluir pelo

[52] Quanto a este ponto, SILVA e NEVES, "Incompatibilidades...", op. cit., p. 135 e ss.

[53] Quanto à substituição de administradores e à configuração de um dever jurídico correspetivo, CÂMARA e DIAS, "O Governo...", op. cit., p. 64 e ss.

incumprimento reiterado das suas obrigações perante a sociedade será de determinação mais difícil. Neste caso, pensamos, há que atender a um eventual regulamento do conselho de administração no qual se indique um número de faltas máximo ou, não existindo tal regulamento, deverá o conselho de administração pronunciar-se sobre a falta reiterada de um dado administrador às sessões e declarar a sua indisponibilidade para o exercício das funções que lhe foram cometidas.

Entre nós, não é obrigatória a nomeação de administradores suplentes (art. 410.º, n.º 5 da LSC) mas, tendo a assembleia geral indicado suplentes, são estes chamados a substituir, em primeira linha, os administradores em falta (art. 414.º, n.º 1, al. a) da LSC). Caso não haja suplentes, os administradores serão substituídos por cooptação (art. 414.º, n.º 1, al. b) da LSC), por designação do conselho fiscal caso a cooptação não tenha ocorrido no prazo de sessenta dias (art. 414.º, n.º 1, al. c) da LSC) ou por eleição de novo administrador (art. 414.º, n.º 1, al. d) da LSC). Estas regras só sofrem derrogação nos casos em que os administradores hajam sido eleitos ao abrigo de listas apresentadas por acionistas minoritários (art. 413.º da LSC), caso em que se deve promover nova eleição (art. 414.º, n.º 5 da LSC).

As regras quanto à substituição de administradores destinam-se a assegurar o regular funcionamento do conselho de administração até ao final do mandato (art. 414.º, n.º 3 da LSC). As substituições efetuadas por cooptação ou por designação do conselho fiscal (art. 414.º, n.º 2 da LSC) devem ser ratificadas pela assembleia geral, assegurando-se que os acionistas têm sempre a última palavra em relação às pessoas que têm assento no conselho de administração.

A designação de administradores (quer no termo do mandato quer em substituição) importa a correspondente inscrição no registo comercial (art. 3.º, al. d) do Código de Registo Comercial), assegurando-se a proteção de terceiros que negoceiam com a sociedade. Refira-se a este propósito que as Conservatórias de Registo Comercial estão atualmente a recusar o registo de administradores estrangeiros não residentes que não sejam detentores de um visto de trabalho emitido pela empresa cujo registo se pretende efetuar[54]. Esta prática que, do nosso ponto de vista, carece de fundamento legal, assenta num conjunto de pressupostos errados, entre os quais que a administração é um mandato necessariamente oneroso e que o exercício de qualquer cargo de administração por parte de estrangeiros exige a sua permanência em território nacional ao abrigo de um visto de trabalho.

Os administradores podem ser destituídos pela assembleia geral independentemente de justa causa (art. 423.º, n.º 1 da LSC), devendo tal destituição ser aprovada por maioria simples dos votos emitidos, nos termos gerais já descritos.

[54] Esta prática das Conservatórias de Registo Comercial encontra-se vertida no Ofício n.º 1139/GAB. DN.RN/2012, emitido pelo Gabinete do Diretor Nacional da Direção Nacional de Registos e Notariado.

Esta regra comporta duas exceções: (i) os administradores designados ao abrigo de uma lista subscrita por acionistas minoritários (art. 413.º da LSC) não podem ser destituídos sem fundamento (leia-se justa causa) se os acionistas que representam pelo menos 10% do capital social tiverem votado contra essa deliberação (art. 423.º, n.º 2 da LSC) e (ii) os administradores nomeados pelo Estado e entidades equiparadas só podem ser destituídos por quem os designou, devendo a assembleia geral propor apenas a sua destituição (art. 423.º, n.º 3 da LSC).

A regra geral da destituição dos administradores independentemente de justa causa apresenta-se como um mecanismo desejável de execução da avaliação de desempenho destes que a assembleia geral vai continuamente realizando. Não obstante, se a assembleia geral for controlada por um acionista de referência, a livre destituição de administradores pode significar que este acionista se pretende assegurar de que os membros do conselho de administração se submetem continuamente às suas instruções, o que poderá conduzir a interferências dos acionistas nas competências do conselho de administração geradoras de conflitos de interesses.

4.4. Executivos e não executivos

Já tivemos oportunidade de referir neste trabalho (ponto 2.1.) que o modelo de governo constante da LSC permite a delegação de competências por parte do conselho de administração (art. 426.º da LSC) numa comissão executiva ou em administradores delegados, a quem caberia a gestão corrente da sociedade. Assim, dentro do modelo de governação de que dispomos, haveria um conselho de administração (não executivo) e uma comissão executiva (reitera-se, executiva) ou administradores delegados (executivos). Quer-se com isto dizer que, apesar de a lei não fazer distinção entre administradores executivos e não executivos (uma vez que todos eles mantêm os poderes gerais de administração conferidos – art. 426.º, n.º 6 da LSC), na prática temos administradores que se ocupam em maior medida da supervisão e administradores que se dedicam essencialmente à gestão corrente. Esta prática tem sido especialmente seguida pelos Bancos angolanos e por algumas empresas privadas de considerável dimensão, que sentem já a necessidade de destrinçar estas funções.

Ciente de que os administradores não executivos[55] podem desempenhar uma importante função de controlo e de fiscalização da atividade dos administradores

[55] Veja-se sobre o papel dos administradores não executivos, Derek Higgs, *Review of the Role and Effectiviness of Non-Executive Directors*, Edição do Stationary Office, London, 2003, disponível em http://www.ecgi.org/codes/documents/higgsreport.pdf (consultado em 13.10.2012), p. 27 e ss.

executivos[56], ao nível do próprio conselho de administração, o art. 8.º, n.º 2 do Aviso 1/13 promove a criação de uma comissão executiva nas instituições financeiras bancárias.

De acordo com o art. 9.º, n.º 5 do Aviso 1/13, caberá então aos administradores não executivos (dentre os quais se incluirão os administradores independentes) avaliar o desempenho da comissão executiva, tomar decisões quanto à estratégia do negócio, à estrutura orgânica e funcional do próprio conselho de administração (procedendo a uma autoavaliação), proceder à divulgação da informação legal e estatutariamente prevista e das operações relevantes, proceder à avaliação do risco associado e das características especiais das operações a realizar.

Por seu turno, prevê-se quanto à comissão executiva que ela poderá ser eleita pela assembleia geral ou nomeada pelo órgão de administração, caso o contrato de sociedade atribua a este tais competências (art. 10.º, n.º 1 do Aviso 1/13). Caberá à comissão executiva a gestão corrente da sociedade, não lhe podendo ser delegadas as funções previstas no art. 425.º, n.º 2 da LSC (por remissão do art. 426.º, n.º 2 da LSC) nem as seguintes (nos termos do art. 10.º, n.º 2 do Aviso 1/13: (i) definição e monitorização da estratégia de negócio e do risco associado; (ii) definição da estrutura orgânica e funcional das instituições individuais e da estrutura empresarial do grupo financeiro; (iii) conceção, avaliação periódica e revisão do sistema de controlo interno; (iv) divulgação de informação legalmente prevista; e (v) aprovação de operações relevantes.

4.5. Remuneração

Como aqui já se disse, o exercício da administração pode ou não ser remunerado e, sendo-o, a determinação da remuneração dos administradores é, nos termos do art. 420.º, n.º 1 da LSC, da competência da assembleia geral.

Em sede de instituições financeiras, o art. 17.º, n.º 1 do Aviso 1/13 concede às instituições financeiras a possibilidade de constituírem uma comissão de remunerações, que atua com competência delegada da assembleia geral. Essa comissão deve ser constituída por acionistas que não integrem os órgãos sociais, que podem ser coadjuvados por eventuais consultores por eles contratados (art. 17.º, n.º 2 do Aviso 1/13). Deve entender-se, como vimos, que a atuação da comissão de remunerações carece sempre de ser sancionada pela assembleia geral, pelo que as propostas de remuneração dos órgãos sociais apresentadas por aquela

[56] Sobre as funções que os administradores não executivos são chamados a desempenhar, veja-se Mintje Lückerath-Rovers e Auke de Bos, "Code of Conduct For Non-Executive and Supervisory Directors", in *Journal of Business Ethics*, 2010, disponível em http://papers.ssrn.com/sol3/papers.cfm?abstract_id=1586305 (consultado em 13.10.2012), p. 1 e ss.

deverão ficar vertidas em ata da assembleia geral. A criação desta comissão pode ser vantajosa, na medida em que tenta afastar a intervenção dos administradores (em especial, dos administradores que são acionistas) na determinação da remuneração que lhes é devida.

No que respeita aos critérios utilizados para a determinação da remuneração dos administradores, o legislador (art. 420.º, n.º 1 última parte da LSC) estatuiu que a assembleia geral deve ter em conta a situação económica da sociedade as funções exercidas pelos administradores (podendo, assim, haver uma diferença de remuneração entre administradores executivos e não executivos). O art. 16.º, n.º 2 do Aviso 1/13 vai mais longe na concretização destes critérios, indicando que a política de remuneração deve ter em conta princípios de proporcionalidade e evitar diferenças excessivas que prejudiquem a motivação e coesão das equipas.

A remuneração dos administradores poderá ser fixa ou variável. Sendo variável, ela deve obedecer aos requisitos do art. 420.º, n.º 2 e 3 da LSC: (i) o contrato de sociedade deve prever a percentagem dos lucros destinada a remunerar os administradores; (ii) essa percentagem só pode incidir sobre o lucro de exercício distribuível; e (iii) tal remuneração só pode ser paga depois de pagos os lucros dos acionistas. Na prática, porém, não tem sido isso que se verifica. Na verdade, são raros os estatutos que incluem uma cláusula sobre remuneração dos administradores (matéria que se pretende afastada da publicidade a que os estatutos estão sujeitos) e, em muitos contratos de prestação de serviços realizados pelos administradores, estabelece-se que a sua remuneração variável é indexada não aos lucros mas às receitas da sociedade.

O art. 17.º, n.º 3 do Aviso 1/13 afasta a possibilidade dos administradores não executivos receberem uma remuneração variável. O legislador assume que, uma vez que a eles não lhes cabe realizar a gestão corrente da instituição, faz sentido que se não lhes imponha um excessivo grau de risco quanto à remuneração a auferir. A questão que aqui se coloca é que, ante o nosso modelo de governo, os administradores não executivos não integram um órgão de fiscalização em si, tendo as mesmas responsabilidades de administração que têm os demais administradores executivos (como refere o art. 426.º, n.º 5 e n.º 6 da LSC), o que tornaria mais justo que também recebessem uma parte de remuneração variável[57].

Já os administradores executivos podem ter uma remuneração que compreenda uma parte fixa e uma parte variável, associada ao desempenho da instituição (art. 17.º, n.º 4 do Aviso 1/13). Note-se que no projeto do art. 17.º, n.º 4 do Aviso 1/13 se previa que a parte variável da remuneração deveria obedecer

[57] Para PAULO CÂMARA, "Remunerações", in *Código de Governo das Sociedades Anotado*, Almedina, Coimbra, 2012, p. 185, deve apenas ser interdita remuneração variável que *"venha deprimir a sua capacidade de avaliação crítica do desempenho da gestão"*.

aos seguintes critérios: (i) ser parcialmente diferida por prazo não inferior a dois anos, sendo este período determinado por referência aos objetivos da instituição; (ii) se consistisse numa percentagem das receitas ou dos lucros da instituição, deveria ter um limite máximo absoluto; e (iii) se fosse constituída por planos de atribuição de ações[58], obrigações ou derivados financeiros (daquela instituição ou de outra instituição do grupo), deveria também ser diferida por prazo não inferior a dois anos. O facto de o projeto do Aviso 1/13 condicionar o efetivo recebimento da remuneração ao momento em que se fixou que a instituição deveria cumprir determinado objetivo era, do nosso ponto de vista, especialmente importante como estímulo para o desempenho dos administradores executivos, possibilitando, por outro lado, uma real avaliação do seu desempenho por parte do conselho de administração (não executivo) e da assembleia geral. E, por esse facto, vimos com pena que tal redação foi eliminada da versão definitiva do art. 17.º, n.º 4 do Aviso 1/13.

4.6. Prestação de contas

A obrigação de prestar contas aos sócios impende sobre os membros da administração, a quem cabe elaborar o relatório de gestão, as contas de exercício e os demais documentos de prestação de contas previstos na lei, em cada ano civil (art. 70.º, n.º 1 da LSC). O relatório de gestão e as contas de exercício devem ser elaborados e assinados por todos os administradores que exerçam funções (art. 70.º, n.º 5 da LSC) ao tempo da sua apresentação à assembleia geral (art. 396.º, n.º 1 da LSC). Nas sociedades que tenham optado por distinguir os administradores que exercem funções executivas daqueles que são não executivos, é importante que o relatório de gestão se refira expressamente à atividade de supervisão exercida pelos administradores não executivos e às eventuais dificuldades com que se depararam[59].

A LSC contém ainda regras quanto à falta de apresentação de contas ou de deliberação sobre elas (caso em que qualquer sócio pode requerer um inquérito judicial – art. 73.º, n.º 1 da LSC), à recusa de aprovação das contas (art. 74.º da LSC) e ao regime de invalidade das deliberações sociais sobre aprovação de contas (art. 75.º da LSC).

No caso das empresas públicas, cabe ao conselho de administração a aprovação das contas (art. 19.º, n.º 1, al. c) do Regulamento da LEP), que deverão

[58] Sobre a possibilidade de os administradores serem remunerados através da atribuição de ações, veja-se Franklin Balotti, Charles Elson e Travis Laster, "Equity Ownership and the Duty of Care: Convergence, Revolution, or Evolution?", in *Business Lawyer*, n.º 55, 2000, disponível em http://papers.ssrn.com/sol3/papers.cfm?abstract_id=223493 (consultado em 13.10.2012), p. 661 e ss.

[59] Gomes, "Conselho...", op. cit., p. 227.

ser submetidas ao Ministério das Finanças para que este proceda à avaliação de desempenho das empresas públicas (art. 33.º, n.º 3, al. f) e art. 34.º, ambos do Regulamento da LEP). Recentemente, tem-se feito sentir entre nós uma maior exigência do acionista Estado quanto à apresentação de contas por parte das empresas públicas e à avaliação do seu desempenho, o que contribui para uma melhoria de governação das mesmas.

Ainda em matéria de prestação de contas, torna-se particularmente importante a divulgação de informação sobre as contas das sociedades anónimas, em particular das instituições financeiras. Nessa medida, o art. 22.º do Aviso 1/13 prevê que as instituições financeiras devem publicitar as suas contas através do seu site na internet, devendo esta informação ficar disponível por um período de cinco anos. Esta medida contribui muito para a transparência da atividade destas instituições e para um maior conhecimento das mesmas por parte de potenciais acionistas e do público em geral.

O Banco Nacional de Angola está particularmente atento às relações que se estabelecem entre empresas que integram um mesmo grupo financeiro. Assim, o Aviso 3/13 promove o alargamento da supervisão por parte do Banco Nacional de Angola a todas as sociedades que integram um mesmo grupo financeiro (art. 6.º), cabendo à empresa-mãe apresentar-lhe demonstrações financeiras relativas ao grupo (art. 4.º), para efeitos do controlo dos rácios e dos limites prudenciais em base consolidada (art. 7.º).

No que toca às sociedades abertas, o art. 33.º, n.º 1 da LVM impõe-lhes, ainda que de forma muito despicienda, a obrigação de remeterem à Comissão do Mercado de Capitais informação financeira mínima, com periodicidade trimestral e, anualmente, o respetivo relatório e contas.

4.7. Negócios com a sociedade

A celebração de negócios entre os administradores e a sociedade é particularmente potenciadora de conflitos de interesses[60]. Por essa razão, o legislador teve o cuidado de, no art. 418.º da LSC, estabelecer regras quanto à sua celebração.

Assim, a sociedade só pode conceder empréstimos ou crédito a administradores, efetuar pagamentos por conta destes, garantir obrigações ou fazer-lhes adiantamento por conta da respetiva remuneração até ao limite do montante mensal da mesma (art. 418.º, n.º 1 da LSC). Caso se trate de instituição financeira, os

[60] Para maiores desenvolvimentos, veja-se João Sousa Gião, "Conflitos de Interesses entre Administradores e Acionistas na Sociedade Anónima: os Negócios com a Sociedade e a Remuneração dos Administradores", in *Conflitos de Interesses no Direito Societário e Financeiro. Um Balanço a Partir da Crise Financeira*, Almedina, Coimbra, 2010, p. 268 e ss.

créditos a conceder aos seus administradores devem ser realizados em condições normais de mercado (art. 20.º, n.º 2, al. d) do Aviso 1/13), podendo haver derrogação no caso das operações de crédito revestirem carácter social (saúde ou habitação própria e permanente, nos termos do art. 20.º, n.º 2, al. e) do Aviso 1/13).

Em geral, para que seja válida a celebração de um contrato entre um administrador e a sociedade ou sociedades que com ela se encontrem em relação de grupo (art. 418.º, n.º 3 da LSC) é necessário (art. 418.º, n.º 2 da LSC): (i) que tenham sido autorizados por deliberação do conselho de administração, na qual o administrador em causa está impedido de votar; e (ii) que o conselho fiscal tenha emitido prévio parecer favorável. Estes requisitos só não são aplicáveis aos contratos compreendidos no próprio comércio da sociedade, caso não seja concedida qualquer vantagem especial ao administrador (art. 418.º, n.º 4 da LSC).

5. FISCALIZAÇÃO

5.1. Estrutura

Sendo o nosso sistema de governação corporativa de natureza monista[61], a fiscalização das sociedades anónimas compete ou a um conselho fiscal ou a um fiscal único, nos termos do art. 432.º, n.º 1 da LSC. A opção por um fiscal único pode ter lugar quando o capital social da sociedade não ultrapasse o equivalente em kwanzas a USD 50.000 ou quando a sociedade tiver apenas dois sócios, sendo um deles o Estado ou entidade equiparada que detenha a maioria do capital social (art.315.º, n.º 1 da LSC).

O legislador estabeleceu um número mínimo e máximo de membros que integram o conselho fiscal (três a cinco), exigindo, assim, que este seja sempre composto por um número ímpar de membros efetivos (art. 432.º, n.º 1, al. a) da LSC). Contrariamente ao que sucede quanto ao conselho de administração, devem sempre ser designados dois suplentes para o conselho fiscal e um suplente para o fiscal único (art. 432.º, n.º 1, al. a) e b) da LSC). Esta previsão é de extrema importância porquanto assegura a permanente substituição dos membros efetivos no seio do órgão de fiscalização da sociedade.

As empresas públicas poderão ter um conselho fiscal (composto obrigatoriamente por três membros, não se exigindo a nomeação de suplentes – art. 20.º, n.º 1 do Regulamento da LEP) ou um fiscal único, caso sejam classificadas como empresas de média ou pequena dimensão (art. 20.º, n.º 3 do Regulamento da

[61] Para mais desenvolvimentos sobre os modelos de fiscalização das sociedades anónimas, veja-se Câmara e Dias, "O Governo...", op. cit., p. 73 e ss.

LEP). Os membros do órgão de fiscalização das empresas públicas são designados por despacho conjunto dos Ministros das Finanças e da tutela (art. 20.º, n.º 2 do Regulamento da LEP).

A lei expressamente autoriza a designação para o órgão de fiscalização de pessoas coletivas. Caso a sociedade tenha um fiscal único, este só pode ser uma sociedade de contabilistas ou peritos contabilistas (art. 432.º, n.º 3 da LSC). Para o conselho fiscal, podem ser eleitas sociedades de peritos contabilistas e sociedades de advogados, que deverão indicar um representante (pessoa singular) para estar presente nas reuniões daquele órgão (art. 433.º, n.º 3 da LSC).

A duração do mandato do órgão de fiscalização deve ser determinado no contrato de sociedade, mas não pode ser superior a quatro anos (art. 435.º da LSC), de modo a assegurar um controlo periódico da assembleia geral em relação ao desempenho das pessoas que o integram. No caso das empresas públicas, o mandato é obrigatoriamente de três anos (art. 20.º, n.º 2 do Regulamento da LEP).

Apesar das amplas competências atribuídas (art. 441.º da LSC e art. 21.º do Regulamento da LEP) e dos poderes que lhe são conferidos para a sua prossecução (art. 442.º da LSC), o papel desempenhado pelo órgão de fiscalização das sociedades anónimas tem sido particularmente discreto. Esta realidade, pensamos, está agora em condições de ser alterada, uma vez que foi entretanto criada a Ordem dos Peritos Contabilistas de Angola[62], que tem estado particularmente empenhada em realizar ações de formação para os seus membros, conferindo-lhes mais competências para que possam exercer com maior amplitude e segurança as funções de que estão incumbidos, designadamente enquanto membros dos órgãos de fiscalização das sociedades anónimas, públicas e privadas, e das empresas públicas.

5.2. Incompatibilidades e independência

De modo a assegurar a maior isenção possível por parte dos membros do órgão de fiscalização, o legislador previu um conjunto de incompatibilidades, sancionando com nulidade a eleição de pessoas em relação às quais essas incompatibilidades se verifiquem (art. 343.º, n.º 4 da LSC). Essas incompatibilidades constam do art. 434.º, n.º 1 da LSC e incluem, designadamente: (i) os beneficiários de vantagens particulares por parte da sociedade, (ii) os que tiverem exercido funções de administrador nos últimos três anos, (iii) os que exerçam funções de administração ou fiscalização em sociedade com a qual esta se encontre numa relação de domínio ou de grupo, (iv) os que prestem, com carácter de permanência,

[62] O Decreto Presidencial n.º 232/10, de 11 de Outubro, publicado no Diário da República, I Série, n.º 193, aprovou o Estatuto da Ordem dos Contabilistas e dos Peritos Contabilistas.

serviços à sociedade fiscalizada ou a outra que se encontre em relação de grupo com ela, (v) os que exerçam funções em empresas concorrentes, (vi) os cônjuges, parentes e afins em linha reta ou colateral até ao terceiro grau de pessoas em relação às quais se verifique uma incompatibilidade e (vii) as pessoas singulares que já exerçam funções de administração ou de fiscalização em cinco sociedades.

Os membros do conselho fiscal das instituições financeiras devem também possuir os requisitos de idoneidade e conhecimento constantes do art. 9.º, n.º 2, al. b) a e) do Aviso 1/13 (por remissão do art. 11.º, n.º 1 do referido diploma).

No ordenamento jurídico angolano o facto de uma pessoa ser sócia não constitui de *per si* impedimento para que integre o conselho fiscal (art. 433.º, n.º 2 da LSC). Tal só sucede quanto ao fiscal único, seu suplente, o membro do conselho fiscal que exerce funções de perito contabilista e respetivo suplente (art. 433.º, n.º 4 da LSC). Também as sociedades de peritos contabilistas que sejam acionistas da sociedade ficam impedidas de integrar o órgão de fiscalização (art. 434.º, n.º 2 da LSC).

As restrições acrescidas que se colocam em relação aos peritos contabilistas e às sociedades de peritos contabilistas prendem-se com o facto de, no nosso modelo de governo, estes terem deveres acrescidos, uma vez que lhes cabe proceder a todos os exames e verificações relativos à revisão e certificação legal de contas[63] da sociedade (art. 441.º, n.º 3 da LSC). A lei prevê, inclusivamente, um dever de diligência particular para os peritos contabilistas que integram o órgão de fiscalização (art. 444.º, n.º 1 da LSC), impondo-lhe que comunique imediatamente e por escrito ao presidente do conselho de administração todos os factos que cheguem ao seu conhecimento e que sejam suscetíveis de afetar a realização do objeto social ou a situação financeira da sociedade. Na verdade, cabendo ao perito contabilista que integra o órgão de fiscalização apresentar parecer (art. 452.º, n.º 1 da LSC) sobre a adequação das demonstrações financeiras apresentadas pelo conselho de administração para parecer do conselho fiscal (art. 441.º, n.º 1, al. g) da LSC), reveste-se de extrema importância que essa parecer do perito contabilista dê garantias de fiabilidade e de credibilidade bastantes. Sabendo nós que a tendência do conselho fiscal será a de confiar na opinião técnica emitida pelo perito contabilista que o integra, torna-se essencial assegurar que este exprime a sua opinião com objetividade e integridade, sendo independente de facto[64] em relação à sociedade a fiscalizar.

[63] A Lei n.º 3/01, de 23 de Março sobre o Exercício da Contabilidade e Auditoria, publicada no Diário da República, I Série, n.º 14, atribui o exercício da atividade de auditoria a peritos contabilistas, cabendo aos contabilistas a preparação das demonstrações financeiras.

[64] Sobre a distinção entre independência aparente e independência de facto, veja-se Helena R. Morais, "Deveres Gerais de Informação", in *Código de Governo das Sociedades Anotado*, Almedina, Coimbra, 2012, p. 287 e 288.

O atual quadro legal, pensamos, carece de ser repensado em relação a dois aspetos. Em primeiro lugar, se se pretende assegurar uma efetiva independência e dotar o conselho fiscal de maior força, parece fazer sentido que os acionistas devam estar impedidos de integrar este órgão (na verdade, o controlo a efetuar por parte dos acionistas tem sede própria na assembleia geral). Em segundo lugar, e não obstante a lei antever já alguns requisitos de independência, seria bastante salutar a previsão legal de que o conselho fiscal deve ser integrado por um número mínimo de independentes[65]. A existência de membros independentes no conselho fiscal contribuiria para assegurar uma maior proteção aos investidores da sociedade, conferindo maior credibilidade à informação financeira por elas divulgada.

5.3. Designação, substituição e destituição

Os membros do órgão de fiscalização são eleitos pela assembleia geral (podendo ser também logo indicados no contrato de sociedade), a quem cabe também designar o presidente do conselho fiscal (art. 436.º, n.º 1 e 3 da LSC), que tem voto de qualidade (art. 445.º, n.º 3 da LSC).

A LSC prevê também um conjunto de regras para a nomeação judicial dos membros do órgão de fiscalização em caso de inércia da assembleia geral. Tal nomeação poderá ser requerida por qualquer acionista ou pelo órgão de administração (art. 437.º, n.º 1 da LSC). Os sócios minoritários que tiverem votado contra a eleição dos membros do conselho fiscal podem também requerer judicialmente a nomeação de mais um membro efetivo e de mais um membro suplente (art. 438.º da LSC). Note-se que a LSC não indica um prazo específico dentro do qual, não havendo lugar à nomeação do órgão de administração, se pode requerer a nomeação judicial; este aspeto, pensamos, carece de ser precisado numa futura reforma da LSC.

Caso os membros do órgão de fiscalização fiquem temporária ou permanentemente impedidos, serão substituídos pelos suplentes (art. 439.º, n.º 1 e 2 da LSC). Se tal substituição for impossível por falta de suplentes, então é necessário que se proceda a nova eleição (art. 439.º, n.º 3 da LSC).

Ao contrário do que sucede com os membros do órgão de administração, os membros do órgão de fiscalização apenas podem ser destituídos quando se verifique justa causa (art. 440.º, n.º 1, 1.ª parte da LSC). O processo de destituição importa que os membros do órgão de fiscalização visados prestem explicações à assembleia geral quanto aos factos que lhes são imputados (art. 440.º, n.º 2

[65] Sobre a questão da independência do conselho fiscal, veja-se Gabriela Figueiredo Dias, "A Fiscalização Societária Redesenhada: Independência, Exclusão de Responsabilidade e Caução Obrigatória dos Fiscalizadores", in *Reformas do Código das Sociedades*, Almedina, Coimbra, 2007, p. 279 e ss.

da LSC) e lhe apresentem um relatório explicativo da atividade que exerceram até ao termo das respetivas funções (art. 440.º, n.º 4 da LSC). Caso os membros do órgão de fiscalização tenham sido judicialmente nomeados, a sua destituição deve também ser requerida ao tribunal (art. 440.º, n.º 3 da LSC) pelo conselho de administração.

5.4. Gestão de riscos, controlo interno e auditoria interna

Nas sociedades anónimas angolanas a realização de auditoria interna, com o propósito de controlar e fiscalizar a atuação dos órgãos societários (em especial, do conselho de administração) e das diversas unidades funcionais da empresa, promovendo uma melhor gestão dos riscos associados, recai integralmente sobre o órgão de fiscalização. De facto, a LSC não prevê a existência de uma comissão ou departamento específico a quem caiba realizar a auditoria interna[66] e, por essa via, promover as boas práticas de governo das sociedades.

No âmbito do pacote legislativo especialmente direcionado para a implementação de regras de boa governação nas sociedades financeiras, o projeto do Aviso 1/13 previa a obrigatoriedade das instituições bancárias instituírem uma comissão de auditoria. A referida comissão de auditoria seria nomeada pelo conselho de administração e composta por administradores não executivos, com uma maioria de administradores independentes, cabendo a um deles presidir. A proposta da comissão de auditoria obrigatória acabaria por desaparecer da versão final do Aviso 1/13, uma vez que representava o acolhimento em Angola das comissões de auditoria já conhecidas do modelo de governo anglo-saxónico[67], que se acreditou ser incompatível com o modelo de governo único consagrado na LSC.

A comissão de auditoria constante do projeto do Aviso 1/13 aparecia como o órgão fiscalizador do sistema de controlo interno, a quem cabia também supervisionar a atividade e independência dos auditores externos. O cerne das funções atribuídas a esta comissão prendiam-se com a revisão de todas as informações de carácter financeiro, assegurando uma maior fiabilidade no seu processo de elaboração e divulgação. Sem retirar as competências que radicam no conselho de administração e no conselho fiscal, esta comissão facilitaria as tarefas daqueles dois órgãos, permitindo uma maior fluidez de informação (que se pretendia mais bem tratada e previamente analisada) entre eles, e entre os auditores externos.

[66] Sobre o papel das comissões de auditoria, veja-se Robert Smith, *Audit Committees – Combined Code Guidance*, Edição do Financial Reporting Council Limited, Londres, 2003, disponível em http://www.fide.org.my/v1/publications/reports/0008_rep_20081211.pdf (consultado em 13.10.2012), p. 3 e ss.

[67] Sobre este ponto, veja-se em particular Paulo Câmara, "Os Modelos...", op. cit., p. 223 e ss.

Do mesmo modo, o facto da comissão de auditoria ser integrada maioritariamente por administradores independentes (figura que se reconhece estar mais bem posicionada para gerir conflitos de interesses) fomentaria práticas de governo societário mais sãs.

Do nosso ponto de vista, a solução legal poderia ter sido diferente, porquanto a comissão de auditoria poderia ter sido encarada como um órgão social atípico (para efeitos da LSC), com funções meramente consultivas e cujas deliberações, para se tornarem vinculativas, sempre careceriam de ser sancionadas pelos órgãos tipificados na LSC.

No que toca ao sistema de controlo interno, destaca-se ainda o já referido Aviso 2/13. Este diploma atribui ao órgão de administração a responsabilidade pela definição, implementação e revisão periódica de um sistema de controlo interno (art. 7.º, n.º 1 do Aviso 2/13), especialmente direcionado e adequado à dimensão, natureza, complexidade, perfil de risco e grau de centralização/delegação de competências da instituição em causa (art. 5.º, n.º 1 do Aviso 2/13). Pretende-se promover uma estrutura organizacional nas instituições financeiras bancárias que, do ponto de vista orgânico e funcional, claramente distinga as funções de gestão de risco e de *compliance*; as instituições financeiras não bancárias ficam dispensadas de autonomizar estas funções, mas devem implementar mecanismos de controlo compensatórios (art. 13.º do Aviso 2/13). A monitorização deste sistema de controlo interno recai sobre diferentes níveis da estrutura organizacional das sociedades (conselho de administração, colaboradores com funções de direção e colaboradores em geral – art. 16.º, n.º 2 do Aviso 2/13), cabendo, em especial ao auditor interno a avaliação da efetividade, eficácia e adequação do mesmo (art. 17.º, n.º 1 do Aviso 2/13).

As instituições financeiras ficam ainda obrigadas a remeter individualmente ao Banco Nacional de Angola um relatório sobre o respetivo sistema de controlo interno, numa base anual (art. 19.º, n.º 1 do Aviso 2/13). A empresa mãe do grupo financeiro deve também remeter relatório anual correspondente ao Banco Nacional de Angola (art. 19.º, n.º 3 do Aviso 2/13). Os referidos relatórios deverão obedecer aos parâmetros que vierem a constar de instrutivo a emitir pelo Banco Nacional de Angola, cujas grandes linhas se estima venham a incidir sobre estratégia, organização interna, sistema de gestão de risco, prevenção do branqueamento de capitais e do financiamento do terrorismo, auditoria interna e deficiências do sistema de controlo interno.

5.5. Remuneração

A LSC é omissa quanto à remuneração dos membros do órgão de fiscalização, apenas referindo a possibilidade da sua remuneração poder consistir numa parte dos lucros da sociedade (art. 326.º, n.º 1 que remete para o art. 239.º, n.º 4, ambos da LSC).

Deve, pois, aplicar-se à determinação da remuneração dos membros do conselho fiscal, por via de analogia, as regras previstas no art. 420.º da LSC quanto à remuneração dos membros do conselho de administração. E é isso que sucede na prática societária angolana, em que as remunerações dos membros do conselho fiscal são determinadas pela assembleia geral, podendo consistir numa parte fixa e numa parte variável, indexada aos lucros da sociedade.

Coloca-se aqui a questão de saber se a possibilidade dos membros do conselho fiscal auferirem uma remuneração com base nos lucros da sociedade é compatível com as boas práticas de governo societário. Se a ideia de atribuição de uma remuneração variável é motivar o seu titular para que a sociedade seja economicamente mais eficiente e rentável, tal não se justifica, pensamos, no caso dos membros do conselho fiscal, uma vez que não estão diretamente envolvidos em matérias de gestão corrente da sociedade. Melhor seria, pensamos, que lhes fosse atribuída apenas uma remuneração de carácter fixo, que tivesse em conta a elevada responsabilidade inerente às tarefas que lhes são cometidas. Este nosso entendimento é consentâneo com o que prevê o Banco Nacional de Angola quanto à remuneração dos membros do conselho fiscal das instituições financeiras (art.17.º, n.º 3 do Aviso 1/13). Refira-se, por último, que entre nós é já usual os membros do conselho fiscal auferirem apenas uma remuneração fixa.

5.6. Controlo de negócios com partes relacionadas

Os negócios que se realizam entre a sociedade e partes relacionadas[68] são particularmente geradores de conflitos de interesses, na medida em que estas partes possuem informação não acessível a partes não relacionadas e mais facilmente poderão obter vantagens especiais, que lhes advêm da relação especial que, direta ou indiretamente, mantêm com a sociedade.

Como já tivemos oportunidade de referir, a LSC regula as condições em que os administradores (diretamente ou por interposta pessoa) podem celebrar negócios com a sociedade no art. 418.º da LSC, cabendo, nesta sede, ao conselho fiscal a emissão de parecer favorável prévio, sem o qual o negócio projetado não se pode realizar. Nas relações entre administradores e a sociedade a intervenção

[68] Sobre este tema, veja-se José Gomes Ferreira, "Deveres de Informação sobre Negócios com Partes Relacionadas e os Recentes Decretos-Lei n.os 158/2009 e 185/2009", in *Cadernos do Mercado de Valores Mobiliários*, n.º 33, Edição da Comissão do Mercado de Valores Mobiliários, 2009, disponível em http://www.cmvm.pt/CMVM/Publicacoes/Cadernos/Documents/C33Art5l.pdf (consultado em 13.10.2012), p. 105 e ss.

prévia do conselho fiscal é desejável e propicia um controlo efetivo do negócio em causa, tendente a evitar potenciais conflitos de interesses. Entre nós, sucede, porém, que o conselho fiscal não é normalmente chamado a pronunciar-se sobre a celebração de negócios com partes relacionadas e, aquando do exercício da sua atividade fiscalizadora, raramente se debruça sobre esta problemática. Assim sendo, é desejável que o conselho fiscal promova o exercício efetivo das competências que a lei lhe atribui, como forma de promover uma mais salutar governação corporativa.

A LSC trata ainda com particular detalhe a aquisição de ações e de obrigações por parte dos membros dos órgãos de administração e fiscalização das sociedades anónimas, impondo-lhes um dever de comunicação perante o órgão que integram (art. 446.º, n.º 1 da LSC). Este dever de comunicação abrange ações e obrigações adquiridas à própria sociedade bem como a sociedades que com ela se encontrem em relação de domínio ou de grupo, e o não cumprimento deste dever constitui justa causa de destituição (art. 446.º, n.º 4 da LSC). Reveste-se de particular interesse o facto de este dever de comunicação se estender às pessoas que mantenham uma relação de proximidade com os membros dos órgãos de administração e de fiscalização (cônjuge, pessoa com quem vive em união de facto, ascendentes, descendentes, irmãos, adquirentes fiduciários, sociedades das quais qualquer um destes seja sócio – art. 447.º, n.º 1 da LSC). E, bem assim, o facto de o conceito de aquisição ser entendido de forma bastante ampla, abrangendo contratos-promessa, pactos de preferência, aquisições/alienações/onerações sujeitas a condição suspensiva ou em bolsa, bem como quaisquer outros contratos capazes de produzir o mesmo efeito (art. 447.º, n.º 2 da LSC). A fiscalização dos negócios respeitantes à aquisição de ações ou obrigações da sociedade radica no conselho de administração, cujo relatório deverá obrigatoriamente indicar o nome e a quantidade de ações/obrigações de que são detentoras (art. 446.º, n.º 3 da LSC). Uma vez que o conselho fiscal é chamado a emitir parecer sobre o relatório de gestão elaborado pelo conselho de administração (art. 441.º, n.º 1, al. g) da LSC), estará em boas condições para se pronunciar sobre eventuais conflitos de interesses que se verifiquem.

O art. 449.º da LSC versa com particular acuidade sobre o uso abusivo de informação confidencial por parte de membros dos órgãos de administração, fiscalização, consultores (ou outras pessoas que tenham prestado serviços à sociedade) e funcionários públicos, que tenham realizado negócios com a sociedade tendo por base informação privilegiada. As vantagens assim obtidas impelem a pessoa que realizou negócios (aquisição ou venda de ações ou obrigações) a indemnizar os lesados nos termos gerais de direito (art. 449.º, n.º 1, última parte da LSC) ou, não sendo possível identificar os lesados, a restituir à sociedade o enriquecimento indevidamente obtido (art. 449.º, n.º 2 da LSC). Note-se que o apuramento dos factos tendentes à prova do uso indevido de informação confidencial pode ser efetuado através de inquérito judicial, realizado a pedido de qualquer acionista (art. 450.º, n.º 1 da LSC).

Os negócios com partes relacionadas potenciadores de conflitos de interesses importam ainda a comunicação à sociedade por parte do acionista titular de ações ao portador não registadas que representem, pelo menos, 1/10, 1/3 ou metade do capital social da sociedade (nos termos do art. 448.º, n.º 1 da LSC), bem como a perda da respetiva titularidade (art. 448.º, n.º 4 última parte da LSC). Este controlo, mais uma vez, cabe, em primeira linha ao conselho de administração, que deve incluir esta informação no seu relatório de gestão, sobre o qual o conselho fiscal se pronunciará (art. 448.º, n.º 4, primeira parte da LSC).

O Banco Nacional de Angola não esqueceu o tratamento desta questão no Aviso 1/13, começando por apresentar uma noção de partes relacionadas logo no art.1.º, n.º 7, que vai de encontro ao estatuído na LSC. Promove-se, no âmbito das instituições financeiras, a criação de um sistema de controlo interno que contenha processos especialmente destinados à identificação e avaliação de transações com partes relacionadas, de modo a garantir que as referidas transações ocorrem em condições idênticas às praticadas com partes não relacionadas (art. 7.º, n.º 2, al. h) da LSC).

5.7. Auditoria

No regime de governo das sociedades anónimas entre nós instituído, o perito contabilista responsável pela certificação das contas da sociedade integra o conselho fiscal (art. 452.º, n.º 1 da LSC). O relatório que o perito contabilista elabora é, depois, sujeito à apreciação do conselho fiscal e passa a integrar o relatório de fiscalização da sociedade subscrito pelo conselho fiscal (art. 453.º, n.º 1 da LSC), devendo este declarar expressamente a sua concordância e os pontos em relação aos quais existe discordância face ao relatório do perito contabilista (art. 453.º, n.º 2 e 3 da LSC).

Deve entender-se que a obrigação de sujeição a auditoria prevista no Decreto n.º 38/00[69], que abrange também as empresas públicas e as sociedades de capitais mistos, se satisfaz com a sua realização pelo perito contabilista que integra o órgão de fiscalização. Assim, a realização de auditorias externas tem, em regra, carácter facultativo.

Tal não sucede com as instituições financeiras que, nos termos do art. 84.º, n.º 1 da LIF, devem realizar auditoria externa anualmente, não podendo a referida

[69] Decreto n.º 38/00, de 6 de Outubro, publicado no Diário da República, I Série, n.º 40, que instituiu o regime jurídico de fiscalização das sociedades anónimas no que toca ao órgão de fiscalização.

entidade auditora ser contratada para essas funções por prazo superior a quatro anos. O auditor externo só pode vir a ser novamente contratado depois de terem decorrido quatro anos sobre o termo da prestação dos seus serviços, o que contribui para a rotatividade[70] de auditores externos na instituição, evitando o risco associado à familiaridade[71].

O Banco Nacional de Angola remete para a conselho de administração a tarefa de contratar um auditor externo (art. 4.º, al. a) do Aviso 4/13) que, no caso das instituições financeiras bancárias, deve ser necessariamente uma pessoa coletiva (art. 5.º, n.º 3 do referido diploma). Este diploma aponta ainda para o cumprimento de determinados parâmetros relacionados com a averiguação da independência[72] do auditor externo (art. 6.º e 7.º), com a averiguação do relacionamento do auditor externo com a instituição financeira e com pessoas com ela relacionadas (art. 8.º), bem como com a inexistência de interesses financeiros, diretos ou indiretos, na instituição auditada (art. 9.º). O referido diploma não se pronuncia sobre a possibilidade de os auditores prestarem à sociedade serviços diversos dos de auditoria[73].

A atual Lei do Investimento Privado[74] veio também impor a realização de auditoria externa anual às empresas constituídas com investimento estrangeiro que pretendam proceder ao repatriamento dos lucros gerados pela sua atividade em Angola (art. 18.º, n.º 4 e 26.º, n.º 4 da Lei do Investimento Privado). Esta medida é, de facto, muito salutar, porquanto permite à Agência Nacional para o Investimento Privado ter uma perceção mais clara, com base na análise independente efetuada pelo auditor externo, das condições económico-financeiras dos projetos de investimento estrangeiro que vem aprovando.

[70] Sobre a problemática da rotatividade dos auditores, veja-se Benito Arrunãda e Cándido Paz-Ares, "Mandatory Rotation of Company Auditors: A Critical Examination", in *International review of Law and Economics,* 17:1, Elsevier, 1997, disponível em http://www.arrunada.org/files/research/ARRUNADA_PAZ_ARES_1997_Mandatory_Rotation_Aud_IRLE.pdf (consultado em 13.10.2012), p. 31 e ss.

[71] Veja-se quanto ao risco de familiaridade, MORAIS, "Deveres...", op. cit., p. 288.

[72] Sobre a independência dos auditores, e com maiores desenvolvimentos, José Gomes Ferreira, "A Fiscalização Externa das Sociedades Comerciais e a Independência dos Auditores", in *Cadernos do Mercado de Valores Mobiliários,* n.º 24, Edição da Comissão do Mercado de Valores Mobiliários, 2006, disponível em http://www.cmvm.pt/CMVM/Publicacoes/Cadernos/Documents/4ed5cf07b8fb479b85dbdb48a26ccd2eCadernosMVM25.pdf (consultado em 13.10.2012), p. 180 e ss.

[73] As boas práticas de governo societário têm promovido a não contratação de outros serviços que não os de auditoria aos auditores da sociedade. Sobre esta problemática, veja-se a análise de Benito Arruñada, "The Provision of Non-Audit Services by Auditors: Let the Market Evolve and Decide", in *International Review of Law and Economics*, vol 19 (4), 1999, disponível em http://papers.ssrn.com/sol3/papers.cfm?abstract_id=224744 (consultado em 13.10.2012), p. 513 e ss.

[74] Lei n.º 20/11, de 20 de Maio, publicada no Diário da República, I Série, n.º 94.

CAPÍTULO III

A GOVERNAÇÃO DE SOCIEDADES NO BRASIL

ARY OSWALDO MATTOS FILHO[1]
JULIANA BONACORSI DE PALMA[2]

1. INTRODUÇÃO

O tema da governança corporativa no direito societário brasileiro desponta como um dos mais proeminentes e desafiadores tópicos do desenvolvimento econômico brasileiro. Após anos de experiência, há muito o que ser compartilhado. Porém, dentro do próprio sistema brasileiro ainda se mostra necessário realizar um efetivo diagnóstico sobre a prática da governança corporativa, linha de pesquisa em construção no direito societário brasileiro.

Para tanto, o presente artigo analisa o tema da governança das sociedades anônimas no Brasil, em cada tópico apresentado para estudo, pela perspectiva normativa e jurisprudencial.

Com a afirmação do modelo de estrutura societária anônima na dinâmica dos negócios privados, diversas experiências foram partilhadas, o que levou ao desenvolvimento da teoria e da prática da governança corporativa. Contudo, nenhum desenvolvimento é isento de conflitos. Os pontos de *stress* que se apresentam na instrumentalização do direito comportam-se, na prática, como verdadeiros propulsores do aprimoramento de sistemas jurídicos, de modo que a leitura sobre eles não deve ser necessariamente negativa. Trata-se de relevante janela

[1] Professor sênior da FGV/Direito GV.

[2] Pesquisadora da FGV/Direito GV e professora da Direito GV/GV*Law*.

de oportunidade para incrementar o sistema com a participação de instituições de controle voltadas a dirimir esses conflitos. Conhecer o modo como essas instituições se posicionaram nos diversos casos enfrentados em relação aos temas de governança corporativa mostra-se uma investida que permite compreender com mais profundidade tanto as dinâmicas práticas das sociedades anônimas no Brasil quanto o arcabouço estrutural ao qual se conectam.

Nessa medida, serão analisados os precedentes jurisprudenciais proferidos pelo Superior Tribunal de Justiça[3] (STJ) e pela Comissão de Valores Mobiliários[4] (CVM), autarquia vinculada ao Ministério da Fazenda responsável pela regulação estatal do mercado de capitais brasileiro. Compete ao STJ se manifestar em sede terminativa sobre a interpretação de leis formais. Ambas são instituições de grande repercussão na disciplina jurídica do direito brasileiro, o que justifica a análise das decisões jurisdicionais desses tribunais.

Sem prejuízo do estudo jurisprudencial, serão apresentados os dispositivos normativos que disciplinam os vários tópicos de análise comparada, bem como entendimentos doutrinários que auxiliem na melhor compreensão desses aspectos. Embora o foco do artigo seja efetivamente a pesquisa de jurisprudência, entende-se que a aproximação do artigo a elementos normativos ou doutrinários enriquece a explanação e ilumina os achados de pesquisa. Nessa linha, eventuais dados concretos serão incorporados ao texto na medida em que sejam esclarecedores do panorama de atuação das sociedades anônimas no Brasil.

O texto segue o roteiro sugerido: após a (1) introdução das características essenciais das sociedades anônimas, ainda a ser abordada neste item, o artigo se volta à análise dos (2) modelos de governo societário, momento em que se trabalhará a estrutura orgânica e a mitigação de conflitos de interesse. Na sequência, será estudada a figura do (3) acionista nas sociedades anônimas, especialmente quanto à garantia de seus direitos na sociedade, para, então, serem discutidas a (4) administração, com sua estrutura, atuação e controle, e, por fim, a (5) fiscalização.

1.1. Características essenciais das sociedades anônimas

1.1.1. Notícias históricas

A atual configuração da sociedade anônima no Brasil recebeu seus principais contornos com a edição da Lei 6.404, de 15 de dezembro de 1976, no contexto

[3] Cf. www.stj.jus.br.
[4] Cf. www.cvm.gov.br.

do desenvolvimentismo societário, por meio do paradigma da "grande empresa brasileira"[5-6].

Era o momento de criação e afirmação do mercado de capitais no Brasil. Peculiaridade nossa, esse movimento se deu pelas mãos do Estado. Com políticas econômicas especialmente endereçadas à constituição de uma cultura de investimento de valores mobiliários, contrariando a tradição ainda hoje forte de investimento em imóveis ou produtos financeiros de baixíssimo risco (a poupança é um exemplo simbólico), foram conduzidas significativas reformas institucionais no período compreendido entre 1964 e 1965.

Relatam Ary Oswaldo Mattos Filho e Viviane Muller Prado, em extensa pesquisa histórica com acesso a fontes primárias para registrar como o mercado de capitais se desenvolveu no Brasil, que o Programa de Ação Econômica do Governo (PAEG), de 1964, do Ministério do Planejamento e Coordenação Econômica, foi o principal marco institucional da política econômica de desenvolvimento

[5] É o que se depreende das diretrizes assinaladas pelo II Plano Nacional de Desenvolvimento (II PND). Trata-se de um documento governamental racionalizador das políticas públicas e econômicas que seriam desenvolvidas pelo Governo Federal no decorrer do período de 1975 a 1979, em que se encontram diretrizes de orientação de atos governamentais e produção legislativa. Ao contextualizar a Lei 6.404/1976 no âmbito do II PND, Ary Oswaldo Mattos Filho e Viviane Muller Prado assim se posicionam sobre o papel conferido à sociedade por ações para desenvolvimento nacional: "[a]postava-se na sociedade por ações como instrumento de política econômica e de organização da grande empresa privada brasileira. Além de instrumentos organizativos, o diagnóstico para possibilitar o crescimento do empresariado nacional foi a necessidade de se ter um mercado primário de ações para o financiamento de longo prazo da expansão da capacidade produtiva". Mattos Filho, Ary Oswaldo; Prado, Viviane Muller. *Tentativas de desenvolvimento do mercado acionário brasileiro desde 1964* in Lima, Maria Lucia L. M. Pádua, *Agenda Contemporânea: direito e economia. 30 anos de Brasil*, vol. II. São Paulo: Saraiva, 2012. p. 209.

[6] Empresas organizadas como sociedades anônimas estão há longa data presentes na estrutura empresarial brasileira. Noticia-se que ainda no período do Brasil Colônia empresas foram revestidas do modelo de sociedade anônima mediante outorga de carta real a particulares empreendedores ou, com relação às empresas estatais, diretamente constituídas nesse formato jurídico pela metrópole, sendo o exemplo corolário o Banco do Brasil S.A., criado em 1808 com a vinda da família real para o Brasil. O centralismo estatal na configuração das sociedades anônimas fica evidente no texto do artigo 295 do Código Comercial brasileiro, de seguinte redação: "[a]s companhias ou sociedades anônimas, designadas pelo seu objeto ou empresa a que se destinam, sem firma social e administradas pelo objeto ou empresa a que se destinam, sem firma social e administradas por mandatários revogáveis, sócios ou não sócios, só podem estabelecer-se por tempo determinado e com autorização do governo, dependente da aprovação do corpo legislativo quando hajam de gozar de algum privilégio; e devem provar-se por escritura públicas ou pelos seus estatutos de pelo ato do poder que as houver autorizado". Apenas com a edição do Decreto 8.821, de 30 de dezembro de 1882, ficou estabelecido permissivo genérico à livre adoção do formato de sociedade anônima pelas empresas, ressalvados os casos de autorização estatal estipulados em lei. Sobre o histórico das sociedades anônimas no Brasil, cf. Lamy Filho, Alfredo; Pedreira, José Luiz Bulhões. *A Lei das S.A.: pressuposto, elaboração, aplicação.* Rio de Janeiro: Renovar, 1996. v. 1. p. 120; Mattos Filho, Ary Oswaldo; Prado, Viviane Muller, 2012, p. 191-235; Trubek, David M.; Vieira, Jorge Hilário Gouvêa; SÁ, Paulo Fernandes de. *Direito, Planejamento e desenvolvimento do mercado de capitais brasileiro. 1965-1970*, 2.ª ed. São Paulo: Saraiva, 2011. p. 61 et seq.

da economia brasileira, por meio do aperfeiçoamento do sistema financeiro e de mercado de capitais no Brasil[7]. Legitimadas por esse programa, diversas leis foram editadas com a finalidade de efetivar reformas institucionais voltadas ao aprimoramento do mercado financeiro e de capitais[8]. Frustradas as tentativas nesse sentido, outras políticas públicas foram consideradas em complementação, com especial destaque aos "Fundos 157", ou seja, fundos fiscais criados pelo Decreto-Lei 157/1967 com a finalidade de servir de sistema de incentivos fiscais ao investimento em ações mediante fomento por meio de abatimento de valores do imposto de renda.

Sobre o ímpeto de consolidar efetivo mercado de capitais no Brasil, Ary Oswaldo Mattos Filho e Viviane Muller Prado assim colocam:

> Diante da identificação da inexistência de oferta de recursos de longo prazo para as empresas nacionais, o governo defendeu o fortalecimento do mercado de capitais, em especial o mercado de ações, para suprir esta lacuna. Pretendia-se não só o seu desenvolvimento, mas a democratização das empresas nacionais. Com inspiração no sistema norte-americano, idealizou-se um modelo no qual haveria o financiamento de empresas com a ampla captação de recursos na poupança popular de forma que as empresas contariam com um crescente número de acionistas.[9]

Como resultado, em um mercado de capitais incipiente, a grande especulação nas bolsas do Rio de Janeiro e de São Paulo nos anos de 1970 e 1971 resultou em significativa perda de investimentos[10]. Impulsionado pela crise, o Estado

[7] Mattos Filho, Ary Oswaldo; Prado, Viviane Muller, 2012, p. 194.

[8] As seguintes leis que formalizam as reformas institucionais voltadas ao desenvolvimento do mercado financeiro e de capitais no Brasil são listadas pelos autores: Lei 4.595/1964, que criou o Conselho Monetário Nacional e o Banco Central; Lei 4.380/1964, que, dentre outras providências, estabeleceu novos programas de seguro social – Programa de Integração Social (PIS) e Programa de Formação do Patrimônio do Servidor Público (PASEP) – para captação compulsória de poupança privada; Lei 4.357/1964, que, dentre outras providências, adotou a correção monetária e criou incentivos relacionados ao mercado de capitais; Lei 4.506/1964, que criou o conceito de sociedade de capital aberto; e Lei 4.728/1965, que traçou o desenho institucional do sistema financeiro nacional. Mattos Filho, Ary Oswaldo; Prado, Viviane Muller, 2012, p.194-195.

[9] Mattos Filho, Ary Oswaldo; Prado, Viviane Muller, 2012, p. 195.

[10] É o relato de Rubens Requião: "[a] partir de 1970, o florescimento da negociação de ações foi acentuando, atingindo o apogeu numa desenfreada especulação com os títulos acionários, que envolveu todos os setores da poupança nacional, inclusive camadas mais modestas do proletariado. Foi o *boom* bolsista de 1971, que tinha como capitânia as bolsas do Rio de Janeiro e São Paulo. Nenhuma providência adotou o Governo através do Banco Central, ao qual cabia o saneamento e a fiscalização do mercado de capitais, seguindo a filosofia de que a economia brasileira atuava no mercado livre, não tendo cabimento a intervenção do Governo. A especulação foi intensificada pelo Banco Central do Brasil, que outorgou a condição de sociedade de capital aberto a novas empresas, sem estrutura e condições econômicas, com o propósito de fazer afluir para o mercado bolsista novos títulos, a fim de diluir pela quantidade a concentração do

decidiu, embora apenas em 1974, apresentar projeto de lei[11] para disciplinar as sociedades anônimas no Brasil, como forma de assegurar garantias relacionadas aos investimentos em ações, especialmente direitos dos investidores. Revogar-se-ia, portanto, o Decreto-Lei 2.627, de 26 de setembro de 1940, que então disciplinava as sociedades por ações, diploma normativo este reputado ultrapassado[12]. Tal investida conferiria maior segurança nos investimentos privados ao mesmo tempo em que a disciplina de estrutura e funcionamento das sociedades anônimas levaria ao aprimoramento das técnicas societárias, resultando em maior eficiência de mercado.

Em 15 de dezembro de 1976 foi aprovada a Lei 6.404, que disciplina as sociedades anônimas no Brasil.

Parte-se do pressuposto de que depreender as principais características das sociedades anônimas no Brasil predica considerar esse panorama de construção e consolidação do mercado de capitais, bem como das instituições empresariais diretamente relacionadas com essa dinâmica de mercado. Dessa maneira, uma das principais características da Lei 6.404/1976 é assegurar os direitos de minoria, o que pode ser depreendido com a caracterização do abuso de poder do controlador em prejudicar os direitos dos minoritários nos lucros ou no acervo da companhia[13], bem como a limitação da repartição de dividendos prevista no estatuto social de modo que não impossibilite a efetiva participação dos minoritários na gestão empresarial da companhia[14].

Apesar da tutela dos minoritários, e da efetivação dos direitos de minoria que impacta toda a dinâmica empresarial até então conhecida no comércio brasileiro,

investimento em determinados papéis. Isto, entretanto, não ocorreu, acelerando-se a especulação, numa reedição dramática do fenômeno que, no início da República, em 1891, foi conhecido por 'encilhamento', e que mereceu da pena de Taunay a conhecida crônica histórica de costumes da época. Essa crise havia precipitado a reforma da legislação, advindo aí o Decreto n.º 434, de 1891. Após o *boom* de 1971, já em nossos dias, seguiu-se a depressão bolsista, com enormes prejuízos e desencanto dos investidores particulares, que, ludibriados pela especulação, se afastaram em massa do mercado acionário". *Curso de Direito Comercial*, vol. II. 26.ª ed. São Paulo: Saraiva, 2005. p. 10-11.

[11] O anteprojeto de lei foi elaborado por Alfredo Lamy Filho e José Luiz Bulhões Pedreira, do qual decorreu também a Lei 6.385/1976, que criou a Comissão de Valores Mobiliários, autarquia federal reguladora do mercado de capitais no Brasil. Sobre a tramitação do Projeto de Lei 2.559/1976, que ensejou a Lei 6.404/1976, cf. Lamy Filho, Alfredo; Pedreira, José Luiz Bulhões, 1996, p. 261-292.

[12] "O Decreto-Lei n.º 2.627/40 fora concebido para companhias pequenas e médias, e a macroempresa moderna, com capital de risco formado por contribuições de milhares ou milhões de investidores do mercado, apresentava aspectos e problemas inteiramente diferentes, em termos de distribuição do poder na companhia, dos papéis desempenhados pelos acionistas e administradores, e da responsabilidade social da companhia e dos seus controladores e administradores". Lamy Filho, Alfredo; Pedreira, José Luiz Bulhões, 1996, p. 129.

[13] Cf. art. 117, § 1.º, alíneas *a* e *c*, da Lei 6.404/1976.

[14] Cf. art. 202, § 1.º, da Lei 6.404/1976.

a Lei 6.404/1976 foi desenvolvida com propósitos mais abrangentes e diretamente relacionados ao desenvolvimento nacional. Duas grandes diretrizes que orientaram a elaboração legislativa da Lei 6.404/1976 podem ser assinaladas: (i) conceder mais segurança e atrativos ao investimento privado nas empresas e (ii) viabilizar fusões e aquisições em oposição à estrutura de empresa familiar, então prevalecente. Nessa linha, é interessante a transcrição abaixo da Exposição de Motivos CDE 14/1974:

> [a] lei de sociedade anônima – lei da grande empresa – depende do funcionamento correlato de várias instituições econômicas de interesse público; é parte de um todo que tem que ser disciplinado harmonicamente. Com efeito: a sociedade anônima só pode alcançar as finalidades de instrumento jurídico da grande empresa – essencial no processo de desenvolvimento econômico brasileiro – se e enquanto seu funcionamento estiver coordenado com o Banco Central, o da bolsa de valores e todo o sistema financeiro nacional.

Hoje a sociedade anônima consiste em um modelo jurídico de gestão empresarial em prática, apesar da prevalência das firmas individuais e das sociedades limitadas, conforme demonstra a tabela a seguir:

TABELA 1 – Constituição de empresas por tipo jurídico no Brasil

Tipo empresarial	Representatividade
Firma individual	51,25%
Sociedade limitada	48,23%
Cooperativas	0,25%
Sociedade anônima	0,22%
Outros tipos	0,05%

Fonte: Elaboração própria com base em banco de dados disponibilizado pelo Departamento Nacional de Registro Mercantil. Disponível em: <http://www.dnrc.gov.br/>.

Nota: O total de empresas catalogadas pela instituição corresponde a 8.915.890.

1.1.2. Características essenciais das sociedades anônimas

A sociedade anônima ou companhia brasileira tem por característica ser uma sociedade de capitais, com estrutura pensada para agasalhar um grande número de sócios e com ferramental apropriado para buscar recursos de dívida ou com finalidade associativa no mercado de valores mobiliários. Ela se manifesta por meio das regras constantes de seu estatuto social, pelas deliberações tomadas em assembleias gerais, dentro dos parâmetros instituídos pela Lei n.º 6.404, de 1976, e por mudanças e inovações instituídas por leis posteriores[15]. As sociedades anônimas que buscam recursos junto ao público por meio da emissão de valores mobiliários também se submetem ao regramento baixado pela Comissão de Valores Mobiliários (CVM), autarquia federal vinculada ao Ministério da Fazenda, detentora de personalidade jurídica, com autoridade administrativa independente, não subordinada hierarquicamente e cujos dirigentes têm estabilidade em seus cargos.

As decisões das sociedades anônimas são tomadas em assembleia, sendo uma realizada necessariamente uma vez por ano (as assembleias ordinárias), até 120 dias do término do exercício social. Nessa assembleia se discutem as contas e os resultados do ano anterior, deliberando-se sobre a destinação dos lucros sociais, bem como sobre outras matérias julgadas de interesse pela companhia. A qualquer tempo, entretanto, a sociedade anônima pode realizar assembleias extraordinárias, que são aquelas não compreendidas nas finalidades da assembleia ordinária. Também será objeto de assembleia extraordinária o exame e a votação das matérias das assembleias ordinárias não realizadas no prazo legal de 120 dias após o encerramento do exercício social.

O seu capital social divide-se em ações, as quais podem ser, conforme os direitos que atribuam a seus detentores, ordinárias e preferenciais. As ações ordinárias conferem um voto por ação, enquanto as ações preferenciais podem ou não ter o voto enquanto direito a elas atribuído. As ações podem, por deliberação assemblear, ser convertidas de uma espécie em outra, desde que obedecida uma série de direitos e garantias estabelecidas pela própria Lei das Companhias. As ações, quer as ordinárias, quer as preferenciais, são sempre emitidas sob a forma nominativa, não existindo na legislação societária brasileira ações, ou qualquer outro valor mobiliário, ao portador. As ações nominativas prescindem da emissão da cártula, provando-se a condição de acionista por meio da inscrição no livro de registro de acionistas. Na medida em que as ações são necessariamente nominativas, e com o intuito de facilitar sua negociação, elas podem existir também sob a forma escritural. Tal característica é uma possibilidade usualmente utilizadas pelas companhias de capital aberto, as quais entregam a lista de acionistas a um banco, que será o agente escritural, o qual debita ou credita as movimentações como débito ou crédito, enviando comprovante das operações feitas ao investidor.

As ações são livremente negociadas, ressalvado o estabelecimento de regras que estabeleçam o direito de preferência. Esse direito pode ser retirado nas sociedades anônimas de capital aberto, desde que constante em seu estatuto social, situação na qual as ações do sócio retirante deverão ser alienadas em bolsa de valores ou por intermédio de oferta pública. O direito de preferência significa a possibilidade de os acionistas existentes, em condições de igualdade

[15] O texto consolidado da Lei das Companhias pode ser baixado do sítio www.cvm.gov.br.

de preço e modalidade de pagamento, adquirirem ações na proporção das que possuem, de sorte a manter o equilíbrio de poder e rendimento de seu investimento. Pode, igualmente, o acionista interessado requerer a subscrição de eventuais sobras resultantes do não exercício do direito de preferência de outro acionista. O direito de preferência deixa de existir se os acionistas existentes não chegarem ao preço ou às condições de pagamento propostas pelo terceiro estranho aos quadros sociais, condição pela qual o terceiro estranho aos quadros sociais nele adentra.

Os atos societários são necessariamente publicados no diário oficial do estado onde a companhia esteja sediada, além de em jornal de grande circulação. A mudança para que tais comunicados pudessem ser feitos por meio eletrônico encontra grande resistência dos jornais, na medida em que representam elas importante fonte de receita para os periódicos, além de serem publicações mais caras, principalmente aquelas feitas na imprensa oficial – a qual não tem concorrência, por ser obrigatória.

As sociedades anônimas de capital aberto são geridas necessariamente por um conselho de administração eleito pelos acionistas, os quais elegem a diretoria. Ambos os órgãos gestores têm funções distintas, sendo demissíveis, sem motivação necessária, pelo corpo que os elegeu. Tem mandatos de no máximo três anos, podendo ocorrer reeleição. O conselho de administração deve contar com no mínimo três membros, sendo que para sua eleição admite-se o voto múltiplo, se requerido por acionistas representativos de no mínimo 10% do capital social. O conselho de administração tem por tarefa fundamental orientar as grandes linhas da gestão realizada pela diretoria, devendo acompanhar os resultados.

Quanto à fiscalização da gestão societária, prevê a Lei das Companhias que as sociedades de capital aberto deverão contar com a existência necessária e atuante de empresa de auditoria ou auditor responsável e com a existência de um conselho fiscal permanente ou dormente, convocado pela manifestação dos acionistas. Já as anônimas de capital fechado terão só o conselho fiscal, o qual, por vontade dos acionistas, será atuante ou dormente até sua convocação. De qualquer maneira, ativo ou dormente, o conselho fiscal deverá já ter sido eleito pelos acionistas.

1.2. Sociedades anônimas submetidas a regimes especiais

Paralelamente às regras de disciplina geral das sociedades anônimas, algumas companhias podem adquirir tratamento jurídico específico para contemplar suas particularidades de estrutura, funcionamento ou finalidade. Os regimes legais das companhias podem variar em função:

a) Do número de acionistas

Se as ações emitidas não forem objeto de colocação pública, mas sim privada, o regramento aplicável é aquele constante da Lei das Sociedades Anônimas, além do estatuto social votado pelos acionistas, sendo apenas necessário o registro dos atos constitutivos e das deliberações assembleares posteriores perante a Junta Comercial do estado onde esteja localizada a sede da companhia.

Já para as companhias que emitam ou ofereçam ações ao público em geral, quer por intermédio de ofertas iniciais, quer por emissões secundárias, há a necessidade de obtenção de autorização prévia da CVM. Na qualidade de ente regulador do mercado de capitais, essa autarquia dispõe legalmente de capacidade regulamentar do mercado de valores mobiliários, observando as políticas emanadas do Conselho Monetário Nacional. Esse conselho é formado pelos ministros do Planejamento e da Fazenda, bem como pelo presidente do Banco Central do Brasil.

Em sua capacidade reguladora, compete à CVM, dentre outras obrigações, a regulação normativa, a fiscalização permanente do mercado de valores mobiliários, bem como a aplicação de sanções regulatórias, notadamente multas punitivas ou de afastamento temporário de seus agentes por cometimento de infrações legais ou regulamentares. Esse mercado abrange todos os entes emitentes de valores mobiliários suscetíveis de serem ofertados publicamente, as instituições intermediadoras de colocação e de negociação e os adquirentes e vendedores desses valores.

b) Da qualidade do acionista

A qualidade do acionista lhe outorga direitos e obrigações distintos, diferenças essas decorrentes da participação acionária, da nacionalidade do acionista, bem como da participação ou não do Estado na composição de seu capital votante. Nesse último caso também depende, analisando friamente, da participação votante dos investidores institucionais, fundamentalmente aqueles controlados por empresas de economia mista, porém de controle estatal.

As sociedades de economia mista estão sujeitas a legislação específica eventualmente existente, a qual, como lei especial, se sobrepõe à legislação societária comum às companhias, bem como ao poder regulamentar da CVM. Nesse sentido, de um lado, as companhias de economia mista de controle de voto detido pelo Governo estão sujeitas aos deveres e às responsabilidades inerentes a todo e qualquer acionista controlador. Mas o mesmo artigo 238 da lei societária estabelece que o acionista controlador "poderá orientar as atividades da companhia de modo a atender ao interesse público que justificou a sua criação". Esse preceito permite ao Estado, na qualidade de acionista controlador, realizar políticas públicas (como se queira entender isso) com o patrimônio da sociedade anônima por meio de seu controle votante. Esse comando, pouco discutido entre nós, é extremamente relevante, dada sua importância no mercado secundário de ações de companhias como o Banco do Brasil S.A. ou a Petróleo Brasileiro S.A. (Petrobras), etc. A aplicação de tal preceito vez por outra ocorre entre nós, quer pelo preço dos combustíveis, como mecanismo de controle de inflação, quer como instrumento para forçar a taxa de juros praticada pelo setor bancário. Tal constatação sugere uma discussão bem mais profunda, para se saber se as empresas de economia mista, de controle estatal, deveriam ir a mercado com o lançamento público de ações ou se, ao contrário, só deveriam buscar colocar valores mobiliários de renda fixa.

A sociedade de economia mista depende, para sua constituição, além da vontade dos incorporadores, de autorização específica legislativa, não sendo sua instituição ato solitário do Poder Executivo. Essa foi uma forma encontrada para buscar limitar a participação do Estado na atividade empresarial, talvez tendo em vista o preceito constitucional inserto no artigo 173 da Constituição Federal de 1988 que comanda que:

> ressalvados os casos previstos nesta Constituição, a exploração direta de atividade econômica pelo Estado só será permitida quando necessária aos imperativos da segurança nacional ou relevante interesse coletivo, conforme definidos em lei.

Esse preceito constitucional decorre do disposto no artigo 170 da Constituição, o qual estabelece os princípios básicos da ordem econômica nacional, no sentido de que a ordem econômica é "fundada na valorização do trabalho humano e na livre iniciativa [...] observados os seguintes princípios: [...] II – a propriedade privada; III – a função social da empresa; IV – a livre concorrência [...]".

c) Da atividade da sociedade anônima

As sociedades anônimas, dependendo da atividade que venham a exercer, necessitam da autorização específica e prévia estatal, tal como ocorre, por exemplo, com a exploração da atividade financeira ou da atividade de mineração. Outras atividades sofrem limitações quanto ao montante da participação deliberativa, como é o caso das companhias aéreas ou de imprensa, situações nas quais o limite advém do texto constitucional, não podendo a autorização ser suprida por lei. Ressalvadas as atividades que necessitem de autorização específica para o seu funcionamento, temos que, como regra geral, a constituição das companhias depende apenas do livre direito de contratar, obviamente obedecidos os princípios existentes no âmbito do direito obrigacional, além dos previstos pela Lei das Companhias.

2. MODELOS DE GOVERNANÇA SOCIETÁRIA

2.1. Estrutura orgânica

A sociedade anônima de capital fechado é administrada por uma diretoria, podendo ter, conforme disponha o estatuto social, um conselho de administração. Já a companhia de capital aberto terá, necessariamente, um conselho de administração. O conselho de administração é eleito pelos acionistas votantes, colegiado composto pelos detentores de ações ordinárias e, se houver, aqueles outros acionistas preferencialistas com voto pleno. Por disposição legal, às ações preferenciais pode ser atribuído voto seletivo, se as preferenciais forem emitidas por classes distintas, situação na qual esse acionista votará de acordo com seu direito de voto. Na realidade do mercado brasileiro, verifica-se que a grande maioria das companhias cotadas na bolsa de valores tem a maioria das ações emitidas enquanto ações preferenciais sem voto. A norma anterior previa que as sociedades anônimas poderiam emitir até dois terços do capital social em ações preferenciais sem voto. Tal preceito, posteriormente, baixou o limite máximo do capital representado por ações sem voto para 50%, mantido o percentual de dois terços nas situações já existentes quando da mudança da lei. Tal acomodação legislativa foi necessária para evitar que grandes empresas tivessem alteração substancial de controle, bem como para evitar longas discussões judiciais sobre a existência de eventual direito adquirido.

Enquanto estrutura orgânica, nós temos que o conselho de administração possui uma estrutura colegiada eleita pelos acionistas votantes, como já dito, possuindo um presidente a quem cabe dirigir os trabalhos. Cada um de seus membros é detentor de um voto nas deliberações, tendo todos os mesmos direitos e deveres, não se subdividindo ele por áreas de especialização como ocorre com a diretoria. Quando da eleição dos membros do conselho de administração pelos acionistas, estes podem optar pela prática do voto múltiplo em vez do voto em uma chapa. Esse é um mecanismo destinado a proteger os acionistas minoritários, na medida em que por esse mecanismo pode o acionista atribuir "[...] a cada ação tantos votos quantos sejam os membros do conselho, e [ser] reconhecido ao acionista o direito de cumular num só candidato ou distribuí-los entre vários"[16].

Como se verá adiante, os acionistas votantes minoritários, representando 15%, no mínimo, desse colegiado, têm o direito de eleger em separado um membro do conselho de administração, o mesmo se dando com os detentores de ações sem voto ou com voto restrito. Com o intuito de não desfigurar o poder de controle, tendo em vista a eleição em separado mencionada, diz a Lei das Companhias

[16] Art. 141 da Lei das Companhias.

que, ocorrendo essas hipóteses, o acionista com mais de 50% dos votos, por si ou por acordo de voto, tem, além da possibilidade de requerer o voto cumulativo ou múltiplo descrito a seguir, o direito de eleger o mesmo número de conselheiros que os demais detentores de votos qualificados em lei.

Por ser uma regra destinada à proteção do acionista minoritário, estabelece a lei que tal modalidade de voto cumulativo pode ser requerida por 10% dos acionistas com direito a voto, independentemente de haver ou não previsão estatutária. Ou seja, é um direito previsto em lei, pelo qual a minoria faz prevalecer sua vontade sobre o voto ao contrário da maioria. Caso a lei previsse de forma diferente, seria esse mecanismo de proteção aos minoritários absolutamente inoperante. Para tanto, é necessário que a mudança do método eleitoral seja requerida no mínimo 48 horas antes da realização da assembleia geral dos acionistas, devendo a mesa diretora dos trabalhos assembleares informar previamente os acionistas.

Os membros do conselho de administração são destituíveis a qualquer tempo pelos acionistas, independentemente de motivação. As demissões podem ser direcionadas a todos os membros do colegiado, a alguns deles ou a somente um membro. Com o intuito de evitar manobras da maioria, que pelo voto múltiplo pode ser surpreendida com a eleição de determinado membro não por ela desejado, a lei societária comanda que a eleição para suprir a(s) vaga(s) produzida(s) se dê pelo mesmo método do voto múltiplo.

O segundo comando destinado a dar mais proteção aos acionistas minoritários estabelece que os que forem detentores do direito de voto, representantes de no mínimo 15% do universo de ações, têm o direito de eleger em separado, na assembleia geral, excluídos os votos dos acionistas controladores. Outrossim, têm esses acionistas minoritários o direito de destituir os membros eleitos, também em separado. O mesmo direito da eleição em separado dos votos dos acionistas controladores têm os acionistas detentores de ações preferenciais sem voto ou com voto restrito, desde que representem no mínimo 10% do capital social e que tal vantagem já não lhes tenha sido atribuída estatutariamente[17]. Para que tal direito possa ser exercido, há necessidade de que os acionistas comprovem já pertencer ao quadro social da companhia, na qualidade de titulares das ações que exercerão o direito eleitoral, há mais de três meses, no mínimo, da data da realização da assembleia de acionistas.

Como recurso adicional na proteção das minorias, diz a lei que, caso os minoritários votantes e os minoritários sem voto ou com voto restrito não alcancem o percentual mínimo previsto, podem somar esforços, juntando suas respectivas participações de sorte a alcançarem o percentual mínimo exigido

[17] Art. 18 da Lei das Companhias.

por lei. Finalmente, diz a lei que o estatuto social pode prever a possibilidade de ocorrer a eleição, em separado, de representante dos empregados, eleito por esses trabalhadores não acionistas. Esse é um preceito, inserido em lei, que tem a função de ser um comando indicativo. Abre-se essa possibilidade se assim o desejarem os acionistas. Nessa linha, a própria lei cria as exceções de empregados votantes ser acionistas e que poderão eleger um membro que também não seja acionista.

Esses louváveis comportamentos da lei na busca de dar acesso aos minoritários e aos empregados ao corpo político de deliberação da companhia, entretanto, choca-se com outro princípio, também salutar, que é aquele que, no artigo 154, manda que os administradores, aí abrangidos os membros do conselho de administração e a diretoria, deverão exercer suas atividades "para lograr os fins e no interesse da companhia, satisfeitas as exigências do bem público e da função social". Ademais, no parágrafo 1.º do mesmo artigo, diz que "o administrador eleito por grupo ou classe de acionistas tem, para com a companhia, os mesmos deveres que os demais, não podendo, ainda que para defesa do interesse dos que o elegeram, faltar a esses deveres".

Ou seja, essa representação não significa que o membro do conselho de administração, eleito por determinada parcela dos acionistas, votantes ou não, deve defender os interesses do grupo que o elegeu; ao contrário, o seu dever de lealdade será sempre para com os interesses sociais, mesmo que por vezes possa ele, na busca do interesse da companhia, prejudicar a vontade daqueles que o elegeram.

Porém, não será razoável imaginar que esses quase "conselheiros classistas", ao defenderem os interesses da companhia, não defendam também os próprios de seus eleitores, em detrimento ou não daqueles conselheiros eleitos pelos votantes controladores. De outro lado, é de se ter em consideração que o eleito classista pode ser afastado do conselho pelo voto solitário de seus eleitores, os quais indicarão, e só eles, um novo membro do conselho de administração. Será razoável imaginar que diante de mais esse risco ele se comporte de forma diferente daquela pretendida por seus eleitores? Provavelmente não. Afinal, em um projeto de conteúdo eminentemente econômico, cada grupo de investidores pode ter interesses legítimos não coincidentes.

Estes são dois princípios que podem se chocar no futuro. De um lado, o intuito de dar mais proteção aos acionistas de mercado, sob pena de que, se não sentirem protegidos, não acorrerão ao mercado de valores mobiliários. De outro lado, enquanto a quase totalidade de nossas companhias tiver um controlador, ou um bloco de controle, não transformará o controle em caudatário da minoria, o que desestimula o empreendedorismo sadio.

Ao conselho de administração competem as tarefas mais voltadas para a produção, o acompanhamento e a cobrança das grandes linhas diretoras, as quais são implementadas pela diretoria da companhia. É nesse contexto que ao conselho de administração cabe: (i) fixar a orientação geral da companhia; (ii) eleger e destituir os diretores e fixar-lhes as atribuições, respeitado o que estabeleça o estatuto social; (iii) fiscalizar a gestão dos diretores, examinar, sempre que achar necessário, todos os livros e os papéis da companhia, pedir e receber toda e qualquer informação requerida, inclusive sobre os contratos feitos ou em discussão; (iv) convocar a assembleia geral sempre que julgar conveniente; (v) opinar sobre os relatórios da administração e sobre as contas da diretoria; (vi) desde que o estatuto social preveja, manifestar-se sobre os contratos e os atos sociais, bem como sobre a emissão de ações ou de bônus de subscrição; (vii) autorizar, caso seja sua competência estatutária, a alienação de bens do ativo permanente, a constituição de ônus reais e a apresentação de garantias e obrigações de terceiros; (viii) escolher e destituir os auditores independentes.

Já a diretoria, que é eleita e destituída pelos membros do conselho de administração ou pela assembleia de acionistas, conforme o caso, será sempre composta por dois ou mais diretores, devendo o estatuto social da companhia prever: (i) o número máximo e mínimo de diretores; (ii) o modo de substituição; (iii) o prazo de gestão, sendo este, no máximo, três anos, permitida a reeleição sem limite; e (iv) as atribuições e os poderes de cada diretoria.

Até um terço dos membros do conselho de administração podem exercer concomitantemente a função de membro da diretoria. As decisões dos diretores são tomadas de acordo com suas respectivas áreas de atuação, conforme definição constante no estatuto social da companhia. Entretanto, pode ele elencar determinadas decisões que, por sua relevância, sejam trazidas para a decisão nas reuniões de diretoria.

Os membros do conselho de administração deverão necessariamente ser acionistas – ou representantes destes, no caso do sócio pessoa jurídica. Entretanto, é prática corriqueira no mundo societário brasileiro que os sócios, ao elegerem determinadas pessoas não sócias para formar a composição do conselho de administração, doem ou "emprestem" uma única ação com o intuito, meramente formal, de suprir um comando legal. Na verdade, os membros do conselho de administração são eleitos e representam, ao menos teoricamente, os acionistas.

2.2. Mitigação dos conflitos de interesse

O conflito de interesse nas sociedades anônimas nasce quando uma das partes privilegia seus próprios interesse em detrimento de outra parte ou afetando o interesse legítimo desta, utilizando-se de informações ou de poderes que lhe foram conferidos pela parte prejudicada.

3. ACIONISTAS

3.1. Direito ao lucro

O direito ao lucro é assegurado pela Lei das Sociedades Anônimas como um dos direitos essenciais dos acionistas, fundamentalmente sob a forma de dividendos. Como mecanismo de garantia de recebimento de dividendos, a lei estabelece o sistema de dividendos obrigatórios, pelo qual é automaticamente vinculada parcela do lucro para satisfação de dividendos perante os acionistas da companhia e cuja sistemática é definida pelo estatuto social. É apenas exigida clara especificação estatutária do montante de distribuição anual de percentual líquido. Em caso de omissão, e salvo situação empresarial que impeça a distribuição de dividendos, fica definido o valor de 50% do lucro líquido a título de dividendo obrigatório aos acionistas.

É ainda prevista a possibilidade de emissão de ações preferenciais, em que é atribuída compensação da supressão do direito de voto. Essa compensação pode ser de duas ordens distintas: 1. direito de participação nas assembleias gerais e 2. benefícios patrimoniais, como prioridade no recebimento de créditos de dividendos e no reembolso de capital, bem como a acumulação dos dois benefícios mencionados.

3.2 Participação na assembleia geral (direito de voto, impedimento a seu exercício e regras sobre quórum de maiorias deliberativas)

O tópico referente à participação na assembleia geral pode ser bem trabalhado se considerados os seguintes tópicos de análise: (i) direito de voto pelos acionistas; (ii) impedimento de participação dos acionistas nas discussões assembleares e nas deliberações; e (iii) regras de quórum e maioria representativa. É o que se pretende apresentar na sequência.

O direito de voto dos acionistas em assembleia geral pode ser considerado como um dos tópicos mais controvertidos no direito societário brasileiro, exatamente por exprimir o poder de influência na condução dos negócios empresariais. A diversidade de tipos de ações também é outro elemento que torna o tema do direito a voto um tanto tormentoso, especialmente quanto às ações preferenciais. Ressalte-se que o capital das empresas listadas no Novo Mercado deve necessariamente ser composto por ações ordinárias com direito a voto, nos termos do Regulamento de Listagem no Novo Mercado.

Como mecanismo de efetivação do direito de voto pelos acionistas, desde 2011 a Lei das Sociedades Anônimas dispõe de preceito que autoriza a participação a distância de acionista com direito a voto em assembleia geral de companhia aberta[18]. Trata-se de uma norma de eficácia contida, que remete diretamente a disciplina à regulação da CVM, a qual, contudo, até o fechamento deste artigo ainda não havia sido editada. No entanto, a CVM já sinalizou ao mercado a possibilidade imediata de voto a distância[19].

Ainda com relação ao direto de voto, é interessante ressaltar a autorização genérica, disposta na Lei das Sociedades Anônimas, de celebração de acordo de acionistas sobre: a compra e a venda de ações de uma companhia; o direito de preferência de aquisição de ações; o exercício do direito a voto; e o poder de controle. Como mecanismo de resguardo do direito de voto, o parágrafo 2.º do artigo 118 determina expressamente a impossibilidade de esse acordo eximir o acionista da responsabilidade de exercício do poder de voto[20].

Mediante o não cumprimento das obrigações pactuadas com a empresa, o conselho de administração dispõe do poder de sancionar o acionista com a suspensão do exercício dos direitos afetos à condição de acionista, nos termos do artigo 120 da Lei 6.404/1976. Essa previsão por certo se estende ao direito de voto, determinando, por ato colegiado de seus pares, a suspensão do direito de voto até o cumprimento da obrigação pendente.

Também é a própria Lei das Sociedades Anônimas que estabelece as hipóteses de impedimento de participação dos acionistas nas discussões assembleares e nas deliberações. São elas: (i) impossibilidade de o acionista votar nas deliberações assembleares relativas à avaliação de bens com que concorrer para a formação do capital social; (ii) impossibilidade de o acionista votar nas deliberações assembleares de aprovação de suas contas na qualidade de administrador; (iii) impossibilidade de o acionista votar nas deliberações assembleares cuja deliberação puder beneficiá-lo de modo particular; (iv) impossibilidade de o acionista votar nas deliberações assembleares em que tiver interesse conflitante com o da companhia[21].

[18] Cf. parágrafo único do artigo 121 da Lei 6.404/1976, incluído pela Lei 12.431/2011.

[19] Desde que os seguintes requisitos dispostos no Ofício-Circular/CVM/SEP 002/2012 sejam atendidos: "Embora esta referida regulamentação ainda não tenha sido emitida, ressalta-se que a CVM já manifestou à imprensa que não há impedimento a que as companhias realizem assembleia em que se faça uso do voto à distância. Para tanto, orienta-se que as companhias assegurem-se de que os meios escolhidos para conferir voto à distância: (a) sejam disponibilizados a todos os acionistas; (b) preservem a segurança das votações, inclusive possibilitando a verificação da qualidade de acionista das pessoas que exercerão o direito de voto; e (c) garantam a possibilidade de posterior verificação da forma como cada acionista votou". Disponível em: <http://www.cvm.gov.br/port/atos/oficios/Of%C3%ADcio-Circular%20SEP%20n%C2%BA%20 02-12%20-%20Orienta%C3%A7%C3%B5es%20Gerais.pdf>.

[20] Eis a redação do artigo 118, § 2.º: "Esses acordos não poderão ser invocados para eximir o acionista de responsabilidade no exercício do direito de voto (artigo 115) ou do poder de controle (artigos 116 e 117)".

[21] Todas essas hipóteses estão previstas no artigo 115, § 1.º, da Lei 6.404/1976.

O direito societário brasileiro, quanto ao quórum de deliberação em assembleia geral, segue a regra da maioria absoluta prevista no artigo 129 da Lei 6.404/1976. Em outros termos, as matérias submetidas à deliberação pela assembleia geral são aprovadas por maioria das ações votantes presentes à assembleia geral, não computados os votos em branco[22]. No entanto, o quórum qualificado será exigido em conformidade com a Lei das Sociedades Anônimas, a depender da complexidade da matéria e da relevância do assunto para a condução estratégica da empresa.

Assim, as seguintes matérias devem ser aprovadas por quórum correspondente a, no mínimo, metade das ações com direito a voto: (i) criação de ações preferenciais ou aumento da classe de ações preferenciais existentes; (ii) alteração nas preferências, vantagens e condições de resgate ou amortização de uma ou mais classes de ações preferenciais, ou criação de nova classe, mais favorecida; (iii) redução do dividendo obrigatório; (iv) fusão ou incorporação da companhia; (v) participação em grupo de sociedades; (vi) mudança do objeto da companhia; (vii) cessação do estado de liquidação da companhia; (viii) criação de partes beneficiárias; (ix) cisão da companhia; (x) dissolução da companhia[23]. A unanimidade de votos far-se-á necessária no caso de transformação da empresa, pela qual ela passa de um tipo para outro.

3.3. Direito de informação

Como um dos principais eixos de transformação do regime jurídico das sociedades anônimas no Brasil, a *informação*, e, assim, o *direito à informação*, consiste em uma das linhas de pesquisa de maior envergadura no Brasil. Porém, esse debate não é recente no Brasil: desde a edição da Lei das Sociedades Anônimas, em 1976, o direito de o acionista receber informações sobre a companhia e sua administração foi cuidadosamente trabalhado. O quadro a seguir esquematiza os deveres de informação contidos na Lei das Sociedades Anônimas:

[22] O desempate é disciplinado nos seguintes termos pelo artigo 129, § 2.º, da Lei 6.404/1976: "No caso de empate, se o estatuto não estabelecer procedimento de arbitragem e não contiver norma diversa, a assembléia será convocada, com intervalo mínimo de 2 (dois) meses, para votar a deliberação; se permanecer o empate e os acionistas não concordarem em cometer a decisão a um terceiro, caberá ao Poder Judiciário decidir, no interesse da companhia".

[23] Pela redação do artigo 136, *caput*, admite-se a exigência de quórum maior em relação à regra do quórum qualificado pelo estatuto da companhia em relação às ações não admitidas à negociação em bolsa ou no mercado de ações.

QUADRO 1 – Direito de informação na Lei 6.404/1976

Direito de informação na Lei 6.404/1976	
Preceito	**Conteúdo normativo**
Art. 100, § 1.º	"§ 1.º A qualquer pessoa, desde que se destinem a defesa de direitos e esclarecimento de situações de interesse pessoal ou dos acionistas ou do mercado de valores mobiliários, serão dadas certidões dos assentamentos constantes dos livros mencionados nos incisos I a III, e por elas a companhia poderá cobrar o custo do serviço, cabendo, do indeferimento do pedido por parte da companhia, recurso à Comissão de Valores Mobiliários."
Art. 118, § 5.º	"§ 5.º No relatório anual, os órgãos da administração da companhia aberta informarão à assembléia-geral as disposições sobre política de reinvestimento de lucros e distribuição de dividendos, constantes de acordos de acionistas arquivados na companhia."
Art. 126, § 3.º	"§ 3.º É facultado a qualquer acionista, detentor de ações, com ou sem voto, que represente meio por cento, no mínimo, do capital social, solicitar relação de endereços dos acionistas, para os fins previstos no § 1.º, obedecidos sempre os requisitos do parágrafo anterior."
Art. 133	"Art. 133. Os administradores devem comunicar, até 1 (um) mês antes da data marcada para a realização da assembléia-geral ordinária, por anúncios publicados na forma prevista no artigo 124, que se acham à disposição dos acionistas: I – o relatório da administração sobre os negócios sociais e os principais fatos administrativos do exercício findo; II – a cópia das demonstrações financeiras; III – o parecer dos auditores independentes, se houver. IV – o parecer do conselho fiscal, inclusive votos dissidentes, se houver; e V – demais documentos pertinentes a assuntos incluídos na ordem do dia."
Art. 135, § 3.º	"§ 3.º Os documentos pertinentes à matéria a ser debatida na assembléia-geral extraordinária deverão ser postos à disposição dos acionistas, na sede da companhia, por ocasião da publicação do primeiro anúncio de convocação da assembléia-geral."
Art. 157, *caput*	"Art. 157. O administrador de companhia aberta deve declarar, ao firmar o termo de posse, o número de ações, bônus de subscrição, opções de compra de ações e debêntures conversíveis em ações, de emissão da companhia e de sociedades controladas ou do mesmo grupo, de que seja titular."
Art. 157, § 1.º	"§ 1.º O administrador de companhia aberta é obrigado a revelar à assembléia-geral ordinária, a pedido de acionistas que representem 5% (cinco por cento) ou mais do capital social: a) o número dos valores mobiliários de emissão da companhia ou de sociedades controladas, ou do mesmo grupo, que tiver adquirido ou alienado, diretamente ou através de outras pessoas, no exercício anterior; b) as opções de compra de ações que tiver contratado ou exercido no exercício anterior; c) os benefícios ou vantagens, indiretas ou complementares, que tenha recebido ou esteja recebendo da companhia e de sociedades coligadas, controladas ou do mesmo grupo; d) as condições dos contratos de trabalho que tenham sido firmados pela companhia com os diretores e empregados de alto nível; e) quaisquer atos ou fatos relevantes nas atividades da companhia."

Direito de informação na Lei 6.404/1976	
Preceito	**Conteúdo normativo**
Art. 163, § 6.º	"§ 6.º O conselho fiscal deverá fornecer ao acionista, ou grupo de acionistas que representem, no mínimo 5% (cinco por cento) do capital social, sempre que solicitadas, informações sobre matérias de sua competência."
Art. 202, § 4.º	"§ 4.º O dividendo previsto neste artigo não será obrigatório no exercício social em que os órgãos da administração informarem à assembléia-geral ordinária ser ele incompatível com a situação financeira da companhia. O conselho fiscal, se em funcionamento, deverá dar parecer sobre essa informação e, na companhia aberta, seus administradores encaminharão à Comissão de Valores Mobiliários, dentro de 5 (cinco) dias da realização da assembléia-geral, exposição justificativa da informação transmitida à assembléia."
Art. 225	"Art. 225. As operações de incorporação, fusão e cisão serão submetidas à deliberação da assembléia-geral das companhias interessadas mediante justificação, na qual serão expostos: I – os motivos ou fins da operação, e o interesse da companhia na sua realização; II – as ações que os acionistas preferenciais receberão e as razões para a modificação dos seus direitos, se prevista; III – a composição, após a operação, segundo espécies e classes das ações, do capital das companhias que deverão emitir ações em substituição às que se deverão extinguir; IV – o valor de reembolso das ações a que terão direito os acionistas dissidentes."
Art. 243	"Art. 243. O relatório anual da administração deve relacionar os investimentos da companhia em sociedades coligadas e controladas e mencionar as modificações ocorridas durante o exercício."
Art. 247	"Art. 247. As notas explicativas dos investimentos a que se refere o art. 248 desta Lei devem conter informações precisas sobre as sociedades coligadas e controladas e suas relações com a companhia, indicando: I – a denominação da sociedade, seu capital social e patrimônio líquido; II – o número, espécies e classes das ações ou quotas de propriedade da companhia, e o preço de mercado das ações, se houver; III – o lucro líquido do exercício; IV – os créditos e obrigações entre a companhia e as sociedades coligadas e controladas; V – o montante das receitas e despesas em operações entre a companhia e as sociedades coligadas e controladas."

Fonte: Elaboração própria, com base no Caderno 8 da CVM (*Principais Direitos dos Acionistas Minoritários de Companhias Abertas*).

No âmbito do Novo Mercado, as obrigações associadas ao dever de informação da sociedade a seus acionistas são ainda mais expressivas, tendo em vista a diretriz geral de transparência, algo a mais que a mera publicidade formal. Pela transparência, a empresa compromete-se a compartilhar informações e dados vitais à tomada de decisão dos acionistas quanto à alocação de seus recursos de investimento, bem como à modelagem da estratégia empresarial de condução dos negócios da empresa. Trata-se de um dever que se impõe às empresas listadas no

Novo Mercado em razão da adesão voluntária às normas de autorregulação de governança corporativa – e, por decorrência, um direito dos acionistas – voltadas a fortalecer a reputação da empresa por sua credibilidade no mercado. Assim, ao dever de transparência associa-se a *accountability*, por meio da qual os acionistas são efetivos controladores da gestão empresarial, pela análise de robusta documentação temporariamente apresentada, bem como pela responsabilidade corporativa.

Segundo o Regulamento de Listagem do Novo Mercado, as empresas listadas no Novo Mercado têm por obrigação divulgar periodicamente demonstrações de fluxo de caixa; demonstrações financeiras elaboradas de acordo com padrões internacionais; informações trimestrais em inglês ou elaboradas de acordo com padrões internacionais; outras informações trimestrais (ITR), como o balanço patrimonial consolidado ou a posição acionária daquele que detiver 5% do capital social da companhia; informações anuais (IAN); calendário anual; e contratos com o mesmo grupo.

O tema foi analisado pelo STJ no REsp 1.130.103, em 19 de agosto de 2010. Por unanimidade de votos, a Segunda Turma constatou falta de transparência na realização de operação de mútuo (*holdings*) com pessoas que ocupavam concomitantemente cargo de administradores e de sócios da companhia em que se registrou "saldo a receber de clientes" na contabilidade da empresa, em vez de operação de mútuo, como seria devido. Foram reconhecidos o impacto da operação irregular sobre o patrimônio da empresa e a ausência de transparência na realização da operação financeira.

3.4. Abuso de maioria/abuso de minoria

A análise do exercício de direitos e poderes no direito societário concentra-se, tradicionalmente, na figura dos controladores, em defesa dos direitos dos minoritários em uma companhia. Fato é que tanto acionistas minoritários quando acionistas que detenham poder de controle podem incorrer em abuso quando do exercício de suas atribuições e de seus direitos definidos na legislação societária e no estatuto social.

O minoritário pode-se apresentar como minoria controladora ou minoria destituída de poder de controle. O abuso de minoria verificar-se-á na hipótese em que o minoritário atuar em desacordo com o interesse social da companhia, ferindo, portanto, o dever de lealdade que deve guardar para com a sociedade empresária. Com relação ao abuso de maioria, é tomada como base de caracterização a regra de que o acionista controlador deve usar o poder com o fim de fazer a companhia realizar o seu objeto e cumprir sua função social, conforme o artigo 116 da Lei das Sociedades Anônimas. Como se depreende, o exercício do poder de controle deve ser praticado tendo em vista o fim societário, ou seja, de modo a contemplar o interesse social da empresa sem que, com isso, se sobreponham interesses pessoais ao coletivo empresarial[24].

O abuso de poder pode ser verificado nos seguintes casos: (i) orientação da companhia para fim estranho ao objeto social ou lesivo ao interesse nacional ou para favorecimento de outra sociedade, brasileira ou estrangeira, em prejuízo dos minoritários; (ii) liquidação de companhia próspera ou transformação, incorporação, fusão ou cisão da companhia, com o fim de obter, para si ou para outrem, vantagem indevida; (iii) promoção de alteração estatutária, emissão de valores mobiliários ou adoção de políticas ou decisões que não tenham por fim o interesse da companhia e visem a causar prejuízo a acionistas minoritários; (iv) eleição de administrador ou fiscal notoriamente inapto; (v) indução à prática de ato ilegal; (vi) realização de práticas não equitativas; (vii) aprovação de contas irregulares de administradores, por favorecimento pessoal, ou não apuração de denúncia; (viii) subscrição de ações com a realização em bens estranhos ao objeto social da companhia.

Nota-se que as hipóteses de abuso de poder nas companhias aberta vêm definidas na Instrução CVM 323/2000, que reputa como infração grave a prática de qualquer delas pelos acionistas.

3.5. Divulgação de participações sociais

O dever de informação sobre a aquisição e a alienação de participação acionária relevante, bem como sobre negociações de controladores e acionistas, é previsto na Lei das Sociedades Anônimas e detidamente disciplinado na Instrução CVM 358/2002.

Primeiramente, é de competência do diretor de Relações com Investidores divulgar e comunicar à CVM – ou à bolsa de valores e a entidade do mercado de balcão organizado, se for o caso – qualquer fato relevante ocorrido ou relacionado a seus negócios. Com mesmo *status* de fato relevante, é dever do adquirente do controle acionário de companhia aberta fazer a devida divulgação, assim como incumbe aos diretores e aos membros do conselho de administração, do conselho fiscal e de quaisquer órgãos com funções técnicas e consultivas divulgar a quantidade e as características dos valores mobiliários adquiridos por sociedades controladas ou controladoras.

Ainda, a instrução da CVM determina que os acionistas controladores e os acionistas que atingirem participação mínima correspondente a 5% de espécie

[24] Segundo decisão proferida pela CVM no Inquérito Administrativo 23/1999, a caracterização do abuso de poder por maioria requer exercício do poder de controle, antijuridicidade e prejuízo efetivo.

ou classe de ações representativas do capital da companhia aberta devem enviar declaração sobre o fato relevante à CVM ou, se for o caso, à bolsa de valores ou a entidade do mercado de balcão organizado em que os valores mobiliários de emissão da companhia sejam admitidos à negociação. As exigências de conteúdo dessa declaração também estão previstas na referida instrução, quais sejam: nome e qualificação do adquirente; objetivo da participação e quantidade visada; número de ações, bônus de subscrição e direitos de subscrição e de compra de ações; número de debêntures conversíveis em ações já detidas pelo adquirente ou por pessoa a ele ligada; e indicação de acordo, inclusive contrato, que regule o exercício do direito de voto ou compra e venda de valores mobiliários de emissão da companhia.

Outro aspecto relevante consiste no cuidado dedicado à transmissão de informações, que passa a ser formalmente exigido das empresas que atuam no mercado de capitais brasileiro. É expressamente prevista a necessidade de definição de política de divulgação de ato ou fato relevante que seja objeto de deliberação pelo conselho de administração.

3.6. Mercado de controle pelos acionistas

O poder de controle das sociedades anônimas é um dos temas que marcaram o desenvolvimento do direito societário. Em torno dessa temática foram desenvolvidos inúmeros institutos de direito dos negócios e aperfeiçoados os mecanismos de controle e de garantia dos direitos dos acionistas. O poder de controle é delimitado pela Lei das Sociedades Anônimas em seu artigo 116:

> Art. 116. Entende-se por acionista controlador a pessoa, natural ou jurídica, ou o grupo de pessoas vinculadas por acordo de voto, ou sob controle comum, que:
> a) é titular de direitos de sócio que lhe assegurem, de modo permanente, a maioria dos votos nas deliberações da assembléia-geral e o poder de eleger a maioria dos administradores da companhia; e
> b) usa efetivamente seu poder para dirigir as atividades sociais e orientar o funcionamento dos órgãos da companhia.

O conceito apresentado pela Lei, no entanto, não é incontestável, e na jurisprudência administrativa da CVM concorrem múltiplas interpretações a respeito do que se materializaria "poder de controle". Prevalece, no entanto, a orientação de que o poder de controle não resulta de um cálculo formal para determinar a maioria das ações com direito a voto no capital social, mas sim da verificação do poder de influência na tomada de decisão, o que pode ser modelado, inclusive, por instrumentos como acordo de acionistas e *golden share*. Como exemplo desse entendimento, extrai-se trecho de decisão da CVM no Processo Administrativo RJ 2009/1956:

> Com efeito, ao definir acionista controlador como a pessoa ou grupo de pessoas que "é titular de direitos de sócio que lhe assegurem, de modo permanente, a maioria dos votos nas deliberações da assembléia-geral e o poder de eleger a maioria dos administradores da companhia" (alínea "a") e que "usa efetivamente seu poder para dirigir as atividades sociais e orientar o funcionamento dos órgãos da companhia" (alínea "b"), o art. 116 da lei acionária dá uma definição eminentemente instrumental, destinada a (i) definir um conteúdo mínimo de obrigações para tal pessoa ou grupo de pessoas (o que se faz, em especial, no parágrafo único do mesmo artigo) e (ii) estabelecer um conjunto de responsabilidades para estes (em especial no art. 117).
> Essa instrumentalidade fica evidente quando a própria Exposição Justificativa do Projeto de Lei que deu origem à Lei n. 6.404/76 esclarece que "O princípio básico adotado pelo Projeto, e que constitui o padrão para apreciar o comportamento do acionista controlador, é o de que o exercício do poder de controle só é legítimo para fazer a companhia realizar o seu objeto e cumprir sua função social, e enquanto respeita e atende lealmente aos direitos e interesses de todos aqueles vinculados à empresa – os que nela trabalham, os acionistas minoritários, os investidores do mercado e os membros da comunidade em que atua".
> Em suma, ao definir acionista controlador, o art. 116 da Lei das S.A. criou, fundamentalmente, um centro de imputação de direitos e deveres, permitindo a responsabilização daquele que abusa de sua posição dominante. Para fazê-lo com maior eficiência – e como desde sempre vem reconhecendo a doutrina – a lei adotou uma definição suficientemente ampla de acionista controlador, a fim de abranger não apenas os controles totalitário e majoritário, mas também o controle minoritário.[25]

Principalmente diante da projeção das regras de governança corporativa, o poder de controle tem sido objeto de estudos e análises conceituais, de modo a vincular o seu exercício a atendimento de preceitos de orientação como dever de lealdade, do qual se aperfeiçoa o instituto do "abuso de poder", e dever de sigilo, basilar à figura do "*insider trading*". Essas colocações serão analisadas ao longo do presente texto.

[25] Disponível em: <http://www.cvm.gov.br/port/descol/respdecis.asp?File=6360-2.HTM>.

4. ADMINISTRAÇÃO

4.1. Estrutura

O sistema de administração das sociedades anônimas, classicamente concentrado na figura da diretoria, foi aprimorado com a edição da Lei 6.404/1976, pela qual a sociedade anônima passaria a contar também com o conselho de administração para exercício da gestão financeira, caso assim fosse definido no estatuto social. Ainda que a Lei das Sociedades Anônimas tenha estabelecido apenas uma faculdade de criação do conselho de administração, na ocasião a medida foi lida como significativo avanço no sentido da profissionalização da atividade de administração das companhias, cujas atribuições seriam distribuídas em setores empresariais especializados para, assim, alcançar decisões mais técnicas e especializadas.

O conselho de administração consiste em um órgão colegiado de natureza deliberativa e fiscalizatória no âmbito da sociedade anônima, cujo interesse deve necessariamente se coadunar com as finalidades empresariais sob risco de seus administradores incorrerem em abuso de poder. São competências do conselho de administração: (i) fixar a orientação geral dos negócios da companhia; (ii) eleger e destituir os diretores da companhia e fixar suas correspondentes atribuições, em conformidade com o estatuto; (iii) fiscalizar a gestão dos diretores por intermédio, entre outros, da análise de livros e papéis da companhia; (iv) convocar a assembleia geral; (v) manifestar-se sobre o relatório da administração e as contas da diretoria; (vi) manifestar-se previamente sobre atos ou contratos quando o estatuto assim determinar; (vii) deliberar sobre a emissão de ações ou de bônus de subscrições quando o estatuto lhe conferir competência para tanto; (viii) autorizar a alienação de bens do ativo não circulante, a constituição de ônus reais e a prestação de garantias a obrigações de terceiros; e (ix) escolher e destituir os auditores independentes, caso a companhia os possua.

No caso das companhias de capital aberto, o conselho de administração é obrigatório, assim como para as empresas participantes do Novo Mercado. Ademais, estabelece o Regulamento do Novo Mercado que o conselho de administração deve ser necessariamente composto por, no mínimo, cinco membros, dos quais 20% gozam de independência e exercem mandato pelo tempo máximo de dois anos.

O atual panorama das sociedades anônimas no Brasil é de predominância de companhias com estrutura familiar (as "empresas familiares"), assim compreendidas aquelas cujo poder de controle se concentra nos membros de uma determinada família. Uma dos principais reflexos da estrutura familiar na condução dos negócios está no impacto sobre a dinâmica do conselho de administração, principalmente diante de um processo de sucessão, que é o mais temeroso episódio da vida de uma empresa familiar. No Brasil, abre-se uma linha de pesquisa a respeito da gestão empresarial em empresas familiares, o que ganhou ainda mais projeção com a introdução do tema da governança corporativa. Dentre os principais questionamentos, está o tema da profissionalização da empresa familiar e o recrutamento de profissionais qualificados que efetivamente participem da tomada de decisão empresarial.

4.2. Incompatibilidades e independência

Os membros do conselho de administração são escolhidos pela assembleia geral, podendo ser destituídos por ela a qualquer tempo. Em conformidade com a Lei das Sociedades Anônimas, o conselho de administração será composto por, no mínimo, três membros. Nos casos em que há a figura do conselho de administração, evidencia-se subordinação da diretoria a ele, pois os membros da diretoria são escolhidos e destituídos por esse conselho. A composição mínima da diretoria é de dois membros, mas o estatuto social pode estabelecer o número de diretores ou a faixa entre o número mínimo e o máximo.

A Lei 6.404/1976 considera elegíveis ao conselho de administração pessoas naturais, o que afasta imediatamente a possibilidade de pessoa jurídica administradora, ao passo que os diretores devem ser residentes no país. Exige a referida lei que o conselho de administração tenha reputação ilibada, para o bem da empresa. São, porém, inelegíveis para os cargos de administração da companhia: aqueles impedidos por lei especial; condenados por crime falimentar, de prevaricação, peita ou suborno, concussão, peculato, contra a economia popular, a fé pública ou a propriedade; aqueles que tenham recebido como pena a vedação a acesso a cargos públicos; e os que forem declarados inabilitados por ato da CVM.

Além dessas hipóteses de impedimento para o exercício de cargo em conselho de administração ou diretoria, a Lei das Sociedades Anônimas ainda determina a impossibilidade de ocupação de cargos em sociedades concorrentes, ou potencialmente concorrentes, da empresa, notadamente em conselhos consultivos, de administração ou fiscais, em que fica mais evidente a influência do sujeito na condução dos negócios empresariais. Também é caso de impedimento a presença de interesses conflitante entre o sujeito e a sociedade. O conceito indeterminado de “interesse conflitante” é delimitado pela Instrução CVM 367/2002, assim compreendido o caso de a pessoa que, cumulativamente, tenha sido eleita por acionista que também tenha elegido conselho de administração em sociedade concorrente e mantenha vínculo de subordinação com o acionista que o elegeu. Outros impedimentos específicos podem ser determinados por leis especiais.

4.3. Designação , substituição e destituição

Como asseverado, o conselho de administração deve ter mínima composição de três membros e, caso a companhia seja listada no Novo Mercado, o número não deve ser inferior a cinco. Observada a regra da composição mínima do conselho de administração, a companhia detém liberdade para fixar o número total de membros do conselho de administração ou a faixa entre o número mínimo e o máximo de conselheiros, decisão essa que deve ser formalizada no estatuto social. Como uma das inovações trazidas pela reforma da Lei 6.404/1976 em 2001 pela Lei 10.303, mencione-se a possibilidade de doravante o estatuto poder prever a participação, no conselho de administração, de representantes dos empregados, diretamente eleitos pelos seus pares em eleição organizada pela empresa, em conjunto com as entidades sindicais que os representem.

As companhias listadas no Novo Mercado encontram-se vinculadas à regra do Regulamento do Novo Mercado pela qual, excepcionalmente e para fins de transição, no caso de controle difuso, os membros do conselho de administração podem ser eleitos uma única vez com mandato unificado de até três anos, contrariando a regra de mandato unificado de dois anos dos conselheiros.

Dentre os direitos dos acionistas, figura a indicação de membros do conselho de administração. Porém, para tornar efetivo tal direito, a Lei das Sociedades Anônimas determinou o sistema de voto múltiplo na eleição dos membros do conselho de administração, segundo o qual cada ação não enseja um voto, mas tantos votos quantos forem as vagas para membros do conselho em disputa. Garantido o direito de o acionista cumular os votos em um só candidato ou em vários (art. 141, *caput*, Lei 6.404/1976), o voto do acionista minoritário torna-se consideravelmente mais valoroso na definição dos conselheiros. Trata-se de uma solução jurídica para representação da minoria, pois, do contrário, inevitavelmente o acionista controlador sempre indicaria a totalidade dos membros do conselho de administração.

O sistema de voto múltiplo para escolha dos membros do conselho de administração deve ser requerido até 48 horas antes da assembleia geral pelos acionistas que representem, no mínimo, um décimo do capital social com direito a voto. Em caso de empate, haverá nova votação e será seguido o mesmo rito processual.

A par desse modo ordinário de escolha dos membros do conselho de administração, a Lei das Sociedades Anônimas prevê, ainda, a votação em separado da assembleia geral, com direito de eleição de um membro e seu suplente para o conselho de administração. Esse direito pode ser exercido pelos titulares de ações de emissão de companhia aberta com direito a voto representativos de, pelo menos, 15% do total de ações com direito a voto e pelos titulares de ações preferenciais sem direito a voto ou com voto restrito de emissão de companhia aberta que representem, no mínimo, 10% do capital social. Ademais, os acionistas devem comprovar que nos três meses anteriores à realização da assembleia geral permaneceram titulares da participação acionária.

O Regulamento do Novo Mercado condiciona a posse dos novos membros do conselho de administração e da diretoria à assinatura do termo de anuência dos administradores, cuja cópia deve ser remetida à entidade autorregulatória BM&FBOVESPA. Para as demais companhias, vigora a regra da assinatura do termo de posse tão somente[26].

Metodologia diversa segue a diretoria para eleição de seus membros. Nesse caso, a escolha é livremente feita pelo conselho de administração (ou, se inexistente, pela assembleia geral). Ademais, até o limite de um terço os membros do conselho de administração podem ser eleitos para cargos de diretores. A destituição dos diretores de seus cargos também é livremente decidida pelo conselho de administração.

Assim como a assembleia geral é soberana para eleger os membros do conselho de administração, também o é para destituir livremente os administradores, sem necessidade de fundamentação a respeito dos motivos considerados para tal destituição. Note-se, porém, que o parágrafo 3.º do artigo 141 da Lei 6.404/1976 expressamente determina que a destituição de um conselheiro escolhido pelo sistema de votação múltipla acarreta na imediata destituição dos demais membros, dada a escolha dos representantes "em bloco". Nesse específico caso, far-se-á necessária nova eleição. Pela paridade de formas, pela votação em apartado da assembleia geral também se pode destituir o membro, ou seu suplente, do conselho de administração anteriormente escolhido pelos titulares de ações legalmente especificadas.

A substituição de conselheiros ou diretores é prevista na hipótese de vacância de cargo determinada pelo artigo 150 da Lei 6.404/1976. Salvo disciplina estatutária em contrário, os substitutos são nomeados pelos membros remanescentes e permanecem no cargo até a assembleia geral subsequente, para completar o prazo de gestão do substituído. Ocorrendo vacância da maioria dos cargos, proceder-se-á à realização de novas eleições. No entanto, se a totalidade dos cargos do conselho de administração vagar, a diretoria, em ato contínuo, deve convocar assembleia geral.

Importante diferença se coloca com relação à autonomia do conselho de administração no caso das sociedades anônimas listadas no Novo Mercado, qual

[26] O termo de posse deve ser assinado também pelos suplentes, tendo em consideração a prática do sistema de substituição definitiva adotada por diversas companhias. Cf. Processo Administrativo CVM 2005/3475. Disponível em: <http://www.cvm.gov.br/port/descol/respdecis.asp?File=4763-0.HTM>.

seja, a existência da figura do conselheiro independente[27] em proporção mínima fixada. Determina o Regulamento do Novo Mercado que, no mínimo, 20% dos conselheiros devem ser independentes. Desse modo, os conselheiros escolhidos por votação em separado da assembleia geral serão reconhecidos como independentes e devem corresponder, pelo menos, a 20% do total dos membros do conselho de administração. Novamente, tem-se uma regra voltada à representação da minoria na condução dos negócios da companhia listada no Novo Mercado.

4.4. Executivos e não executivos

O direito societário brasileiro se volta à composição da administração da empresa com executivos profissionais e, paulatinamente, crescem os incentivos à participação desses executivos na atividade empresarial, para fins de profissionalização da gestão empresarial. Isso é notadamente perceptível quanto à composição do conselho fiscal ou do comitê de auditoria, órgãos marcadamente vocacionados ao controle interno da companhia.

4.5. Remuneração

O montante da remuneração dos conselheiros e dos diretores é definido pela assembleia geral, a qual também se incumbe da deliberação sobre benefícios de qualquer natureza e verbas de representação. Dentre os critérios considerados na Lei das Sociedades Anônimas para deliberar sobre o *quantum* remuneratório, os seguintes são indicados: (i) responsabilidades; (ii) tempo dedicado às funções; (iii) competência; (iv) reputação profissional; e (v) valor dos seus serviços no mercado. Esses critérios podem ser internalizados no próprio estatuto social, de modo a conferir mais previsibilidade aos administradores sobre seus futuros ganhos e melhor direcionar a apuração dos valores pela assembleia geral, ou a

[27] O conselheiro independente é definido nos seguintes termos pelo Regulamento de Listagem do Novo Mercado: "conselheiro independente: caracteriza-se por: (i) não ter qualquer vínculo com a Companhia, exceto participação de capital; (ii) não ser Acionista Controlador, cônjuge ou parente até segundo grau daquele, ou não ser ou não ter sido, nos últimos 3 anos, vinculado a sociedade ou entidade relacionada ao Acionista Controlador (pessoas vinculadas a instituições públicas de ensino e/ou pesquisa estão excluídas desta restrição); (iii) não ter sido, nos últimos 3 anos, empregado ou diretor da Companhia, do Acionista Controlador ou de sociedade controlada pela Companhia; (iv) não ser fornecedor ou comprador, direto ou indireto, de serviços e/ou produtos da Companhia, em magnitude que implique perda de independência; (v) não ser funcionário ou administrador de sociedade ou entidade que esteja oferecendo ou demandando serviços e/ou produtos à Companhia; (vi) não ser cônjuge ou parente até segundo grau de algum administrador da Companhia; (vii) não receber outra remuneração da Companhia além da de conselheiro (proventos em dinheiro oriundos de participação no capital estão excluídos desta restrição)". p. 6.

valoração pela assembleia geral em deliberação, ante a ausência de disciplina do procedimento no estatuto. Trata-se de uma estratégia para evitar a fixação de elevadas remunerações.

É facultado que o estatuto da companhia que fixe dividendo obrigatório de 25% ou mais do lucro líquido atribua aos administradores participação nos lucros, desde que o valor não exceda a remuneração anual dos administradores e tampouco seja superior a um décimo dos lucros, a prevalecer o limite que for menor. Trata-se, na ponta, de uma gratificação, portanto. Caso a distribuição dos dividendos não siga o disposto na Lei das Sociedades Anônimas, os administradores e os fiscais serão responsabilizados solidariamente e deverão repor à caixa social a importância atribuída indevidamente.

O debate em torno da remuneração dos administradores de companhias ganhou fôlego no Brasil com a edição da Instrução CVM 480, em 2009, que passou a exigir, como um dos requisitos de autorização para negociação de valores mobiliários no mercado de capitais, sucessivas informações e providências relacionadas à remuneração dos administradores, como a descrição de política ou prática de remuneração dos membros do conselho de administração, a composição da remuneração, o atrelamento da remuneração a indicadores de desempenho, a metodologia de cálculo de reajuste da remuneração e a definição do plano de remuneração.

O embate colocado permeia duas diretrizes caras ao mercado de capitais: dever de transparência *vs.* garantia do direito à intimidade e à vida privada. A questão foi levada para apreciação pelo Poder Judiciário e, em primeira instância, foi liminarmente determinada, pela 5.ª Vara Federal do Rio de Janeiro, suspensão da eficácia do subitem 13.11 do anexo 24 da Instrução CVM 480/2009 em relação aos associados de associação (Instituto Brasileiro de Executivos de Finanças – IBEF-RJ), trecho da normativa que versa sobre o dever de divulgação da remuneração dos administradores[28]. Como a decisão fora mantida pelo Tribunal Regional Federal da 2.ª Região, a CVM apresentou recurso ao Superior Tribunal de Justiça, o qual, por sua vez, manteve a liminar na SLS 1.210/2010 em decisão monocrática do ministro Cesar Asfor Rocha. A seguir, é apresentado trecho de síntese do seu entendimento:

> Não se pode questionar a importância da Comissão de Valores Mobiliários e da regulamentação em debate para o mercado de capitais, que sempre deve ser atualizada para melhor proteger os investidores e o próprio mercado. Ocorre que a requerente [CVM], apesar de todas as alegações que trouxe em sua inicial, não demonstra que a ausência de divulgação imediata do "valor médio da remuneração

[28] Cf. Ação Ordinária 2010.5101002888-5.

individual", do "valor da remuneração individual" e do "valor médio de remuneração individual" (fl. 809) pode causar grave, iminente e irreparável lesão à ordem, à economia e ao interesse público, o que torna inviável a utilização da suspensão de liminar e de sentença[29].

4.6. Prestação de contas

A prestação de contas se relaciona diretamente ao *dever de accountability* que o conselho de administração e a diretoria devem guardar com relação aos demais acionistas e controladores e à própria companhia. A prestação de contas exerce relevante função de orientação sobre as frentes estratégicas de gestão empresarial adotadas pela administração, além de permitir o efetivo controle sobre pontos sensíveis de alocação de recursos e a satisfação de metas de planejamento. Todos esses elementos levaram o legislador a versar largamente sobre o dever de prestação de contas pela administração de modo disperso ao longo do texto da lei.

Há expressa previsão do dever de o conselho de administração prestar contas, as quais são anualmente deliberadas pela assembleia geral, assim como as demonstrações financeiras apresentadas pelo conselho de administração [30]. Mais especificamente, nos quatro meses seguintes ao término do exercício social, é imprescindível a realização de assembleia geral que tenha como uma das pautas "tomar as contas dos administradores, examinar, discutir e votar as demonstrações financeiras"[31]. Com relação à prestação de contas pela diretoria, compete ao conselho de administração manifestar-se sobre elas.

A prestação de contas pode ser insatisfatória – e, portanto, ilegal – nas hipóteses em que (i) a administração não a apresente; (ii) embora seja apresentada, (ii.1.) a prestação de contas contenha erro, por desencontro entre a informação apresentada e a efetiva, (ii.2.) não atenda a algum requisito formal exigido em norma ou (ii.3.) suprima informação que necessariamente deveria ser exteriorizada; ou (iii) não cumpra com o procedimento formal de avaliação das contas conforme definição no estatuto social, nas normas autorregulatórias ou da CVM ou na legislação. Em todos esses casos, os membros do conselho de administração ou da diretoria podem se sujeitar a processo administrativo sancionador tramitado no âmbito da CVM, além de a retaliações internas à própria companhia.

[29] Disponível em: https://ww2.stj.jus.br/revistaeletronica/ita.asp?registro=201000498520&dt_publicacao=30/09/2010. p. 5.

[30] Cf. art. 122, III, da Lei 6.404/1976. É importante retomar a informação de que o acionista se encontra impedido de votar nas deliberações da assembleia geral relativas à aprovação de suas contas como administrador, nos termos do art. 115, §1.º, da Lei 6.404/1976.

[31] *Idem.*

Nessa linha, ressalte-se que o direito societário brasileiro expressamente prevê a responsabilidade do acionista controlador por abuso de poder, notadamente a aprovação, ou a instigação à aprovação, de contas irregulares de administradores por favorecimento pessoal.

5. FISCALIZAÇÃO

5.1. Estrutura

No direito societário brasileiro, o conselho fiscal tem desempenhado importante papel de controle interno da companhia. Trata-se de órgão que se insere na estrutura societária da sociedade anônima na qualidade de fiscalizador da administração, dispondo, nos limites do estatuto social, de poderes de análise documental que viabilizam o acompanhamento, interino ou esporádico, das demonstrações contábeis e dos atos de gestão. Hoje o conselho fiscal aproxima-se da atividade de gestão menos pela postura adversária que tradicionalmente o sistema jurídico lhe incute e, paulatinamente, de forma cada vez mais colaborativa. Essa prática é notadamente evidenciada nas empresas que seguem as regras de governança corporativa.

O conselho fiscal é composto por membros efetivos – no mínimo três e no máximo cinco – e os correspondentes suplentes indicados pela assembleia geral. É o estatuto social que define, primeiramente, se o conselho fiscal será, ou não, de funcionamento permanente na companhia e, em segundo lugar, qual será a composição desse conselho, cujos membros podem ser ou não acionistas da companhia. O prazo de vigência do mandato estende-se até a primeira assembleia geral ordinária que se realizar após a eleição, cabendo reeleição.

Consistem nas funções do conselho fiscal em uma sociedade anônima: (i) fiscalizar os atos dos administradores e verificar o cumprimento dos seus correspondentes deveres legais e estatutários; (ii) opinar sobre o relatório anual de administração; (iii) opinar sobre as propostas dos órgãos de administração as quais serão pauta de deliberação de assembleia geral sobre modificação do capital social, emissão de debêntures, bônus de subscrição, planos de investimento, orçamento de capital, distribuição de dividendos, transformação, incorporação, fusão ou cisão; (iv) denunciar erros, fraudes ou crimes que descobrirem a respeito da gestão da companhia; (v) convocar assembleia geral ordinária, na hipótese de atraso por mais de um mês da convocação pelos órgãos de administração, e extraordinária, em caso de motivos graves ou urgentes; (vi) analisar periodicamente, no mínimo trimestralmente, o balancete e as demais demonstrações financeiras da companhia; (vii) examinar e opinar sobre as demonstrações financeiras do exercício social; e (viii) exercer todas as mencionadas atribuições.

Em resumo, a principal atribuição do conselho fiscal consiste em proceder à fiscalização das contas da companhia. Para que o conselho fiscal desempenhe de modo eficiente suas atribuições, a Lei das Sociedades Anônimas atribui, em seu art. 163, §2.º, *poder de fiscalização* a ele.

Pelo caráter instrumental do poder de fiscalização detido pelo conselho fiscal em relação ao controle interno, a Lei 6.404/1976 previu a indelegabilidade dos poderes legalmente conferidos ao conselho; mais especificamente, impediu a delegação do poder de fiscalização a outro órgão da companhia.

No entanto, a atribuição de fiscalizar não é exclusividade do conselho fiscal, a exemplo do poder de acionistas que representem 5% do capital social solicitarem judicialmente a exibição por inteiro dos livros da sociedade anônima quando houver fundados indícios de graves irregularidades praticadas por qualquer dos órgãos da companhia. Importa salientar que a função do membro do conselho fiscal é indelegável. Ademais, o conselho fiscal tem o dever de fornecer ao acionista ou grupo de acionistas que represente, no mínimo, 5% do capital social, as informações sobre matéria de sua competência.

5.2. Incompatibilidades e independência

Somente as pessoas naturais que residam no país e detenham diploma de curso superior universitário, ou que tenham exercido cargo de administrador de empresa ou em conselho fiscal por no mínimo três anos, encontram-se legitimados a participarem do conselho fiscal, de acordo com a legislação societária brasileira.

Assevera-se que nas localidades em que não houver pessoas habilitadas para exercício da função de membro do conselho fiscal, ou em que estas existam em número inferior ao necessário, existe a possibilidade de dispensar a companhia da eleição dos membros em conformidade com as exigências previstas. De caráter excepcional, essa medida demanda, porém, prévia autorização judicial.

Além da satisfação de todos os requisitos legais, a investidura demandará a comprovação documental, sendo os documentos arquivados na sede social. No caso das companhias que seguem as regras de governança corporativa, é imprescindível a assinatura do termo de anuência dos membros do conselho fiscal[32], cuja formalização condiciona a posse dos membros eleitos para compor o conselho fiscal aos termos do Regulamento de Listagem no Novo Mercado. A principal finalidade desse termo é estabelecer a obrigatoriedade de resolução de disputa relacionada ao regulamento em câmara de arbitragem.

[32] O termo de anuência dos membros do conselho fiscal é assim definido pelo Regulamento de Listagem no Novo Mercado: "termo pelo qual os membros do Conselho Fiscal da Companhia, quando instalado, se responsabilizam pessoalmente a se submeter e a agir em conformidade com o Regulamento de Arbitragem, valendo ainda este Termo como Cláusula Compromissória". p. 8.

Com relação aos impedimentos, aplicam-se os mesmos critérios da composição do conselho de administração, segundo os quais são inelegíveis as pessoas impedidas por lei especial, condenadas por crime falimentar, de prevaricação, peita ou suborno, concussão, peculato ou contra a economia popular, a fé pública ou a probidade. Pela Lei das Sociedades Anônimas, também são declaradas inelegíveis para compor o conselho fiscal as pessoas que tenham sido sancionadas administrativa ou criminalmente por pena que impeça o acesso a cargos públicos. Na primeira hipótese, a CVM deverá declarar, em ato final de processo administrativo sancionador, a inabilitação da pessoa.

Também a regra do conflito de interesse se aplica à composição do conselho fiscal: estão impedidos de figurar como membros aqueles que puderem ser considerados concorrentes no mercado ou que tiverem interesse conflitante com o da sociedade. Além desse preceito proibitivo, a Lei das Sociedades Anônimas ainda dispõe que não podem ser eleitos para o conselho fiscal os membros de órgãos de administração e os empregados da companhia (incluindo sociedade controlada ou mesmo grupo societário), assim como cônjuge ou parente, até o terceiro grau, de administrador da companhia.

Com essa coleção, relativamente extensa, da vedação à participação de pessoas no corpo do conselho fiscal pretende-se fazer com que a fiscalização do conselho seja efetiva porque não capturada por interesses que poderiam facilmente desviar ilegitimamente o poder de controle da companhia que lhe é assegurado por lei para exercício nos limites do estatuto social. Assim, garante-se também a autonomia necessária dos membros do conselho fiscal para que exerçam independentemente de favorecimentos ou perseguições suas funções-fins. Sua atuação independente confere credibilidade à companhia perante o mercado e se corrobora a profissionalização da gestão empresarial.

5.3. Designação, substituição e destituição

Como característica brasileira, tem-se que a dinâmica de funcionamento do conselho fiscal é centralizada na assembleia geral. Basicamente, é a assembleia geral que detém competência para designar e destituir os membros desse conselho. Nos casos em que este não seja permanente, também incumbe à assembleia geral sua instauração para proceder às atividades de controle interno da companhia quanto à gestão fiscal e à administração dos negócios[33].

[33] Em decisão proferida no Processo Administrativo 2010/8628, a CVM decidiu que o pedido de funcionamento de conselho fiscal, quando não permanente, pode ser solicitado a qualquer tempo nos termos do artigo 161, § 1.º, da Lei 6.404/1976. Caso o conselho fiscal já esteja instalado, o preceito não se aplica e a eleição de membros para o conselho segue as regras usuais.

Regra geral, o pedido de funcionamento do conselho fiscal pode ser formulado em qualquer assembleia geral para eleição de seus correspondentes membros e suplentes, ainda que a matéria não conste do anúncio de convocação.

Ao lado da deliberação ordinária, existem duas hipóteses de votação em separado previstas em lei. Primeiramente, os titulares de ações preferenciais sem direito a voto, ou com voto restrito, podem eleger um membro do conselho fiscal e seu correspondente suplente em votação em separado. A segunda hipótese corresponde ao direito dos minoritários de também gozar de votação em separado para escolha de um membro do conselho fiscal e seu respectivo suplente, desde que representem, em conjunto, 10% ou mais das ações com direito a voto detidas por todos os acionistas minoritários da companhia, e não somente por aqueles que comparecem à assembleia[34]. Importante ressaltar que os demais acionistas elegem, necessariamente, os membros efetivos e suplentes em número superior ao dos eleitos em votação em separado ("mais um[35]").

Caso o conselho fiscal não seja permanente, em qualquer assembleia geral se pode requerer sua instalação, desde que os acionistas solicitantes preencham o percentual mínimo de um décimo das ações com direito a voto ou 5% das ações sem direito a voto[36]. Nesse caso, o conselho fiscal ficará em funcionamento até a primeira assembleia geral ordinária subsequente à instalação.

Trata-se de um mecanismo de garantia da efetividade do direito dos acionistas minoritários na fiscalização dos negócios conduzidos pela companhia[37]. Segundo Decisão CVM nos Processos Administrativos RJ 2007/3246 e 2006/5701:

> A eleição em separado tem por objetivo garantir às minorias acionárias detentoras de percentuais previamente determinados o direito de indicar um representante, sendo este direito a principal diferença de funcionamento entre o Conselho Fiscal da Lei 6.404/76 e aquele previsto no Decreto Lei 2.627/40. O objetivo da Lei, portanto, foi o de assegurar a titulares de participações qualificadas no capital

[34] Essa é a orientação da CVM definida em decisão proferida no Processo Administrativo RJ 2007/11086. Disponível em: <http://www.cvm.gov.br/port/descol/respdecis.asp?File=5633-0.HTM>.

[35] Em decisão no Processo Administrativo RJ 2003/3716, a CVM decidiu que, para que se atendam aos princípios de governança corporativa, os acionistas majoritários devem ter apenas um membro do conselho fiscal a mais do que os minoritários. Disponível em: <http://www.cvm.gov.br/port/descol/respdecis.asp?File=4107-2.HTM>.

[36] Cf. art. 161, § 2.º, da Lei 6.404/1976.

[37] A finalidade de tutela dos acionistas minoritários é reconhecida na própria Resolução CVM 324/2000, cujo art. 1.º assim dispõe: "Por meio desta instrução, a CVM, utilizando-se de competência expressamente prevista e buscando garantir a efetividade da proteção à minoria acionária, inclusive no tocante às companhias com capital social de valor elevado, reduz os percentuais mínimos de participação acionária necessários ao pedido de instalação de Conselho Fiscal de companhia aberta (dez por cento das ações com direito a voto e cinco por cento das ações sem direito a voto)".

preferencial, e no capital minoritário votante, que não exercessem o poder de controle e com ele elegessem a maioria dos administradores, o poder de eleger a minoria do Conselho Fiscal, visando a que a fiscalização daqueles administradores não fosse feita exclusivamente por pessoas eleitas pelos mesmos acionistas que os nomeassem.[38]

5.4. Gestão de riscos, controle interno e auditoria interna

Como visto, uma das frentes centrais de atuação do conselho fiscal corresponde à fiscalização, o que se coaduna com a exigência de transparência no sistema de governança corporativa para viabilizar a *accountability*. Compreendidos no poder geral de fiscalização, que confere excepcional papel na estrutura interna da companhia, os atos de fiscalização do conselho fiscal devem impreterivelmente ser exercidos no exclusivo interesse da companhia[39]. Caso haja descompasso entre os fins do controle interno e os interesses da companhia, estar-se-á caracterizado desvio de finalidade e, assim, exercício abusivo do poder de fiscalizar.

O caráter abusivo da fiscalização pode ainda ser depreendido da desproporcionalidade evidenciada no exercício do poder de fiscalizar. A CVM decidiu no Processo Administrativo RJ 2004/5792 que:

> os conselheiros fiscais, em conjunto ou individualmente, podem exigir dos administradores explicações e dados para verificar a regularidade dos atos de gestão (do ponto de vista legal e estatutário) e das contas da companhia, respeitando, por certo, os limites da razoabilidade.
> [...]
> Na questão em apreço, o conselheiro fiscal não desborda dos limites de suas atribuições, quando solicita à companhia informações pormenorizadas da remuneração dos seus administradores. Assim, divirjo do entendimento da área técnica, de que um conselheiro só estaria apto a obter informações sobre o montante global distribuído pela companhia a seus diretores, meramente para efeito do cálculo de sua remuneração, na forma do art. 162, § 3.º, da Lei das S/A.
> No exercício de sua função fiscalizadora, um conselheiro fiscal tem interesse não só de verificar a adequação do valor por ele percebido ao patamar mínimo da lei, como, eventualmente, a regularidade, legal e estatutária, da remuneração global e individual de cada um dos administradores da companhia.[40]

[38] Disponível em: <http://www.cvm.gov.br/port/descol/respdecis.asp?File=5489-0.HTM>. Cf., ainda, Parecer de Orientação CVM 19/1990.

[39] Cf. art. 165, § 1.º, da Lei 6.404/1976.

[40] Disponível em: <http://www.cvm.gov.br/port/descol/respdecis.asp?File=4505-0.HTM>.

Muito embora os membros do conselho fiscal não sejam responsabilizados pelos atos ilícitos de que não tiverem conhecimento, existem duas ordens de responsabilização que lhes podem ser aplicadas caso não exerçam adequadamente suas competências. Primeiramente, eles podem ser penalmente responsabilizados por atos ilícitos para cuja prática concorrerem ou em relação aos quais se mostrarem convenientes. Também serão responsabilizados se forem omissos no cumprimento dos seus deveres, quando a responsabilidade será solidária. A hipótese de omissão é, porém, afastada se consignarem divergência em ata de reunião ou comunicarem o ato a órgãos da administração e à assembleia geral[41].

Em um exercício prático, os riscos assumidos pela companhia devem ser acompanhados pelo conselho fiscal. Reconhecendo no risco um importante elemento de desenvolvimento dos negócios e aprimoramento da estrutura empresarial, a atuação temerária da companhia, porém, pode determinar a responsabilização dos membros do desse conselho, desde que tenham sido coniventes com a assunção desordenada dos riscos ou omissos, deixando de fiscalizar uma operação, por exemplo, quando tinham dever para tanto. Nessa hipótese, os membros do conselho são solidariamente responsáveis.

Não se deve confundir, porém, a atuação do conselho fiscal com a do comitê de auditoria, órgão do conselho de administração para supervisionar a companhia em seu nome, tampouco com a da auditoria interna. São instituições independentes, de modo que a fiscalização de um órgão não obstaculariza ou inviabiliza a atuação do outro. Porém, na prática da governança corporativa, é altamente recomendável que o conselho fiscal acompanhe os trabalhos dos comitês de auditoria e das auditorias internas para, assim, melhor conhecer a dinâmica de funcionamento da companhia e tornar sua própria atuação mais eficaz para os fins a que se propõe.

5.5. Remuneração

A remuneração dos membros do conselho fiscal é definida pela assembleia geral no ato de eleição, como medida de garantia da independência. A expressa previsão da remuneração, independentemente dos resultados dos trabalhos,

[41] Em decisão no Processo Administrativo Sancionador RJ 2002/4311, a CVM sustentou o seguinte entendimento a respeito da omissão do conselho fiscal ao não convocar assembleia geral para informar transações com partes relacionadas pela administração: "Entendo que a obrigação atribuída pela lei ao conselho fiscal não pode ser considerada cumprida apenas com uma recomendação aos administradores para que convoquem a AGO. Sua competência vai bem além disso, exigindo a realização da convocação ou, ao menos, a determinação ao diretor financeiro que providencie os recursos para a publicação. Essa é uma das garantias com que contam os acionistas quando solicitam a instalação do conselho fiscal". Disponível em: <http://www.cvm.gov.br/port/inqueritos/2006/rordinario/inqueritos/09_25_RJ2002-4311.asp>.

consiste em relevante instrumento de autonomia desse conselho com relação aos membros dos órgãos de administração, cujas ações serão por ele fiscalizadas, e perante os acionistas da companhia.

Por essa razão, o tema da remuneração recebe disciplina minuciosa pela Lei das Sociedades Anônimas, cujo artigo 164, § 3.º, especifica que ela não pode ser inferior, para cada membro em exercício, a 10% da que, em média, for atribuída a cada diretor. Nesse cálculo da remuneração não são computados benefícios, verbas de representação e participação nos lucros. Todavia, são considerados no valor da remuneração o reembolso das despesas de locomoção e estada necessárias ao desempenho da função no conselho fiscal.

5.6. Controle de negócios com partes relacionadas

Dentre as atribuições legais previstas ao conselho fiscal, está o controle das transações com partes relacionadas[42], que congregam alto potencial de conflito de interesses, uma vez que se voltam fundamentalmente à obtenção de benefícios privados de controle[43]. Porém, essa orientação pode ser depreendida apenas mediante interpretação do poder geral de fiscalização, robustecida na Lei 6.404/1976 com a alteração do artigo 163, I, pela Lei 10.303/2001.

Para verificação da legalidade e dos possíveis impactos da transação com partes relacionadas em análise, os documentos que serão avaliados:

> devem permitir verificar as condições em que as transações foram realizadas, a natureza do relacionamento e a política de preços de transferência, especialmente quanto a preços, prazos e encargos e se foram realizadas em condições semelhantes às que seriam aplicáveis às partes não-relacionadas, bem como os efeitos presentes e futuros na situação financeira e nos resultados.[44]

Contudo, expressa referência na lei societária há a respeito do dever de informar transações por partes relacionadas efetuadas por qualquer dos membros do conselho fiscal, conforme determinação do artigo 165-A da Lei 6.404/1976.

[42] O conceito de "partes relacionadas" abrange, portanto, sujeitos relacionados a um mesmo poder societário que possam transacionar por meio desse poder, qualquer que seja a expressão que se apresente no mercado, a exemplo de empresas, acionistas e administradores.

[43] As seguintes normas regulamentares completam o quadro regulatório das transações por parte relacionadas: Deliberação CVM 560/2008 e Instrução CVM 323/2000.

[44] Instituto Brasileiro de Governança Corporativa, *Guia de Orientação para o Conselho Fiscal*. Disponível em: http://www.google.com.br/url?sa=t&rct=j&q=&esrc=s&frm=1&source=web&cd=1&ved=0CCwQFjAA&url=http%3A%2F%2Fwww.ibgc.org.br%2FDownload.aspx%3FRef%3DCadernos%26CodCaderno%3D2&ei=GhdLUeKNE86q0AGxw4DgCQ&usg=AFQjCNF0IK9JoWxU0YPNld0tRteUCc8iIg&sig2=YqVluaowTfrc3hK6iSlu3g&bvm=bv.44158598,d.eWU. p. 11.

Segundo o preceito normativo, não apenas os membros dos órgãos de administração detêm o dever de informar sobre transações com partes relacionadas, mas também os membros do conselho fiscal, até mesmo porque o artigo 165, *caput*, da Lei 6.404/1976 determina igualdade de deveres e obrigações entre eles quanto a diligência, lealdade e informação sobre fatos ou negócios societários que possam acarretar em conflitos de interesse.

5.7. Auditoria

O caminho do direito societário brasileiro foi de fortalecimento da administração societária, com conferência de poderes notadamente relevantes à satisfação da finalidade, por um lado. Por outro lado, para fins de equilíbrio da estrutura societária, a legislação passou a prever diversificados controles, de modo a repudiar abusos de poder. O controle externo fica a cargo dos entes estatais de regulação, das autoridades autorreguladoras e do próprio Poder Judiciário. O controle interno, por sua vez, é exercido pelos próprios acionistas com base na transparência e no direito à informação, ao passo que o controle interno específico é de responsabilidade do conselho fiscal. Concorrem nesse panorama fiscalizatório as auditorias independentes.

O trabalho da auditoria independente poderá ser designado pelo comitê de auditoria, que se sujeita à aprovação do conselho de administração. O conselho fiscal participará da contratação de auditoria independente na ausência de comitê de auditoria, quando o estatuto social deve expressamente prever a competência de o conselho fiscal opinar sobre a contratação de auditores independentes.

Como indica a própria nomenclatura "auditoria independente", essa auditoria é autônoma em relação ao conselho fiscal, podendo chegar a conclusões discrepantes sobre determinado objeto de análise, na medida em que não se submete ao crivo do conselho fiscal, que tampouco possui competência para revisar os relatórios apresentados pela auditoria independente. A proposta encontrada na Lei das Sociedades Anônimas e nas melhores práticas de governança corporativa não é, porém, de rivalidade, mas de efetiva colaboração. Nesses termos, a Lei das Sociedades Anônimas determina, em seu artigo 165, a possibilidade de solicitar à auditoria independente esclarecimentos ou informações, bem como a apuração de fatos específicos.

As auditorias independentes, que podem ser constituídas de auditores pessoas físicas (AIPF) ou pessoas jurídicas (AIPJ), devem necessariamente ser registradas na CVM para atuação consultiva no âmbito do mercado de capitais brasileiro, de acordo com as exigências da Instrução CVM 308/1999.

CAPÍTULO IV

A GOVERNAÇÃO DE SOCIEDADES EM CABO VERDE

RAQUEL SPENCER MEDINA

1. INTRODUÇÃO

1.1. Características essenciais das sociedades anónimas

O espaço societário é marcadamente dominado pela liberdade dos seus intervenientes – com alicerces constitucionais no direito à propriedade privada e na liberdade de iniciativa económica –, mas a verdade é que a existência de regras em matéria de governo das sociedades promove o seu melhor funcionamento. Em boa verdade, o bom funcionamento e o sucesso de uma sociedade passam, necessariamente, pela sua boa organização, o que não dispensa a transparência, o equilíbrio de poderes e deveres, a prevenção e gestão de conflitos de interesse e a responsabilidade.

Por governação societária (*corporate governance*) entende-se o conjunto das matérias, princípios e regras relativas à administração e controlo das sociedades[1].

As fontes normativas da governação societária são múltiplas, sendo esta matéria geralmente tratada em dois planos: o plano da lei (obrigatório) e o domínio das recomendações (de cumprimento voluntário, como o nome indica). Estas últimas provêm de organizações fundadas na sociedade civil, bem como de autoridades reguladoras.

[1] Nesse sentido, JORGE COUTINHO DE ABREU, *Governação das Sociedades Comerciais*, Coimbra (2010), p. 1 e seguintes. Veja-se ainda sobre este tema PAULO CÂMARA, "O Governo das Sociedades e a Reforma do Código das Sociedades Comerciais", in *O Código das Sociedades Comerciais e o Governo das Sociedades*, Coimbra (2008) e PAULO CÂMARA e GABRIELA FIGUEIREDO DIAS, "O Governo das Sociedades Anónimas", in *O Governo das Organizações – A Vocação Universal do Corporate Governance*, Coimbra (2011).

Em Cabo Verde, o domínio das recomendações é ainda praticamente inexistente, apesar de já se sentir algum esforço por parte da autoridade de supervisão do mercado de valores cabo-verdiano, a Auditoria Geral do Mercado de Valores Mobiliários (AGMVM), nas iniciativas que tem vindo a tomar e que deixam antever a adoção de uma atitude sensível à temática da governação societária.

Aqui e a este propósito, é de justiça referir que o Código do Mercado de Valores Mobiliários (CMVM), publicado em Janeiro de 2012, contém um dispositivo que impõe aos emitentes de ações admitidas à cotação, a divulgação anual de um conjunto de informações sobre a estrutura e práticas de governo societário.

O modelo económico atualmente predominante baseia-se na figura da sociedade comercial, assistindo-se à congregação dos recursos de várias pessoas, através da criação de sociedades. De entre as várias formas societárias passíveis de serem adotadas destaca-se a figura da sociedade de capitais – que no quadro legal cabo-verdiano assume a denominação social de sociedade anónima e é regida pelo Código das Empresas Comerciais (CEC) aprovado pelo Decreto-Legislativo n.º 3/99, de 29 de Março (Título IV do Livro II).

De acordo com o artigo 342.º do CEC: "*na sociedade anónima o capital encontra-se dividido em ações, sendo a responsabilidade de cada sócio limitada ao valor das ações por si subscritas*".

Do enquadramento legal, resultam como principais características da sociedade anónima, as a seguir indicadas:

- É uma sociedade de capitais: nelas o que importa é a aglutinação de capitais, e não a pessoa dos acionistas, inexistindo o chamado "intuito personae" característico das sociedades de pessoas;
- Capital social, formado com contribuições dos acionistas em dinheiro ou bens economicamente avaliáveis (artigos 346.º e 130.º do CEC), tendo o capital mínimo das sociedades anónimas sido fixado em dois milhões e quinhentos mil escudos através da Portaria n.º 28/99, de 14 de Junho, recentemente foi revogada pela Portaria n.º 17/2013, de 14 de Março que o reduziu para um escudo;
- Divisão do capital em partes iguais, em regra, de igual valor nominal mas nunca inferior a 1.000$00 por ação. É na ação que se materializa a participação do acionista. A subscrição das ações pode ser particular ou pública (artigo 348.º do CEC);
- Responsabilidade do acionista limitada apenas ao preço das ações subscritas ou adquiridas. Isso significa dizer que uma vez integralizada a ação, o acionista não terá mais nenhuma responsabilidade adicional, nem mesmo em caso de falência, porquanto somente será atingido o patrimônio da sociedade;

- Livre transmissibilidade das ações. As ações, em regra, podem ser livremente transmitidas, o que gera uma constante mutação no quadro de acionistas. Entretanto, poderá o contrato de sociedade limitar a transmissibilidade das ações, desde que a não exclua (artigo 380.º do CEC);
- Constitui-se com um mínimo de dois acionistas. É possível porém constituir uma sociedade anónima com um único sócio, desde que este seja uma sociedade (artigos 342.º, n.º 2 e 457.º do CEC).

1.2. Sociedades anónimas submetidas a regimes especiais

O Código das Empresas Comerciais é, em regra, aplicável a todas as sociedades anónimas, nomeadamente no que concerne às regras sobre a governação societária.

Existem, a nível nacional, sociedades comerciais com características próprias ditadas pelas exigências da atividade que exercem. Podem ser aqui destacadas as sociedades comerciais que se dedicam à atividade financeira e que se estruturam como sociedades anónimas, como sejam, as instituições de crédito e parabancárias e as sociedades seguradoras.

A atividade financeira, como bem se entende, impõe uma intervenção regulamentar com duas áreas principais: a regulamentação prudencial que visa assegurar a estabilidade financeira das instituições e, em especial, a prevenção do chamado risco sistémico, e as normas de proteção do investidor, com especial relevo, para as normas de prevenção e resolução dos conflitos de interesses.

As instituições de crédito e parabancárias que se estruturem como sociedades anónimas estão sujeitas às regras de governação societária previstas no Código das Empresas Comerciais, mas sujeitam-se ainda às regras de governação societária prescritas pela Lei n.º 3/V/96, de 1 de Julho, que regula a constituição, o funcionamento e a atividade dessas instituições e, em termos regulamentares aos avisos do Banco de Cabo Verde (v.g. Aviso n.º 2/95 e Aviso n.º 05/99 – sistema de controlo interno).

São instituições de crédito as empresas cuja atividade consiste em receber do público depósitos ou outros fundos reembolsáveis e em conceder crédito por sua própria conta, sendo como tal considerados os bancos e instituições especiais de crédito.

As instituições parabancárias, por sua vez, são aquelas que, não sendo instituições de crédito, exercem profissionalmente alguma função de crédito ou outra atividade que possa afetar o funcionamento dos mercados monetário, financeiro ou cambial. O legislador considerou, entre outras, parabancárias:

a) As sociedades de investimento;
b) As sociedades de capital de risco;

c) As sociedades de locação financeira;
d) As sociedades de desenvolvimento regional;
e) As agências de câmbio;
f) As sociedades gestoras de fundo de investimento;
g) As sociedades cessionárias de créditos;
h) As sociedades de financiamento de venda a crédito;
i) As sociedades emitentes ou gestores de cartões de crédito.

As sociedades anónimas que se dedicam à atividade seguradora estão também sujeitas ao regime aprovado pelo Decreto-Lei n.º 52-F/90, de 4 de Julho.

Por último, é de referir às sociedades anónimas de capitais públicos que se inserem no setor empresarial do Estado e que obedecem ao atual regime aplicável ao sector ou bases gerais das empresas públicas do Estado e demais empresas detidas ou participadas por quaisquer entidades públicas empresariais, aprovado pela Lei n.º 47/VII/2009, de 7 de Dezembro.

Consideram-se "empresas públicas" as sociedades constituídas nos termos da lei comercial, nas quais o Estado ou outras entidades públicas estaduais possam exercer, isolada ou conjuntamente, de forma direta ou indireta, uma influência dominante em virtude de alguma das seguintes circunstâncias: detenção da maioria do capital ou dos direitos de voto e direito de designar ou de destituir a maioria dos membros dos órgãos da administração ou de fiscalização. As empresas públicas organizadas sob forma de sociedade anónima e que se encontrem na situação atrás descrita estão sujeitas aos princípios da boa governação societária. Além disso, todos os administradores designados para os respetivos órgãos de administração são considerados gestores públicos ficando sujeitos ao respetivo regime jurídico e aos princípios da governação pública (artigo 20.º da Lei n.º 47/VII/2009, de 7 de Dezembro).

As empresas públicas sob forma societária em que o Estado detém a totalidade ou a maioria do capital social são criadas por ato legislativo, o qual aprovará os respetivos estatutos.

2. MODELOS DE GOVERNO SOCIETÁRIO

2.1. Estrutura orgânica

As sociedades anónimas têm três órgãos essenciais e obrigatórios:

a) Um órgão de administração a quem compete gerir e representar a sociedade;

b) Um órgão de fiscalização a quem, como o próprio nome indica, cabe a tarefa de fiscalizar a sociedade;

c) A assembleia geral que toma as grandes decisões e nomeia a administração e a fiscalização.

Estes órgãos correspondem à essência da sociedade e materializam uma divisão de funções e responsabilidades.

O Código das Empresas Comerciais consagra, apenas, um modelo de estruturação do governo societário, para as sociedades anónimas, seja qual for a dimensão da sociedade e tão pouco revelando o facto de a sociedade ser fechada ou aberta. É pois consagrado o modelo clássico (ou latino), no qual os órgãos relevantes têm a sua legitimidade diretamente decorrente da assembleia geral.

A Assembleia Geral é o colégio dos sócios. Entre as suas competências principais conta-se a nomeação dos membros dos dois outros órgãos sociais e a aprovação anual das contas e do relatório de gestão da sociedade. A Assembleia Geral tem outras competências especificamente previstas e não pode, em princípio, deliberar, por sua iniciativa, sobre matérias de administração que não lhe estejam especificamente cometidas (artigo 404.º do CEC).

Ao conselho de administração compete gerir as atividades da sociedade, sem prejuízo da delegação de competências numa comissão executiva, devendo subordinar-se às decisões da assembleia geral ou às recomendações do órgão de fiscalização nos casos em que a lei ou os estatutos o determinam (artigo 433.º do CEC). É, portanto, o órgão responsável por conduzir os negócios da sociedade, competindo-lhe tomar decisões e executar decisões tomadas pela assembleia geral.

O conselho fiscal é responsável por fiscalizar diversos aspetos da vida da sociedade, entre os quais se destaca a fiscalização da atividade de administração da sociedade e da exatidão dos documentos de prestação de contas (artigo 446.º do CEC).

2.2. Mitigação de conflitos de interesses

A separação entre a propriedade e o controlo das sociedades anónimas, constitui-se na essência fundamental dos problemas a que o governo das sociedades (*corporate governance*) procura responder. Esta separação é uma situação potenciadora de conflitos de interesses porquanto aqui podem divergir os interesses entre os proprietários e os gestores muitas vezes originando lesão grave dos interesses das empresas ou dos acionistas. Atualmente, esta problemática deriva não só das relações entre os acionistas e os gestores mas também entre os pequenos investidores e os grandes acionistas que controlam os gestores.[2]

[2] Carlos Francisco Alves, *Os Investidores Institucionais e o Governo das Sociedades: Disponibilidade, Condicionantes e Implicações*, Almedina, Coimbra (2005).

A expressão "governo das sociedades" pode ser definida de múltiplas formas, mas envolve, genericamente, o conjunto de mecanismos através dos quais se materializa a gestão e o controlo das sociedades, onde se incluem instrumentos que permitem avaliar e responsabilizar os administradores pela sua gestão e performance. Devem ser aqui identificados os mecanismos tendentes à minimização da assimetria de informação existente entre as sociedades e os diversos agentes envolvidos, com destaque para os acionistas, os credores, os fornecedores e os trabalhadores.

O conceito de governo das sociedades está intimamente ligado à estrutura de propriedade, às características do sistema financeiro, à profundidade e grau de desenvolvimento do mercado de capitais e ao contexto legal e regulamentar de cada economia.

Tendo em conta estas realidades, existem genericamente dois sistemas de governo das sociedades: o sistema continental, predominante na Alemanha e no Japão, e abrangendo muitos dos países da Europa continental e o sistema anglo-saxónico, presente nos EUA e no Reino Unido.

No modelo continental, a propriedade é muito concentrada, com outras empresas e famílias a deterem parcelas expressivas do capital das empresas cotadas e no modelo anglo-saxónico predomina a propriedade dispersa. Desta realidade resulta que o grande desafio que se coloca no modelo anglo-saxónico é o de estabelecer mecanismos e instrumentos de controlo dos gestores face aos acionistas, ao passo que, no modelo continental, a principal questão reside na proteção dos pequenos investidores face aos acionistas que, pela sua dimensão, controlam ou influenciam a administração da sociedade.[3]

Assim, as principais diferenças entre estes dois modelos a nível dos mecanismos adotados com vista à obtenção de uma estrutura de governo ótimo, estão na configuração dos órgãos de administração e fiscalização.

As características económico-sociais de Cabo Verde e do tecido empresarial que o compõe fazem com que uma percentagem muito elevada das sociedades anónimas seja constituída por pequenas e médias empresas, o que poderá justificar a opção feita pelo legislador em adotar apenas um modelo de governo societário e, de entre eles, o modelo clássico, acima já caracterizado. A escolha deste modelo tem ainda a particularidade de as sociedades poderem optar por suprimir o conselho fiscal, adotando em sua substituição a figura do fiscal único, menos dispendioso do que manter uma estrutura colegial.

[3] Manuel Alves Monteiro, *A chamada corporate governance deve a sua génese à discussão da relação entre a propriedade e o controlo das empresas* – Artigo publicado originalmente no Anuário do Economista, da Ordem dos Economistas (Portugal), Carlos Francisco Alves, *Deverão os Investidores Institucionais Envolver-se no Governo das Sociedades?* in *Cadernos do mercado de Valores Mobiliários*, n.º 8, pp. 91-123 (2000).

Naturalmente que esta opção não deixa de ter desvantagens, das quais se realçam:

a) O afastamento funcional do conselho fiscal em relação ao órgão de gestão da empresa;

b) Conselho fiscal dependente dos acionistas;

c) Falta de instrumentos de controlo efetivo sobre os atos dos administradores;

d) A revisão dos livros que refletem a atividade passada da sociedade não é hoje suficiente.

O regime adotado lança, atualmente, alguns desafios ao legislador, nomeadamente a necessidade do alinhamento da estrutura societária de direito cabo-verdiano com os modelos mais avançados, mediante a diversificação das soluções de governação que concorrem com o atual modelo único e a necessidade de introdução de mecanismos de fiscalização da gestão societária mais exigentes.

Importa pois, que sejam adotadas medidas que permitam não só reabilitar a operacionalidade do modelo existente, como também permitir às sociedades anónimas cabo-verdianas a possibilidade e flexibilidade de optarem pelo modelo de governação que, pelas suas características, melhor sirva os interesses de cada organização e possa maximizar o valor aplicado pelos diferentes investidores, sejam eles particulares ou institucionais.

A adoção de mecanismos de estímulo ao exercício do direito de voto e à representação acionista, a explicitação de informação sobre a remuneração dos membros dos órgãos de gestão ou a criação de um comité de auditoria são exemplos das muitas matérias que têm sido tratadas e, cada vez mais, vertidas para os quadros legais e regulamentares das economias mais evoluídas, respondendo assim os mercados à crescente necessidade de adoção de comportamentos de transparência e de rigor.

3. ACIONISTAS

3.1. Direito aos lucros

A busca do lucro é inerente à exploração do objeto das sociedades anónimas e, o acionista, ao adquirir ou subscrever ações, tem em vista a realização de um investimento que lhe proporcione um retorno satisfatório. É, portanto, neste contexto que se insere o direito dos acionistas de participar nos lucros sociais.

Corroborando esta afirmação, estabelece o artigo 977.º do Código Civil, de forma clara e expressa, este objetivo, referindo que "*contrato de sociedade é aquele em que duas ou mais pessoas se obrigam a contribuir com bens ou serviços para o exercício em comum de certa atividade económica, que não seja de mera fruição, a fim de repartirem os lucros resultantes dessa atividade*".

O direito dos acionistas a quinhoar nos lucros da sociedade está previsto no artigo 123.º, alínea a) do CEC, sendo um direito imperativo e, por isso, irrenunciável e indisponível. É, consequentemente, uma prerrogativa individual comum a todos os acionistas, que jamais poderá ser deles suprimida, seja por deliberação da assembleia geral, seja por previsão estatutária.

Os acionistas têm direito a, pelo menos, metade do lucro distribuível, salvo cláusula do pacto social ou deliberação dos sócios tomada em assembleia-geral por maioria de três quartos dos votos correspondentes ao capital social (artigo 360.º do CEC), devendo a deliberação sobre a aplicação de resultados partir de uma proposta devidamente fundamentada, a apresentar à assembleia pela administração (artigo 164.º, n.º 2, alínea f) do CEC), na falta da qual a deliberação é anulável (artigo 167.º, n.º1 do CEC).

Na verdade, a distribuição de lucros só pode ser efetuada após prévia deliberação dos acionistas e tem de ser obrigatoriamente precedida de aprovação das contas. Esta é a regra imposta pelo artigo 132.º, n.º 1 do CEC.

Os acionistas, por princípio, participam nos lucros e nas perdas da sociedade, segundo a proporção dos valores nominais das respetivas participações no capital, salvo convenção em contrário, que estipule um direito especial aos lucros a determinado ou determinados sócios. Estas convenções, porém, estão condicionadas por certos limites: é nula a cláusula que exclua um sócio da comunhão nos lucros ou que o isente de participar nas perdas da sociedade (artigo 124.º, n.º 3 do CEC).

O direito à distribuição periódica de lucros, na verdade, não é automático porquanto carece de:

a) Existência de lucros distribuíveis;
b) Aprovação do balanço;
c) Deliberação de distribuição.

Só há lucro distribuível quando o ativo da sociedade for superior à cifra do capital social e da reserva legal; antes disso, não poderá haver distribuição de quaisquer dividendos ou entrega de quaisquer bens aos sócios. A tal se opõe o princípio da intangibilidade do capital social.

Efetivamente, nem todo o lucro é distribuível. O artigo 135.º, n.º 1 do CEC determina que "*não podem ser distribuídos aos sócios os lucros do exercício que sejam necessários para cobrir prejuízos transitados ou para formar ou constituir reservas impostas pela lei ou pelo contrato de sociedade*" – caso do regime da reserva legal para as sociedades anónimas, previsto no artigo 362.º do CEC.

O artigo 134.º do mesmo Código, por sua vez, consagra o princípio da intangibilidade do capital social, não permitindo que sejam distribuídos aos sócios bens da sociedade quando a situação líquida desta, resultante das contas elaboradas e aprovadas, for inferior à soma do capital e das reservas obrigatórias ou possa se tornar inferior a esta soma em consequência da distribuição.

O artigo 135.º do CEC, de igual modo, proíbe a distribuição de lucros do exercício que sejam necessários para cobrir prejuízos transitados ou para formar ou reconstituir reservas impostas pela lei ou pelo contrato da sociedade e, bem assim, enquanto as despesas de constituição, de investigação e de desenvolvimento não estiverem totalmente amortizadas, exceto se o montante das reservas livres e dos resultados transitados for, pelo menos, igual ao dessas despesas não amortizadas.

Por último é de referir que "o *direito aos lucros vence-se decorridos 30 dias sobre a data em que for aprovada a sua distribuição, podendo no entanto tal prazo ser prorrogado, por uma só vez e por igual período, por deliberação tomada por maioria dos votos representativos do capital social*." (artigo 360.º, n.º 2 do CEC). A nível da prática empresarial cabo-verdiana pode-se afirmar que, de uma maneira geral e em especial nas sociedades cotadas, quando ocorre a distribuição de lucros, tem-se optado pelo pagamento destes de imediato, ou seja, nos trinta dias decorridos sobre a data da respetiva deliberação.

3.2. Participação da Assembleia Geral (direito de voto, impedimentos aos seus exercícios e regras sobre quórum e maiorias deliberadtivas)

O direito de voto é um dos direitos fundamentais do acionista, sendo inderrogável e irrenunciável.

Nas sociedades anónimas, todavia, pode haver acionistas sem direito de voto: são os titulares das chamadas *ações preferenciais sem voto*, que em contrapartida, conferem a vantagem que consiste no direito a um dividendo prioritário (artigo 384.º do CEC). Os titulares destas ações passam, todavia, a ter o direito de voto, caso o dividendo prioritário não seja integralmente pago durante dois exercícios e só o voltam a perder no exercício seguinte àquele em que tiverem sido pagos os dividendos prioritários em atraso (artigo 385.º, n.º 3 do CEC).

O acionista tem direito a participar na assembleia e nela discutir e votar, desde que tenha direito a pelo menos, um voto. Os acionistas sem direito de voto só assistem à assembleia e participam na discussão dos assuntos indicados na ordem do dia, se o contrato da sociedade assim o determinar (artigo 410.º CEC).

De referir que, o acionista pode fazer-se representar na assembleia geral, desde que o representante seja o cônjuge, ascendente ou descendente, outro acionista ou advogado (artigo 411.º do CEC).

Em Cabo Verde é permitido o voto por correspondência nas sociedades abertas, podendo tal prorrogativa ser afastada pelos estatutos da sociedade, salvo quanto à alteração destes e à eleição de titulares dos órgãos sociais (artigo 97.º do CVMCV). Note-se que se exige para o efeito que a convocatória inclua:

a) Indicação de que o direito de voto pode ser exercido por correspondência;

b) Descrição do modo por que se processa o voto por correspondência, incluindo o endereço e o prazo para a receção das deliberações de voto.

A cada ação corresponde um voto podendo, no entanto, os estatutos da sociedade (artigo 415.º do CEC):

a) Fazer corresponder um voto a um certo número de ações, contanto que sejam abrangidas todas as ações emitidas pela sociedade e fique cabendo um voto, pelo menos, a cada 50.000$00 de capital;

b) Estabelecer que não sejam contados votos acima de certo número, quando emitidos por um só acionista, em nome próprio ou também como representante de outro (os chamados "tetos de voto" que visam limitar o poder de voto de acionistas detentores de participações superiores a determinado valor do capital).

O acionista, não pode votar, por si nem por interposta pessoa, quando a lei assim o imponha ou quando se encontre em situação de conflito com a sociedade (artigo 415.º, n.º 6 do CEC). O legislador cabo-verdiano, porém, entendeu que não deveria exemplificar as situações de conflito de interesses, o que não deixa de acentuar ainda mais a dúvida sobre a extensão dessas situações.

O artigo 416.º do CEC estabelece o princípio da unidade de voto. No seu n.º 1 formula a regra segundo a qual um acionista não pode fracionar os votos ao seu dispor para votar em sentidos diversos sobre a mesma proposta ou para deixar de votar com todas as suas ações com direito de voto. Todavia, como decorre do número 2 do citado artigo 416.º, este princípio não é aplicável ao acionista que represente outro acionista, podendo, por isso, um acionista votar de forma diversa com os seus votos e com os votos de outro acionista que represente e, bem assim, deixar de votar com as suas ações ou com as dos representados.

O artigo 414.º do CEC impõe um quórum mínimo – quórum constitutivo – para que a assembleia geral possa deliberar validamente, quórum este cujo nível varia conforme se trate da primeira ou da segunda convocação e de matéria sujeita a maioria simples ou qualificada.

Assim, em primeira convocação, a assembleia geral pode deliberar seja qual for o número de acionistas presentes ou representados, salvo se a deliberação for sobre assuntos para os quais a lei exige maioria qualificada, devendo nestes casos estarem presentes ou representados acionistas que detenham, pelo menos, ações correspondentes a um terço do capital social com direito a voto.

Em segunda convocação, a assembleia geral pode deliberar seja qual for o número de acionistas presentes ou representados e o capital por eles representado.

Quanto ao quórum deliberativo, ou seja, o quórum exigido para que as deliberações sejam tomadas, a regra é que a assembleia geral delibera por maioria de votos emitidos, seja qual for a percentagem do capital social nele representado, não sendo as abstenções contadas (artigo 417.º do CEC). A deliberação sobre alteração do pacto social deve ser aprovada por dois terços dos votos emitidos, quer a assembleia reúna em primeira ou em segunda convocação (artigo 417.º, n.º 3 do CEC). Note-se que esta regra não foi estendida às outras situações em que a lei exige maioria qualificada.

Por último, não são tidas em conta para o cálculo da maioria, as acções cujos titulares estejam impedidos legalmente de votar, quando a lei ou o contrato exijam uma maioria qualificada determinada em função do capital da sociedade (n.º 4 do artigo 417.º do CEC).

3.3. Direito de informação

O legislador cabo-verdiano deu especial atenção ao direito à informação, como seja na proteção dos sócios minoritários e na regulamentação do mercado de valores mobiliários. Tal decorre, aliás, da necessidade do sócio estar informado para poder exercer, de forma consciente, os seus direitos face à sociedade.

O direito à informação compreende o direito geral à informação, o direito à informação preparatória das assembleias gerais e o direito à informação nas mesmas.

O direito geral à informação está previsto no artigo 123.º, n.º 1, alínea c) do CEC, que estabelece como um dos direitos dos sócios "*obter informações sobre a vida da sociedade, nos termos da lei e do contrato*". O conteúdo deste direito é delimitado consoante o contrato adotado.

Nas sociedades anónimas, o direito à informação varia consoante a percentagem de capital detido pelo acionista ou grupo de acionistas que queira exercer o direito em conjunto.

Assim, assiste ao acionista que possua pelo menos 5% das ações, um direito mínimo à informação (artigo 356.º do CEC) que compreende, apenas, a consulta na sede da sociedade dos elementos constantes da escrituração desta, a inspeção dos bens que compõem o património da sociedade e informações sobre o desenvolvimento dos negócios da sociedade. O exercício deste direito é feito através de solicitação escrita, não sendo necessário alegar motivo justificativo.

O direito à informação pode, também, ser exercido através de um representante de acionistas com 10% do capital social, podendo este ou o próprio acionista fazer-se acompanhar na consulta dos documentos ou na inspeção dos bens, por peritos por si escolhidos.

De realçar que o acionista não pode utilizar em proveito próprio ou de terceiros os conhecimentos adquiridos em virtude do exercício deste direito e se utilizar a informação obtida de forma a prejudicar a sociedade é responsável pelos danos causados quer por atuação própria, quer do representante ou dos peritos por si utilizados.

A falta de fornecimento dos elementos mínimos de informação pode determinar a anulabilidade da deliberação (artigo 159.º, f) do n.º 1 e n.º 2 do CEC), sendo considerados elementos mínimos para este efeito:

a) A convocatória da reunião da assembleia geral da qual constem, pelo menos, as menções obrigatórias para atos externos da sociedade; o lugar, o dia e a hora da reunião; a indicação da espécie de assembleia; os requisitos a que porventura estejam subordinados a participação e o exercício do direito de voto; a ordem do dia.

b) A colocação dos documentos à disposição dos acionistas no local e durante o tempo prescrito pela lei e pelo contrato.

O direito à informação para a assembleia geral consiste (artigo 357.º n.º 1 do CEC):

a) No direito de os acionistas consultarem, na sede social e, desde a data da convocação da assembleia geral, todos os documentos que devam ser submetidos à apreciação desta;

b) No direito do acionista requerer, no decurso da assembleia geral, que lhe sejam prestadas pelos membros dos órgãos competentes todas as informações que julgue necessárias para o completo esclarecimento dos pontos da ordem do trabalho e, bem assim, sobre as relações entre a sociedade e as suas coligadas. Incumbe ao presidente da mesa avaliar da pertinência dos esclarecimentos solicitados e da suficiência dos que forem prestados (n.º 2, 3 e 4 do artigo 357.º CEC).

Nas sociedades abertas, o direito à informação destina-se mais a proteger o público e os acionistas financeiros. Assim, os artigos 87.º a 91.º do Código do Mercado de Valores Mobiliários (CMVM) impõem certos deveres de comunicação e publicação de quem atinge determinados patamares de participação, de forma a manter os acionistas atuais ou potenciais, devidamente informados.

Com efeito, a obrigação de comunicação recai sobre aquele que atingir ou ultrapassar participação de dez por cento, vinte por cento, um terço, metade, dois terços e noventa por cento dos direitos de voto correspondentes ao capital social de uma sociedade aberta e sobre aquele que venha a reduzir a sua participação para valor inferior a qualquer daqueles limites. A comunicação deve ser feita no prazo de quatro dias após o dia da ocorrência do facto ou do seu conhecimento, a AGMVM e a sociedade participada devem ser informadas, bem assim, ser-lhes dado conhecimento das situações que determinam a imputação ao participante de direitos de voto inerentes a valores mobiliários pertencentes a terceiros. As sociedades abertas devem também comunicar as participações em sociedades fora de Cabo Verde.

Importa aqui também referir que sobre as sociedades emitentes recai o dever de informação anual detalhada sobre a estrutura e práticas de governo societário. Conforme dispõe o artigo 131.º, n.º 1 do CMVM, este dever implica a divulgação, em capítulo do relatório anual de gestão especialmente elaborado para o efeito ou anexo, de um conjunto de matérias bastante abrangente, como sejam:

a) Estrutura de capital, incluindo indicação das ações não admitidas à negociação, diferentes categorias de ações, direitos e deveres inerentes às mesmas e percentagem de capital que cada categoria representa;

b) Eventuais restrições à transmissibilidade das ações;

c) Participações qualificadas no capital social;

d) Identificação de acionistas titulares de direitos especiais e descrição desses direitos;

e) Mecanismos de controlo previstos num eventual sistema de participação dos trabalhadores no capital, na medida em que os direitos de voto não sejam exercidos diretamente por estes;

f) Eventuais restrições em matéria do direito de voto;

g) Acordos parassociais que sejam do conhecimento da sociedade e possam conduzir a restrições em matéria de transmissão de valores mobiliários ou de direitos de voto;

h) Regras aplicáveis à nomeação e substituição dos membros do órgão de administração e à alteração dos estatutos da sociedade;

i) Poderes dos órgãos de administração, nomeadamente, no que respeita a deliberações de aumento do capital;

j) Acordos significativos de que a sociedade seja parte e que entrem em vigor, sejam alterados ou cessem em caso de mudança de controlo da sociedade na sequência de uma oferta pública de aquisição, bem como os efeitos respetivos;

k) Acordos entre a sociedade e os titulares do órgão de administração ou trabalhadores que prevejam indemnização em caso de pedido de demissão do trabalhador, despedimento sem justa causa ou cessação da relação de trabalho na sequência de uma oferta pública de aquisição;

l) Sistemas de controlo interno e de risco de gestão implementados na sociedade.

Estas matérias devem também ser apresentadas anualmente pelo órgão de administração à assembleia geral, mediante um relatório exemplificativo das mesmas.

3.4. Abuso de maioria/Abuso de minoria

O Código das Empresas Comerciais consagra o princípio maioritário para a tomada de decisões sociais (artigo 417.º do CEC) e, face a este princípio, facilmente os sócios maioritários podem impor os seus interesses particulares em detrimento dos sócios minoritários e da própria sociedade.

Como já foi referido, um acionista não deve votar, diretamente ou por interposta pessoa, quando se encontre em situação de conflito de interesses (artigo 415.º, n.º 6 do CEC), embora possa haver dúvidas sobre a extensão das situações que poderão caber nesta situação.

Sensível, porém, à problemática do abuso da maioria, o Código das Empresas Comerciais contém diversos dispositivos cujo escopo é tutelar as minorias contra eventuais abusos dos sócios majoritários. Embora não se esgote nesses dispositivos, pode-se afirmar que os direitos de minoria qualificada estão previstos nos artigos 174.º, n.º 1, 175.º, n.º 1, 406.º, n.º 1 e 5, 409.º, n.º 1 e 4, 423.º, n.º 4 e 9 e 431.º, n.º 2 do CEC.

Por outro lado, os acionistas de sociedades anónimas de capital aberto só podem impugnar as deliberações sociais desde que, isoladamente ou em conjunto, detenham o percentual mínimo de 0,5% da participação social, conforme estabelece o artigo 98.º, n.º1 da CMVM. Desta forma, nas sociedades de capital aberto, o direito de impugnação constitui um direito de minoria qualificada. Nas sociedades fechadas, porém, os acionistas podem impugnar as deliberações sociais, desde que não tenham votado no sentido do vencimento ou a ratificado posteriormente (artigo 159.º, n.º 1 c) e artigo 160, n.º1 do CEC).

O direito de minoria qualificada, na prática, nada mais é do que um instrumento de controlo dos sócios minoritários, com escopo de evitar condutas abusivas dos sócios maioritários, por força do princípio maioritário para a tomada das deliberações sociais.

Uma vez que as minorias podem utilizar os seus direitos para alcançarem objetivos estranhos à própria génese da norma, também na legislação vigente poderá haver espaço para configuração de um abuso de direito por parte desta minoria, em detrimento dos outros sócios e da própria sociedade. A título de exemplo pode-se pensar nas situações em que a sua participação minoritária lhe permita vetar certas decisões que necessitam de maioria qualificada ou então, imagine-se que a viabilidade da sociedade depende de certas alterações estatutárias, sistematicamente rejeitadas pelo acionista minoritário, sendo o seu sentido de voto determinado pela intenção de prejudicar os outros acionistas (abuso de minoria).

A figura do abuso de minoria não está consagrada em qualquer dispositivo legal específico do Código das Empresas Comerciais, com a agravante de, a nível da jurisprudência no ordenamento cabo-verdiano, esta matéria não tem merecido apreciação. Ora, tal situação torna ainda mais difícil a definição desta figura, principalmente quando é ultrapassada a barreira da legítima tutela dos interesses das minorias para o campo do abuso.

3.5. Divulgação de participações sociais

O Código das Empresas Comerciais não estabelece um sistema de divulgação das participações mais relevantes que imponha aos acionistas um dever especial de informação e divulgação, incutindo assim uma maior transparência no âmbito da propriedade acionista.

Para as sociedades abertas, porém, já é obrigatória a divulgação das participações sociais relevantes. Assim, sempre que um acionista alcance ou ultrapasse (ou baixe de) patamares de participação de 10 %, 20 %, um terço, metade, dois terços e 90% dos direitos de voto correspondentes ao capital social de uma sociedade aberta, fica obrigado a, no prazo de quatro dias de negociação, após o dia da ocorrência do facto ou do seu conhecimento, informar a AGMVM e a sociedade participada desse facto e dar a estas entidades conhecimento das situações que determinam a imputação ao participante de direito de voto inerentes a valores mobiliários pertencentes a terceiros, identificando os acionistas últimos nas cadeias de participações (artigo 87.º CVMVM).

Recai sobre a sociedade participada o dever de divulgar as informações recebidas sobre as participações relevantes. Estas informações devem ser divulgadas o mais rapidamente possível e no prazo de três dias de negociação após receção da comunicação (artigo 90.º do CMVM), através de anúncios no boletim oficial da bolsa (artigo 2.º do Regulamento n.º 1/2009, de 23 de Dezembro, da AGMVM).

Impende sobre a sociedade participada e titulares dos seus órgãos sociais e, ainda, a bolsa onde estejam admitidos à negociação ações ou valores mobiliários que confiram direito à sua subscrição ou aquisição por aquela emitidos, o dever de informar a AGMVM quando tiverem conhecimento ou fundados indícios de incumprimento dos deveres de informação por parte do acionista, nos termos aqui tratados.

A violação dos deveres de comunicação previstos no artigo 87.º da CMVM traz consigo a aplicação de coimas, mas também a denúncia pública da falta de transparência feita pela AGMVM e a suspensão dos direitos de voto e dos direitos de natureza patrimonial inerentes à participação qualificada em causa, até que a situação seja regularizada (artigo 88.º do CMVM).

De realçar ainda que qualquer dos acionistas contraentes de acordos parassociais que visem adquirir, manter ou reforçar uma participação qualificada em sociedade aberta ou assegurar ou frustrar o êxito de oferta pública de aquisição, deve comunicar à AGMVM tal facto, no prazo de três dias após a sua celebração, podendo esta entidade determinar a sua publicação integral ou parcial, na medida em que o acordo seja relevante para o domínio sobre a sociedade. A falta de comunicação ou a não publicação destes acordos implicam a anulabilidade das deliberações tomadas com base em votos expressos em execução dos mesmos, salvo se se provar que a deliberação teria sido adotado sem aqueles votos (artigo 92.º do CMVM).

Consideram-se para o cômputo de participações qualificadas, além dos inerentes às ações de que o participante tenha a titularidade ou o usufruto, os direitos de voto (artigo 93.º do CMVM):

a) Detidos por terceiros em nome próprio, mas por conta do participante;

b) Detidos por sociedade que com o participante se encontre em relação de domínio ou de grupo;

c) Detidos por titulares do direito de voto com os quais o participante tenha celebrado acordo para o exercício, salvo se, pelo mesmo acordo, estiver vinculado a seguir instruções de terceiro;

d) Detidos, se o participante for uma sociedade, pelos membros dos seus órgãos de administração e de fiscalização;

e) Que o participante possa adquirir em virtude de acordo celebrado com os respetivos titulares;

f) Inerentes a ações detidas em garantia pelo participante ou por este administradas ou depositadas junto dele, se os direitos de voto lhe tiverem sido atribuídos;

g) Detidos por titulares do direito de voto que tenham conferido ao participante poderes discricionários para o seu exercício;

h) Detidos por pessoas que tenham celebrado algum acordo com o participante que vise adquirir o domínio ou que, de outro modo, constitua um instrumento de exercício concertado de influência sobre a sociedade participada;

i) Imputáveis a qualquer das pessoas indicadas nas alíneas anteriores por aplicação, com as devidas adaptações, de critério constante de alguma das outras alíneas.

A relação de domínio é a existente entre uma pessoa singular ou coletiva quando, independentemente de o domicílio ou a sede se situar em Cabo Verde ou no estrangeiro, aquela possa exercer sobre esta, direta ou indiretamente, uma influência dominante (artigo 95.º do CMVM). De notar que há sempre relação de domínio, quando uma pessoa singular ou coletiva:

a) Disponha da maioria de voto;

b) Possa exercer a maioria dos direitos de voto, nos termos de acordo parassocial;

c) Possa nomear ou destituir a maioria dos titulares dos órgãos de administração ou de fiscalização.

A definição de relação de grupo adotada pelo Código do Mercado de Valores Mobiliários é a como tal qualificada no Código das Empresas Comerciais, ou seja, um grupo de duas ou mais sociedades que se encontrem numa das seguintes situações (artigo 95.º, n.º 3 do CMVM e artigo 525.º, 526.º e 539.º do CEC):

a) Relação de subordinação (uma sociedade que, por contrato tenha subordinado a gestão da sua própria atividade à direção de outra sociedade que não seja sua dominante);

b) Relação de grupo paritário (duas ou mais sociedades que não sejam dependentes nem entre si nem de outras sociedades e que, por contrato, constituam um grupo de sociedades e aceitem submeter-se a uma direção unitária e comum).

Por último, é de referir que o regime jurídico vigente para as instituições de crédito e parabancárias, aprovado pela Lei n.º 3/V/96, de 1 de Julho, faz depender de autorização especial do Banco de Cabo Verde, a aquisição e o aumento de participações qualificadas (artigo 31.º).

À luz deste regime, são qualificadas as participações diretas ou indiretas que representem percentagem não inferior a 10% do capital social ou dos direitos de voto, ou que possibilitem influência significativa das mesmas instituições. Equiparam-se à situação do participante, as participações ou direitos de voto na titularidade ou detenção de:

a) Sociedades por ele dominadas;

b) Pessoas agindo por conta dele ou de sociedades por ele dominadas;

c) Quem tenha celebrado, com ele ou com as sociedades por ele dominadas, acordos parassociais ou outros cujo objeto seja transmissão, mediata ou imediata, das participações ou a transferência, mesmo que provisória, dos direitos de voto.

O objetivo último desta norma é a avaliação da idoneidade do titular ou detentor da participação qualificada, na medida em que possa garantir ou não uma gestão sã e prudente da instituição em causa, como resulta do artigo 32.º da Lei n.º 3/V/96, de 1 de Julho.

As operações realizadas neste âmbito, sem a prévia autorização do Banco de Cabo Verde, determinam a inibição automática dos correspondentes direitos de voto, tanto diretos como indiretos e as deliberações em que tenha havido intervenção de quem esteja inibido nestas circunstâncias podem ser anuladas nos termos gerais e através de arguição do Banco de Cabo Verde.

3.6. Mercado de controlo acionista

Os debates em torno da propriedade das sociedades anónimas têm vindo a ganhar maiores contornos em Cabo Verde. Em geral, tem-se o modelo de mercado caracterizado pela dispersão de ações e o de bloco de controlo, no qual um único acionista ou um pequeno grupo, dispõe de parcela relevante do capital, tendo o comando das decisões empresariais.

O modelo de mercado geralmente está associado a um mercado de capitais mais desenvolvido, com maior liquidez, proteção ao investidor e diversificação. A maior proteção ao investidor no controlo difuso vem através do mercado de controlo corporativo, que permite aos investidores agirem disciplinando os executivos e promovendo a melhor alocação dos recursos. Em outras palavras, o mercado de controlo corporativo atua como um grande "fiscalizador" das empresas. Em contrapartida, a capacidade do acionista individual de influenciar e monitorar as decisões da sociedade é reduzida. Isso pode abrir espaço para um conflito de interesses entre administradores e acionistas.

No modelo de bloco de controlo, como grande parte da riqueza do acionista controlador está representada pelo valor da sociedade, este é incentivado a exercer o controlo e o monitoramento permanente dos negócios. E, tendo acesso direto ao fluxo de informações, pode intervir rapidamente em casos de conflito com a administração. Entretanto, em regimes de proteção legal menos efetivos, torna-se possível a ocorrência de mecanismos legais que permitam os chamados benefícios privados de controlo.

O Código das Empresas Comerciais regula algumas operações de mercado que podem influir na governação de sociedades anónimas através de concentração do poder societário. Ressaltam-se aqui os casos de fusão entre sociedades (artigo 195.º a 206.º do CEC) e a celebração de contratos de grupo (contrato de grupo paritário e contrato de subordinação, artigos 526.º e 539.º do CEC).

O Código do Mercado de Valores Mobiliários também prevê o processo conducente à perda de qualidade de sociedade de subscrição pública e a aquisição tendente ao domínio total (artigos 101.º a 103.º e artigos 238.º a 240 do CVM), enquanto possíveis técnicas de concentração do poder societário, exigindo-se que ambos os processos sejam fiscalizados pela AGMVM.

Uma outra técnica de concentração de poder societário são as chamadas ofertas públicas de aquisição, que também estão reguladas no Código do Mercado de Valores Mobiliários[4]. Esta matéria já vinha tratada no Código do Mercado de Valores Mobiliários aprovado pela Lei n.º 52/V/98, de 11 de Maio, revogado pelo Decreto-Legislativo n.º 1/2012, de 27 de Janeiro, que aprovou o Código do Mercado de Valores Mobiliários atual. No preâmbulo deste diploma diz-se que "*procurou-se, em particular, modernizar a disciplina das ofertas públicas e criar regras relativamente às novas tendências dos mercados e das sociedades cotadas, assinalando-se as regras relativas à matéria de publicação do prospeto*".

Ora, resulta do regime vigente que, sempre que ocorra uma mudança de controlo de uma sociedade emitente de valores mobiliários negociados (ainda que parcialmente), a protecção dos acionistas minoritários assenta no dever que é conferido a quem assuma esse controlo de lançar uma oferta a todos os titulares

[4] Paulo Câmara, *Manual de Direito dos Valores Mobiliários, Coimbra (2009)*, António Pereira de Almeida, *Sociedades Comerciais – Valores Mobiliários e Mercados*, Coimbra Editora, 6.ª Edição (2011), António Menezes Cordeiro, "Ofertas Públicas de Aquisição", in *Direito dos Valores Mobiliários*, Lex, Lisboa (1997).

de valores mobiliários dessa sociedade, tendo em vista a aquisição das respetivas participações a um preço justo.

Os destinatários de uma oferta pública de aquisição ("OPA") devem ser devidamente informados acerca das condições da mesma, através da divulgação de um documento informativo relativo à oferta (prospeto). Para reduzir a possibilidade de situações de abuso de informação privilegiada, o oferente é obrigado a anunciar a OPA logo que tome a decisão de a lançar.

O regime de oferta pública de aquisição (artigo 221.º ss. do CMVM) exige um tratamento paritário entre os destinatários e a intervenção de um intermediário financeiro de modo a garantir o cumprimento das obrigações assumidas pelo oferente.

O processo de oferta pública de aquisição é constituído por diferentes fases. Assim, uma vez tomada a decisão de lançamento de uma OPA, o oferente inicia o processo com o envio do anúncio preliminar à AGMVM e ao conselho de administração ou à direção da sociedade visada, devendo fazer a sua divulgação através de publicação. O passo seguinte é a elaboração de relatório sobre a oportunidade e as condições da oferta pelo órgão de administração da sociedade visada com base nos projetos de prospetos e no anúncio de lançamento.

Os prospetos devem ser aprovados e registados na AGMCV antes do início do período da oferta (artigo 195.º e 196 do CMVM) e, uma vez cumpridos estes requisitos, segue a divulgação do anúncio de lançamento a ser publicado, em simultâneo com a divulgação do prospeto (artigo 230.º do CMVM).

O prazo da oferta varia entre duas a dez semanas, podendo ser prorrogado pela AGMVM, por iniciativa própria ou a pedido do oferente em caso de revisão, lançamento de oferta concorrente ou quando a proteção dos interesses dos destinatários o justifique (artigo 229.º do CMVM).

O desenvolvimento e funcionamento do mercado de capitais nacional está igualmente dependente da existência de um mercado de transações de ações tão livre quanto possível pelo que devem ser evitadas as barreiras e restrições que, de forma artificial, ilegítima ou injustificada, coloquem entraves à liberdade dos mercados, como por exemplo, ao sucesso de ofertas públicas de aquisição. Tal, porém, não pode impedir que possa haver recurso, pelas sociedades cotadas, a medidas defensivas legítimas que, designadamente num processo de OPA, permitam à administração da sociedade visada cumprir os seus deveres fundamentais de lealdade, zelando pelo interesse da sociedade, atendendo aos interesses de longo prazo dos sócios e ponderando os interesses dos outros sujeitos relevantes para a sustentabilidade da sociedade, tais como os seus trabalhadores, clientes e credores.

A prática tem demonstrado que os gestores de uma sociedade visada podem permanecer independentes mas muitas vezes são tentados a adotar medidas de resistência ditadas por razões diversas, inclusive por motivos egoístas como o receio de perda do seu próprio emprego, poder ou prestígio.

Ora, as medidas que podem ser tomadas pelos administradores das sociedades objeto de uma oferta pública de aquisição podem ser contrárias ao bom governo empresarial e à defesa dos investidores, dos acionistas e dos trabalhadores. Donde, a adoção de regras que facilitem o mercado de controlo de acionistas, designadamente combatendo a adoção de medidas anti- OPA, é normalmente vista como contribuindo para uma melhor *corporate governance* e para uma mais eficaz defesa dos interesses dos investidores.

Uma vez que a mudança de controlo da sociedade pode ser considerada hostil ou não desejada pelo órgão de administração da sociedade, o legislador caboverdiano procurou delimitar os casos em que as sociedades podem adotar medidas destinadas a frustrar essa mudança de controlo, centrando a adoção de medidas defensivas na decisão dos accionistas tomada em assembleia geral.

Nesta decorrência, visando subtrair ao controlo dos gestores a tomada de medidas que conduzam à potencial frustração da OPA, foi consagrado um conjunto de deveres do órgão de administração da sociedade visada (artigo 227.º do CMVM). Em particular, "*o conselho de administração ou direção da sociedade visada não poderá, salvo autorização específica da assembleia geral concedida durante esse período, praticar quaisquer atos que não se reconduzam à gestão normal da sociedade visada e que, pela sua natureza e condições especiais, possam afetar de modo relevante o êxito da oferta ou objetivos e intenções anunciadas pelo oferente*". De entre esses atos foram indicados os seguintes:

a) Emitir ações ou obrigações convertíveis em ações;

b) Emitir obrigações ou outros valores mobiliários, que deem direito à subscrição de ações ou à sua aquisição a qualquer título;

c) Alienar ou ceder a exploração de um sector ou parcela significativa do património social, ou celebrar contratos-promessa para esse fim;

d) Alienar ou adquirir participações sociais importantes, ou celebrar contratos-promessa de alienação ou aquisição de tais participações;

e) Realizar operações de fusão ou cisão, ou celebrar acordos para esse efeito.

Trata-se, pois, de uma regra de decisão pelos acionistas (em vez dos administradores), frequentemente designada na literatura da especialidade por *regra anti-frustração* ou *regra da neutralidade*. Assim, torna-se necessária a autorização da assembleia geral para a venda de ativos importantes e, bem assim, a alteração da estrutura de propriedade, por exemplo, através da emissão de ações ou a emissão de instrumentos de dívida convertíveis, enquanto mecanismo de defesa, fica impedida a não ser que os acionistas decidam pela sua utilização. Por fim, a frustração da oferta pela alavancagem excessiva da empresa, também fica sujeita a decisão dos acionistas, e não à livre disposição dos gestores. Esta regra não impede, porém, os administradores das sociedades visadas de proporem estratégias alternativas à oferta, mas remete a decisão sobre a sua concretização para os próprios acionistas.

3.7. Negócios com a sociedade

Os negócios que os acionistas possam ter com uma sociedade anónima podem constituir uma fonte de conflitos de interesses com a sociedade, na medida em que, através dos mesmos, podem obter benefícios privados, ou seja, vantagens em detrimento dos demais sócios e da própria sociedade. Note-se, porém, que em determinadas situações o negócio com um acionista pode ser a melhor opção para a sociedade, o que justifica a sua não proibição, pura e simples, e a adoção de um sistema que permita diferenciar os bons dos maus negócios.

Em Cabo Verde, o legislador cuidou desta matéria, que não deixa ser fundamental para a vida societária, apenas no que se refere ao caso específico das "quase entradas" previstas no artigo 133.º do CEC. Este artigo impõe que a aquisição de bens a acionistas está dependente de aprovação prévia por deliberação da sociedade e, desde que seja efetuada, diretamente ou por interposta pessoa, a um seu fundador ou a um sócio, nos dois anos a contar da celebração do contrato de sociedade ou do aumento de capital e que o contravalor dos bens adquiridos à mesma pessoa, durante o referido, período exceda 10% do capital social. Mais se exige que a deliberação seja precedida de verificação do valor dos bens por um contabilista ou auditor certificado. A deliberação deve ser registada e publicada, estando o fundador a quem os bens sejam adquiridos, impedido de nela votar.

De notar, ainda, que o contrato de aquisição de bens deve ser reduzido a escrito, sob pena de nulidade e, a sua não aprovação pela assembleia geral ou a sua aprovação sem ter por base o relatório da verificação do valor dos bens, gera a ineficácia do negócio.

Por último, esta norma não é aplicável às aquisições feitas em processo executivo. Não foi incluída nesta exceção as aquisições feitas em bolsa, o que se entende uma vez que o mercado de capitais não era uma realidade em Cabo Verde aquando da publicação do Código das Empresas Comerciais.

4. ADMINISTRAÇÃO

4.1. Estrutura

Como acima referido, o tipo de organização de administração das sociedades anónimas que a lei caboverdiana adotou é o modelo clássico, constituído pelo conselho de administração ou administrador único.

A composição do conselho de administração não é determinada de forma concreta no Código das Empresas Comerciais, limitando-se apenas a estatuir que deve ser integrado por um número impar de membros a ser fixado no contrato (artigo 421.º, n.º 1 do CEC). O legislador cabo-verdiano não define, portanto, a concreta composição numérica do conselho de administração, mas determina imperativamente que o número de membros que o compõem deve ser impar e fixado no contrato.

Naturalmente, que o facto de se impor um número impar de membros visa facilitar a formação das deliberações tomadas por este órgão, evitando assim as situações de empate.

Nas sociedades anónimas cujo capital social seja inferior a dez milhões de escudos, é admitida a designação de administrador único que pode ser sócio ou não sócio da sociedade.

Os administradores devem ser sempre pessoas singulares, acionistas ou não (artigo 421.º, n.º 1 e n.º 3 do CEC).

O conselho de administração detém os exclusivos poderes de gestão e representação da sociedade, sendo as disposições dos estatutos que limitem esses poderes, oponíveis a terceiros (artigo 404.º, n.º 2, 421.º, n.º 1 e 433.º do CEC).

A atividade do conselho de administração é coordenada por um presidente designado de entre os seus membros, que também dirige as reuniões deste órgão (artigo 425.º do CEC). O legislador entendeu que o presidente do conselho de administração pode ter voto de qualidade, caso assim se estipular nos estatutos da sociedade. Tal opção pode parecer desnecessária face à exigência legal de o conselho de administração ser integrado por um número impar de membros. Mas verdade é que a composição impar do conselho de administração não garante que não haja empates, pois que pode haver ausências ou impedimentos de voto e, bem assim, abstenções.

O conselho de administração é, pois, um órgão colegial e exerce as suas funções mediante deliberações, como decorre dos artigos 425.º (o presidente do conselho de administração, podendo ter voto de qualidade), 427.º (reuniões e deliberações), 438.º e 439.º (invalidades das deliberações), todos do CEC. O conselho de administração só se pode reunir com a presença da maioria dos seus membros, podendo estes fazerem-se representar por outro membro e as suas deliberações são tomadas por maioria de votos dos presentes e representados.

4.2. Incompatibilidades e independência

Incumbe basicamente aos administradores a função de administrar a sociedade, conduzindo-a no sentido de cumprir com os objetivos traçados no ato constitutivo. Para tanto, podem agir com liberdade, desde que estejam pautando sua atuação nos limites estabelecidos em lei ou nos estatutos ou contratos sociais.

O Código das Empresas Comerciais, no seu artigo 434.º, disciplina os principais deveres dos administradores para com a sociedade prescrevendo, em síntese, que o administrador deve conduzir os negócios sociais de forma criteriosa, consciencIosa e cuidada, sempre com obediência às disposições legais em vigor e ao disposto nos estatutos, ou seja, deve ser leal, jamais contrapondo no exercício de seu poder de administração seus interesses particulares em detrimento dos interesses sociais. Nessa decorrência, os administradores devem promover e proteger o interesse da sociedade e se absterem de condutas que lesem a sociedade.

Ora, para uma melhor garantia do cumprimento dos deveres dos administradores e também para prevenir conflitos de interesses, foi estabelecido um conjunto de situações de incompatibilidades. Assim, durante o período para o qual foram designados, os administradores não podem exercer, na sociedade ou em sociedades que com esta estejam em relação de domínio, quaisquer funções temporárias ou permanentes ao abrigo de contrato de trabalho ou de prestação de serviço. É, pois, vedada a designação de trabalhadores da sociedade ou prestadores de serviços como administradores (artigo 428.º do CEC) e, em caso de nomeação para o conselho de administração, os respetivos contratos devem suspender-se, sendo retomados logo após a cessação de funções.

Além disso, na falta de autorização da assembleia-geral, os administradores não podem exercer, diretamente ou por interposta pessoa, atividade concorrente com as, efetivamente desenvolvidas pela sociedade.

O administrador, como decorre da lei, não é um representante dos interesses do grupo que o elegeu e a sua atuação deve ter como balizas o interesse da sociedade.

A experiência tem demonstrado que muitas vezes os acionistas controladores utilizam o seu poder de controlo para dirigir as sociedades contra os seus fins, prejudicando os interesses da sociedade e dos acionistas minoritários, em benefício próprio ou de empresas do seu grupo económico. Ora, neste contexto, ganha importância a figura do administrador independente como forma de se dar mais transparência à condução dos negócios sociais, garantir um tratamento equitativo dos acionistas e criar mecanismos de defesa para os investidores, trabalhadores e credores.

Em Cabo Verde, porém, a incorporação de administrador independente no conselho de administração, entendido este como pessoa que não esteja associada a qualquer grupo de interesses específicos na sociedade nem se encontre em alguma circunstância susceptível de afectar a sua isenção de análise ou de decisão, ainda não é uma previsão legal. Diga-se, aliás, que sequer é objecto de recomendação por parte da AGMVM.

Apesar do conceito de independência e de administrador independente não terem tido ainda um tratamento quer no plano normativo, quer no plano recomendatório – o que é aceitável atendendo que o Código das Empresas Comerciais foi aprovado em 1999 e até a presente data não foi revisto, para além da reduzida expressão do nosso mercado de capitais – já existe alguma sensibilidade nesta matéria e uma maior consciência que para ser administrador é necessário apresentar algumas qualidades específicas, nomeadamente conhecimentos de gestão e experiência em empresas, objetividade, independência de julgamento e compromisso com a função exercida.

4.3. Designação, substituição e destituição

Os administradores são nomeados no contrato de sociedade ou na primeira assembleia geral posterior, podendo ser reeleitos (artigo 423.º do CEC). Salvo disposição estatutária em contrário, os administradores exercem as suas funções por períodos de quatro anos; pelo que, em consequência, os estatutos podem fixar um período inferior ou superior a quatro anos.

A eleição de administradores suplentes é obrigatória, devendo ser em número que não ultrapasse um terço dos administradores efetivos e, no caso de administrador único, deve também ser eleito o suplente (artigo 421.º, n.º 5 do CEC).

O presidente do conselho de administração é designado pela assembleia geral ou eleito pelo conselho de administração, consoante o que determinar o contrato de sociedade (artigo 425.º do CEC).

Caso os estatutos permitirem, os membros da comissão executiva são nomeados pelo conselho de administração (artigo 422.º do CEC).

Os administradores são eleitos por deliberação aprovada por maioria dos votos emitidos ou, havendo mais de uma proposta, por maioria relativa (artigo 417.º, n.º 1 e n.º 2 e 423.º, n.º 1 e n.º 3 do CEC). Os estatutos podem, porém, permitir que grupos de acionistas apresentem listas para, em eleição isolada, ser escolhido um, dois ou três administradores, conforme o número total for de três, cinco ou mais de cinco, desde que nenhum desses grupos possua acções representativas de mais de 20% e de menos de 10% do capital social (artigo 423.º, n.º 4 e n.º 8 do CEC). De igual modo, podem os estatutos estabelecer que uma minoria de acionistas que tenha votado contra a proposta que fez vencimento na eleição dos administradores, tem direito a designar, pelo menos, um administrador, desde que essa minoria represente, pelo menos, 10% do capital social (artigo 423.º, n.º 9 e 10 do CEC). Estas regras, a serem adotadas, reforçam os direitos dos sócios minoritários, sendo obrigatória a inclusão no contrato de algum destes sistemas nas sociedade com subscrição pública ou concessionárias do Estado ou de entidade a este equiparada por lei.

A substituição dos administração está regulada no artigo 424.º do CEC, segundo o qual em caso de falta de algum dos administradores, será este substituído pelo primeiro elemento eleito como suplente. Recorde-se que a eleição de administradores suplentes é obrigatória pelo que, cumprida a lei, haverá sempre administradores para se proceder à substituição.

De referir que, em caso de substituição, o substituto de um administrador que seja membro da comissão executiva não ocupará, por esse facto, o lugar deixado vago na direção.

O regime vigente em matéria de substituição de administrador não é suficientemente claro, porquanto ficou por determinar quando é que a falta determina a substituição do administrador e tão pouco se a substituição pode ser temporária ou deve durar até o fim do período para o qual os administradores forem eleitos.

Na eventualidade de haver falta ou impossibilidade de exercício pela maioria dos administradores, os mandatos dos restantes cessam de imediato, procedendo-se à eleição de um novo conselho de administração. Esta eleição deverá ocorrer no prazo de sessenta dias, sob pena de qualquer acionista requerer a nomeação judicial de um administrador, que exercerá funções até que se proceda à eleição do novo conselho de administração.

Os administradores são designados para administrar a sociedade, em regra, por um mandato de quatro anos. Os acionistas, ao elegerem administradores, depositam a sua confiança em pessoas que sabem ter a legítima expectativa de gerir a sociedade por esse período, o que é de todo desejável para a estabilidade societária.

Em face disso pergunta-se: poderão os acionistas afastar os administradores sem ter que esperar até o fim do respetivo mandato? A resposta é no sentido positivo face ao que dispõe o artigo 431.º do CEC pois que, segundo este artigo qualquer membro do conselho de administração pode ser destituído em qualquer momento, por deliberação da assembleia geral. Aqui, porém, ficam ressalvados os administradores que tiverem sido nomeados pelo Estado ou entidade equiparada.

Resulta claro que para a destituição dos administradores não é exigida que a mesma seja fundada em justa causa, podendo ser feita sempre que se perca a confiança num administrador, mesmo não tendo uma razão objetiva para o efeito. Apesar da redação dada ao n.º 1 do artigo 431.º do CEC, tem sido entendimento da jurisprudência que a destituição sem justa causa de administradores de sociedades anónimas fará incorrer a sociedade no dever de indemnizar.

É, ainda, permita a destituição judicial de um administrador, a ser requerida por acionistas que representem 10% do capital social e desde que seja invocada justa causa.

4.4. Executivos e não executivos

Embora os poderes de administração sejam atribuídos ao conselho de administração (artigo 421.º, n.º 1), este pode nomear uma comissão executiva e nela proceder a uma delegação de poderes de gestão ordinária e de representação da sociedade. Para o efeito é necessário uma previsão estatutária, sendo certo que a comissão executiva é nomeada pelo conselho de administração e composta no máximo de três membros.

A nomeação é feita em ata, devendo desta constar:

a) Os nomes dos membros da comissão executiva;

b) O tipo de poderes delegado, indicando expressamente se são atribuídos poderes de representação;

c) O período durante o qual a delegação perdurará;

d) As condições de remuneração dos membros da comissão executiva.

A ata de nomeação da comissão executiva deve ser publicitada através de publicação no Boletim Oficial e num dos jornais de maior circulação no país.

O conselho de administração pode também delegar em um ou mais administradores poderes para se ocuparem de determinadas matérias ou praticarem determinados actos ou categorias de actos (artigo 435.º do CEC), não sendo exigido neste caso previsão estatutária para o efeito. A delegação de poderes feita nestes termos, não exclui os poderes do conselho de administração para tomar resoluções sobre as mesmas matérias, ou seja, não exclui a competência normal dos outros administradores.

De referir ainda que os outros administradores são responsáveis perante a sociedade pelos atos e omissões praticados pelo administrador delegado desde que, tendo conhecimento desses atos ou omissões, ou do propósito de os praticar, não provoquem a intervenção do conselho para tomar medidas adequadas.

A possibilidade do conselho de administração nomear uma comissão executiva ou de delegar poderes em um ou mais administradores, na prática, acaba por permitir a existência de administradores executivos com funções de direção e de administradores não executivos com funcionalidades de supervisão, sendo certo que todos mantêm os poderes gerais de administração.

Em Cabo Verde, a maior parte das sociedades anónimas não têm optado pela nomeação de uma comissão executiva. Estas, na sua maioria, têm um conselho de administração com um número reduzido de administradores, justificado pela própria dimensão das sociedades anónimas existentes, o que também acaba por condicionar a nomeação de uma comissão executiva.

Apesar desta realidade, algumas sociedades – na sua maioria instituições de crédito – abertas ou não, mas com um capital social elevado, mais disperso e com participação estrangeira, têm optado por ter uma comissão executiva, permitindo com esta separação que o conselho de administração tenha um papel de monitorização da gestão.

4.5. Remuneração

A discussão em torno da remuneração dos administradores foi retomada com grande intensidade durante a última crise internacional. Em Cabo Verde, apesar dos reflexos da crise, tal questão não teve tanta repercussão quanto no exterior, o que poderá justificar-se pelo facto de ainda não existir uma prática de divulgação de informação sobre os membros do conselho de administração e sua remuneração, para além do facto de existir um reduzido número de sociedades cotadas. Porém, dado o crescimento do mercado de capitais e a emergência de gestores cada vez mais profissionalizados, o alinhamento de interesses entre acionistas, administradores e empresas, via remuneração, começa a ganhar mais importância.

Nas sociedades anónimas a interferência dos administradores na determinação da sua própria remuneração, sempre foi uma realidade e, para combater esta tendência têm sido propostas duas vias: aumentar o poder dos acionistas no seio dessas sociedades ou criar um órgão desejadamente independente, quer dos administradores, quer dos accionistas.

O Código das Empresas Comerciais afasta os administradores do processo de fixação da sua remuneração, atribuindo essa competência à assembleia geral ou a uma comissão de vencimentos composta por três ou cinco acionistas por aquela eleitos (art. 429.º, n.º 2 do CEC). A solução aqui encontrada não deixa de ser tendencialmente frágil no tocante à independência porquanto, quer a fixação da remuneração, quer a eleição dos membros da comissão de vencimentos pode ser influenciada pelos acionistas de controlo.

De notar ainda a propósito da remuneração dos administradores que estes, por princípio, são remunerados, podendo, no entanto, ser estabelecido o contrário nos estatutos ou por deliberação da assembleia geral (artigo 429.º, n.º 1 do CEC). Em consequência, é de se entender que a função de administrador pode ser exercida gratuitamente, desde que tal resulte dos estatutos ou venha a ser deliberado pela assembleia geral.

No tocante à composição da remuneração, é admitida a possibilidade desta consistir numa percentagem dos lucros fixada na deliberação geral na qual sejam eleitos os membros do conselho de administração (artigo 429.º do CEC). Ora, face à redação dada a este dispositivo, a remuneração dos administradores pode ser fixa, compreendendo uma importância em dinheiro mas também podendo compreender outras componentes acessórias não monetárias, pode ser variável, consistindo na percentagem de lucro acima referida e, bem assim, em parte certa e noutra parte variável.

4.6. Prestação de Contas

Decorre da lei que os membros da administração das sociedades anónimas devem elaborar e submeter aos órgãos competentes o relatório de gestão, as contas do exercício e demais documentos de prestação de contas exigidos, relativos a cada exercício anual (artigo 163.º do CEC).

A preparação e elaboração do relatório de gestão e contas incumbem a todos os administradores que estiverem em funções ao tempo da apresentação dos mesmos, tendo eles a obrigação de os elaborar e assinar. Estamos pois perante uma obrigação individual de cada um dos administradores e não do órgão, conselho de administração. O administrador que se recusar a assinar o relatório de gestão e as contas deve justificar nos próprios documentos tal recusa e explicar perante a assembleia geral e os acionistas que o elegeram as razões que o levaram a tomar essa decisão, ainda que já tenha cessado as suas funções.

Os documentos de prestação de contas devem ser submetidos à assembleia geral, em regra, no prazo de três meses a contar do encerramento de cada exercício (artigo 163.º, n.º 5 do CEC) e se nos dois meses seguintes ao termo daquele prazo não se apresentarem os elementos de prestação de contas, qualquer sócio poderá requerer ao tribunal que se proceda à realização de inquérito (artigo 165.º do CEC).

Depois de aprovada a prestação de contas das sociedades anónimas, é obrigatório proceder ao depósito do relatório de gestão, contas do exercício e demais elementos, na respetiva conservatória do registo comercial e requerer o seu registo (artigo 168.º do CEC).

Os documentos de prestação de contas das sociedades anónimas com subscrição pública devem ser publicados na íntegra, no boletim oficial da bolsa e no sistema de difusão de informação da AGMVM, no prazo de trinta dias após a sua aprovação (artigo 129.º, a) do n.º 1 da CMVM).

4.7. Negócios com a sociedade

A sociedade está proibida de conceder empréstimos ou qualquer forma de crédito aos seus administradores, prestar garantias a obrigações por eles assumidas ou facultar-lhes adiantamentos sobre remunerações superiores a um mês (artigo 427.º do CEC).

Os contratos celebrados, diretamente ou por interposta pessoa, entre a sociedade e o administrador, são nulos se não forem expressamente autorizados pelo conselho de administração, mediante parecer prévio do conselho fiscal, sendo que esta proibição vai até por um ano após a cessação de funções pelo administrador. De realçar que, por se tratar de um assunto em que existe um conflito de interesse entre o administrador e a sociedade, aquele não pode votar sobre o mesmo (artigo 437.º, n.º 6 do CEC).

As proibições acima indicadas são extensíveis a atos e contratos a celebrar com sociedades que estejam em relação de domínio com aquela em que o contraente é administrador.

A este propósito é de referir que as instituições de crédito e parabancárias estão proibidas de conceder crédito, sob qualquer forma ou modalidade aos membros do órgão de administração (artigo 44.º da Lei n.º 3/V/99, de 1 de Julho).

5. FISCALIZAÇÃO

5.1. Estrutura

Embora a fiscalização de sociedades comerciais não seja um tema que desperte muita discussão em Cabo Verde, não se pode deixar de se lhe reconhecer a extraordinária importância de que tem na salvaguarda dos interesses dos acionistas e de todos aqueles que têm um interesse legítimo na sociedade.

Face aos escândalos financeiros que abalaram os Estados Unidos e a Europa nos últimos anos, a reforma do direito societário cabo-verdiano e, em especial, o reforço do sistema de fiscalização societária com vista a torná-lo mais eficiente, efetivo e independente e a introduzir no direito cabo-verdiano as melhores práticas do *corporate governance,* também se impõe.

O regime atual da fiscalização das sociedades anónimas, delineado pelo Código das Empresas Comerciais é um sistema de fiscalização monista, uma vez que cabe a um conselho fiscal ou a um fiscal único (artigo 440.º do CEC).

O conselho fiscal é um órgão de fiscalização interna da sociedade que supervisiona de forma permanente a atividade do conselho de administração e é composto por três membros efetivos e dois suplentes, sendo obrigatório que um dos membros efetivos e um dos suplentes seja contabilista ou auditor certificado. Admite-se, ainda, que seja composto por um fiscal único com o respetivo suplente, devendo ambos ser contabilista ou auditor certificado. A opção por ter um conselho fiscal ou um fiscal único, é feita independentemente da dimensão e natureza específicas da sociedade.

A escolha dos membros do conselho fiscal e os fiscais únicos deve recair sobre pessoas singulares com capacidade jurídica plena, não se admitindo pois a designação de sociedades (v.g. sociedades de advogados ou de contabilidade e auditoria).

As competências atribuídas ao conselho fiscal são várias e não se resumem ao controlo das contas, cabendo-lhe (artigo 446.º do CEC):

a) Fiscalizar a administração da sociedade;

b) Zelar pelo cumprimento das disposições legais e estatutárias;

c) Verificar a exatidão do balanço e demonstração de resultados;

d) Pedir esclarecimentos sobre a forma como os movimentos contabilísticos são efetuados, sempre que necessário;

e) Elaborar anualmente o relatório de atividades que tenha exercido ao longo do exercício e dar parecer sobre o relatório e contas a apresentar à assembleia geral anual;

f) Convocar a assembleia sempre que o presidente da mesa não o faça devendo fazê-lo.

No exercício das suas competências, pode ainda o conselho fiscal:

a) Inspecionar e pedir esclarecimentos sobre os livros, registos e documentos da sociedade;

b) Pedir esclarecimentos ao conselho de administração sobre o curso das atividades da sociedade;

c) Assistir às reuniões da administração sempre que entenda por conveniente.

O conselho fiscal reúne-se, pelo menos uma vez por ano e as suas deliberações são tomadas por maioria, tendo o respetivo presidente voto de qualidade em caso de empate (artigo 448.º do CEC).

5.2. Incompatibilidades e independência

Os membros do conselho fiscal devem exercer as suas funções de forma conscienciosa e imparcial, guardando sigilo quanto às informações que obtenham no exercício das suas funções, como resulta do artigo 447.º do CEC.

Para garantia do cumprimento das suas funções nos termos delineados na lei, o legislador teve a preocupação de estabelecer um conjunto de requisitos e incompatibilidades para os membros do conselho fiscal (artigo 441.º do CEC), procurando assim mantê-los afastados das pressões e influências por parte do conselho de administração e dos acionistas dominantes.

Assim, o conselho fiscal pode não ser integrado por acionista, deixando-se aberta a possibilidade de serem nomeados membros independentes. Além disso, como referido acima, o fiscal único, um membro do conselho fiscal e o suplente devem ser contabilista ou auditor certificado e, nestes casos, não podem ser escolhidos de entre pessoas que se encontrem ligadas à sociedade, nem a nenhuma outra que com esta esteja em relação de domínio, por contrato de trabalho ou de prestação de serviços.

É ainda estabelecido um conjunto de impedimentos para o exercício de funções no conselho fiscal que, naturalmente estão estreitamente ligados com as questões de independência e idoneidade. Desta forma, são inelegíveis para exercer essas funções:

- As pessoas que exerçam funções de administradores da sociedade ou tenham ocupado essas funções nos últimos dois anos não podem nela exercer funções de membro do conselho fiscal, respetivos cônjuges parentes e afins em linha reta e até o terceiro grau, inclusive, na linha colateral;
- Os membros dos órgãos de sociedade que se encontrem em relação de domínio ou de grupo com a sociedade fiscalizada, respetivos cônjuges parentes e afins em linha reta e até o terceiro grau, inclusive, na linha colateral;
- As pessoas que prestem serviços remunerados com caráter de permanência à sociedade ou a sociedade que com ela se encontre em relação de domínio, respetivos cônjuges parentes e afins em linha reta e até o terceiro grau, inclusive, na linha colateral;
- As pessoas que exerçam funções em empresa concorrente;
- Os interditos, os inabilitados, os insolventes, os falidos e os condenados a pena que implique inibição, ainda que temporária, do exercício de funções públicas.

Na eventualidade de ocorrência de uma das circunstâncias acima indicadas, a nomeação caduca de imediato.

No presente quadro legislativo, constata-se que não se exige que o conselho fiscal seja integrado por um ou mais membros independentes e tão pouco se determina o âmbito desta independência, embora se tenha tido o cuidado de elencar um conjunto de situações que visam dar alguma independência a este órgão de fiscalização.

A integração do conselho fiscal por um ou mais membros independentes é a garantia mínima da adequada fiscalização das sociedades comerciais, sendo essa fiscalização essencial à manutenção do equilíbrio do sistema e à proteção dos interesses dos investidores, credores e trabalhadores bem como do interesse público em geral. A prática em Cabo Verde demonstra uma tendência para as sociedades nomearem acionistas para integrar este órgão, o que embora seja permitido, não assegura a independência do mesmo. As sociedades que têm optado pelo fiscal único, normalmente indicam um contabilista ou auditor certificado ligado a uma sociedade de contabilidade e auditoria na medida em que aquele não pode ser uma pessoa coletiva. Do exposto, resulta desejável que este seja um dos aspetos a serem revistos e reformulados no direito societário cabo-verdiano.

5.3. Designação, substituição e destituição

Os membros deste órgão são nomeados no contrato de sociedade ou pela assembleia geral, por um período previsto no contrato de sociedade, não superior a quatro anos. Quando não indicado, a nomeação considera-se efetuada pelo período máximo (artigo 442.º, n.º 1 CEC). Um dos membros do conselho fiscal deverá ser designado presidente no contrato de sociedade ou pela assembleia geral.

Em caso de impedimento de um membro efetivo do conselho fiscal, este deve ser substituído por um suplente. De notar que o suplente que for contabilista ou auditor certificado, deve substituir o efetivo que tiver a mesma qualificação e que a substituição de membros efetivos durará até ao termo do mandato (artigo 443.º do CEC). Não havendo membros suplentes para preenchimento de vagas, deve proceder-se à eleição de novo conselho fiscal.

Estando o presidente do conselho fiscal impedido de exercer as suas funções, o seu substituto é designado pelos restantes membros.

A não substituição de algum ou alguns membros do conselho de administração no prazo de trinta dias a contar da cessação das suas funções, permite que seja requerida a nomeação judicial pelo conselho de administração ou qualquer acionista, a expensas da sociedade (artigo 444.º do CEC). Este dispositivo revela a preocupação do legislador em se ter um conselho fiscal operacional e em condições de exercer as suas funções.

5.4. Gestão de riscos, controlo interno e auditoria interna

A auditoria interna tem um papel importante nas boas práticas da *corporate governance* cabendo-lhe controlar e fiscalizar internamente o sistema da estrutura organizacional, fazendo com que as informações sejam transparentes, o que agrega valor à empresa e cria mais confiança por parte dos interessados na sociedade.

A auditoria interna é um dos principais instrumentos em relação ao processo de gestão de risco e controlo interno que pode ser utilizado pela administração das sociedades anónimas para satisfazer as expectativas dos acionistas, investidores, trabalhadores e do público em geral.

Em Cabo Verde, exceto para as instituições de crédito e parabancárias (Aviso n.º 2/95 de 27 de Março e Aviso n.º 05/99, de 3 de Maio, ambos do Banco de Cabo Verde), não é imposta às sociedades anónimas a obrigatoriedade de manterem departamentos de auditoria interna nas suas estruturas de gestão. Assim, a opção por ter auditoria interna no seio da organização de uma sociedade anónima é um ato voluntário, não existindo regulamentos ou códigos de melhores práticas de *corporate governance* a nível nacional que recomendem a sua adoção.

A nível das sociedades cotadas, o artigo 131.º que dispõe sobre a informação anual sobre o governo das sociedades inclui entre outras matérias, a informação detalhada sobre os sistemas de controlo interno e de risco de gestão implementados na sociedade. A AGMVM, através do seu Regulamento n.º 1/2009, de 23 de Dezembro, que estabelece o conteúdo dos deveres de informação de emitentes de valores mobiliários admitidos à negociação em bolsa, tem implícita uma recomendação de adoção de uma auditoria interna quando exige que o relatório sobre a estrutura e as práticas de governo societário deva conter descrição dos sistemas de controlo de cumprimento de auditoria interna e de gestão de risco implementados na sociedade (artigo 5.º do Regulamento n.º 1/2009, de 23 de Dezembro).

O Regulamento n.º 1/2012, publicado a 22 de Janeiro de 2013, e que estabelece as regras e os princípios gerais da supervisão prudencial exercida pela AGMVM, já vem determinar no seu artigo 3.º que as entidades sujeitas a esta supervisão devam manter sistemas de controlo dos riscos apropriados à monitorização dos riscos inerentes às suas atividades, indicando os objetivos subjacentes à definição dos procedimentos a adotar para o efeito, para além de impor uma revisão anual sobre a adequação e a eficácia dos sistemas de controlo de riscos, em vista do cumprimento desses mesmos objetivos.

Na verdade, as boas práticas da *corporate governance* procuram proporcionar melhoras significativas na gestão das empresas e no ambiente regulatório, além de mais proteção aos investidores. Tanto para os acionistas minoritários como para os maioritários, essas boas práticas resultam em uma redução no risco do investimento efetuado, devido à maior confiabilidade das informações divulgadas ao mercado. Daqui decorre a importância da auditoria interna porquanto é um instrumento de proteção aos investidores e permite o fornecimento de informações sobre a situação patrimonial atual das empresas, além de avaliar a gestão de riscos e controlos internos associados à preparação e à divulgação das demonstrações financeiras.

Por tudo o exposto, acredita-se que nos próximos tempos também em Cabo Verde será avaliada a possibilidade de se adotar o padrão de alguns países de recomendar a instalação da auditoria interna e exigir que a empresa avalie periodicamente a necessidade de tê-la em funcionamento e que inclua nos relatórios anuais as razões que justificam a sua ausência.

5.5. Remuneração

O Código das Empresas Comerciais é omisso quanto à remuneração dos membros do conselho fiscal das sociedades anónimas, não fazendo qualquer referência se o exercício dessas funções é remunerado e tão pouco indicando a quem compete a fixação das remunerações e em que deve consistir.

Esta questão é importante porquanto a garantia da independência dos membros do conselho fiscal inclui a determinação da remuneração, sendo recomendável que fosse resolvida diretamente no Código das Empresas Comerciais, como se fez com a remuneração dos administradores. Em face disso, corre-se assim o risco de a remuneração ser fixada pelo órgão de administração permitindo com isso que a administração da sociedade (objeto da fiscalização) pressione os membros do conselho fiscal a serem mais complacentes.

Entendo, porém, esta omissão deve ser suprida mediante aplicação analógica do artigo 429.º do CEC que estatui sobre a remuneração dos administradores das sociedades anónimas.

5.6. Controlo de negócios com partes relacionadas

Diversos escândalos corporativos ocorridos nesta década destacaram a importância dos chamados negócios com partes relacionadas, no âmbito da *corporate governance*. Em Cabo Verde, dada a pouca divulgação de informação sobre o governo societário, não se tem conhecimento deste tipo de negócios, nomeadamente, se têm ocorrido e qual a frequência.

Os negócios com partes relacionadas são operações com alto potencial para conflitos de interesse entre acionistas e administradores ou entre acionistas controladores e minoritários. Em ambientes com alta concentração da estrutura de propriedade, como o cabo-verdiano, tais transações podem ser utilizadas como forma de obtenção dos chamados benefícios privados do controlo.

O Código das Empresas Comerciais permite que sejam celebrados negócios com partes relacionadas, nomeadamente, entre a sociedade e os seus administradores, nos termos do artigo 427.º, n.º 2 do CEC. A verdade, porém, é que o conselho fiscal apenas tem controlo sobre a celebração destes negócios quando estes sejam celebrados entre a sociedade e os seus administradores. Nestas circunstâncias, é permitido o controlo pelo conselho fiscal mediante a emissão de parecer favorável e prévio à deliberação do conselho de administração que dá o seu consentimento para a celebração de negócios diretamente ou por interposta pessoa, entre a sociedade e o administrador, sob pena de nulidade. Note-se que o consentimento e o parecer favorável são exigidos sempre, e não apenas quando tal negócio traga alguma vantagem especial ao administrador.

Atendendo às razões subjacentes a esta norma – prevenção de conflitos de interesses – não se pode deixar de observar que o legislador foi muito parco ao advogar que a exigência do consentimento do conselho de administração, dado após parecer prévio do conselho fiscal, deve abranger outras situações, como sejam, contratos celebrados entre a sociedade e terceiros representados pelo mesmo administrador, contratos celebrados entre a sociedade e terceiros com administradores comuns que não representam a sociedade no contrato em causa.

Por último, é de referir que uma vez que o conselho fiscal deve elaborar anualmente o relatório sobre as atividades que tenha exercido ao longo do ano, embora não exista uma obrigação expressa, a emissão dos pareceres proferidos sobre os negócios com partes relacionadas, deve ser neles mencionados, permitindo-se assim que, pelo menos, os acionistas tenham acesso a essa informação.

5.7. Auditoria

O Código das Empresas Comerciais não prevê um sistema de fiscalização externa para as sociedades anónimas, mas o Código de Valores Mobiliários institui esse sistema para as sociedades abertas, dentro do âmbito de aplicação definido pelo seu artigo 40.º, exigindo que a informação financeira a submeter à AGMVM, a publicar no âmbito de pedido de admissão à negociação em mercado regulamentado ou respeitante a instituições de investimento coletivo, seja objeto de relatório ou parecer elaborados por um auditor independente.

Este mecanismo criado pelo Código de Valores Mobiliários é, formal e materialmente, de fiscalização externa, na medida em que o auditor independente não integra os órgãos sociais, exercendo com plena independência a sua atividade de verificação e certificação das demonstrações financeiras da sociedade.

De observar que o Código das Empresas Comerciais não reconhece a figura do auditor independente e não regula as suas relações com os órgãos sociais, ficando por responder diversas perguntas sobre a sua relação com a sociedade, com realce para as questões mais graves que se prendem com a sua nomeação e destituição, ou mesmo com a sua remuneração. Na verdade, uma vez que nem o Código das Empresas Comerciais, nem o Código do Mercado de Valores Mobiliários dispõem sobre esta matéria, nada impede que o auditor independente seja nomeado pelo órgão de administração a quem deve fiscalizar, gerando-se desta forma um grave conflito de interesses.

Muito recentemente foi publicado o Regulamento n.º 3/2012 da AGMVM que estabelece as regras sobre o conteúdo, a organização e a apresentação da informação económica, financeira e estatística utilizada em documentos de prestação de contas e as respetivas regras de auditoria. Ora, este Regulamento cujo preâmbulo afirma que " a *informação de natureza económico-financeira exige o controlo e a revisão por parte de entidades idóneas, independentes e isentas. A elaboração de exames críticos e sistemáticos às entidades e às demonstrações financeiras e documentação que as suporta tem por objetivo assegurar a sua exatidão, integridade e autenticidade*", identifica os documentos de prestação de contas que devem ser objeto de relatório ou parecer de auditor independente, os critérios a que está sujeito o conteúdo daqueles, os diferentes deveres do auditor independente, com especial realce para o dever deste se organizar para identificar os possíveis conflitos de interesses e atuar de modo a evitar ou reduzir ao mínimo o risco da sua ocorrência.

CAPÍTULO V

A GOVERNAÇÃO DE SOCIEDADES EM MACAU

José Espírito Santo Leitão

1. INTRODUÇÃO

Conforme é certamente do conhecimento do leitor, Macau é um território com forte ligação a Portugal, fruto da presença nacional desde o Século XVI, posteriormente formalizada com o "*Tratado de Amizade e Comércio Sino-Português*" de 1 de Dezembro de 1887 entre Portugal e China, pelo qual foi reconhecida a soberania perpétua de Portugal sobre o território de Macau. A presença Portuguesa em Macau, que conheceu, ao longo dos anos, sucesso e harmonia variáveis, foi posteriormente enquadrada quanto à sua duração pela "*Declaração Conjunta do Governo da República Portuguesa e do Governo da República Popular da China sobre a Questão de Macau*"[1], de 13 de Abril de 1987, na qual se estabeleceu o retorno de Macau à soberania da República Popular da China ("**RPC**") em 20 de Dezembro de 1999, sob o princípio "*Um País, Dois Sistemas*" ("國兩制"), que prevê, em traços gerais, autonomia interna para os assuntos domésticos, com submissão à política geral delineada pela RPC no que toca a relações diplomáticas e defesa nacional. Foi neste contexto que foi criada a Região Administrativa Especial de Macau ("**RAEM**"), através da Lei Básica da RAEM, que para além de salvaguardar a manutenção do sistema social e económico-financeiro existente anteriormente à

[1] Aprovada para ratificação pela Resolução da AR 25/87, republicada no DR n.º 113, I Série, de 16 de Maio de 1988-Suplemento. Ratificada pelo Decreto do PR 38-A/87. Publicado no DR n.º 286, I Série, de 14 de Dezembro de 1987, 3.º Suplemento, e rectificado no DR n.º 23, I Série, de 28 de Janeiro de 1988. Publicada em Macau no Boletim Oficial de Macau n.º 23 – 3.º Suplemento, de 7 de Junho de 1988.

transição – compreensivelmente enformado e regulado por legislação de matriz Portuguesa – pelo período de pelo menos 50 anos, prevê ainda de forma expressa a manutenção do complexo legislativo vigente anteriormente (excepto no que contrariasse a própria Lei Básica).

Serve o excurso *supra* para dar um breve enquadramento do contexto em que a legislação da RAEM tem sido produzida e aperfeiçoada ao cabo dos primeiros anos de retorno à soberania da República Popular da China, e, com maior relevo para este capítulo, do contexto em que o Código Comercial da RAEM ("**CCM**"), aprovado pelo Decreto-Lei n.º 40/99/M de 3 de Agosto – posteriormente alterado pelas Leis n.ºs 6/2000 e 16/2009 – surge como esforço de codificação da disciplina da actividade mercantil na RAEM.

1.1. Características essenciais das sociedades anónimas

Como ponto prévio à análise do regime das sociedades anónimas ("S.A."), merece menção específica o alcance concreto da S.A. no tecido empresarial da RAEM. Com efeito, na ausência de mercado regulamentado de valores mobiliários na RAEM, a figura da S.A. acaba por perder alguma da sua utilidade prática, não alcançando assim no Território a implantação e pujança de que goza em outras jurisdições lusófonas.

A acrescer a este circunstancialismo, importa notar que, do ponto de vista fiscal, as S.A. constituídas na RAEM estão legalmente obrigadas a pertencer ao "Grupo A" de contribuintes, definido no art. 4.º n.º 1 da Lei n.º 21/78/M de 9 de Setembro[2] – que cria o Regulamento do Imposto Complementar de Rendimentos – condição que importa (i) a tributação da sociedade com base nos lucros efectivamente determinados e (ii) a obrigação legal de manutenção de contabilidade devidamente organizada, assinada e verificada por contabilistas ou auditores inscritos nos Serviços de Finanças de Macau, ao passo que – e sem prejuízo da sujeição de outras sociedades a regime fiscal semelhante, com base na média dos seus lucros tributáveis dos últimos 3 anos – as sociedades em nome colectivo, as em comandita simples[3] e as sociedades por quotas estão, em termos gerais, sujeitas a tributação enquanto contribuintes de "Grupo B", ou seja, tributados com base nos rendimentos que presumivelmente obtiverem, e obrigados apenas à manutenção de contabilidade comercial nos termos limitados em que o CCM a prevê e exige[4].

[2] Publicada no Boletim Oficial n.º 36/1978, de 9 de Setembro de 1978

[3] As sociedades em comandita por acções estão sujeitas ao mesmo regime tributário das sociedades anónimas, nos termos do art. 4.º n.º 2 a) do RICR.

[4] E que se encontram previstos nos arts. 54.º a 60.º do CCM.

Face a estes requisitos, e tendo em conta um tecido empresarial no qual subsiste em larga escala a empresa familiar e a constituição quase veicular de sociedades como suporte do comércio tradicional, a opção pela estrutura da sociedade anónima é marcadamente menos frequente do que pela sociedade por quotas, sendo encontrada principalmente nas sociedades com prevalência de capital estrangeiro na sua composição accionista e nas sociedades destinadas a gerir concessões de terras.

Este conjunto de circunstâncias, por seu turno, tem propiciado a menor densidade legislativa e regulatória no que toca à matéria específica do governo das sociedades, que encontra assento legislativo primariamente nas normas de estruturação orgânica das S.A. previstas no CCM – embora sem prejuízo dos modelos de governação que as sociedades em concreto pretendam adoptar ao nível estatutário – e nas normas de lei especial aplicáveis a S.A. que exerçam actividades reguladas, em termos que trataremos adiante.

A disciplina das S.A. encontra-se regulada nos arts. 393.º a 472.º, sendo a feição essencial destas em alguma medida semelhante à prevista no Código das Sociedades Comerciais Português (“**CSC**”). Assim, a S.A. exige o número mínimo de três sócios para a sua constituição[5], e o capital mínimo de MOP1,000,000.00, dividido em acções[6], que deverão ser de valor nominal igual, não podendo cada acção ter valor inferior a MOP100.00[7]. As exigências de subscrição do capital social para efeitos de constituição são de 100%[8], ao passo que as de realização de capital no acto da constituição da sociedade são de 25%[9], aplicando-se as regras de diferimento de realização contidas no art. 409.º n.º 1[10], com a nota saliente da proibição de diferimento de entradas em espécie prevista no art. 394.º n.º 2.

No que concerne à responsabilidade do accionista, esta acha-se – em termos em tudo semelhantes aos previstos no CSC – limitada às acções que subscreva, nos termos do art. 393.º n.º 3 do CCM.

Outra característica digna de nota da figura da S.A. da RAEM, e que a aproxima do seu equivalente societário em Portugal é a possibilidade da sua constituição com recurso a subscrição pública, observados que sejam os requisitos dos arts. 396.º e seguintes do CCM, que exigem, *inter alia*, a existência e

[5] Art. 393.º n.º 1 do CCM.

[6] O art. 408.º do CCM prevê a existência de acções ordinárias (que conferem direito a voto e ao dividendo dos lucros distribuíveis) e de acções preferenciais (que não conferem direito a voto mas conferem direito a um dividendo prioritário e ao reembolso prioritário na partilha do saldo de liquidação.)

[7] Art. 393.º n.º 2 do CCM.

[8] Art. 394.º n.º 1 do CCM.

[9] Idem.

[10] Diferimento por prazo não superior a cinco anos, para data certa e determinada ou a determinar pela administração, e na falta de determinação, vencimento da obrigação de realização cinco anos após a data de registo definitivo da sociedade.

responsabilidade pessoal, solidária e ilimitada dos promotores da subscrição, os quais deverão subscrever e realizar em dinheiro acções cujos valores nominais somem MOP$1,000,000.00 ou 20% do capital, consoante o que for mais elevado, acções essas cuja alienação e/ou oneração se acha vedada até à aprovação das contas do terceiro exercício.

Uma nota final sobre as características de transmissibilidade de acções representativas do capital social das S.A.s da RAEM, que, em termos gerais, se transmitem pelo transmissão do título em que estão incorporadas, sendo que os títulos nominativos se transmitem *inter vivos* por endosso lavrado no próprio título e averbamento no livro de registo de acções, ao passo que os títulos ao portador se transmitem por simples entrega, dependendo o exercício dos direitos a eles inerentes da sua posse.

Quanto às restrições de transmissão, o legislador optou por consagrar no art. 425.º do CCM a obrigatoriedade da menção dos condicionalismos de transmissão – legais ou estatutários – que afectem os títulos, de forma *facilmente compreensível*. Tendo em conta os condicionalismos linguísticos da RAEM, que tem como línguas oficiais o Português e o Chinês, a prática comercial tem consistido na emissão de títulos bilingues, sendo no entanto o Português substituído com alguma (cada vez maior) frequência pelo Inglês.

1.2. Sociedades anónimas submetidas a regimes especiais

Embora enquanto princípio geral, a disciplina do CCM se aplique transversalmente a todas as S.A.s constituídas na RAEM, existem sectores regulados de actividade, que, pelo seu relevo no tecido económico-social da RAEM ou pelo impacto que a sua actividade tem no dia a dia dos residentes do Território, mereceram do legislador especial cautela, que entendeu dotar o Governo da RAEM e os órgãos de Administração Pública casuisticamente competentes de poderes de controlo sobre a forma, actividade e estrutura accionista das sociedades que desenvolvem actividades reguladas, e que extravasam largamente o simples processo de licenciamento administrativo.

Assim, e em tema de sociedades anónimas submetidas a regime especial, avultam na RAEM três exemplos que merecem particular destaque, e por isso, uma breve nota autónoma:

1.2.1. Instituições de Crédito

A actividade das instituições de crédito na RAEM é regulada com detalhe no Decreto-Lei n.º 32/93/M, de 5 de Julho, que aprovou o Regime Jurídico do Sistema Financeiro (“**RJSF**”), com o propósito declarado de compatibilizar o sistema financeiro da RAEM com as orientações do Comité de Basileia para a Supervisão Bancária (*Basel I*).

De entre as várias entidades reguladas pelo RJSF, destacam-se, por revestirem maior relevo para o presente exercício, as instituições de crédito, definidas no art. 1.º b) como a "*empresa cuja actividade consiste em receber do público depósitos ou outros fundos reembolsáveis e conceder crédito por conta e risco próprios*"[11], e cuja constituição na RAEM está sujeita à forma obrigatória de sociedade anónima, com capital social não inferior a 100 Milhões de Patacas[12], com acções nominativas ou ao portador (registadas), conforme disposto nos arts. 20.º e 21.º do RJSF.

Com especial relevo, por se apresentar como um desvio significativo ao regime de liberdade de participação no capital e na administração de sociedades comerciais que permeia o CCM de Macau, cumpre notar o apertado controlo que o RJSF exerce sobre a titularidade de participações e/ou de cargos sociais em instituições de crédito, de que se dá aqui breve nota.

Controlo de Participação Accionista

Nos termos do RJSF (art. 22.º n.º 4, al. d)), a Autoridade Monetária e Cambial de Macau ("**AMCM**") deve verificar a idoneidade[13] dos detentores de participações qualificadas em instituições de crédito (sendo *participação qualificada* aquela que, de forma directa ou indirecta represente pelo menos 10% do capital ou dos direitos de voto da instituição participada ou que, por qualquer outro modo, confira a possibilidade de exercer uma influência significativa na gestão desta), verificação esta que poderá redundar em recusa de autorização caso a AMCM

[11] O artigo 15.º do RJSF densifica este conceito, incluindo na categoria de instituições de crédito os bancos, a Caixa Económica Postal, as sociedades de locação financeira, e ainda uma categoria residual de sociedades que, por pretenderem realizar as actividades indicadas nesta definição, mereçam a classificação legal de instituições de crédito.

[12] Ao contrário do regime geral das S.A., o RJSF não permite diferimento de entradas de capital, fixando a exigência de subscrição e realização integrais do capital social no acto constitutivo, bem como o depósito de metade desse montante junto da Autoridade Monetária e Cambial de Macau (montante que poderá ser levantado após início de actividade da instituição de crédito).

[13] Nos termos do art. 41.º do RJSF, poderão ser reveladores de falta de idoneidade circunstâncias como (i) O modo como a pessoa conduz habitualmente os seus negócios ou a natureza da sua actividade profissional se revelarem uma propensão acentuada para a assunção de riscos excessivos; (ii) A inadequação da situação económico-financeira da pessoa, apreciada em função do montante da participação que se propõe deter; (iii) Ter a AMCM fundadas dúvidas sobre a licitude da proveniência dos fundos destinados à aquisição da participação ou sobre a verdadeira identidade do titular desses fundos; (iv) A estrutura e as características do grupo empresarial em que a instituição de crédito passaria a estar integrada, se inviabilizarem uma supervisão adequada; e **(v)** O facto de a pessoa não se mostrar disposta a cumprir ou não dar garantias de cumprimento das condições necessárias ao saneamento da instituição de crédito que tenham sido previamente estabelecidas pela AMCM.

considere a final que os referidos detentores de participações qualificadas não oferecem garantias de uma *"sã e uma prudente gestão da instituição"*.

O art. 40.º do RJSF impõe a obrigatoriedade de autorização[14] da AMCM para a aquisição directa ou indirecta de participação qualificada em instituição de crédito com sede na RAEM, bem como para o aumento de uma participação já detida em proporção igual ou superior a 5% do capital ou do direito de voto, num único ou mais actos.

Controlo de Administração, Fiscalização e Mesa da Assembleia-Geral

A acrescer ao controlo sobre a identidade e participação detidas pelos accionistas de instituições de crédito constituídas no território, o regime jurídico específico destas sociedades prevê ainda mecanismos de controlo por parte do regulador público sobre a constituição do órgão de administração, do órgão de fiscalização e da mesa da assembleia-geral das instituições de crédito, e, novamente, sobre a idoneidade dos seus membros. Assim, prevê o art. 47.º do RJSF que o órgão de administração das instituições de crédito seja constituído por um mínimo de três elementos de reconhecida idoneidade, sendo que dois deles, pelo menos, residentes no Território e com capacidade e experiência adequadas ao exercício das funções, devendo ainda dispor de poderes para efectivamente determinarem a orientação da actividade da instituição.

De notar que os critérios de apreciação de idoneidade são diferentes dos aplicados aos accionistas, e versam sobre aspectos de competência e critério no exercício da profissão, bem como sobre aspectos reputacionais que se possam reflectir negativamente na instituição de crédito, incluindo circunstâncias como a insolvência do membro (ou falência de sociedade causada pelo membro na qualidade de administrador), ou condenação por crimes contra o património previstos no Código Penal ou pelos crimes específicos previstos no RJSF[15].

1.2.2. Actividade Seguradora

Para além do sector bancário, também as sociedades seguradoras[16] constituídas na RAEM merecem especial menção, porquanto estão legalmente obrigadas a constituírem-se como sociedades anónimas (com acções nominativas ou

[14] Salvo se pela natureza da transacção tal não for possível, caso em que a aquisição deve ser comunicada à AMCM no prazo máximo de 30 dias a contar da data em que a mesma tenha ocorrido.

[15] i.e., falsificação, furto, roubo, burla, peculato, suborno, extorsão, abuso de confiança, usura, corrupção, emissão de cheques sem provisão ou recepção não autorizada de depósitos ou outros fundos reembolsáveis.

[16] Definidas na al. n) do art. 2.º do DL n.º 27/97/M de 30 de Junho como as entidades que subscrevem o risco.

ao portador registadas) e a seguirem o regime legal específico do Decreto-Lei n.º 27/97/M, de 30 de Junho, que regula a actividade seguradora na RAEM (doravante "**Regime das Seguradoras**") constituindo-se assim como sociedades anónimas sujeitas a regime especial.

Em termos em tudo análogos aos previstos para as instituições de crédito, as seguradoras acham-se também sujeitas a regimes especiais quanto ao montante mínimo do seu capital, que, de acordo com o art. 17.º do Regime das Seguradoras, é de quinze milhões de Patacas, no caso de exploração dos ramos gerais, ou trinta milhões de Patacas, no caso de exploração do ramo vida, verificando-se ainda as obrigações de depósito de 50% do capital social à ordem da AMCM, com o levantamento desta quantia a ser disponibilizado após o início da actividade da seguradora, sendo no entanto de notar que é permitido o diferimento da realização de 50% do capital social das seguradoras para 180 dias após a outorga da escritura de constituição da sociedade.

São ainda de notar, em tema de regime especial, as limitações constantes do art. 18.º do Regime das Seguradoras quanto à capacidade das sociedades anónimas seguradoras quanto às suas próprias acções (que não podem adquirir e com as quais não podem realizar quaisquer operações), e quanto à emissão de obrigações, se acha sujeita a autorização prévia do Chefe do Executivo da RAEM, e não poderá se realizada para cobertura de responsabilidades técnicas.

Controlo de accionistas, administradores, orgão de fiscalização e mesa da Assembleia Geral

Os arts. 19.º a 30.º prevêem ainda, no âmbito do processo de autorização das sociedades seguradoras, um controlo de idoneidade, exercido pela AMCM, sobre accionistas titulares de participações qualificadas, bem como sobre administradores, e membros do órgão de fiscalização e mesa da assembleia-geral, que é em tudo semelhante, em conceitos operativos e exigência, ao descrito *supra* quanto às instituições de crédito, com as diferenças marcadas de existência de um controlo (i) de experiência profissional (art. 21.º), verificado em face do exercício prévio, com competência de funções de responsabilidade nos domínios financeiro e técnico (ii) de idoneidade sobre "*pessoas que efectivamente detêm a gestão da seguradora*", deixando entender que o legislador pretende sindicar a idoneidade dos administradores de facto, e não apenas dos legalmente nomeados para o órgão de administração (art. 19.º n.º 2 al. c)), e ainda a introdução de um critério de idoneidade relativo à inexistência de infracções a normas regulamentares da AMCM (art. 20.º n.º 1 al. c)).

1.2.3. Sociedades Operadoras de Jogos de Fortuna e Azar

Por fim, e compreensivelmente, o sector de actividade que se tornou nos últimos anos na maior idiossincrasia económica da RAEM acha-se também ele objecto de regulação específica no que toca à estrutura societária imposta aos concessionários de licenças de exploração de jogos de fortuna e azar em casino, nos termos previstos pela Lei n.º 16/2001, que cria o "*Regime jurídico da exploração de jogos de fortuna ou azar em casino*" ("**Regime do Jogo**"), exercendo um controlo perceptível a três níveis distintos:

Controlo formal sobre a sociedade concessionária

Assim, começa por prever o art. 7.º do Regime do Jogo a exigência de constituição da concessionária como sociedade anónima como condição para a atribuição de uma concessão de jogo, limitando o art. 10.º do mesmo diploma o próprio objecto social da concessionária à "*exploração de jogos de fortuna ou azar ou outros jogos em casino*".

Outro aspecto digno de nota previsto no regime no que toca ao controlo do Governo da RAEM sobre o próprio tecido da sociedade e seu Governo é a faculdade que assistiu ao Governo – até ao acto de adjudicação – de ordenar a alteração de qualquer norma estatutária das sociedades concorrentes, ou até de acordos parassociais celebrados entre accionistas, sob pena de desistência do concurso[17], poder cumulado com o de aprovação de quaisquer alterações dos estatutos das sociedades concessionárias, sob pena de nulidade[18], sendo de notar que o legislador optou por não inserir qualquer controlo ou âmbito a estes poderes, no que parece configurar a atribuição de um verdadeiro poder de veto por parte do Governo no que toca aos mecanismos estatutários das concessionárias.

Assim, e quanto ao capital social das concessionárias, o Regime do Jogo estabelece no seu art. 17.º, como valor mínimo, o de 200 milhões de Patacas (totalmente representado por acções nominativas), que deverá ser integralmente realizado em dinheiro, e depositado em instituição de crédito da RAEM até pelo menos ao início das operações. Mais ainda, é de salientar o poder legal do Chefe do Executivo para ordenar aumentos de capital social das concessionárias já constituídas, quando circunstâncias supervenientes o justifiquem, poder que representa um grau de ingerência de poderes públicos elevado e oneroso na vida social de uma sociedade de direito privado.

[17] Art. 10.º n.º 2.
[18] Art. 22.º n.º 3.

Controlo de accionistas

Mais ainda, o Governo da RAEM exerce controlo sobre a identidade dos accionistas da sociedade concessionária, através de um mecanismo de verificação de idoneidade por parte do Governo com base em elementos como sejam (i) a experiência e reputação da concorrente; ou (ii) a natureza, carácter e reputação de sociedades pertencentes ao mesmo grupo da concorrente ou entidades estreitamente associadas, nomeadamente que sejam sócias dominantes desta.

De notar ainda que estes requisitos de idoneidade estão sujeitos ao escrutínio permanente do Governo durante toda a concessão, e são ainda extensivos (i) aos accionistas das concessionárias titulares de valor igual ou superior a 5% do seu capital social, aos seus administradores e aos principais empregados com funções relevantes nos casinos, bem como (ii) às sociedades gestoras que, através de contrato celebrado com uma concessionária, assumam poderes de gestão relativos a esta, bem como os titulares de valor igual ou superior a 5% do seu capital social, os seus administradores e os seus principais empregados.

A transmissão ou oneração, a qualquer título, da propriedade ou outro direito real sobre acções da concessionária e bem assim a realização de quaisquer actos que envolvam a atribuição de direito de voto ou outros direitos sociais a pessoa diferente do seu titular carecem de autorização do Governo, sob pena de nulidade. As concessionárias, bem como os seus accionistas titulares de valor igual ou superior a 5% do respectivo capital social, não podem ser proprietários, directa ou indirectamente, de percentagem igual ou superior de capital social de outra concessionária da exploração de jogos de fortuna ou azar em casino na Região.

Controlo de Órgãos Sociais

O Regime do Jogo prevê algumas especificidades dignas de registo quanto à composição e requisitos dos órgãos sociais, merecedoras de breve nota:

O art. 14.º prevê um controlo de idoneidade dos administradores, accionistas titulares de 5% ou mais do capital social das concessionárias e dos principais empregados do casino propriamente dito, com a particularidade de este controlo (que envolve um grau profundo de *due diligence* e recolha de informação) ser custeado pela própria concessionária.

O art. 18.º, por motivos evidentes de prevenção de conflitos de interesses e salvaguarda das próprias concessionárias, proíbe expressamente a acumulação de funções em órgãos sociais de mais do que uma concessionária e ainda a acumulação de funções em órgãos sociais da mesma concessionária, cominando de anulabilidade os actos ou deliberações em que intervenham as pessoas que ajam em violação destas limitações, cuja designação reveste a natureza de infracção administrativa[19].

Por fim, e num desvio claro à natureza opcional da nomeação de administrador delegado (de que falaremos brevemente em 4.4 *infra*), importa salientar que, nos termos do art. 19.º do Regime do Jogo, as concessionárias de jogos de fortuna e azar estão legalmente obrigadas a nomear um administrador delegado[20] (cuja designação, poderes, prazo, substituição e demais termos e vicissitudes se acham sujeitas a aprovação do Chefe do Executivo, sob pena de nulidade), que deverá ser necessariamente residente permanente[21] da RAEM e deter pelo menos 10% do capital social da concessionária[22]

Do que acima ficou exposto, resulta patente um marcado contraste entre a reduzida regulação de que são objecto as S.A.s que prossigam o comércio em geral, que gozam de grande liberdade no que toca à sua estruturação e actividade, e a grande preocupação de controlo por parte do Governo da RAEM em sectores de grande sensibilidade social e económica, como a banca, os seguros e o jogo.

2. MODELOS DE GOVERNO SOCIETÁRIO

2.1. Estrutura orgânica

Relativamente à estrutura orgânica das S.A., a opção do legislador da RAEM foi fiel à dos legisladores de outras jurisdições lusófonas, optando por um sistema de existência de um órgão composto pelos accionistas, de onde dimana a legitimidade dos três órgãos obrigatórios, um de administração, outro de fiscalização, por serem por aqueles nomeados.

Assim, as S.A. constituídas na RAEM têm como órgãos obrigatórios:

a) A Assembleia-Geral de Accionistas;

b) O conselho de administração;

c) O órgão de fiscalização, que poderá ser de composição singular (fiscal único) ou colegial (Conselho Fiscal); e

d) Um Secretário da Sociedade

[19] Punível nos termos do procedimento previsto no Regime Geral das Infracções Administrativas, contido no Decreto-Lei n.º 52/99/M de 4 de Outubro, cabendo ainda ao Governo da RAEM proceder à remoção dos administradores nomeados em violação destas normas, bem como aplicar-lhes sanções acessórias de inibição temporária ou definitiva de exercício de cargos nos órgãos sociais de concessionárias.

[20] Que está sujeito ao mesmo crivo de idoneidade descrito *supra* para administradores e accionistas.

[21] Condição definida no art. 1.º da Lei n.º 8/1999 (Lei sobre Residente Permanente e Direito de Residência na Região Administrativa Especial de Macau)

[22] Sem prejuízo de acordos internos quanto ao direito de voto e aos lucros inerentes a esta participação entre o administrador-delegado e a concessionária.

Assembleia-Geral

Embora a Assembleia-Geral nas S.A. tenha as suas competências de gestão limitadas por previsão expressa, retém ainda assim várias competências deliberativas de relevo capital para a prossecução da actividade social, que se acham previstas no art. 216.º do CCM.

Assim, compete à Assembleia-Geral a eleição e destituição do Conselho de Administração, do órgão de fiscalização, e ainda do primeiro Secretário da sociedade (sendo os subsequentes nomeados pelo Conselho de Administração), deliberar sobre a aprovação do balanço, a conta de ganhos e perdas e o relatório do Conselho de Administração referentes a cada exercício e ainda o relatório e parecer do órgão de fiscalização da sociedade, bem como quanto à aplicação dos resultados.

Por fim, compete ainda à Assembleia-Geral deliberar sobre a alteração de estatutos, cisão, fusão ou transformação da sociedade, aumento e redução do capital social e ainda sobre a dissolução da sociedade.

A acrescer a estas competências, a Assembleia-Geral é ainda residualmente competente sobre todas as matérias que não se achem expressamente compreendidas – por via legal ou estatutária – nas competências de outros órgãos da sociedade.

Conselho de Administração

Na esteira da estruturação orgânica das S.A. de Portugal e outras jurisdições lusófonas, o Conselho de Administração das S.A. da RAEM apresenta-se como o órgão de gestão da sociedade por excelência, cabendo-lhe gerir e representar a sociedade.

Os membros do Conselho de Administração das S.A. podem ser pessoas colectivas[23] e pessoas singulares com plena capacidade jurídica, e compete a este órgão, nos termos do art. 465.º do CCM, para além do exercício das funções de gestão e representação da sociedade, deliberar sobre as seguintes matérias:

a) Relatórios e contas anuais;
b) Aquisição, alienação e oneração de quaisquer bens;
c) Prestação de garantias pessoais ou reais pela sociedade;
d) Abertura ou encerramento de estabelecimentos;
e) Extensões ou reduções importantes da actividade da sociedade;
f) Modificações na organização da empresa;

[23] Sendo que, nos termos do art. 234.º n.º 2 do CCM, a pessoa colectiva que seja nomeada para o Conselho de Administração deve nomear uma pessoa singular para exercer o cargo em sua representação, respondendo a pessoa colectiva solidariamente com quem designe.

g) Projectos de fusão, de cisão e de transformação da sociedade;

h) Qualquer outro assunto sobre o qual algum administrador requeira deliberação do conselho.

É de notar que, fora destas matérias, o Conselho Administração está legalmente obrigado a subordinar-se às deliberações dos accionistas ou às intervenções do conselho fiscal ou do fiscal único.

Órgão de Fiscalização

Para além do órgão representativo dos titulares do capital social e do órgão de administração, que são de existência transversal nos vários tipos de sociedade, o CCM prevê ainda a existência de um órgão de fiscalização (obrigatório para as S.A., facultativo para os demais tipos societários), a quem incumbe fiscalizar a administração da sociedade e a quem cabem as tarefas previstas no art. 242.º do CCM, nomeadamente:

a) Verificar a regularidade e a actualidade dos livros da sociedade e dos documentos que aos respectivos lançamentos servem de suporte;

b) Verificar, quando o julgue conveniente e pela forma que entenda adequada, a extensão da caixa e as existências de qualquer espécie de bens ou valores pertencentes à sociedade ou por ela recebidos em garantia, depósito ou a outro título;

c) Verificar a exactidão das contas anuais;

d) Verificar se os critérios valorimétricos adoptados pela sociedade conduzem a uma correcta avaliação do património e dos resultados;

e) Elaborar anualmente um relatório sobre a sua acção fiscalizadora e dar parecer sobre o balanço, a conta de ganhos e perdas, a proposta de aplicação dos resultados e o relatório da administração;

f) Exigir que os livros e registos contabilísticos dêem a conhecer, fácil, clara e precisamente, as operações da sociedade e a sua situação patrimonial;

De notar ainda que a referida norma exige, no contexto de constituição do órgão, que um dos membros (ou o fiscal único) seja auditor de contas (ou sociedade de auditores de contas), e impõe a este membro, em função da sua especial qualidade, o especial dever – que acresce aos deveres gerais do órgão de fiscalização indicados *supra* – de proceder a todas as verificações e exames necessários à correcta e completa auditoria e relatório sobre as contas, nos termos previstos em lei especial[24].

[24] O Regulamento Administrativo n.º 23/2004, que aprova as Normas de Auditoria, e o Despacho do Secretário para a Economia e Finanças n.º 69/2007, que aprova as "*Instruções Técnicas para Aplicação das Normas Técnicas de Auditoria*".

Por forma a, por um lado, dotar este órgão de verdadeiro poder de fiscalização, e por outro, o vincular a um alto nível de idoneidade e independência, o legislador de Macau plasmou, no art. 243.º, um conjunto de direitos (a exercer isoladamente ou em conjunto) e deveres (estes pessoais) dos membros do órgão de fiscalização, que salienta a referida norma, deverão exercer as suas funções *no interesse da sociedade, dos credores e do público em geral*, numa formulação que deixa bem clara a preocupação do legislador em elevar o órgão de fiscalização ao patamar de verdadeiro garante da regularidade da vida social quer internamente, quer para terceiros à sociedade.

Assim, e do lado dos poderes dos membros do órgão de fiscalização, importa salientar que estes, para além de terem direito a assistir às reuniões do Conselho de Administração, podem exigir a apresentação de todos os livros registos e documentos da sociedade junto daquele (ou do secretário da sociedade), bem como quaisquer informações ou esclarecimentos sobre qualquer assunto que caiba nas competências respectivas destes órgãos ou em que qualquer um tenha intervindo ou de que tenha tomado conhecimento.

Mais ainda, os membros do órgão de fiscalização podem obter de terceiros que tenham realizado operações por conta da sociedade as informações que considerem necessárias para o esclarecimento de tais operações.

Por seu turno, e do lado dos deveres, os membros do conselho fiscal devem comparecer nas reuniões da assembleia-geral, sendo de notar o carácter de dever de comparência nas reuniões deste órgão, contraposto ao de direito de comparência nas reuniões do Conselho de Administração, excepto quanto às reuniões em que se apreciem as contas do exercício. Mais ainda, os membros do órgão de fiscalização estão adstritos a guardar segredo quanto aos factos e informações sociais de que tomem conhecimento por via das suas funções[25].

Por fim, é de notar que incumbe ainda aos membros deste orgão informar o conselho de adminstração das irregularidades e inexactidões da vida social que detecte no desempenho nas suas funções, cabendo-lhe ainda comunicar as mesmas à assembleia-geral[26], caso as referidas irregularidades não sejam rectificadas em prazo razoável.

Secretário da Sociedade

A figura do secretário da sociedade no direito da RAEM reveste algum interesse, porquanto, entende o autor, embora a sua introdução surja, em larga

[25] Sendo que queda ressalvado o dever de participação ao Ministério Público de todos os actos ilícitos sancionados pela lei penal.

[26] A primeira a realizar após decurso do referido prazo de rectificação.

medida, por motivos de agilização e eficiência social semelhantes aos que justificaram a criação deste órgão em Portugal[27], o legislador da RAEM terá entendido – e a nosso ver, bem – que a própria realidade operacional da sociedade anónima, por natureza mais desligada da participação mais estreita dos seus accionistas e mais dada a dispersão de capital por vários titulares, bem como a existência obrigatória de órgãos colegiais obrigatórios (com as consequentes necessidades adicionais de registo de deliberações em acta e outros formalismos), justificariam a nomeação obrigatória de quem velasse pelo cumprimento destas regras, pelo que impôs a obrigatoriedade de nomeação de Secretário a todas as sociedades anónimas, ao passo que, em Portugal, por exemplo, apenas as sociedades admitidas à negociação em mercado regulamentado estão obrigadas a tal.

Assim, dispõe o art. 237.º do CCM que o secretário é designado e destituído pela administração[28], em acta, de entre os administradores ou quaisquer empregados da sociedade, ou por advogado contratado para o efeito pela sociedade, devendo ainda ser nomeado, de entre as mesmas pessoas, um suplente que substitua o secretário na sua falta ou impedimento.

As competências do secretário da sociedade encontram-se expressamente previstas no art. 238.º do CCM e consistem em:

a) Certificar a declaração do autor das traduções legalmente exigidas de que os textos foram fielmente traduzidos;

b) Secretariar as reuniões da assembleia-geral e da administração e assinar as respectivas actas;

c) Certificar, sempre que devido, que as assinaturas dos accionistas ou dos administradores foram apostas nos documentos pelos próprios e na sua presença;

d) Assegurar o preenchimento e assinatura da lista de presenças das assembleias-gerais, quando exista;

e) Promover o registo e a publicação dos actos a ele sujeitos;

f) Certificar que todas as cópias ou transcrições extraídas dos livros da sociedade são verdadeiras, completas e actuais;

g) Certificar o conteúdo, total ou parcial, dos estatutos em vigor, bem como a identidade dos membros dos vários órgãos da sociedade e quais os poderes de que são titulares;

h) Requerer a legalização e zelar pela conservação, actualidade e ordem dos livros da sociedade;

[27] A este respeito, *vide* SOFIA HENRIQUES, in "*Código das Sociedades Comerciais Anotado*", 2.ª Edição, 2011, Editora Almedina, pág. 1142, n.º 1.

[28] À excepção do primeiro secretário, que deve ser nomeado pelos accionistas no acto constitutivo (art. 237.º n.º 2 e 179.º n.º 3).

i) Assegurar que todos os livros que devam ser patentes para consulta de sócios ou de terceiros, o sejam durante pelo menos duas horas em cada dia útil, às horas de serviço e no local de conservação destes indicado no registo;

j) Assegurar que sejam entregues ou enviadas, no prazo máximo de oito dias, a quem tendo direito as tenha requerido, cópias actualizadas dos estatutos, das deliberações dos sócios e da administração, bem como dos lançamentos em vigor no livro de registo de ónus, encargos e garantias.

É ainda de notar a qualidade de fé pública conferida às certificações referidas em c), f) e g) *supra*, que, nos termos do referido artigo, substituem, para todos os efeitos legais, a certidão de registo comercial quanto aos elementos certificados pelo secretário.

Para além dos órgãos obrigatórios indicados *supra*, o CCM não impede a criação de outros órgãos que os accionistas entendam necessários ou relevantes para a prossecução da actividade social, como por exemplo comissões de remunerações ou conselhos consultivos. No entanto, e atenta a alocação específica de competências operada pelo CCM quanto aos vários orgãos, completada com a competência residual da assembleia-geral, inclinamo-nos para o carácter consultivo destes órgãos, que sempre se deverão subordinar às deliberações e instruções dos órgãos legalmente obrigatórios. Entre nós, a criação de órgãos adicionais é ainda escassa, sendo que os accionistas das S.A. têm consistentemente optado pela criação de estruturas orgânicas simples destinadas apenas a assegurar a conformidade dos estatutos da sociedade com as exigências do CCM.

2.2. Mitigação de conflitos de interesses

Embora sem o detalhe e abrangência que podemos encontrar em outras jurisdições (e.g., em Portugal), o legislador da RAEM reconheceu que a existência de órgãos com competências distintas na estrutura de uma sociedade poderá gerar – e em alguns casos potenciar – a existência de conflitos de interesse, tendo assim legislado no sentido de impedir a verificação de algumas situações que poderiam esbater a linha de independência que deve separar os órgãos das sociedades.

Assim, e no sentido de cercear os conflitos de interesses no quadro da orgânica societária, podemos encontrar por exemplo no art. 240.º n.º 2 CCM uma proibição imposta ao membro do órgão de fiscalização que seja auditor de contas, impedindo-o de acumular a qualidade de accionista da sociedade, por forma a permitir que este membro em particular, que, como trataremos *infra*, tem deveres especiais relativamente a matérias cruciais da vida da sociedade, possa agir de forma verdadeiramente independente, e sem se achar tolhido pelo seu interesse como accionista, que facilmente poderia conflituar com os referidos deveres.

Na mesma lógica de garantia de separação orgânica, podemos encontrar ainda a norma do art. 237.º n.º 2 do CCM, que impede que o secretário da sociedade, quando seja também administrador, possa intervir num mesmo acto nas duas qualidades, medida que, atentos os especiais direitos de certificação e controlo sobre os actos sociais, e que colocam o secretário quase que como um conservador da sociedade, se justifica plenamente.

Por fim, e embora não se trate de um verdadeiro conflito de interesses orgânico, i.e., passível de gerar situações de conflito de interesse na relação entre os órgãos da sociedade, julgamos curial salientar a normal do art. 461.º do CCM, pela qual é vedado aos administradores das S.A. exercerem, por conta própria ou alheia, actividade abrangida pelo objecto social, a menos que expressamente autorizada em assembleia-geral[29]. É de notar a diferença de regime para o aplicável ao das sociedades por quotas, no qual apenas o exercício de actividade concorrente com a da sociedade é vedado ao administrador[30], impedimento que pode ser afastado com o simples consentimento (expresso ou tácito) dos sócios. Esta diferença de regime deixa, por um lado, antever a concepção do administrador das S.A. como mais profissionalizado, e por outro, é mais consentânea com o facto de residirem no Conselho de Administração os poderes de gestão das S.A., circunstância que terá levado o legislador a considerar o exercício da mesma actividade (mesmo que não em verdadeira concorrência) como impeditivo do exercício de cargo de administração.

3. ACCIONISTAS

3.1. Direito aos lucros

Sendo a vocação última da sociedade comercial a obtenção de lucro, é sem surpresa que este direito surge à cabeça do elenco dos direitos garantidos aos sócios no CCM da RAEM.

Assim, e dentro da dinâmica de direitos gerais dos sócios previstos na parte geral do CCM, a que acrescem os direitos específicos de cada tipo de sociedade, importa começar por salientar que, como princípio geral, o CCM estipula, no seu art. 195.º n.º 1, alínea a) que "*todo o sócio tem direito, nos termos e com as limitações previstas na lei e sem prejuízo de outros direitos especialmente consagrados*", a *inter alia*, "*Quinhoar nos lucros*", não podendo o direito ao lucro – relativamente aos sócios

[29] Na qual o administrador em questão, caso seja também accionista, não pode votar.

[30] E numa modalidade de causa de destituição, e não como impedimento *ex ante*.

de capital – ser excluído ou renunciável por via estatutária, conforme resulta do art. 197.º n.º 2.

Importa salientar a opção legislativa vertida no art. 197.º n.º 2 CCM *in fine*, que prevê, em caso de nulidade da cláusula de exclusão de participação nos lucros ou perdas, por leonina, a aplicação da regra geral da participação em lucros e perdas em proporção com o capital social detido prevista no n.º 1 do mesmo artigo, resolvendo assim uma questão que tem sido resolvida em outros ordenamentos jurídicos – como por exemplo Portugal – por via do regime da conversão do negócio jurídico[31].

Uma característica saliente do CCM no que toca à regulação do direito ao lucro é a opção pela inserção de uma definição de lucro da sociedade para efeitos de determinação do seu *quantum*, limites à sua distribuição, constituição de reservas e outros aspectos que exigem o apuramento do valor de lucro de forma uniforme a todas as sociedades. Assim, entendeu o legislador definir no art. 198.º n.º 2 CCM o lucro da sociedade como "*o valor apurado nas contas do exercício, segundo as regras legais de elaboração e aprovação das mesmas, que exceda a soma do capital social e dos montantes já integrados ou a integrar nesse exercício a título de reservas que a lei ou os estatutos não permitam distribuir aos sócios.*"

Tendo presente esta definição legal de lucro social, o art. 198.º CCM fixa como limites à distribuição de bens da sociedade (i) o próprio título a que estes podem ser distribuídos, fixando que, salvo disposição legal em contrário, não podem ser distribuídos aos sócios quaisquer bens da sociedade senão a título de lucro e (ii) a necessidade de cobertura de prejuízos transitados e formação ou reconstituição das reservas legais ou estatutárias como condição prévia à distribuição de lucros pelos sócios.

A referida distribuição de lucros pelos sócios carece obrigatoriamente de deliberação destes nesse sentido, deliberação essa que deve discriminar, de entre as quantias a distribuir, os lucros do exercício e as reservas livres, conforme previsto no art. 199.º n.ºs 1 e 2 CCM.

Por outro lado, e em tema de execução da deliberação de distribuição, o n.º 3 do referido art. 199.º impõe ao órgão de administração o dever de não executar qualquer deliberação de distribuição de lucros, sempre que a mesma ou a sua execução, atento o momento desta, viole os limites à distribuição de lucros previstos no art. 198.º CCM. Nestes casos, fica ainda o referido órgão de fiscalização constituído nos deveres de (i) justificar a sua não-execução da deliberação junto do órgão de fiscalização (caso exista) e (ii) convocar assembleia geral para que os sócios possam apreciar e deliberar sobre a situação.

[31] Vide António Menezes Cordeiro "*Código das Sociedades Comerciais Anotado*", 2.ª Edição, 2011, Editora Almedina, pág. 147, parágrafo 7, comentário ao art. 22.º.

A somar ao direito aos lucros em sentido geral, enquanto princípio geral da actividade das todas as sociedades, importa agora analisar com alguma detença as especificidades do direito aos lucros nas S.A.:

Nos termos do art. 431.º n.º 1 do CCM, "*Os lucros distribuíveis do exercício têm o destino que for deliberado pelos sócios*" [sic], sendo que os estatutos podem podem impor que uma percentagem, não superior a 25%, dos lucros distribuíveis do exercício seja obrigatoriamente distribuída aos sócios.

No entanto, a distribuição de lucros nas S.A. está limitada pelas normas relativas à constituição da reserva legal, prevendo o art. 432 n.º 1 CCM que pelo menos 10% dos lucros do exercício deverão ficar retidos na sociedade a título de reserva[32], até que esta atinja 25% do capital social da sociedade. É ainda estabelecido que a reserva legal tem afectação exclusiva (i) à cobertura de o prejuízo apurado no balanço do exercício, salvo se este puder ser coberto por quaisquer outras reservas (ii) cobertura de prejuízos transitados de exercícios anteriores que não possam ser cobertos por lucros do exercício ou quaisquer outras reservas ou (iii) a incorporação no capital social.

Uma nota final para o aditamento pela Lei n.º 16/2009 do art. 432.º-A ao CCM, que prevê a novel figura do adiantamento de lucros, que se encontra sujeito à verificação cumulativa dos seguintes requisitos, previstos nas alíneas a) a d) do n.º 1 e no n.º 2 do referido artigo:

1. Previsão estatutária expressa[33];
2. Proposta do Conselho de Administração no sentido do adiantamento;
3. Elaboração de balanço intercalar certificado por auditor de contas ou sociedade de auditores de contas nos 30 dias anteriores ao adiantamento;
4. Que o referido balanço intercalar demonstre a existência, à data da sua elaboração, de importâncias disponíveis para os adiantamentos, tendo em conta os resultados verificados durante a parte já decorrida do exercício em que o adiantamento é efectuado[34];
5. Parecer favorável do órgão de fiscalização;
6. Que as importâncias a atribuir como adiantamento não excedam metade das que seriam distribuíveis de acordo com os valores apurados pelo balanço intercalar; e

[32] O mesmo artigo equipara às reservas legais, embora não dispense da sua constituição, as seguintes verbas: a) Prémios de emissão de acções; b) Prémios de emissão ou conversão de obrigações convertíveis em acções; c) Valor das realizações em espécie que exceda o valor nominal das acções assim realizadas.

[33] Caso os estatutos sejam alterados para passarem a contemplar o adiantamento de lucros, este apenas será possível no exercício posterior ao da alteração.

[34] Através de norma remissiva para o n.º 4 do art. 423.º CCM, criou-se ainda a exigência de que o adiantamento não torne a situação líquida da sociedade inferior à soma de capital social e reservas legais e estatutárias obrigatórias.

7. Limite de um adiantamento por exercício só pode ser efectuado um único adiantamento, e apenas na segunda metade daquele.

Quanto ao vencimento dos créditos do accionista quanto aos lucros, o art. 431.º n.º 3 prevê que estes créditos se vençam 30 dias após a deliberação que aprovou as contas do exercício e que dispôs sobre a aplicação dos resultados.

3.2. Participação na Assembleia-geral (direito de voto, impedimentos ao seu exercício e regras sobre quórum e maiorias deliberativas)

A par do direito aos lucros, o direito a participar nas assembleias-gerais da sociedade, participando assim na condução do rumo da vida social e na tomada de decisão nas matérias competência deste órgão (e melhor descritas em 2.1 *supra*) apresenta-se como um dos direitos principais do accionista da S.A. da RAEM, e encontra assento expresso no art. 195.º n.º 1 als. b) e d), que lhe conferem respectivamente o direito a eleger os órgãos de administração e de fiscalização (direito que exerce em sede de assembleia-geral) e o direito a participar nas deliberações sociais (tomadas em assembleia-geral).

Assim, releva para o presente exercício traçar o seguinte breve retrato de como pode exercer o accionista da S.A. de Macau este seu direito:

3.2.1. Generalidades e Pressupostos sobre o direito de voto: qualidade de accionista e convocatória de assembleia-geral

Como pressuposto necessário do exercício de direito de voto em assembleia-geral apresenta-se a qualidade de accionista e os direitos de voto que a tal qualidade se achem associados. Assim, e nos termos do art. 452.º do CCM, a cada acção corresponde um voto, sem prejuízo de estipulação estatutária diversa, desde que caiba um voto, pelo menos, a cada 10000 Patacas de capital, estejam abrangidas todas as acções emitidas pela sociedade.

Definida a medida em que a qualidade de accionista confere o direito de voto, prevê o art. 450.º que todos os accionistas que tenham direito a pelo menos um voto, têm direito a estar presentes na assembleia-geral e aí discutir e votar as matérias constantes da ordem de trabalhos[35]. Caso os estatutos prevejam que o voto dependa da titularidade de um certo número de acções, os accionistas que as detenham em número inferior ao exigido podem-se agrupar por forma a perfazerem o número necessário.

[35] Podem ainda participar na assembleia-geral (salvo disposição estatutária em contrário), e para efeitos de discussão, **(i)** os accionistas sem direito de voto e **(ii)** os obrigacionistas, nos termos do art. 450.º n.º 2 CCM.

Ainda quanto ao direito de voto, importa notar que, nos termos do art. 226.º do CCM, o voto é unitário, não podendo um accionista (i) exercer parcialmente o seu direito de voto ou (ii) alocar votos a sentidos de votação diversos, sob pena de contagem de todos os votos do accionista como abstenções. No entanto, um accionista que represente outros pode votar em sentido diferente do dos accionistas que represente, bem como abster-se de exercer qualquer um dos direitos de voto de que disponha, sem prejudicar o exercício do outro.

Sendo (em princípio) a assembleia-geral o local para o exercício do direito de voto por parte dos accionistas por excelência, deixamos aqui uma breve nota contextual sobre a mecânica da sua convocação e realização, destacando que, em matéria de antecedência prévia, postula o art. 451.º do CCM que o aviso convocatório seja publicado com uma antecedência mínima de 15 dias sobre a data da sua realização, sendo ainda permitido regular, ao nível estatutário, outras formalidades para a convocação ou substituir a publicação por cartas registadas dirigidas aos accionistas com a mesma antecedência, mas apenas quando todas as acções da sociedade sejam nominativas, por motivos óbvios de controlo sobre a emissão e efectivo recebimento da convocação.

Quanto ao conteúdo e forma do aviso convocatório, este deve no mínimo (i) a firma, a sede e número de registo da sociedade; (ii) o local, dia e hora da reunião; (iii) a espécie da reunião (ordinária ou extraordinária) e (iv) a ordem de trabalhos da reunião, com menção especificada dos assuntos a submeter a deliberação dos sócios, e deve ser assinado pelo presidente da mesa da assembleia-geral, ou, na sua falta, ou quando se trate de assembleia-geral convocada outros órgãos ou pelos accionistas por motivo de recusa de convocatória por parte do presidente da mesa (art. 221.º n.º 2), pode ser assinado qualquer um dos administradores, pelo presidente do órgão de fiscalização ou pelos accionistas que convoquem a assembleia. Mais ainda, importa salientar que, no sentido de agilizar eventuais segundas convocações, o aviso pode ainda conter, nos casos em que a lei ou os estatutos exijam quórum constitutivo ou deliberativo sobre determinada matéria, a indicação de segunda data – que seja no mínimo sete dias depois da primeira – para a realização da assembleia em caso de falta de quórum, valendo esta segunda reunião como uma assembleia-geral em segunda convocatória para todos os efeitos legais.

Já quanto à realização das assembleias-gerais, e num esforço de modernização e flexibilização que se louva, foram introduzidas, na reforma do CCM levada a cabo pela Lei 16/2009, novas formas de realização de assembleia-geral, sem prejuízo das formas de deliberação melhor detalhadas em 3.2.2 *infra*. Assim, e nos termos do art. 222.º n.º 3, as assembleias-gerais, que, em regra, se realizam na sede social, podem também ser realizadas:

a) Em qualquer local da RAEM que não seja a sede social, desde que devidamente identificado no aviso convocatório;

b) Em local fora da RAEM, fixado por acordo unânime dos accionistas; ou

c) Através de meios telemáticos[36], se os estatutos da sociedade o permitirem e regularem e se a sociedade assegurar a autenticidade das declarações e a segurança das comunicações.

A respeito desta última modalidade, e apesar de se compreenderem as questões de protecção do accionista menos conhecedor das novas tecnologias que conduziram à opção de impor a consagração estatutária do uso destes meios[37], ainda assim somos a considerar que o comércio jurídico em geral teria beneficiado mais com a permissão de uso de meios telemáticos como regra, o que não só não precludiria a realização, como teria evitado a necessidade de alteração dos estatutos das sociedades que desejem agora prevalecer-se destes meios.

3.2.2. Exercício do direito de voto: tipos de deliberação, representação e impedimentos

Conforme resulta do exposto *supra*, a forma prototípica de deliberação dos accionistas é em sede de assembleia-geral devidamente convocada para o efeito. No entanto, e na sequência da reforma do CCM operada pela Lei n.º 16/2009, instituíram-se novas formas de deliberação (aplicáveis a todos os tipos societários), que acompanham de perto as soluções previstas no art. 247.º do Código das Sociedades Comerciais português, e que visam flexibilizar a participação dos accionistas na vida da sociedade.

Assim, prevê o art. 217.º do CCM prevê a chamada *assembleia universal*, em que as deliberações dos accionistas poderão ser tomadas por comparência de todos os accionistas, pessoalmente ou através de representante com poderes especiais para o efeito, caso em que pode, com o consentimento de todos, ser constituída a assembleia sem necessidade de convocação, ficando porém o poder deliberativo dos accionistas limitado às matérias expressamente consentidas por todos.

Mais ainda, é admitida a deliberação por declaração por escrito – e portanto sem recurso a assembleia-geral – com o sentido de voto de todos os accionistas em documento de onde conste a proposta de deliberação, que deverá ser assinado

[36] Acerca do alcance e sentido da expressão *meios telemáticos*, *vide* Direcção dos Serviços da Reforma Jurídica e do Direito Internacional da RAEM – Revista Jurídica de Macau, n.º Especial "*Anotações à Lei 16/2009 Alterações ao Código Comercial*" (Coordenação de Miguel Quental), pág. 38, parágrafo 4 e ainda Paulo de Tarso Domingues "A telemática e o direito das sociedades", in "Reforma do Código das Sociedades", IDTE, Colóquios, n.º 3, Almedina, 2007.

[37] Neste sentido, *vide* Direcção dos Serviços da Reforma Jurídica e do Direito Internacional da RAEM – Revista Jurídica de Macau, n.º Especial "*Anotações à Lei 16/2009 Alterações ao Código Comercial*" (Coordenação de Miguel Quental), Imprensa Oficial, 2011, pág. 37, parágrafo 3.

por todos os accionistas, datado e remetido à sociedade, considerando-se tomada a deliberação na data em que seja recebido na sede social o último destes documentos. É de notar que embora este tipo de deliberação exija a participação de *todos* os accionistas (sob pena de nulidade, nos termos do art. 228 n.º 1 al. b)), a aprovação da deliberação deste tipo não carece de *unanimidade*, pelo que a aprovação da deliberação se apurará pela aplicação das regras de maioria de deliberação ao sentido das várias declarações recebidas[38].

Particularmente inovadora é a introdução da deliberação por *voto escrito* (art. 217.º, n.os 4 a 8) – sujeita a previsão nos estatutos que a admita – e nos termos da qual o presidente da mesa ou quem o substitua envia a todos os accionistas carta registada (ou por documento electrónico, nos termos do art. 210.º n.º 2[39]) contendo a proposta concreta de deliberação, acompanhada dos elementos necessários para a esclarecer, fixando um prazo não inferior a sete dias para o exercício do voto. O voto escrito, a remeter pelos accionistas, deve identificar a proposta e conter o sentido de voto do accionista, considerando-se que qualquer modificação da proposta ou condicionamento do voto implica a não aprovação da proposta (solução consentânea com as regras gerais da declaração negocial constantes do CC). A deliberação deste tipo será tida como tomada na data em que seja recebida na sociedade a última resposta ou no termo do prazo fixado, caso algum accionista não responda. Desta formulação resulta uma diferença assinalável de regime em relação ao da deliberação por escrito, porquanto não se exige aqui a participação de *todos* os accionistas, estando a deliberação em condições de ser sujeita às regras gerais para efeitos da sua aprovação após o termo do prazo fixado, mesmo que nem, todos os accionistas respondam, sendo ainda de assinalar que este tipo de voto não é permitido quando algum accionista esteja impedido de votar em geral (i.e., quando se encontrar em situação de conflito de interesses nos termos do art. 219.º) ou em espécie (i.e., quando seja titular de acções preferenciais sem voto nos termos do art. 420.º)[40].

[38] *vide* Direcção dos Serviços da Reforma Jurídica e do Direito Internacional da RAEM – Revista Jurídica de Macau, n.º Especial "*Anotações à Lei 16/2009 Alterações ao Código Comercial*" (Coordenação de Miguel Quental), pág. 32, parágrafos 3 a 5.

[39] Neste sentido, *vide* Direcção dos Serviços da Reforma Jurídica e do Direito Internacional da RAEM – Revista Jurídica de Macau, n.º Especial "*Anotações à Lei 16/2009 Alterações ao Código Comercial*" (Coordenação de Miguel Quental), pág. 33, parágrafo 6.

[40] *Vide* Direcção dos Serviços da Reforma Jurídica e do Direito Internacional da RAEM – Revista Jurídica de Macau, n.º Especial "*Anotações à Lei 16/2009 Alterações ao Código Comercial*" (Coordenação de Miguel Quental), pág. 33, parágrafo 8, salientando-se ainda a *ratio* da norma com o fundamento de não privar o accionista que esteja nas situações de impedimento descritas de ainda assim participar na discussão das propostas, conforme é seu direito.

As deliberações por escrito e por voto escrito, uma vez tomadas, devem ser comunicadas pelo presidente da mesa aos accionistas através de carta registada, nos termos do art. 217.º n.º 9.

Quanto à representação em assembleia-geral, prevê o mesmo artigo que – salvo estipulação estatutária em sentido contrário – os accionistas apenas se podem fazer representar em assembleia-geral por outro accionista, pelo cônjuge, descendente ou ascendente, devendo fazer chegar carta ao presidente da mesa da assembleia-geral em que indique a sua representação por uma destas pessoas, ou por qualquer outra pessoa, tendo neste caso que emitir instrumento de representação nos termos gerais, i.e., através de mandato, a ser emitido nos termos gerais do Código Civil.

Por fim, e quanto aos impedimentos de voto, salienta-se a proibição expressa de voto do accionista, pessoalmente, por meio de representante, ou em representação outro accionista em votação em que se encontre em conflito de interesses quanto à matéria objecto da deliberação, nos termos do art. 219.º do CCM.

3.2.3. Quórum Constitutivo e Quórum deliberativo

Por fim, e quanto ao quórum constitutivo e deliberativo da assembleia-geral das S.A. estipula o art. 453.º do CCM que, e sem prejuízo de estipulação estatutária em sentido contrário, as deliberações da assembleia-geral de accionistas são tomadas por maioria absoluta dos votos correspondentes ao capital social presente ou representado, excepto quando existam várias propostas quanto à designação de titulares de cargos em órgãos sociais, caso em que se vencerá a proposta que reúna a maioria simples dos votos, e quanto às deliberações referentes a (i) alteração dos estatutos, (ii) fusão, cisão ou transformação e (iii) dissolução da sociedade, cuja aprovação está sujeita a um duplo crivo de presença ou representação obrigatória de acções correspondentes a pelo menos um terço do capital social e ao de aprovação por maioria favorável de dois terços do capital presente ou representado, quer a assembleia reúna em primeira, ou segunda convocação (sendo que este último caso permite a deliberação sobre estas matérias seja qual for o capital presente ou representado).

3.3. Direito de informação

O direito à informação constitui um dos suportes fundamentais dos sócios e accionistas na sua intervenção na sua vida da sociedade, sendo que é um direito que ganha especial acuidade no contexto da S.A., atento o carácter mais impessoal da estrutura societária e a influência tendencialmente menor do accionista na gestão da sociedade, na qual apenas participa a pedido do órgão de administração, nos termos do art. 449.º CCM, conforme se deixou exposto *supra*.

O direito à informação que assiste ao accionista nasce e é regulado por um lado pelas normas gerais relativas aos direitos dos sócios de qualquer tipo societário, de onde avulta o art. 209.º CCM, reveladoramente epigrafado "*Direito à Informação*" e por outro na norma específica para o tipo societário agora em análise, que encontra o seu campo de aplicação específico na informação destinada à instrução e preparação de assembleias-gerais de accionistas.

Assim, estabelece o art. 209.º do CCM o direito do accionista a:

a) Consultar os livros de actas da assembleia-geral e do órgão de fiscalização, quando este exista;

b) Consultar o livro de registo de ónus, encargos e garantias;

c) Consultar o livro de registo de acções;

d) Consultar os registos de presenças, quando existam;

e) Consultar todos os demais documentos que, legal ou estatutariamente, devam ser patentes aos sócios antes das assembleias-gerais;

f) Solicitar aos administradores ao fiscal único ou aos membros do conselho fiscal e ao secretário da sociedade quaisquer informações pertinentes aos assuntos constantes da ordem de trabalhos da assembleia-geral antes de se proceder à votação, desde que razoavelmente necessárias ao esclarecido exercício do direito de voto;

g) Requerer, por escrito, à administração, informação escrita sobre a gestão da sociedade, nomeadamente sobre qualquer operação social em particular;

h) Requerer cópia de deliberações ou lançamentos nos livros referidos nas alíneas a) a d).

É de notar que o direito previsto na alínea g) do art. 209.º, que representa uma verdadeira cláusula aberta de direito à informação, permitindo ao accionista por esta via requerer a prestação de informação sobre virtualmente todos os aspectos da gestão da sociedade permite a sua regulação e limitação por via estatutária, sendo admissível a sua limitação qualitativa, i.e., quanto à sua abrangência e alcance, bem como uma limitação de legitimidade para o seu exercício, por via da possibilidade estatutária de subordinação do seu exercício à titularidade de uma certa percentagem do capital social, que não pode, em caso algum, ser superior a 5%, tudo nos termos do art. 209.º n.º 2 CCM.

Quanto ao uso a dar pelo accionista à informação que lhe seja prestada pela sociedade, o mesmo artigo, no seu n.º 3, prescreve a responsabilidade – em sede de responsabilidade civil – do accionista pelos danos causados à sociedade, caso utilize a informação recebida em prejuízo desta.

Por fim, o mesmo artigo, nos seus números 4 e 5, prevê os mecanismos de reacção do accionista à recusa ou vício da informação por parte da sociedade, permitindo ao accionista em caso de recusa da informação solicitada, a apresentação de requerimento fundamentado ao Tribunal – o tribunal competente para o efeito é o Tribunal Judicial da RAEM – para que este ordene a prestação da informação recusada pela sociedade[41].

Por outro lado, o accionista a quem seja prestada informação falsa, incompleta ou manifestamente não elucidativa[42], pode requerer ao tribunal exame judicial à sociedade nos termos do artigo 211.º CCM, nos termos do art. 209.º n.º 5 CCM.

A acrescer ao direito geral à informação conferido ao accionista nos termos indicados *supra*, o CCM prevê um direito à informação especificamente vocacionado para a preparação das assembleias-gerais das S.A. no art. 430.º do referido diploma, que confere ao accionista o direito de consulta[43] na sede da sociedade, de:

a) Todos os documentos que constituam suporte indispensável à tomada de quaisquer deliberações sobre matéria incluída na ordem de trabalhos;

b) O texto das propostas que a administração ou o conselho fiscal ou o fiscal único tenham decidido apresentar à assembleia;

c) O texto das propostas que quaisquer accionistas tenham entregue na sociedade, nomeadamente quando por eles tenha sido requerida a reunião da assembleia;

d) A identificação completa e um currículo das pessoas que a administração tenha proposto para o exercício de cargos sociais.

Em reconhecimento do eventual carácter técnico da documentação facultada para consulta e da necessidade de o accionista obter aconselhamento específico sobre a matéria objecto da assembleia, é permitido a este fazer-se acompanhar por auditor de contas ou por perito, estendendo-se ainda o direito de consulta a quem possa representar o accionista na assembleia geral, tudo nos termos do art. 430.º n.º 2.

3.4. Abuso de maioria/Abuso de minoria

O tema do abuso de maioria surge tratado no CCM em termos gerais para todos os tipos societários, por via do art. 212.º CCM, norma responsabilizadora do sócio dominante. O referido artigo define o conceito de "*sócio dominante*" como "*a pessoa singular ou colectiva que, por si só ou conjuntamente com outras socie-*

[41] Ouvida a sociedade o juiz decide sem mais provas no prazo máximo de 10 dias. Se o pedido for deferido, os administradores responsáveis pela recusa devem indemnizar o accionista pelos prejuízos causados e reembolsá-lo das despesas que fundadamente tenha realizado. (art. 209.º n.º 4 CCM)

[42] Sobre os conceitos de verdade, completeitude e carácter elucidativo da informação prestada, acompanham-se de perto as definições avançadas por Carlos Pinheiro Torres in "*Direito à Informação nas Sociedades Comerciais*", Almedina, 1998, pág. 209.

[43] Durante as horas de serviço e desde a data da expedição dos avisos convocatórios ou da sua publicação. Mais ainda, e caso os estatutos assim o prevejam, os documentos indicados no art. 430.º n.º 1 poderão ser disponibilizados no website da sociedade, a partir da data da emissão do aviso convocatório.

dades de que seja também sócio dominante ou com outros sócios a quem esteja ligado por acordos parassociais, detém uma participação maioritária no capital social, dispõe de mais de metade dos votos ou do poder de fazer eleger a maioria dos membros da administração", numa fórmula que visou nitidamente permitir a potencial subsunção à figura do abuso da posição de sócio dominante os vários cenários em que um ou mais sócios, isolada ou conjuntamente, através de sociedades participadas ou acordos parassociais detenham a maioria dos votos numa sociedade, e, no uso do seu poder de domínio, prejudiquem a sociedade ou os outros sócios.

A este respeito, o mesmo artigo, no seu n.º 2, avança com um elenco não exaustivo de situações passíveis de gerarem responsabilidade do sócio dominante, nomeadamente:

> *a) Fazer eleger administrador ou membro do conselho fiscal ou fiscal único que sabe ser inapto, moral ou tecnicamente;*
>
> *b) Induzir administrador, gerente, procurador, membro do conselho fiscal ou fiscal único ou secretário da sociedade a praticar acto ilícito;*
>
> *c) Celebrar, directamente ou por interposta pessoa, contrato com a sociedade de que seja sócio dominante, em condições discriminatórias e de favor, em seu benefício ou de terceiro;*
>
> *d) Induzir a administração da sociedade ou qualquer gerente ou procurador desta a celebrar com terceiro contrato em condições discriminatórias e de favor, em seu benefício ou de terceiro;*
>
> *e) Fazer aprovar deliberações com o consciente propósito de obter, para si ou para terceiro, vantagem indevida em prejuízo da sociedade, de outros sócios ou de credores daquela.*

Em termos gerais, estes e outros actos que se mostrem lesivos da sociedade são fundamento de responsabilidade do sócio dominante perante a própria sociedade ou perante o(s) sócio(s) lesado(s)[44], respondendo ainda solidariamente com este o administrador, gerente, procurador, membro do conselho fiscal ou fiscal único ou secretário da sociedade que pratique ou celebre ou não impeça, podendo fazê-lo, a prática ou celebração de qualquer acto ou contrato previsto nas alíneas b), c) e d) *supra*.

De igual forma, os sócios que dolosamente concorram com os seus votos para a aprovação da deliberação indicada em e) *supra*, bem como os administradores que a ela dolosamente dêem execução, respondem solidariamente com o sócio dominante pelos prejuízos causados, tudo nos termos do art. 212.º n.º 5.

[44] De notar ainda a faculdade de sub-rogação dos credores sociais por força do n.º 6 do referido art. 212.º, que lhes confere o direito de exercerem o direito à indemnização de que a sociedade seja titular se, em consequência da prática, celebração ou execução de qualquer acto ou contrato ou tomada de deliberação indicados nas alíneas b), c), d) ou e) *supra*, o património social se tornar insuficiente para a satisfação dos respectivos créditos, pode qualquer credor exercer o direito.

O legislador não especificou o nível ou grau de responsabilidade gerada por estes actos, pelo que, na falta de responsabilidade específica, somos a entender que o sócio dominante responderá pelos danos que cause à sociedade ou aos demais sócios nos termos gerais da responsabilidade civil, cobrindo o seu dever de indemnizar todo o espectro indemnizatório previsto no art. 558.º do Código Civil, incluindo lucros cessantes e danos emergentes dos actos que se mostrem lesivos, verificados que estejam os requisitos de causalidade que enformam a obrigação de indemnizar nos termos gerais.

A acrescer à responsabilidade em termos gerais, o abuso de posição de sócio dominante é ainda gerador de responsabilidade nos termos das disposições penais do CCM, *maxime* a do art. 475.º CCM, que prevê pena de multa até 120 dias para o sócio que use "*o poder de domínio de maneira a prejudicar a sociedade ou os outros sócios nos termos do n.º 3 do artigo 212.º*"[45], quando se verifique a existência de dolo[46].

Numa transposição do regime previsto para a responsabilidade civil, o mesmo artigo, nos seus n.os 2 e 3 comina pena semelhante para o administrador, gerente, procurador, membro do conselho fiscal ou fiscal único ou secretário da sociedade que pratique ou celebre ou não impeça, podendo fazê-lo, a prática ou celebração de qualquer acto ou contrato previsto nas alíneas b), c) e d) *supra*, bem como para os sócios que dolosamente concorram com os seus votos para a aprovação da deliberação indicada em e) *supra*, e ainda para os administradores que a ela dolosamente dêem execução.

Já o abuso de minoria não encontra acolhimento expresso nas normas do CCM, não existindo nenhum mecanismo legal expresso que defina conceptualmente este abuso ou preveja formas de o cercear na actividade da sociedade. No entanto, e enquanto princípio geral transversalmente aplicável ao sistema legal de Macau, julgamos que, na defesa do interesse social contra o abuso de minoria, sempre existirá a possibilidade de recurso ao instituto civil do abuso de direito, previsto no art. 326.º do Código Civil de Macau, em termos que reproduzem *ipsis literis* os contidos no art. 334.º do Código Civil Português.

3.5. Divulgação de participações sociais

A inexistência de mercado aberto de acções na RAEM de alguma forma relativizou a necessidade de mecanismos de divulgação de participações sociais,

[45] De notar que, embora os casos de responsabilidade civil do sócio dominante previstos no art. 212.º n.º 3 sejam não exaustivos, o quadro de responsabilidade contra ordenacional remete para os elenco do referido artigo , numa opção que se compreende plenamente em face dos princípios do direito penal aplicáveis às infracções penais do CCM por força do art. 488.º do mesmo, e que não se compadecem com um tipo "*aberto*" de contra-ordenação.

[46] Requisito de punibilidade expressamente previsto no art. 487.º n.º 1 CCM.

restando apenas, no contexto da S.A., a obrigatoriedade de comunicação à sociedade – através de comunicação ao conselho de administração[47] – da aquisição da condição de sócio dominante, tal como definida no art. 212.º CCM abordado *supra*, e que se encontra prevista no art. 472.º CCM. O sócio dominante deve ainda comunicar à sociedade a perda dessa condição, devendo a sociedade anexar ao seu relatório anual a identidade dos sócios dominantes, quando existam.

3.6. Mercado de controlo accionista

Conforme já indicado *supra*, a RAEM não tem mercado regulado de valores mobiliários, circunstância que limita marcadamente o acesso do público em geral ao capital das sociedades e que faz diminuir de forma clara o conjunto de valores e preocupações legislativas que normalmente presidem à implementação de regras relativas ao controlo sobre a propriedade das sociedades e as condições de transmissibilidade das acções nas S.A., dado que, não havendo mercado regulado (e por conseguinte, não havendo por exemplo ofertas públicas de aquisição).

Assim, e quanto a este tema, cumpre mencionar que, em sede de constituição de S.A.s com recurso a subscrição pública, o art. 397.º n.º 1 do CCM exige a apresentação do projecto de constituição da sociedade (incluindo, sem limitar, cópia integral dos estatutos, regras de rateio de subscrição, e um estudo técnico, económico e financeiro sobre a evolução projectada da sociedade, a três anos), numa norma que permite concluir que o legislador cuidou de submeter a subscrição de acções aberta ao público a um nível de fiscalização por parte da AMCM por forma a tutelar os interesses do subscritor público que venha a entrar no capital da sociedade por esta via.

3.7. Negócios com a sociedade

A matéria de negócios entre a sociedade e os seus accionistas surge tratada em termos gerais, aplicando-se aos negócios entre as S.A. o regime geral do art. 208.º CCM que prevê que aquisições e alienações de bens sociais aos accionistas que sejam titulares de participação superior a 1% do capital social, devem observar – sob pena de nulidade – os seguintes requisitos:

a) Só podem ser feitas a título oneroso;

b) Devem ser previamente aprovadas por deliberação dos accionistas em que não vote o accionista a quem os bens hajam de ser adquiridos ou alienados;

c) A deliberação dos accionistas deve ser sempre precedida da verificação do valor dos bens objecto de identificação, descrição e avaliação por meio de relatório

[47] Que por sua vez deve comunicar tal facto ao órgão de fiscalização da sociedade.

a elaborar por auditor ou sociedade de auditores de contas, que deve ser apensado ao acto constitutivo, devendo ainda a respectiva deliberação ser registada antes da aquisição ou alienação[48]; e

d) Os contratos de que procedam as alienações e aquisições devem, sob pena de nulidade, constar de documento escrito, que pode ser meramente particular se outra forma não for exigida pela natureza dos bens.

Com relevo específico para a figura das S.A., são ainda de salientar as restrições à aquisição de acções próprias, constantes dos arts. 426.º a 429.º CCM, que impedem, como regra geral, a aquisição por parte da S.A. de acções representativas de mais de 10%[49] do seu capital social aos seus accionistas.

No entanto, os limites indicados *supra* poderão ser excedidos, ou, caso os estatutos imponham a proibição total de aquisição de acções próprias, ser esta norma incumprida, nos casos especiais previstos no art. 426.º n.º 2 do CCM, i.e., quando:

a) A aquisição seja especialmente permitida ou imposta por disposição legal;
b) Seja adquirido um património, a título universal;
c) A aquisição seja feita a título gratuito; ou
d) A aquisição seja feita em processo executivo, se o devedor não tiver outros bens suficientes.

Mais ainda, a sociedade apenas pode adquirir acções integralmente realizadas, e apenas se, por via dessa execução, a situação líquida da sociedade não tornar inferior à soma do capital social e reservas legais e estatutárias, sendo que, uma vez adquiridas, se suspendem todos os direitos inerentes às acções, excepto os relativos ao recebimento de novas acções e ao aumento do valor nominal das acções, por via de aumento de capital por incorporação de reservas, conforme resulta da conjugação da norma remissiva do art. 429.º n.º 1 com a do art. 373.º n.º 3 CCM.

O art. 426.º n.º 5 do CCM fulmina com a nulidade todas as aquisições de acções próprias feitas em violação das restrições indicadas *supra*, sem prejuízo da responsabilidade criminal que caiba aos intervenientes nesta aquisição, responsabilidade essa que resulta do disposto no art. 474.º do CCM, que impõe multa até 120 dias ao administrador ou secretário da Sociedade que "*ilicitamente, subscrever ou adquirir para a sociedade* (...) *acções próprias desta, ou encarregar outrem de as subscrever ou adquirir por conta da sociedade, ainda que em nome próprio*".

Quanto aos requisitos de forma e substância do negócio jurídico subjacente à aquisição de acções próprias da sociedade, importa salientar que a aquisição está

[48] Por remissão expressa do art. 208.º para o regime de avaliação das entradas em espécie previsto no art. 202.º n.º 1 CCM.

[49] Sem prejuízo de norma estatutária mais restritiva.

sujeita nos termos do art. 427.º do CCM a deliberação dos accionistas[50], que deve indicar (i) as acções específicas que a sociedade se propõe adquirir; (ii) o preço e demais condições de aquisição, bem como (iii) o prazo de aquisição e as respectivas margens de variação dentro das quais a administração ficará autorizada a proceder à aquisição, tudo nos termos do n.º 2 do referido artigo.

4. ADMINISTRAÇÃO

4.1. Estrutura

Tendo já sido aflorada em 2.1 *supra* a modelação legal em que assenta a actividade do conselho de administração enquanto órgão de gestão da sociedade, importa agora introduzir um breve apontamento sobre a sua estrutura e composição, que é regulada no art. 454.º do CCM, que prevê um número mínimo de três administradores, que poderão ou não ser accionistas da sociedade, bem como a possibilidade de previsão estatutária de suplentes (com o máximo de três), cuja ordem de precedência deve constar da deliberação que os nomeie[51].

O art. 458.º prevê ainda a nomeação pelos sócios, na assembleia-geral em que seja nomeado o conselho de administração, de um presidente do conselho, podendo ainda – mediante previsão estatutária – ser o próprio conselho de administração a proceder a essa nomeação. Os estatutos poderão prever a atribuição de voto de qualidade ao presidente, excepto quando o conselho de administração seja composto por número par de membros, caso em o art. 454.º n.º 3 lhe atribui legalmente voto de qualidade, como forma a terminar com as situações de *deadlock* que eram frequentes antes da introdução deste mecanismo com a reforma do CCM operada pela Lei 16/2009.

Quanto à actividade do conselho de administração, impõe o art. 467.º CCM que aquele reúna (i) ordinariamente pelo menos uma vez por mês (sem prejuízo de disposição diversa nos estatutos, que pode diminuir ou aumentar esta periodicidade) e (ii) extraordinariamente, sempre que seja convocado pelo seu presidente, ou por qualquer membro, ou por quaisquer dois membros, consoante o conselho seja respectivamente composto por cinco ou menos membros ou por mais que cinco, devendo estas reuniões ser secretariadas pelo secretário da sociedade, que delas deverá lavrar acta. No que toca ao quórum constitutivo, prevê o n.º 3 do

[50] Nos casos indicados em a) a c) do parágrafo anterior, e na medida em que estas aquisições dependam da vontade da sociedade, esta deve ser expressa em deliberação do órgão de administração da sociedade (art. 427.º n.º 3).

[51] Na falta de indicação, a precedência é determinada em função da maior idade.

mesmo artigo que o conselho de administração apenas estará em condições de deliberar quando esteja presente ou representada (nos termos indicados *infra*) a maioria dos seus membros, sendo também a maioria dos votos dos administradores presentes ou representados a regra quanto a quórum deliberativo.

Uma nota final para a reforma do CCM operada pela Lei n.º 16/2009, que introduziu a aplicação às deliberações e às actas do conselho de administração das normas gerais aplicáveis às respectivas emanações da assembleia-geral, prevendo assim a possibilidade de deliberação por parte do conselho de administração por qualquer das formas previstas quanto às deliberações de accionistas, i.e., por assembleia universal (art. 217.º n.º 2), por via escrita (art. 217.º n.º 3) e ainda por voto escrito (art. 217.º n.º 4), prevendo-se ainda as mesmas causas de nulidade e anulabilidade previstas para as deliberações da assembleia geral, contidas respectivamente nos arts. 228.º e 229.º do CCM, e impondo ainda às actas do conselho de administração os requisitos de conteúdo e de forma previstos no art. 233.º[52].

4.2. Incompatibilidades e independência

O CCM não prevê normas situações específicas de incompatibilidade que afectem os administradores, com a excepção do exercício de actividade compreendida no objecto social da sociedade prevista no art. 461.º CCM, e das que resultam de incompatibilidades de outros órgãos, como por exemplo a que impede o membro do órgão de fiscalização de acumular tal cargo com o de administrador, prevista no art. 240.º n.º 1 a), prevendo-se, quanto à independência, apenas deveres gerais no art. 235.º n.º 2 do CCM, que impõe ao administrador que aja sempre no interesse da sociedade e empregue "*diligência de um gestor criterioso e ordenado*" no exercício do seu cargo.

4.3. Designação, substituição e destituição

Conforme já se deixou exposto em 2.1 *supra*, a designação de administradores ao longo da vida da sociedade é prerrogativa dos accionistas, que é obrigatoriamente exercida no acto constitutivo quanto à primeira designação de administradores, tal como disposto no art. 179.º n.º 3 do CCM. Quanto à maioria necessária para a sua designação, vigorará a regra supletiva do art. 453.º n.º 1 do CCM (maioria absoluta do capital social presente ou representado),

[52] *Vide* Direcção dos Serviços da Reforma Jurídica e do Direito Internacional da RAEM – Revista Jurídica de Macau, No. Especial "*Anotações à Lei 16/2009 Alterações ao Código Comercial*" (Coordenação de Miguel Quental), pág. 65, parágrafos 2 a 4.

sem prejuízo de maioria diferente fixada nos estatutos, sendo no entanto de salientar que, caso sejam apresentadas várias propostas de nomeação de administradores, será aprovada a que tiver mais votos, conforme previsto no n.º 3 do mesmo artigo, norma que se entende face à previsível dispersão de voto que ocorrerá em cenários de multiplicidade de propostas, que poderiam levar a que obter maioria absoluta de votos sobre uma mesma proposta se revelasse impossível, paralisando assim a nomeação de administradores essencial para a operacionalidade da sociedade.

Também com vista a desbloquear impasses de nomeação, o CCM, no seu art. 457.º, prevê a possibilidade de nomeação judicial de administradores – a requerimento de qualquer accionista – quando (i) o conselho de administração da sociedade não tenha reunido durante mais de 120 dias por falta de administradores efectivos (sem que se tenha realizado a sua substituição nos termos melhor descritos *infra*) ou (ii) quando tenham decorrido mais de 180 dias sobre o termo do mandato dos administradores, sem que tenha havido nova eleição, fazendo a sua nomeação cessar as funções de todos os administradores que estejam em funções a essa data. Como convém a uma solução de recurso, com vista apenas a evitar bloqueios de actividade social, o administrador nomeado judicialmente manter-se-á em funções apenas até ocorrer a eleição de novo conselho de administração, aplicando-se-lhe no entanto, enquanto durar a sua nomeação, todas as regras legais e estatutárias que regem o funcionamento e deveres do conselho de administração (excepto, claro, as que tenham como pressuposto a colegialidade).

Uma vez nomeados, os administradores exercem o seu cargo pelo período de três anos – sem prejuízo de mandato mais curto (e apenas mais curto) fixado nos estatutos, podendo no entanto ser reeleitos sem limite de mandatos, conforme previsto no art. 455.º n.º 1 do CCM. No entanto, e com vista novamente a manter a sociedade operacional em caso de atraso na realização de assembleia-geral que eleja novos órgãos sociais, o termo do mandato tem como efeito a obrigatoriedade de realização de nova eleição, mas não o de fazer cessar as funções dos administradores, que nelas se deverão manter até que novos administradores sejam nomeados.

Em tema de substituição de administradores, importa salientar que o CCM prevê um mecanismo de suspensão temporária de funções dos administradores no seu art. 462.º, estipulando que os administradores poderão ver o seu mandato suspenso pelo órgão de fiscalização quando quaisquer circunstâncias pessoais obstem a que exerçam as suas funções por período presumivelmente superior a 60 dias, suspendendo-se por esta via também todos os seus poderes, direitos e deveres que tenham como pressuposto o exercício *efectivo* de funções, formulação que, nosso entender, embora suspenda os deveres de base executiva dos administradores, não suspende por exemplo os deveres de não concorrência e de lealdade que o administrador deve observar nessa qualidade[53].

De notar quanto a este mecanismo que não se esclarece de forma cabal a quem incumbe aferir da existência e ou duração previsível destas circunstâncias impeditivas, parecendo no entanto a norma deixar tal faculdade nas mãos do órgão de fiscalização, que parece inclusive poder tomar a iniciativa de promover tal suspensão, quando considerem estarem verificados os seus pressupostos, sendo de notar que o legislador da RAEM entendeu não positivar a necessidade (relativa) de iniciativa do administrador quanto a esta suspensão que consta da norma materialmente equivalente do art. 400.º n.º al. 1 b) do Código das Sociedades Comerciais de Portugal, solução que aponta ainda mais para a efectiva discricionariedade deste poder do órgão de fiscalização[54].

Quanto à substituição de administradores por sua falta definitiva, esta encontra-se prevista no art. 456.º CCM, que estipula que, neste caso, seja chamado o primeiro suplente (pela ordem de precedência indicada em 4.1 *supra*). Quando não tenham sido indicados suplentes, prevê o n.º 2 do mesmo artigo a nomeação interina de administradores na assembleia geral subsequente à da verificação da falta definitiva que obriga à substituição, administradores esses que exercerão funções não pelo período normal de mandato previsto na lei (ou nos estatutos), mas apenas até ao termo do mandato dos demais administradores, sendo de notar a flexibilidade introduzida neste sistema pelo legislador, que prevê a nomeação obrigatória, mesmo que da ordem de trabalhos da assembleia não conste tal ponto da ordem de trabalhos, por forma a promover e acelerar a recomposição do órgão de administração mesmo quando a assembleia-geral seguinte esteja já marcada, ou, por lapso (ou não) tal ponto não tenha sido incluído na ordem de trabalhos.

Já quanto à destituição de administradores, prevê o art. 463.º do CCM a possibilidade de revogação do mandato dos administradores a qualquer momento por deliberação dos accionistas, sem necessidade de justa causa, que releva *apenas* para efeito de cálculo de indemnização[55] e para os casos de destituição judicial de administrador, para qual é requisito, juntamente com a apresentação do requerimento por accionista(s) titular(es) de 10% ou mais do capital da sociedade.

Uma nota final quanto ao regime de representação dos administradores das S.A. no exercício das suas funções previsto no art. 455.º n.º 3, que dispõe no

[53] Neste sentido, *vide* ANTÓNIO MENEZES CORDEIRO Código das Sociedades Comerciais Anotado, 2.ª Edição, Almedina, pág. 1067

[54] Neste sentido, *vide* ANTÓNIO MENEZES CORDEIRO Código das Sociedades Comerciais Anotado, 2.ª Edição, Almedina, pág. 1066

[55] Nos termos do art. 387.º n.º 3, para o qual o art. 463.º remete expressamente, a falta de justa causa dá direito ao administrador a receber, a título de indemnização, as remunerações que receberia até ao termo do seu mandato.

sentido de não permitir a representação de administradores no exercício das suas funções, excepto no tocante à participação em reuniões do conselho de administração, e, mesmo nesta sede, apenas por outro administrador, podendo ser a representação efectivada através de carta mandadeira simples dirigida ao conselho de administração, situação que ocorre com bastante frequência na RAEM, atento o facto de muitos dos administradores de sociedades não se encontrarem em permanência no Território.

4.4. Executivos e não executivos

Por regra, todos os administradores das S.A. são executivos e a figura do administrador não executivo não tem acolhimento expresso na lei da RAEM.

O art. 466.º do CCM, que prevê – e apenas quanto às S.A. – a possibilidade de delegação da gestão da sociedade (i) num administrador-delegado ou (ii) numa comissão executiva, composta por vários administradores[56].

No entanto, esta delegação não pode versar sobre as matérias competência do conselho de administração relativas a (i) relatórios e contas anuais; (ii) prestação de garantias pessoais ou reais pela sociedade; (iii) extensões ou reduções importantes da actividade da sociedade; e (iv) projectos de fusão, de cisão e de transformação da sociedade. Mais ainda, o mesmo artigo prevê o exercício de quaisquer das competências delegadas por parte do conselho de administração, que poderá sempre deliberar quanto às matérias delegadas, para as quais permanece integralmente competente.

Por fim, e quanto à responsabilidade dos administradores em face dos actos praticados pelo administrador-delegado ou pelos membros da comissão executiva, salienta-se que aqueles respondem solidariamente com estes pelos prejuízos causados à sociedade quando, podendo evitá-los ou minorá-los, o não fizerem, salvo se provarem que agiram sem culpa. Assim, e embora não existam administradores verdadeiramente não-executivos, salienta-se que a responsabilidade dos administradores transmuta-se para uma responsabilidade *in vigilando*.

4.5. Remuneração

As normas do CCM quanto à remuneração dos administradores são esparsas, encontrando-se apenas previsto no art. 460.º n.º 2 CCM que a sua fixação é da

[56] A letra da lei, ao referir expressamente *vários administradores*, parece inculcar a conclusão de que o conselho executivo poderá não incluir todos os administradores da sociedade, sendo que os administradores que a ela não pertençam, embora pareçam quedar como administradores materialmente não executivos, mantêm a prerrogativa de, através do conselho de administração, deliberarem sobre qualquer matéria delegada.

competência da assembleia-geral ou de comissão de accionistas por ela eleita para o efeito.

Com efeito, a lei comercial da RAEM não regula expressamente circunstâncias como formas ou fórmulas de cálculo da remuneração dos administradores ou mesmo a natureza fixa, variável ou mista da remuneração a auferir pelos administradores, e essa falta de regulação, conjugada com a cautela de que usou o legislador em determinar por exemplo o carácter fixo da remuneração do órgão de fiscalização (pelos motivos que analisamos com mais detença em 5.5 *infra*), permitem concluir pela existência de uma larga (para não dizer total) discricionariedade na fixação destas remunerações, que parecem estar apenas balizadas (e mesmo aí mais do ponto de vista prático) pela situação económica da sociedade.

Assim, estas omissões têm sido supridas pela *corporate governance* de cada sociedade, que fixa as regras que entende para a fixação da remuneração dos administradores, liberdade a que não é alheia a circunstância absolutamente determinante de a RAEM não ter mercado de valores mobiliários regulamentado, o que, repete-se, conduz, por um lado, ao exercício mais *próximo* da posição de accionista em relação aos administradores da sociedade, e por outro à existência de uma S.A. mais voltada para si mesma, menos aberta ao público enquanto potencial accionista, e como tal, menos *credora* de legislação específica que regule estes temas.

4.6. Prestação de contas

Sendo a finalidade última da sociedade comercial a obtenção de lucro, torna-se patente a enorme importância que reveste a prestação de contas por parte do órgão de administração aos accionistas, porquanto parte substancial do mandato conferido por estes naqueles assenta não só nos resultados dessas contas, mas também na regularidade, acerto e rigor com que estas são apresentadas aos accionistas.

Assim, resulta do art. 254.º do CCM que no final de cada exercício, incumbe ao órgão de administração da sociedade organizar as contas anuais – sendo certo que, conforme já se deixou exposto supra, as S.A. estão legalmente obrigadas a manter contabilidade organizada – e elaborar um relatório respeitante ao exercício, bem como uma proposta de aplicação de resultados, que devem ser assinados por todos os administradores em funções à data da apresentação[57] (art. 255.º n.º 3).

Em reconhecimento da importância que a prestação de contas reveste para os accionistas e por forma a assegurar que o relatório da administração cumpre o papel de verdadeira *radiografia* da sociedade que o legislador lhe comete, o

[57] Sem prejuízo da prestação obrigatória de informação por parte dos anteriores administradores para efeitos da elaboração destes documentos.

art. 255.º positivou o conteúdo obrigatório deste documento, que deve traçar uma descrição do estado e evolução da gestão da sociedade, reportado às contas que acompanha, indicando especificamente custos, investimentos e condições de mercado, devendo ainda ser assinado por todos os administradores, devendo os que recusem fazer constar as suas motivações em documento anexo.

Quanto ao relatório e parecer do órgão de fiscalização, elemento essencial da prestação de contas anual a efectuar pelos administradores aos accionistas, o art. 256.º obriga a que os administradores facultem as contas anuais, o relatório da administração e a proposta de aplicação de resultados (e demais documentos de suporte) ao órgão de fiscalização até 30 dias antes da data prevista para a assembleia-geral ordinária, estando por sua vez este obrigado a emitir o seu relatório até à data da expedição ou publicação dos avisos convocatórios da assembleia-geral ordinária, devendo estes documentos ser assinados por todos os membros do órgão de fiscalização, em termos idênticos aos indicados *supra* quanto ao relatório do conselho de administração.

Nos termos do art. 256.º n.º 3, o referido relatório tem como conteúdo obrigatório:

a) A indicação pelo órgão de fiscalização de se as contas anuais e o relatório da administração são exactos e completos, se dão a conhecer fácil e claramente a situação patrimonial da sociedade, se satisfazem as disposições legais e estatutárias, e se aquele concorda ou não com a proposta de aplicação de resultados;

b) As diligências e verificações a que procedeu e o resultado delas;

c) Os critérios valorimétricos adoptados pelo órgão de administração, e a sua adequação;

d) Quaisquer irregularidades ou actos ilícitos;

e) Quaisquer alterações que se entenda deverem ser feitas nas contas, no relatório do órgão da administração e/ou na proposta de aplicação de resultados.

Por fim, e quanto à documentação a apresentar no âmbito da prestação de contas aos accionistas, é ainda de salientar que as sociedades que emitam obrigações ou que recorram a subscrição pública, devem ainda obter parecer sobre os documentos indicados *supra*, a ser elaborado por auditor ou sociedade de auditores de contas sem relação com a sociedade e com o órgão de fiscalização.

Revestem ainda especial importância as condições em que as contas anuais devem ser facultadas aos accionistas, bem como os meios de que estes dispõem para suprir uma eventual falta de prestação atempada de contas. Assim, e quanto à disponibilidade das contas anuais, prevê o art. 258.º CCM que estas sejam facultadas (bem como os relatórios indicados *supra* e a proposta de aplicação de resultados) aos accionistas na sede da sociedade, durante o horário de expediente destas a partir da data em que sejam expedidos os avisos convocatórios da assembleia-geral ordinária de aprovação de contas.

Por fim, e em tema de prestação de contas, merece ainda nota o regime de aprovação judicial de contas previsto no art. 259.º do CCM, que permite a qualquer accionista requerer ao tribunal a fixação de prazo máximo de 60 dias para apresentação das contas anuais e relatório da administração, caso tal apresentação não seja feita até três meses após o final do exercício.

Uma vez decorrido este prazo sem que se verifique a apresentação ordenada judicialmente, o referido art. 259.º prevê, nos seus n.os 2 a 4, que o tribunal possa ordenar ainda a cessação de funções de um ou mais administradores, bem como o exame judicial à sociedade, nomeando para o efeito um administrador judicial que deverá elaborar toda a documentação descrita *supra* (excepto claro, a proposta de aplicação de resultados) relativa ao período decorrido desde a última aprovação de contas, que deverão ser subsequentemente aprovados pelos accionistas em assembleia-geral convocada pelo administrador judicial para o efeito, podendo ainda a falta de aprovação das contas nessa assembleia-geral ser suprida por via da aprovação judicial das mesmas pelo tribunal, devendo a referida documentação ser acompanhada de parecer de auditor de contas sem relação com a sociedade.

4.7. Negócios com a sociedade

A regra geral do art. 460.º do CCM é a da nulidade dos contratos celebrados entre a sociedade e os seus administradores, directamente ou por interposta pessoa.

No entanto, o negócio jurídico em questão poderá ser permitido, quando exista autorização especial para a sua realização, concedida expressamente por deliberação do conselho de administração, com o parecer favorável do conselho fiscal ou do fiscal único, na qual, entendemos, não pode votar o administrador que no negócio seja parte, por via da reforma do CCM operada pela Lei n.º 16/2009, que introduziu a aplicação expressa da norma do conflito de interesses contida no art. 219.º do CCM – que se dirige primacialmente aos accionistas – ao aditar o art. 467.º n.º 6, prevendo assim que "*o administrador não pode votar, nem pessoalmente nem por meio de representante, nem representar outro sócio numa votação, sempre que, em relação à matéria objecto da deliberação, se encontre em conflito de interesses com a sociedade.*"

A este respeito, salientamos a peculiaridade de a norma do art. 460.º CCM não prever de forma expressa que o administrador com quem a sociedade vai realizar o negócio esteja impedido de votar no âmbito da deliberação a emitir para autorização do negócio. Esta situação torna-se tanto mais peculiar quando, atentando na norma do Código das Sociedades Português em que o art. 460.º se inspira (o art. 397.º n.º 2), se verifica que o legislador Português plasmou expressamente este impedimento, declarando que "*o interessado não pode votar*", bem como quando da norma análoga de controlo sobre negócios entre a sociedade e os seus sócios (*in casu*, accionistas), i.e., o art. 208.º CCM, resulta o impedimento claro de voto, tendo quedado estipulada sujeição do negócio a "*deliberação dos sócios em que não vote o sócio a quem os bens hajam de ser adquiridos ou alienados*", isto apesar de existir uma norma geral (o referido art. 219.º) que sempre o impediria.

Desta conjugação de normas, resulta a conclusão interpretativa de que a norma, tal como formulada, delimita a proibição de voto na deliberação não de forma absoluta, mas apenas em situação de verdadeiro conflito de interesse, ficando assim aberta a porta a deliberações do conselho de administração sobre a realização de negócio entre a sociedade e um dos seus administradores, em que este possa votar, a pretexto da inexistência de conflito de interesses em sentido próprio. Embora vejamos com dificuldade que um administrador criterioso e diligente se coloque nessa situação, sempre somos a considerar que o regime beneficiaria da inclusão de proibição expressa.

5. FISCALIZAÇÃO

5.1. Estrutura

Conforme se deixou exposto *supra* relativamente à estrutura orgânica da S.A. no direito na RAEM, a fiscalização da sociedade pode ser exercida ou por um fiscal único ou por um órgão colegial, a que o artigo 241.º n.º 1 CCM chama de conselho fiscal. Traçamos aqui as linhas gerais do regime legal aplicável a este órgão tendo apenas em conta as vicissitudes da colegialidade do órgão, porquanto o fiscal único se acha sujeito exactamente às mesmas regras, despidas apenas dessa colegialidade.

Assim, o conselho fiscal das S.A. deve ser composto no mínimo[58] por três[59] membros efectivos, que não podem delegar as suas funções (existindo no entanto a possibilidade de designação estatutária de suplentes), sendo que um dos membros efectivos[60] deve ser auditor de contas ou uma sociedade de auditores de contas, sendo que, neste último caso, a sociedade nomeada deve designar um sócio ou um empregado seu (que também seja auditor de contas), para o exercício

[58] A expressão *no mínimo* foi inserida pela reforma do CCM operada pela Lei n.º 16/2009 e visou terminar com a dúvida que rodeava o preceito quanto ao número permitido de membros, dado que a redacção anterior da norma dispunha laconicamente que o conselho fiscal era composto por "*três membros*", questão que suscitou dúvidas quanto à possibilidade de nomeação de membros adicionais.

[59] Quando o conselho tenha número par de membros, o presidente terá voto de qualidade (art. 244.º n.º 3 do CCM).

[60] Ou quando a sociedade nomeie fiscal único, este.

das funções do órgão de fiscalização. Os restantes membros do conselho fiscal deverão ser pessoas singulares com plena capacidade jurídica.

Uma breve nota sobre as reuniões, deliberações e quórum constitutivo deste órgão, apenas para salientar que, nos termos do art. 244.º do CCM, o conselho fiscal reúne pelo menos vez por trimestre, reunindo no entanto a requerimento de qualquer dos membros, dirigido ao presidente (que é eleito nos termos indicados em 5.3 *infra*), a quem cabe convocar as reuniões do órgão e a elas presidir.

Quanto ao quórum constitutivo, o mesmo artigo dispõe que o conselho fiscal apenas poderá reunir com a presença da maioria dos seus membros, prevendo ainda a norma a regra da maioria no que toca à tomada de deliberações (maioria dos presentes quando não se encontrem todos presentes).

5.2. Incompatibilidades e independência

O tema das incompatibilidades com o exercício de cargo no órgão de fiscalização mereceu tratamento genérico no art. 240.º do CCM, que prevê vários impedimentos de base funcional (impedimentos em função do cargo desempenhado), bem como de base pessoal (impedimentos em função da identidade e relação), prevendo ainda um mecanismo de caducidade automática das nomeações para este órgão caso sobrevenha a algum dos titulares qualquer impedimento previsto na norma legal.

Assim, e com base funcional, estão impedidos de pertencer ao órgão de fiscalização os administradores e o secretário da sociedade, e os empregados da sociedade (incluindo pessoa que receba da sociedade qualquer remuneração que não seja pelo exercício das funções de membro do conselho fiscal ou fiscal único). Mais ainda, o elemento do órgão de fiscalização que tem que obrigatoriamente ser um auditor de contas ou sociedade de auditores de contas não pode reunir simultaneamente a condição de accionista da sociedade, sendo de notar que este impedimento se acha circunscrito ao elemento do órgão que deva ser auditor de contas, resultando da conjugação das al. a) do n.º 1 e do n.º 2 do referido artigo que os demais accionistas podem ser nomeados para estas funções.

Estas limitações entendem-se por motivos auto-evidentes de necessidade de separação de funções como salvaguarda da independência de que carece um órgão de fiscalização para poder fiscalizar no sentido próprio do termo, a actividade social e funcionam como um garante – moderado, admite-se – da efectiva independência.

A acrescer a estes impedimentos de cariz funcional, o CCM prevê ainda impedimentos em função da pessoa, impedindo os cônjuges, parentes ou afins, até ao terceiro grau, inclusive, das pessoas referidas *supra* de exercerem funções no órgão de fiscalização.

5.3. Designação, substituição e destituição

A eleição dos membros do conselho fiscal é matéria da competência da assembleia-geral de accionistas, nos termos dos arts. 216.º e 241.º n.º 1 do CCM, cabendo a esta eleger ainda o presidente. Os membros do conselho fiscal manter-se-ão em funções até à assembleia-geral ordinária seguinte, podendo nela ser reeleitos, sem limite de número de reeleições.

Quanto à substituição dos membros do conselho fiscal, o n.º 3 do referido artigo prevê que os membros efectivos que se encontrem temporariamente impedidos ou cujas funções tenham cessado sejam substituídos pelos suplentes (quando existam), sendo que o membro que seja auditor de contas (ou sociedade de auditores de contas) deve ser substituído por um suplente que tenha a mesma qualificação. Os membros suplentes gozam de mandato limitado, vigorando a sua nomeação apenas até à assembleia-geral seguinte, altura em que se deverá proceder ao preenchimento da vaga, sendo que, quando não existam suplentes, ou, existindo, também eles se achem impedidos ou tenham cessado funções, dever-se-á proceder a nova eleição (e portanto a assembleia-geral para o efeito) no prazo de 30 dias, a contar do facto que gere a vaga no órgão.

Por fim, e em tema de exoneração/destituição dos membros do órgão de fiscalização, o artigo 241.º n.º 2 CCM prevê a necessidade de existência de justa causa[61] para a destituição dos membros do conselho fiscal, mas apenas após os membros em causa terem tido oportunidade de, em sede da assembleia, exporem as razões das suas acções e omissões. Atenta a similitude substancial deste regime com o previsto no art. 419.º do Código das Sociedades Comerciais de Portugal, somos a entender que colhem as densificações doutrinárias e jurisprudenciais de Portugal sobre o efeito da falta de justa causa e/ou de contraditório do membro a excluir, sendo da opinião que serão geradores de nulidade da destituição[62].

5.4. Gestão de riscos, controlo interno e auditoria interna

Conforme já abordado a respeito das competências do órgão de fiscalização, a lei de Macau comete em exclusivo a este as funções de fiscalizar a administração da sociedade e a legalidade e regularidade das operações sociais, não existindo

[61] A própria redacção do preceito, ao permitir o contraditório do membro a excluir quanto às suas "*acções ou omissões*" permite antever que a justa causa poderá ocorrer por ambas as vias, sendo que, quanto ao que constitua justa causa, acompanhamos as conclusões do Prof. Dr. Menezes Cordeiro no sentido de a justa causa que para esta norma tange se tratar de violação grave e culposa dos deveres funcionais ou de deveres significativos com eles conexos (*in Código das Sociedades Comerciais Anotado*, 2.ª Edição, 2011, Almedina, pág. 1102).

[62] Vide António Menezes Cordeiro in *Código das Sociedades Comerciais Anotado*, 2.ª Edição, 2011, Almedina, pág. 1102 e Rpt 18-Abr.-2002

consagração legal de outras estruturas orgânicas destinadas ao controlo interno da sociedade, sem prejuízo de código de conduta e modelos internos de *corporate governance* que as S.A. entendam implementar, e cujas competências se circunscrevem ao programa contratual-social acordado pelos accionistas no acto de constituição ou em alterações estatutárias posteriores.

Sobre as possibilidades e circunstâncias de uma auditoria externa, bem como sobre que operações e documentos sociais poderá este tipo de auditoria recair, remetemos para a Secção 5.7 *infra*.

5.5. Remuneração

A respeito da remuneração a auferir pelos membros do órgão de fiscalização, e em consequência da reforma do CCM operada pela Lei n.º 16/2009, compete à assembleia-geral estabelecer, em montante fixo (anual ou mensal), as remunerações dos membros do conselho fiscal ou do fiscal único.

É de notar a estipulação expressa do carácter fixo da remuneração a auferir pelo órgão de fiscalização, introduzida no texto da Lei em 2009, impedindo soluções como a de indexação da remuneração deste órgão aos resultados da sociedade ou através de senhas de presença autorizadas pela administração, situações que minavam a independência do cargo[63].

5.6. Controlo de negócios com partes relacionadas

Conforme já aflorado na 4.7 *supra*, o órgão de fiscalização da S.A. tem a seu cargo a fiscalização e aprovação prévias dos negócios a celebrar entre a sociedade e os seus administradores, cabendo-lhe emitir parecer favorável prévio ao negócio, nos termos do art. 460.º do CCM.

Já quanto aos negócios a realizar entre a sociedade e os seus accionistas, e conforme exposto na Secção 3.7 *supra*, o controlo prévio da transacção cabe, *inter alia*, a auditor de contas nomeado nos termos do art. 202.º do CCM para que se proceda à avaliação. A este respeito, e tendo em conta a exigência legal de nomeação de auditor de contas ou sociedade de auditores de contas para o órgão de fiscalização, somos a entender que o auditor de contas indicado no art. 208.º não poderá ser o mesmo que seja nomeado para o órgão de fiscalização, porquanto é esta única leitura que salvaguarda a *ratio* que parece subjazer a esta norma, e que é a da nomeação de um auditor de contas externo à sociedade para que este proceda

[63] Neste sentido, *vide* Direcção dos Serviços da Reforma Jurídica e do Direito Internacional da RAEM – Revista Jurídica de Macau, n.º Especial "*Anotações à Lei 16/2009 Alterações ao Código Comercial*" (Coordenação de MIGUEL QUENTAL), pág. 49, parágrafo 3.

à avaliação do bem social a alienar ou adquirir, sob pena de devolver – mesmo que indirectamente – ao órgão de fiscalização uma incumbência expressamente atribuída a entidade que parece pretender-se externa à sociedade.

5.7. Auditoria

A lei comercial de Macau consagra algumas situações de recurso obrigatório a auditoria externa da vida social, *maxime* tratando-se de contas anuais, que, nos termos do art. 60.º do CCM, poderão ser objecto de auditoria externa a ordem do tribunal, no seguimento de pedido de quem demonstre ter interesse sério em tal auditoria.

De igual forma, poderão ser sujeitos a auditoria externa, a realizar por auditor de contas nomeado pelo Tribunal[64], os documentos sociais, quando seja pedido por qualquer accionista o exame judicial da sociedade, com fundamento em *graves irregularidades na vida da sociedade*[65], nos termos do art. 211.º n.º 1 do CCM, e ainda os actos de registo ou o teor de documentos levados a registo, a pedido do Conservador da Conservatória dos Registos Comercial e de Bens Móveis, quando esses actos ou documentos indiciem a existência de irregularidades, sendo que a administração da sociedade deverá ser previamente notificada de tais irregularidades para que proceda à sua rectificação, nos termos do art. 211.º n.º 7.

Fora destes casos específicos, que, salienta-se, dependem de acto volitivo dos interessados e de ordem judicial, o CCM não prevê a obrigatoriedade de auditoria externa da vida da sociedade, muito, somos a crer, pela dupla circunstância de as S.A. já estarem sujeitas a auditoria interna ao nível das contas sociais e não transaccionarem as suas acções em mercado regulamentado, o que acaba por limitar a exposição do comércio em geral às eventuais irregularidades da vida social, pelo que não terá visto o legislador da RAEM necessidade de exigir controlo de auditoria mais apertado.

[64] O art. 211.º n.º 3 CCM indica – de forma algo críptica – que "*O auditor de contas* [para efeitos de exame judicial à sociedade] *deve ser indicado pela entidade com a devida competência*". A este respeito, e embora a lei não o esclareça cabalmente, inclinamo-nos para que esta indicação caiba à Comissão de Registo dos Auditores e dos Contabilistas, cujo Regulamento foi aprovado pelo Despacho do Chefe do Executivo n.º 2/2005, de 11 de Janeiro, atento o facto de que esta comissão é competente, para, *inter alia, organizar as listas e relações de auditores de contas, sociedades de auditores, contabilistas registados e sociedades de contabilistas e dar parecer sobre matérias relacionadas com a actividade de auditor de contas e contabilista registado.*

[65] O accionista deve fundamentar as suas suspeitas e indicar quais as irregularidades que reputa enfermar a actividade social.

CAPÍTULO VI

A GOVERNAÇÃO DE SOCIEDADES EM MOÇAMBIQUE

TELMO FERREIRA

1. INTRODUÇÃO

1.1. Características essenciais das sociedades anónimas

No direito moçambicano as características essenciais das sociedades anónimas podem ser classificadas em dois grupos distintos, um relativo às características essenciais a todos os tipos de sociedades comerciais e outro relativo às características essenciais às sociedades anónimas, propriamente ditas.

1.1.1. Características essenciais de todos os tipos de sociedades comerciais moçambicanas

De acordo com o art. 83.º do Código Comercial moçambicano, aprovado pelo Decreto-Lei n.º 2/2005, de 27 de Dezembro e alterado pelo Decreto-Lei n.º 2/2009, de 24 de Abril ("CComM"), são condições essenciais para que uma sociedade se considere comercial:

1) Que tenha por objecto praticar um ou mais actos de comércio[1]; e
2) Que se constitua em harmonia com os preceitos do CComM.

[1] O art. 4.º do CComM qualifica os actos de comércio do seguinte modo:
"1 – São considerados actos de comércio:
a) os actos especialmente regulados na lei em atenção às necessidades da empresa comercial, designadamente os previstos neste Código, e actos análogos;
b) os actos praticados no exercício de uma empresa comercial.

Todos os tipos de sociedades comerciais moçambicanas[2] caracterizam-se, ainda, por serem dotadas de personalidade jurídica, capacidade jurídica e responsabilidade civil.

a) Personalidade jurídica

De acordo com o disposto no art. 86.º do CComM, as sociedades comerciais moçambicanas adquirem personalidade jurídica a partir da data do respectivo acto constitutivo.

A personalidade jurídica das sociedades comerciais moçambicanas é, no entanto, desconsiderada e responsabilizados os seus sócios, sempre que estes ajam culposa ou dolosamente, nos seguintes casos (art. 87.º do CComM):

1) A sociedade for utilizada como instrumento de fraude e abuso de poder económico;

2) Ocorrendo violação dos direitos essenciais do consumidor e do meio ambiente;

3) Em qualquer hipótese em que a personalidade jurídica for usada visando prejudicar os interesses do sócio, do trabalhador da sociedade, de terceiro, do Estado e da comunidade onde actue a sociedade; e

4) Na hipótese de falência da sociedade do mesmo grupo de sociedades quando definido em legislação especial.

2 – Os actos praticados por um empresário comercial consideram-se tê-lo sido no exercício da respectiva empresa, se deles e das circunstâncias que rodearam a sua prática não resultar o contrário."
Por sua vez o art. 3.º do CComM qualifica a empresa comercial do seguinte modo:
"1 – Considera-se empresa comercial toda a organização de factores de produção para o exercício de uma actividade económica destinada à produção, para a troca sistemática e vantajosa, designadamente:
a) da actividade industrial dirigida à produção de bens ou serviços;
b) da actividade de intermediação na circulação dos bens;
c) da actividade agrícola e piscatória;
d) das actividades bancária e seguradora;
e) das actividades auxiliares das precedentes.
2 – Exceptua-se do disposto no número anterior a organização de factores de produção para o exercício de uma actividade económica que não seja autonomizável do sujeito que a exerce."
Já o art. 2.º do CComM qualifica os empresários comerciais do seguinte modo:
"São empresários comerciais:
a) as pessoas singulares ou colectivas que, em seu nome, por si ou por intermédio de terceiros, exercem uma empresa comercial;
b) as sociedades comerciais."

[2] São eles: (i) sociedade em nome colectivo; (ii) sociedade de capital e indústria; (iii) sociedade em comandita; (iv) sociedades por quotas; e (v) sociedade anónima (n.º 1 do art. 82.º do CComM).

b) Capacidade jurídica

A capacidade jurídica das sociedades comerciais moçambicanas é regulada pelo art. 88.º do CComM e compreende, nos termos do seu n.º 1, os direitos e obrigações necessários, úteis ou convenientes à prossecução do seu objecto social, salvo aqueles que lhe sejam vedados por lei.

O n.º 2 do art. 88.º do CComM expressamente determina que as liberalidades que possam ser consideradas usuais, segundo as circunstâncias da época e as condições da própria sociedade, não são havidas como contrárias ao objecto da sociedade e, consequentemente, são abrangidas pela respectiva capacidade jurídica.

Já excluída da capacidade jurídica das sociedades comerciais moçambicanas fica, nos termos do n.º 3 do mesmo art. 88.º do C.ComM, a prestação de garantias pessoais ou reais a obrigações alheias, excepto se houver interesse próprio da sociedade justificado por escrito pela administração ou se tratar de sociedades dominantes[3] ou de relação de grupo[4].

[3] Nos termos do n.º 1 do art. 125.º do CComM, "sócio dominante é a pessoa singular ou colectiva que por si só ou conjuntamente com outras sociedades de que seja também sócio dominante ou com outros sócios a quem esteja ligado por acordos parassociais, detém uma participação maioritária no capital social, dispõe de mais de metade dos votos ou do poder de fazer eleger a maioria dos membros da administração."

[4] O CComM não estabelece o que se deva entender por relação de grupo. Deste modo, tem-se recorrido subsidiariamente ao disposto em legislação avulsa para apurar, consoante as circunstâncias, o que se deva entender por relação de grupo.

O n.º 42 do Glossário que constitui anexo do Decreto-Lei n.º 1/2010, de 31 de Dezembro ("Lei de SegurosM"), que aprova o regime jurídico dos seguros define relação de grupo como a "relação que se estabelece entre duas ou mais pessoas singulares ou colectivas que constituam uma única entidade do ponto de vista do risco assumido, por estarem de tal forma ligadas que, na eventualidade de uma delas deparar com problemas financeiros, a outra ou todas as outras terão, provavelmente, dificuldades em cumprir com as suas obrigações. Com excepção das empresas públicas ou de outra natureza controladas pelo Estado, considera-se que existe esta relação de grupo, nomeadamente, quando:

a) haja relação de domínio de uma sobre a outra ou sobre as outras;
b) existam accionistas ou associados comuns, que exerçam influência nos sociedades em questão;
c) existam administradores comuns; e
d) haja interdependência comercial directa que não possa ser substituída a curto prazo."

Já a al. m) do n.º 2 do art. 2.º da Lei 15/99, de 1 de Novembro, tal como alterada pela Lei n.º 9/2004, de 21 de Julho, a qual regula o estabelecimento e o exercício da actividade das instituições de crédito e das sociedades financeiras ("Lei das Instituições de Crédito e Sociedades Financeiras" ou simplesmente "LIC"), define relação de grupo como "a relação que se dá entre duas ou mais pessoas singulares ou colectivas que constituam uma única entidade do ponto de vista do risco assumido, por estarem de tal forma ligadas que, na eventualidade de uma delas deparar com problemas financeiros, a outra ou todas as outras terão, provavelmente, dificuldades em cumprir as suas obrigações", ao que acrescenta que "[c]om excepção das empresas públicas ou de outra natureza controladas pelo Estado, considera-se que existe relação de grupo, nomeadamente quando:

i. há relação de domínio de uma sobre a outra ou sobre as outras;
ii. existam accionistas ou associados comuns, que exerçam influência nas sociedades em questão;
iii. existam administradores comuns;
iv. haja interdependência comercial directa que não possa ser substituída a curto prazo.

c) Responsabilidade civil

Nos termos do disposto no art. 89.º do CComM, "a sociedade responde civilmente pelos actos ou omissões de quem legalmente a represente ou a obrigue, nos termos em que o comitente responde pelos actos ou omissões do comissário".

Uma vez que o CComM não regula o regime de responsabilidade civil do comitente pelos actos praticados pelo comissário, o mesmo deve ser considerado à luz do disposto no Código Civil moçambicano, aprovado pelo Decreto-Lei n.º 47344, de 25 de Novembro de 1966, estendido a Moçambique pela Portaria n.º 22869, de 4 de Setembro de 1967 ("CCM"). Com efeito, do art. 7.º do CComM resulta que, os casos que o CComM não preveja deverão ser regulados segundo as normas do CComM aplicáveis aos casos análogos e, na sua falta, pelas normas do Direito Civil, que não forem contrários aos princípios do Direito Comercial.

Assim sendo, dever-se-á ter em consideração: (i) a responsabilidade do comitente pelo risco, regula no art. 500.º do CCM; assim como (ii) a responsabilidade contratual do comitente, regulada pelo art. 800.º do CCM, concluindo-se assim que:

1) Responsabilidade do comitente pelo risco (art. 500.º do CCM)

A sociedade que encarregue outrem de qualquer comissão responde, independentemente da culpa, pelos danos que o comissário causar, desde que sobre este comissário recaia também a obrigação de indemnizar;

A responsabilidade da sociedade só existe se o facto danoso for praticado pelo comissário, ainda que intencionalmente ou contra as instruções da sociedade, no exercício da função que tenha sido confiada pela sociedade ao comissário; e

A sociedade que satisfizer a indemnização tem o direito de exigir do comissário o reembolso de tudo quanto haja pago, excepto se houver também culpa da sua parte, caso em que o direito de regresso apenas existe na medida das respectivas culpas e das consequências que delas advierem, presumindo-se iguais as culpas da sociedade e do comissário[5].

2) Responsabilidade contratual do comitente (art. 800.º do CCM)

A sociedade devedora é responsável perante o credor pelos actos dos seus representantes legais ou das pessoas que utilize para o cumprimento da obrigações, como que se tais actos fossem praticados pela própria sociedade.

A responsabilidade pode ser convencionalmente excluída ou limitada, mediante acordo prévio dos interessados, desde que a exclusão ou limitação não compreenda actos que representem a violação de deveres impostos por normas de ordem pública.

[5] Conjugação do n.º 3 do art. 500.º com o n.º 2 do art. 497.º, ambos do CCM.

1.1.2. Características essenciais das sociedades anónimas moçambicanas, propriamente ditas

São características essenciais próprias das sociedades anónimas moçambicanas, as seguintes:

1) Adoptar uma firma que contenha o aditamento "Sociedade Anónima" ou, abreviadamente, "SA" (art. 34.º do CComM)[6];

2) O capital social ser representado por acções (art. 331.º do CComM);

3) Os accionistas limitarem a sua responsabilidade ao valor das acções que tenham subscrito (art. 331.º do CComM);

4) Terem um mínimo de três accionistas, salvo os casos em que o Estado, directamente ou por intermédio de empresas públicas, empresas estatais ou de outras entidades equiparadas por lei para o efeito, fique como accionista, as quais podem-se constituir com um único accionista (art. 332.º do CComM);

5) O capital social dever ser integralmente subscrito e realizado em, pelo menos, 25 por cento no momento da constituição, podendo apenas ser diferida a realização, em dinheiro, de 75 por cento do capital social (art. 336.º do CComM).

Com excepção de certos regimes especiais previstos em legislação avulsa e aplicáveis designadamente às instituições de crédito e sociedades financeiras[7],

[6] O nome do fundador, accionista controlador ou pessoa outra que tenha concorrido para o êxito da empresa, pode integrar a denominação social (art. 34.º do CComM).

[7] De acordo com o Aviso n.º 4/GGBM/2005, de 20 de Maio de 2005, do Banco de Moçambique, o capital mínimo das instituições de crédito e sociedades financeiras deverá ser o seguinte:

- Bancos .... 70.000.000,00 MT;
- Sociedades de locação financeira .... 25.000.000,00 MT;
- Sociedades de Investimento .... 25.000.000,00 MT;
- Sociedades de capital de risco .... 10.000.000,00 MT;
- Sociedades de factoring .... 3.500.000,00 MT;
- Sociedades gestoras de fundos de investimento .... 700.000,00 MT;
- Sociedades financeiras de corretagem .... 1.400.000,00 MT;
- Sociedades corretoras .... 420.000,00 MT;
- Sociedades gestoras de patrimónios .... 700.000,00 MT;
- Sociedades administradoras de compras em grupo .... 700.000,00 MT;
- Casas de câmbio .... 2.500.000,00 MT;
- Cooperativas de crédito .... 200.000,00 MT;
- Microbancos:
  1) Caixa Geral de Poupança e Crédito .... 5.000.000,00 MT;
  2) Caixa Económica .... 2.400.000,00 MT;
  3) Caixa de Poupança Postal .... 1.800.000,00 MT;
  4) Caixa Financeira Rural .... 1.200.000,00 MT;
- Instituições de moeda electrónica .... 25.000.000,00 MT;
- Sociedades emitentes ou gestoras de cartões de crédito .... 3.500.000,00 MT;

sociedades seguradoras e resseguradoras[8] e sociedades que tenham por objecto a construção civil[9], a legislação moçambicana não estabelece limite mínimo de capital social a ser adoptado por uma sociedade anónima.

1.2. Sociedades anónimas sujeitas a regimes especiais

No ordenamento jurídico moçambicano as seguintes sociedades anónimas encontram-se sujeitas a regime especial:

1) Instituições de crédito e sociedades financeiras;
2) Sociedades seguradoras e resseguradoras;
3) Sociedades cujas acções sejam total ou parcialmente cotadas na Bolsa de Valores de Moçambique;

Sucintamente, algumas das características que distinguem o regime das sociedades anónimas acabadas de enunciar da generalidade das demais sociedades anónimas são as que passamos a identificar:

- Casas de desconto:.. 10.000.000,00 MT;
- Operadores de microfinanças sujeitos a monitorização:
  1) Organizações de poupança e empréstimo.. 150.000,00 MT;
  2) Operadores de microcrédito.. 75.000,00 MT;
  3) Intermediários de captação poupanças.. isentos.

[8] De acordo com n.º 1 do art. 15.º do Regime Jurídico dos Seguros, aprovado pela Lei de SegurosM, ("RJS") o capital mínimo de sociedades anónimas de seguros ou de resseguros é o de:
- 15.000.000,00 MT (quinze milhões de Meticais), no caso de explorar apenas um dos seguintes ramos "Não Vida": i. "Doença"; ou ii. "Assistência";
- 33.000.000,00 MT (trinta e três milhões de Meticais) no caso de explorar os dois ramos "não Vida": i. "Doença"; e ii. "Assistência";
- 67.000.000,00 MT (sessenta e sete milhões de Meticais), no caso de explorar o ramo "Vida";
- 100.000.000,00 MT (cem milhões de Meticais), no caso de explorar cumulativamente o ramo "Vida" com um ramo ou ramos "Não Vida".

[9] Em função da classe de obras que uma sociedade de construção civil se proponha efectuar e licenciar, o respectivo capital social mínimo deverá ser o seguinte (Quadro 3, respeitante do qualificador de classes de empreiteiros de construção civil, constante do Regulamento do Licenciamento da Actividade de Obras Públicas e Construção Civil, aprovado pelo Diploma Ministerial n.º 83/2002, de 22 de Maio, tal como alterado pelo Diploma Ministerial n.º 131/2009, de 11 de Junho):
- 20.000,00 MT, relativamente à primeira classe, abrangendo obras até ao valor de 2.000.000,00 MT;
- 50.000,00 MT, relativamente à segunda classe, abrangendo obras até ao valor de 3.400.000,00 MT;
- 150.000,00 MT, relativamente à terceira classe, abrangendo obras até ao valor de 10.000.000,00 MT;
- 500.000,00 MT, relativamente à quarta classe, abrangendo obras até ao valor de 20.000.000,00 MT;
- 1.500.000,00 MT, relativamente à quinta classe, abrangendo obras até ao valor de 60.000.000,00 MT;
- 5.000.000,00 MT, relativamente à sexta classe, abrangendo obras até ao valor de 200.000.000,00 MT; e
- 10.000.000,00 MT, relativamente à sétima classe, abrangendo obras com valor superior a 200.000.000,00 MT.

1.2.1. Instituições de crédito e sociedades financeiras;

a) Autorização prévia

A constituição das instituições de crédito e sociedade financeiras depende de autorização a conceder, caso a caso, pelo Governador do Banco de Moçambique (art. 13.º da LIC).

b) Firma

"Só as instituições de crédito e sociedades financeiras podem incluir na sua firma ou denominação, ou usar no exercício da sua actividade, expressões que sugiram actividade própria das instituições de crédito ou das sociedades financeiras, designadamente, 'banco', 'banqueiro', 'microbanco', 'de crédito', 'de depósitos', 'locação financeira', 'leasing e factoring'" (n.º 1 do art. 10.º da LIC).

c) Capital social

O capital social mínimo de cada uma das instituições de crédito e sociedades financeiras encontra-se fixado no Aviso n.º 4/GGBM/2005, de 20 de Maio de 2005, do Banco de Moçambique, e corresponde ao seguinte:

- Bancos.. 70.000.000,00 MT;
- Sociedades de locação financeira................................ 25.000.000,00 MT;
- Sociedades de Investimento .... 25.000.000,00 MT;
- Sociedades de capital de risco .... 10.000.000,00 MT;
- Sociedades de factoring.. 3.500.000,00 MT;
- Sociedades gestoras de fundos de investimento .... 700.000,00 MT;
- Sociedades financeiras de corretagem........................ 1.400.000,00 MT;
- Sociedades corretoras .... 420.000,00 MT;
- Sociedades gestoras de patrimónios:.......................... 700.000,00 MT;
- Sociedades administradoras de compras em grupo:.. 700.000,00 MT;
- Casas de câmbios .... 2.500.000,00 MT;
- Cooperativas de crédito.. 200.000,00 MT;

- Microbancos:
  1) Caixa Geral de Poupança e Crédito .... 5.000.000,00 MT;
  2) Caixa Económica .... 2.400.000,00 MT;
  3) Caixa de Poupança Postal... 1.800.000,00 MT;
  4) Caixa Financeira Rural .... 1.200.000,00 MT;

– Instituições de moeda electrónica .... 25.000.000,00 MT;
– Sociedades emitentes ou gestoras de cartões de crédito .... 3.500.000,00 MT;
– Casas de desconto .... 10.000.000,00 MT;

– Operadores de microfinanças sujeitos a monitorização:
1) Organizações de poupança e empréstimo .... 150.000,00 MT;
2) Operadores de microcrédito .... 75.000,00 MT;
3) Intermediários de captação poupanças .... isentos.

Na data da constituição, o capital social das instituições de crédito e sociedades financeiras deve encontrar-se realizado em montante não inferior ao mínimo legal, fixado no Aviso n.º 4/GGBM/2005, de 20 de Maio de 2005, do Banco de Moçambique, devendo o remanescente do capital social ser realizado no prazo de 6 meses, a contar da data de constituição ou da data da subscrição, quando se trate de aumento de capital, mediante depósito do respectivo montante numa instituição de crédito a operar em Moçambique e que não seja a própria (n.os 3, 4 e 5 do art. 11.º da LIC).

Por sua vez o capital social das instituições de crédito e sociedades financeiras deve ser representado por acções nominativas ou ao portador registadas (al. e do n.º 1 do art. 11.º da LIC).

d) Participação qualificada[10]

A alienação, aumento e aquisição de participações qualificadas, assim como as transmissões de participações que permitam aos adquirentes atingir 10 por cento ou 50 por cento do capital social de instituição de crédito ou sociedade financeira, depende de prévia autorização do Banco de Moçambique (n.os 1, 2 e 3 do art. 65.º da LIC), assim como os factos de que resulte, directa ou indirectamente, a detenção de participação qualificada ou o seu aumento, devem

[10] Por força do disposto na al. k) do n.º 2 do art. 2.º da LIC, deve-se entender por participação qualificada das instituições de crédito e sociedades financeiras a detenção numa sociedade, directa ou indirectamente, de percentagem não inferior a 10% do capital ou dos direitos de voto, considerando-se equiparados aos direitos de voto da participante:

a) os direitos detidos pelas entidades por aquela dominadas ou que com ela se encontrem numa relação de grupo;

b) os direitos detidos pelo cônjuge não separado judicialmente ou por descendente menor de idade;

c) os direitos detidos por outras entidades, em nome próprio ou alheio, mas por conta da participante ou das pessoas mencionadas nas alíneas anteriores;

d) os direitos inerentes a acções de que a participante detenha usufruto.

ser notificados pelo interessado ou pela instituição ao Banco de Moçambique no prazo de 30 dias, a contar da data em que os mesmos factos se verifiquem. (art. 66.º da LIC).

e) Supervisão

As instituições de crédito e sociedades financeiras encontram-se sujeitas à supervisão do Banco de Moçambique, ao qual compete definir os termos e condições em que as mesmas, bem como as entidades a elas ligadas por relações de proximidade, de domínio ou de grupo, são sujeitas a supervisão em base consolidada (n.os 1 e 2 do art. 55.º da LIC).

f) Registo

As instituições de crédito e as sociedades financeiras, além de deverem ser registadas na Conservatória de Registo das Entidades Legais, encontram-se sujeitas a registo especial junto do Banco de Moçambique (n.º 1 do art. 44.º da LIC), o qual abrangerá os seguintes elementos (art. 13.º do Regulamento da LIC, aprovado pelo Decreto n.º 56/2004, de 10 de Dezembro):

1) Firma ou denominação;
2) Objecto;
3) Data da autorização para a constituição;
4) Data da constituição;
5) Lugar da sede;
6) Capital subscrito;
7) Capital realizado;
8) Identificação dos accionistas ou sócios detentores de participações qualificadas;
9) Identificação dos membros dos órgãos sociais e outros equiparados, nos termos legalmente estabelecidos;
10) Delegações de poderes de gestão;
11) Data do início da actividade;
12) Lugar e data de criação de filiais, sucursais e agências e o seu encerramento das sucursais estabelecidas no estrangeiro;
13) Acordos parassociais;
14) Alterações que se verifiquem nos elementos acima identificados.

1.2.2. Sociedades seguradoras e resseguradoras

a) Autorização prévia

As sociedades que se dediquem ao exercício da actividade seguradora, resseguradora ou de micro-seguro na República de Moçambique carecem de autorização prévia a conceder pelo Ministro que superintende a área de Finanças, mediante parecer do Instituto de Supervisão de Seguros de Moçambique ("ISSM") (n.º 1 do art. 4.º do RJS, conjugado com o art. 12.º da Lei de SegurosM).

b) Firma

Da denominação ou firma das sociedades seguradoras ou resseguradoras, conforme a sua natureza e objecto, deve constar qualquer das expressões "seguradora", "companhia de seguros", "resseguradora", "sociedade mútua de seguros", "mútua de seguros", "micro seguradora", "companhia de micro-seguros", "mútua de miro-seguros", "sociedade mútua de micro-seguros" ou outra da qual resulte inequivocamente que o seu objecto é o exercício da actividade seguradora, a nível do seguro directo, resseguro ou do micro-seguro (n.º 1 do art. 3.º do RJS).

c) Capital social

De acordo com n.º 1 do art. 15.º do RJS, aprovado pela Lei de SegurosM, ("RJS") o capital mínimo de sociedades anónimas de seguros ou de resseguros é o de:

1) 15.000.000,00 MT (quinze milhões de Meticais), no caso de explorar apenas um dos seguintes ramos "Não Vida": i. "Doença"; ou ii. "Assistência";
2) 33.000.000,00 MT (trinta e três milhões de Meticais) no caso de explorar os dois ramos "não Vida": i. "Doença"; e ii. "Assistência";
3) 67.000.000,00 MT (sessenta e sete milhões de Meticais), no caso de explorar o ramo "Vida";
4) 100.000.000,00 MT (cem milhões de Meticais), no caso de explorar cumulativamente o ramo "Vida" com um ramo ou ramos "Não Vida".

No momento da sua constituição 50 por cento do referido capital social mínimo deverá encontrar-se realizado em dinheiro e depositado à ordem da sociedade em instituição de crédito autorizada a operar em Moçambique, com expressa declaração da quantia subscrita por cada accionista (n.º 2 do art. 15.º do RJS), devendo o remanescente ser realizado no prazo de 180 dias, contados da outorga da escritura de constituição, não sendo passível de deferimento as realizações em espécie (n.º 3 do art. 15.º do RJS).

d) Participação qualificada[11]

A aquisição, aumento ou diminuição de participação qualificada em seguradora carece de autorização do Ministro que superintende a área de Finanças (art. 18.º do RJS).

e) Supervisão

As sociedades seguradoras e resseguradoras encontram-se sujeitas à supervisão do Instituto de Supervisão de Seguros de Moçambique ("ISSM") ao qual compete, entre outras funções:

1) Acompanhar e verificar o cumprimento, pelas entidades que exercem a actividade seguradora e de mediação de seguros, das normas que disciplinam a respectiva actividade, instaurando o procedimento que se mostre necessário;
2) Emitir directivas para que sejam sanadas as irregularidades detectadas;
3) Tomar providências extraordinárias de saneamento; e
4) Sancionar as infracções de acordo com a competência delegada.

[11] Por força do n.º 31 do Glossário que constitui anexo da Lei de SegurosM, participação qualificada é "a participação directa ou indirecta que represente percentagem não inferior a 10% do capital social ou dos direitos de voto da seguradora participada ou, por qualquer outra forma, a possibilidade de exercer uma influência significativa na respectiva gestão, sendo equiparados aos direitos de voto detidos pelo participante:
a) os detidos por cônjuge que não se encontre sob qualquer regime de separação judicial, os detidos por descendentes menores e os detidos por sociedades controladas pelo participante ou controladas pelas pessoas anteriormente referidas;
b) os detidos por outras pessoas ou entidades, em nome próprio ou alheio, mas por conta do participante;
c) os detidos por terceiro em virtude de um acordo celebrado com o participante ou com uma das sociedades por ele controladas, pelo qual:
i. o terceiro fique obrigado a adoptar, através do exercício concertado dos respectivos direitos de voto, uma política comum em relação à gestão da seguradora; ou
ii. se preveja uma transferência provisória dos direitos de voto.
d) os que sejam inerentes a acções do participante entregues em garantia, excepto quando o credor detiver esses direitos e declarar a intenção de os exercer, caso em que os referidos direitos de voto são considerados como próprios do credor;
e) os que sejam inerentes à acções de que o participante tenha o usufruto;
f) os que, por força de um acordo, o participante ou uma das outras pessoas ou entidades referidas nas sub-alíneas anteriores, tenham o direito de adquirir, por sua exclusiva iniciativa; e
g) os que sejam inerentes às acções depositadas junto do participante e que este possa exercer como entender na ausência de instruções específicas dos respectivos detentores".

1.2.3. Sociedades cujas acções sejam total ou parcialmente cotadas na Bolsa de Valores de Moçambique ("BVM")[12]

Entre outras, são condições para que as acções representativas do capital social de uma sociedade anónima sejam admitidas à cotação na BVM, as seguintes, nos termos do n.º 1 do art. 60.º do Código do Mercado de Valores Mobiliários, aprovado pelo Decreto-Lei n.º 4/2009, de 24 de Julho ("CMVMM"):

1) A capitalização bolsista previsível das acções que são objecto do pedido de admissão ou os capitais próprios da sociedade, incluindo os resultados não distribuídos do último exercício, não serem inferiores ao valor que seja estabelecido no mês de Março de cada ano mediante regulamento da Bolsa de Valores;

2) A publicação dos seus relatórios de gestão e contas anuais relativos aos dois exercícios anteriores ao pedido de admissão;

3) As acções serem livremente negociáveis; e

4) Estar assegurado, até ao momento da admissão à cotação, uma suficiente dispersão das acções pelo público[13];[14].

2. MODELOS DE GOVERNO SOCIETÁRIO

2.1. Estrutura orgânica

Em termos da sua estruturação orgânica, as sociedades anónimas de direito moçambicano são caracterizadas por órgãos sociais obrigatórios e facultativos.

Além dos mencionados faremos referência a algumas realidades atípicas que, não sendo previstas pelo ordenamento jurídico moçambicano, vão sendo adoptadas em algumas sociedades anónimas moçambicanas.

[12] De acordo com informação obtida junto da BVM em Outubro de 2012, àquela data apenas três sociedades tinham acções contadas junto da BVM. É, porem, expectável que várias outras sociedades passem a cotar as respectivas acções na BVM, atendendo a diversas iniciativas legislativas promotoras da adesão ao mercado de valores mobiliários.

[13] Com relação à cotação no Mercado de Cotações Oficiais, presume-se existir dispersão suficiente quando as acções que forem objecto de pedido à cotação se encontrem dispersas pelo público numa percentagem não inferior a 15% do capital subscrito e representado por essa categoria de acções ou, na sua falta, um número não interior a 250.000 acções desde que se encontre assegurado o regular funcionamento do mercado (n.º 3 do art. 60.º do CMVMM).

[14] Com relação à cotação no Segundo Mercado, presume-se existir dispersão suficiente quando as acções que forem objecto de pedido à cotação se encontrem dispersas pelo público numa percentagem não inferior a 5% do capital subscrito e representado por essa categoria de acções (al. c) do art. 86.º do CMVMM).

2.1.1. Órgãos sociais obrigatórios

São obrigatórios a todas as sociedades anónimas de direito moçambicano os seguintes órgãos sociais (n.º 1 e 2 do art. 127.º do CComM):

1) A assembleia geral, como órgão deliberativo;
2) A administração, como órgão executivo; e
3) O conselho fiscal ou fiscal único, como órgão fiscalizador e controlador.

Sobre cada um dos referidos órgãos sociais pronunciar-nos-emos mais aprofundadamente nos pontos 3., 4. e 5., infra.

2.1.2. Órgãos facultativos

São órgãos facultativos das sociedades anónimas, previstos pela legislação moçambicana os seguintes:

a) Comissão de accionistas

A comissão de accionistas encontra-se prevista no n.º 2 do art. 424.º do CComM como correspondendo ao órgão ao qual cabe, no silêncio do contrato de sociedade e em alternativa à assembleia geral, fixar a remuneração dos administradores e, como faremos referência no ponto 5.5., infra, dos membros do conselho fiscal ou do fiscal único.

Por influência do direito português nas sociedades anónimas moçambicanas, à comissão de accionistas, consagrada no CComM, tem-se, por vezes, atribuído a designação de comissão de remunerações. Esta comissão de remunerações será uma verdadeira comissão de accionistas, sempre que os respectivos membros sejam accionistas da sociedade, não o sendo, como por vezes tem sucedido, sempre que os membros da comissão de remunerações não sejam accionistas da sociedade. Nos casos em que os membros da denominada comissão de remunerações não sejam accionistas da sociedade, não poderá a mesma substituir-se à comissão de accionistas, no que diga respeito à fixação das remunerações dos administradores e dos membros do conselho fiscal ou do fiscal único.

b) Administrador ou administradores delegados (direcção)

Sobre a análise e distinção das figuras do administrador ou administradores delegados e direcção debruçar-nos-emos no ponto 4.4., infra. Por agora limitar-nos-emos a referir que conforme disposto no n.º 1 do art. 432.º do CComM "[o] conselho de administração pode delegar num ou mais administradores a gestão corrente da sociedade", sem que tal delegação possa abranger: (i) relatórios e contas anuais; (ii) prestação de cauções e garantias, pessoais ou reais, pela sociedade; (iii) extensões ou reduções da actividade da sociedade; e (iv) projectos de fusão, cisão e de transformação da sociedade.

No âmbito de uma tal delegação de competências, por parte do conselho de administração, podem, pelos motivos enunciados no ponto 4.4., infra, considerar-se as três seguintes realidades:

1) Administrador delegado – o administrador da sociedade a favor do qual o conselho de administração delega total ou parcialmente a gestão corrente da sociedade;

2) Administradores delegados – os diversos administradores da sociedade, isolada ou conjuntamente considerados, a favor dos quais o conselho de administração delega, em conjunto ou separadamente, total ou parcialmente, a gestão corrente da sociedade; e

3) Direcção – órgão colegial composto por administradores a favor o qual o conselho de administração delega, total ou parcialmente, a gestão corrente da sociedade.

2.1.3. Órgãos e cargos sociais atípicos

Além dos órgão sociais obrigatórios e facultativos supra mencionados, vai sendo comum em algumas sociedades anónimas moçambicanas, fruto da influência que sobre as mesmas é exercida por agentes económicos estrangeiros, investidores e/ou controladores dessas mesmas sociedades, a adopção de órgãos e cargos sociais atípicos que, não sendo previstos na legislação moçambicana, acabam por ser consagrados no contrato social ou por meio de deliberações dos órgãos sociais. É o caso, por exemplo, do secretário da sociedade ou do conselho de administração, assim como do conselho geral.

Contudo, uma vez que tais realidades não são consagradas na legislação aplicável, resultando antes da iniciativa dos accionistas reflectida no contrato de sociedade ou em deliberações dos órgãos sociais tipificados, as mesmas não estão sujeitas a regulamentação própria. Por outro lado, uma vez que as competências que nos ordenamentos jurídicos donde originariamente provêm são, no ordenamento jurídico moçambicano, absorvidas por outros órgão sociais, mostra-se necessário que a sua instituição seja moldada de tal modo que não contrarie as disposições legais de carácter imperativo que integram a legislação moçambicana.

2.2. Mitigação de conflitos de interesse

Existem, com relação às sociedades anónimas de direito moçambicano, diversas disposições tendentes a mitigar conflitos de interesse, designadamente no que se refere ao direito aos lucros, ao direito de voto em reuniões de assembleia geral, aos negócios entre a sociedade e seus accionistas ou seus administradores, assim como à influência de accionistas dominantes.

A tais situações faremos referência no âmbito dos pontos 3.1. (Direito aos lucros), 3.2. (Participação na assembleia geral); 3.4. (Abuso de maioria/Abuso de minoria), 3.7. (Negócios com a sociedade – por parte de accionistas); 4.7. (Negócios com a sociedade – por parte de administradores), infra.

3. ACCIONISTAS

3.1. Direito aos lucros

No ordenamento jurídico moçambicano, aplicável às sociedades comerciais, o direito aos lucros é consagrado na parte geral do CComM (al. a) do n.º 1 do seu art. 104.º), não sendo admissível cláusula que exclua o sócio de quinhoar nos lucros (n.º 3 do art. 108.º do CComM).

No silêncio do contrato de sociedade os sócios participam nos lucros da sociedade proporcionalmente ao valor nominal das respectivas participações sociais no capital social (n.º 1 do art. 108.º do CComM).

3.1.1. Lucros do exercício e lucros finais

O CComM, no n.º 2 do art. 109.º, define o lucro da sociedade como "o valor apurado nas contas do exercício, segundo as regras de elaboração e aprovação das mesmas, que exceda a soma do capital social e dos montantes já integrados ou a integrar nesse exercício a título de reservas que a lei ou os estatutos não permitam distribuir aos sócios". Naturalmente que esta noção de lucro abrange apenas a noção de lucro do exercício ou lucro periódico, não abrangendo a noção de lucro final da sociedade que corresponde ao "lucro que se apura no termo da actividade social, em face do balanço de liquidação, e consiste no excedente do activo líquido sobre o capital inicialmente formado pelos sócios"[15].

[15] A. Ferrer Correia, *Lições de Direito Comercial*, Reprint, LEX Edições Jurídicas, Lisboa, 1994, pag. 341.

3.1.2. Lucros do exercício distribuíveis

Com vista a determinar quais os lucros do exercício passíveis de serem distribuídos pelos accionistas das sociedades anónimas, importar ter em consideração o disposto nos n.º 6 do art. 108.º, n.º 3 do art. 109.º, n.º 1 do art. 444.º e n.º 1 do art. 448.º, todos CComM.

Do disposto no n.º 6 do art. 108.º do CComM, resulta que "[a] sociedade (...) somente pode distribuir dividendos, mesmo aos titulares de acções preferênciais, à conta do lucro líquido do exercício, depois de efectuadas as deduções legais obrigatórias, reguladas neste Código, ou à conta do fundo de reserva especial, previsto no contrato de sociedade ou criado pela assembleia geral, destinado ao pagamento dos dividendos das acções preferenciais".

O n.º 3 do art. 109.º do CComM estabelece que, "no caso de haver prejuízos transitados, o lucro do exercício não pode ser distribuído sem que se tenha procedido primeiro à cobertura daqueles e, depois, à formação ou reconstituição das reservas legais ou estatutariamente obrigatórias".

Por seu turno, o n.º 1 do art. 444.º do CComM estabelece que, "[d]o lucro líquido do exercício, antes da constituição das reservas estatutárias ou de outras reservas reguladas neste Código, são deduzidos cinco por cento do valor apurado para a constituição do fundo de reserva legal, que não excederá vinte por cento do capital social".

Complementarmente, do n.º 1 do art. 448.º do CComM resulta que, "[d]o resultado do exercício são deduzidos, antes de qualquer participação, os prejuízos acumulados".

Em face das referidas disposições, não podem ser distribuídos pelos sócios os lucros do exercício:

- Necessários para cobrir os prejuízos transitados;
- Necessários à formação ou reconstituição das reservas legais;
- Necessários à constituição ou reconstituição das reservas estatutárias; e
- Necessários à constituição do fundo de reserva especial destinado ao pagamento dos dividendos das acções preferenciais, se o houver.

Assim, o lucro do exercício deduzido das cifrar acabadas de enunciar constitui o lucro do exercício distribuível pelos accionistas das sociedades anónimas.

Note-se que, como acima ficou demonstrado pela transcrição do n.º 1 do art. 444.º do CComM, do lucro líquido do exercício, apenas é necessário deduzir cinco por cento para efeitos de afectação à formação da reserva legal, até que esta represente 20 por cento do capital social, sem prejuízo da faculdade da afectação de percentagem superior.

Embora não resultando expressamente do CComM, ao contrário do que sucede em ordenamentos jurídicos distintos do moçambicano, entendemos que o mesmo se aplique à reconstituição das reservas legais.

3.1.3. Distribuição de lucros do exercício

Compete à assembleia geral ordinária, a reunir nos três meses imediatos ao termo de cada exercício, deliberar sobre a aplicação de resultados (al. b) do n.º 1 do art. 132.º do CComM) e, assim, deliberar, sob proposta da administração, sobre o destino a ser dado ao lucro líquido do exercício.

Não obstante a noção de lucros do exercício distribuíveis, acima apresentada, os mesmos não são necessariamente distribuídos pelos accionistas na sua totalidade. Com efeito, os accionistas apenas têm garantido o pagamento dos dividendos obrigatórios, previstos e regulados pelo art. 452.º do CComM e, ainda assim, sujeitos a certas restrições.

De acordo com o n.º 1 do art. 452.º do CComM, "[o]s accionistas têm direito de receber, como dividendo obrigatório, em cada exercício a parcela dos lucros estabelecida nos estatutos ou, se estes forem omissos, a importância que vier a ser determinada com a aplicação das seguintes regras:

a) vinte e cinco por cento do lucro líquido do exercício deduzido das importâncias destinadas à constituição da reserva legal;

b) o pagamento do dividendo obrigatório é limitado ao montante do lucro líquido do exercício que tiver sido realizado".

Deste modo, constituem dividendos obrigatórios aqueles que, porventura, se encontrem fixados nos estatutos da sociedade e sejam, naturalmente, distribuíveis. A este propósito, resulta do n.º 2 do art. 452.º do CComM que, o dividendo obrigatório é calculado através da incidência de uma percentagem, definida nos estatutos, sobre os lucros do exercício, deduzido das importâncias destinadas à constituição do fundo de reserva legal.

Na eventualidade dos estatutos da sociedade não fixarem os dividendos obrigatórios, deverão ser distribuídos pelos accionistas os dividendos que sejam fixados em assembleia geral, respeitadas as regras fixadas pelo art. 452.º do CComM.

O n.º 3 do art. 452.º do CComM estabelece que "[q]uando os estatutos forem omissos pode, em qualquer altura, a assembleia geral, por proposta do conselho de administração, fixar o valor do dividendo obrigatório, nunca inferior a vinte e cinco por cento do lucro líquido do exercício".

Ao contrário do que resulta do n.º 1 do art. 452.º do CComM, o n.º 3 do mesmo artigo parece estabelecer como limite mínimo dos dividendos obrigatórios 25 por cento dos lucros líquidos do exercício, sem que a referida percentagem incida, apenas, sobre a diferença entre o valor dos lucros líquidos do exercício e o valor a ser afecto à constituição da reserva legal.

Parece-nos, porém, não se poder ignorar a regra estabelecida na al. a) do n.º 1 do art. 452.º, assim como o disposto no n.º 6 do art. 108.º e n.º 3 do art. 109.º, todos do CComM e, assim, concluímos que, na eventualidade dos estatutos da sociedade não fixarem os dividendos obrigatórios, deverão ser distribuídos pelos accionistas os dividendos que sejam fixados em assembleia geral, não devendo os mesmos:

1) Serem inferiores a 25 por cento do lucro líquido do exercício, deduzido das importâncias destinadas à constituição da reserva legal; e
2) Sem que tal distribuição de lucros possa prejudicar as demais deduções obrigatórias que se mostrem necessárias efectuar para efeitos da constituição ou reconstituição das reservas estatutárias ou do fundo de reserva especial destinado ao pagamento dos dividendos das acções preferenciais.

Não obstante o exposto, a assembleia geral pode, desde que não haja oposição de qualquer accionista presente[16], deliberar sobre a distribuição de dividendo inferior ao obrigatório (n.º 4 do art. 452.º do CComM). Neste caso, os dividendos que deixem de ser distribuídos serão registados como reserva especial e, se não absorvidos por prejuízos em exercício subsequentes, devem ser pagos como dividendo obrigatório, assim que o permitir a situação financeira da sociedade (n.º 6 do art. 452.º do CComM).

Adicionalmente o dividendo obrigatório pode deixar de ser pago aos accionistas, por proposta da administração, com parecer do conselho fiscal, quando em exercício, aprovada pela assembleia geral, desde que haja fundado receio de que o seu pagamento venha a criar grave dificuldade financeira para a sociedade (n.º 5 do art. 452.º do CComM). Curiosamente, neste caso não se prevê que os dividendos obrigatórios não pagos passem a constituir reserva especial destinada a permitir o seu futuro pagamento, assim que possível, à semelhança do que prevê o n.º 6 do art. 452.º do CComM relativamente à fracção dos dividendos obrigatórios que ao abrigo do n.º 4 do mesmo artigo deixem de ser pagos.

Sem prejuízo do supra exposto, nada obsta a que a seja deliberada a distribuição de dividendos em montante superior aos dos dividendos obrigatórios (n.º 7 do art. 452.º do CComM).

Com relação ao direito dos accionistas aos dividendos, estabelece o n.º 9 do art. 452.º do CComM que, "[o] vencimento do crédito do sócio aos lucros opera-se trinta dias após o registo da deliberação social que aprovar as contas do exercício".

[16] Tenha-se em consideração o ponto 3.2., infra, sobre a distinção entre accionistas presentes na reunião de assembleia geral e accionistas com direito a voto.

Não deixando-se de estranhar a opção do legislador, no sentido de fazer depender o vencimento do crédito dos accionistas aos dividendos do registo da deliberação de aprovação de contas, quando podia ter, antes, optado pelo registo da deliberação de aplicação de resultados, parece-nos que daí não resultará, na generalidade dos casos, consequência prática, uma vez que, na maioria dos casos, ambas as deliberações são tomadas na mesma reunião de assembleia geral, a ordinária (n.º 1 do art. 131.º do CComM). Fazemos referência à generalidade dos casos porque, em tese, pode a reunião de assembleia geral, uma vez tomada a deliberação de aprovação de contas, ser suspensa e a deliberação sobre a aplicação de resultados vir a ser tomada em data posterior, uma vez retomada a mesma reunião.

Ainda com relação ao vencimento dos créditos dos accionistas aos dividendos, diga-se que o registo da deliberação de aprovação de contas do exercício, a que se refere o n.º 9 do art. 452.º, deve ser requerida no prazo de 3 meses, a contar da data em que a deliberação tenha sido tomada (n.º 1 do art. 31.º do Regulamento do Registo das Entidades Legais ("RREL"), aprovado pelo Decreto-Lei n.º 1/2006, de 3 de Maio), tendo legitimidade para o requerer tanto a sociedade como os seus accionistas e demais eventuais interessados (n.º 1 do art. 40.º do RREL).

3.1.4. Adiantamento sobre os lucros

À semelhança de outros ordenamentos jurídicos, o moçambicano permite, ao abrigo do disposto no art. 454.º do CComM que, desde que previsto no contrato de sociedade, sejam feitos, no decurso de um exercício, adiantamentos aos accionistas sobre os lucros.

Não é, no entanto e ao contrário de outros ordenamentos jurídicos, estabelecido qualquer critério ou requisito a cumprir para o efeito e destinado a acautelar os interesses de todos aqueles que possam ser afectados por um tal adiantamento, tais como os credores da sociedade e respectivos trabalhadores.

3.1.5. Dividendos intermediários

Outra faculdade concedida pelo art. 453.º do CComM é a da sociedade poder, por deliberação da assembleia geral, distribuir dividendos à conta do lucro apurado em balanço semestral, nos casos em que a sociedade, por força da lei ou de disposição estatutária, efectue balanço semestral.

Também com relação aos dividendos intermediários, não são estabelecidos quaisquer critérios ou requisitos a cumprir e destinados a acautelar os interesses daqueles que, potencialmente, possam ser afectados pela sua distribuição.

3.2. Participação na Assembleia Geral (direito de voto, impedimentos ao seu exercício e regras sobre quórum e maiorias deliberativas)

3.2.1. Participação na Assembleia Geral

Com relação às sociedades anónimas, todos os accionistas, com ou sem direito de voto, têm direito de comparecer à assembleia geral e discutir as matérias submetidas à apreciação, desde que provada a sua qualidade de accionistas (n.º 1 do art. 414.º do CComM). Este tem sido, aliás, um direito amplamente exercido pelos accionistas de sociedades anónimas moçambicanas, incluindo pelos accionistas sem direito de voto ou capacidade de influência nas deliberações a serem tomadas, traduzindo o interesse da generalidade dos accionistas sobre os assuntos relacionados com a sociedade em que são accionistas.

Os accionistas podem-se fazer representar nas reuniões de assembleia geral por mandatário que seja advogado, accionista ou administrador da sociedade, constituído com procuração por escrito outorgada com prazo determinado de, no máximo, 12 meses e com indicação dos poderes conferidos.

Com relação à representação em assembleia geral dos accionistas que sejam pessoas colectivas, em face de não ser especialmente tratada no CComM, recorremos a Luís de Brito Correia para considerar que sua representação nas reuniões de assembleia geral tenha de ser assegurada pelo órgão representativo de harmonia com os respectivos estatutos, podendo tal órgão delegar num dos seus membros ou nomear um ou mais procuradores. "Os sócios pessoas colectivas têm necessariamente de se fazer representar por pessoas físicas, que, obviamente, não têm de ser sócios da sociedade e podem mudar com frequência. Ora, se os membros do órgão representativo da pessoa colectiva-sócia podem ser substituídos, em intervenção da sociedade, não se vê razão para impedir que a pessoa colectiva se faça representar por um procurador que não seja membro do órgão, nem sócio da sociedade, nem familiar dum sócio"[17].

Além dos accionistas, as pessoas que integram os órgãos sociais devem comparecer às reuniões da assembleia geral, quando convocadas pelo presidente da mesa (n.º 3 do art. 130.º do CComM). Embora este dever dos membros dos órgãos sociais comparecerem às reuniões de assembleia geral, dependa da sua convocação por parte do presidente da mesa, na prática, a sua presença mostra-se indispensável com relação a um largo número de deliberações, entre as quais: (i) sobre o balanço e o relatório da administração referentes ao exercício; (ii) sobre

[17] Luis de Brito Correia, *Direito Comercial – Deliberações dos Sócios, Vol III*, Associação Académica da Faculdade de Direito de Lisboa, 1987 , 3.ª tiragem, 1997, pags. 40 e 41.

a aplicação de resultados; (iii) aumentos ou reduções do capital social; (iv) emissão de obrigações; (v) fusões; (vi) cisões; e (vii) transformações.

Além dos mencionados, a presença na assembleia geral de outras pessoas, depende da autorização do presidente da mesa, podendo, no entanto, os accionistas opor-se a uma tal autorização (n.º 5 do art. 414.º do CComM).

3.2.2. Direito de voto

Com relação ao direito de voto, a regra geral, reflectida no n.º 1 do art. 417.º do CComM é a de que, a cada acção corresponde um voto. Esta regra, no entanto, sofrer algumas limitações.

- Desde logo, o contrato de sociedade pode exigir a posse de um certo número de acções para conferir direito de voto. Neste caso os accionistas possuidores de um número de acções inferior ao exigido pelo contrato de sociedade podem agrupar-se por forma a completarem o número exigido e fazer-se representar por um dos accionistas agrupados (n.º 2 do art. 414.º do CComM).
- Por outro lado, o contrato de sociedade pode fazer corresponder um só voto a um certo número de acções, contanto que sejam abrangidas todas as acções emitidas pela sociedade e caiba um voto, a cada 20,00 MT (vinte Meticais) de capital.
- Outra limitação é a dos accionistas não poderem votar sobre matérias em relação às quais se encontrem em conflito de interesse com a sociedade (art. 131.º do CComM).
- Outra, ainda, resulta da mora dos accionistas na realização das acções tituladas. Com efeito, o n.º 3 do art. 417.º do CComM estabelece que, "a partir da mora na realização de entradas de capital e enquanto esta subsistir, o accionista não pode exercer o direito de voto".
- Com relação às acções preferenciais, o contrato de sociedade pode suprimir o direito de voto, não podendo, no entanto, tal supressão abranger o direito de voto sobre matérias referentes à aprovação do relatório da administração, das demonstrações contabilísticas e contas de resultados de cada exercício (n.º 1 do art. 354.º do CComM). Ainda assim, nos casos em que os accionistas titulares de acções preferenciais não tenham direito a voto, tal direito é recuperado nos casos em que a sociedade, pelo prazo previsto no contrato de sociedade, não superior a três exercícios sociais consecutivos, deixar de distribuir dividendos preferenciais aos seus titulares, direito este que será conservado até que os dividendos sejam pagos e, se cumulativos, até ao pagamento dos dividendos em atraso (art. 355.º do CComM).

Por último, com relação ao direito de voto, refira-se que, o n.º 4 do art. 417.º do CComM, proíbe o voto plural "impedindo a desproporção entre as acções e o número de votos que elas conferem"[18].

3.2.3. Quórum

Com relação ao quórum constitutivo das reuniões de assembleia geral, o princípio geral é o da assembleia geral poder deliberar, qualquer que seja o número de accionistas presentes ou representados (n.º 1 do art. 136.º do CComM).

No entanto, a referida regra pode ser afastada pelo contrato de sociedade, o qual pode estabelecer um quórum constitutivo mínimo (n.º 1 do art. 136.º do CComM), assim como é afastada por lei relativamente às deliberações, a serem tomadas em primeira convocação, sobre a alteração do contrato de sociedade, fusão, cisão, transformação, dissolução da sociedade ou outros assuntos para os quais a lei exija maioria qualificada, sem a especificar. Nestes casos, para que a deliberação possa ser tomada em primeira convocação é necessário que estejam presentes ou representados accionistas que detenham, pelo menos, acções correspondentes a um terço do capital social (n.º 2 do art. 136.º do CComM).

Não obstante, em segunda convocação, a assembleia pode deliberar seja qual for o número de sócios presentes ou representados e o capital por eles representado (n.º 3 do art. 136.º do CComM), podendo a convocatória de uma assembleia geral, desde logo fixar uma segunda data de reunião para o caso de a assembleia não poder reunir na primeira data marcada, por falta de representação do capital social exigido por lei ou pelo contrato de sociedade, desde que, entre as duas datas medeie mais do que 15 dias (n.º 4 do art. 136.º do CComM).

É ao presidente da mesa da assembleia geral que compete, antes de iniciada a reunião de assembleia, verificar o quórum, por meio dos registos de presenças de assinaturas constantes no Livro de Presenças de Accionistas, bem como a quantidade de acções preferências, caso as haja (n.º e do art. 135.º e n.º 2 do art. 413.º, ambos do CComM).

3.2.4. Maiorias deliberativas

No que se refere às maiorias deliberativas ou quórum deliberativos, estabelece o n.º 1 do art. 139.º do CComM que "[e]m nenhum caso se considera tomada uma deliberação que não tenha sido aprovada pelo número de votos exigidos na lei ou nos estatutos". O n.º 3 do mesmo art. 139.º do CComM estabelece, ainda, que

[18] Paulo Olavo Cunha, *Direito Das Sociedade Comerciais*, Almedina, Coimbra, 4.ª edição, 2010, pag. 321.

"[a] ... formação das maiorias necessárias às deliberações, consoante as matérias, obedece às regras fixadas na lei para cada tipo de sociedades".

Sucede que, com relação às sociedades anónimas, a lei não estabelece uma regra geral quanto à maioria necessária para que as deliberações de assembleia geral sejam tomadas.

É certo que, com relação a certas matérias específicas a lei estabelece regras relacionadas com a formação das maiorias necessárias às deliberações.

A título de exemplo, assim resulta:

- Do já citado n.º 4 do art. 452.º do CComM, com relação à deliberação sobre a distribuição de dividendo inferior ao obrigatório que depende da não oposição de qualquer accionista presente;
- Do art. 106.º do CComM, de acordo com o qual "[o]s direitos especiais dos sócios não podem, em caso algum, ser suprimidos ou modificados som o consentimento, do respectivo titular, salvo cláusula expressa em contrário no contrato de sociedade";
- Do n.º 2 do art. 357.º do CComM de acordo com o qual "[a] alteração do contrato de sociedade, que atribua direitos aos titulares das várias classes especiais de acção ordinária, somente pode ser promovida pela sociedade, mediante aprovação prévia de dois terços da totalidade dos titulares da respectiva classe especial de acção, assegurado aos accionistas dissidentes dessa mesma classe, o direito de exoneração"; e
- Do n.º 2 do art. 358.º do CComM, relativo à alteração dos estatutos, que atribua direitos especiais aos titulares de acções preferenciais, cuja deliberação depende de dois terços da totalidade dos titulares das acções preferenciais, conferindo o direito de exoneração aos accionistas dissidentes da mesma classe.

Também é certo que, na generalidade dos casos, os contratos de sociedade das sociedades anónimas estabelecem maiorias mínimas para que as deliberações possam ser tomadas.

Contudo, nos casos em os estatutos não estabeleçam uma maioria mínima para que as deliberações sejam tomadas e em que não se esteja perante a tomada de deliberação sobre matéria específica em relação à qual a lei estabeleça regra sobre a formação de maioria, poder-se-á colocar a questão de saber qual a maioria deliberativa necessária à tomada da deliberação.

Em nosso entender, tais casos não são abrangidos pelo n.º 1 do art. 139.º do CComM, precisamente porque se tratam de casos em relação aos quais nem a lei nem os estatutos exige número de votos necessários à tomada de deliberação.

Mantém-se, no entanto, a dúvida quanto à regra a obedecer para tomada duma deliberação. Será a da maioria da totalidade de todos os votos correspondentes às acções emitidas? Será a da maioria dos votos expressos? Será a maioria absoluta? Admitir-se-á a maioria relativa?

Quer-nos parecer que, ao abrigo do disposto no art. 7.º do CComM[19], se deva recorrer a disposição análoga prevista para as deliberações tomadas em assembleia geral das sociedades por quotas, uma vez as sociedades por quotas serem aquelas em que, à semelhança das sociedades anónimas, o direito ao voto depende da titularidade de certa fracção do capital social[20];[21];[22].

Deste modo e tendo em consideração o disposto no n.º 3 do art. 318.º do CComM, aplicável às sociedades por quotas, de acordo com o qual "[s]alvo disposição diversa da lei ou do contrato, as deliberações consideram-se tomadas quando obtenham a maioria dos votos emitidos", entendemos poder concluir o seguinte, com relação à formação das maiorias necessárias à tomada de deliberações da assembleia geral e, desde que respeitadas as regras relativas ao quórum constitutivo já analisadas no ponto 3.2.3., supra.

As deliberações de assembleia geral das sociedades anónimas consideram-se tomadas:

1) Respeitando as regras, de carácter imperativo, fixadas por lei, quando aplicáveis à matéria objecto da deliberação;

2) Respeitando o número de votos exigidos nos estatutos; e

3) Quando não estejam sujeitas a regras legais de carácter imperativo nem a certo número de votos exigidos nos estatutos, pela maioria dos votos emitidos.

Para efeitos da determinação da maioria dos votos exigida na lei ou no contrato de sociedade, não são tidos em consideração os votos que cabem aos sócios impedidos de votar, por se encontrarem em conflito de interesses com a sociedade – n.º 2 do art. 139.º do CComM.

O mesmo sucede com as abstenções, de acordo com o n.º 4 do art. 318.º do CComM, igualmente aplicável às sociedades anónimas por força do disposto no art. 7.º já citado.

[19] Como acima já referido, o art. 7.º do CComM estabelece que "[o]s casos em que o presente Código não preveja são regulados segundo as normas desta lei aplicáveis aos casos análogos e, na sua falta, pelas normas do Direito Civil que não forem contrários aos princípios do Direito Comercial".

[20] Nas sociedades em nome colectivo a regra é a de que, "[a] cada sócio pertence um voto" – n.º 3 do art. 266.º do CComM.

[21] Nas sociedades em comandita a regra é a das deliberações dependerem da maioria absoluta dos votos dos sócios comanditados e pela maioria dos votos dos sócios comanditários, sendo que cada sócio comanditado tem direito a um voto – n.º 1 do art. 274.º do CComM.

[22] O capítulo do CComM que regula as sociedades de capital e indústria não contem disposições sobre o direito a voto ou a maiorias deliberativas.

Não são admissíveis, assim, deliberações tomadas por maioria relativa dos votos emitidos, algo que sucede em alguns ordenamentos jurídicos, designadamente, com relação a deliberações sobre a designação de titulares de órgãos sociais sempre que hajam propostas distintas.

3.2.5. Deliberações por escrito

As deliberações dos accionistas podem ainda ser tomadas por escrito, sem recurso a reunião de assembleia geral.

Para que uma tal deliberação seja válida é, no entanto, necessário que todos os sócios declarem por escrito o sentido do seu voto em documento que inclua a proposta de deliberação, devidamente datado, assinado e endereçado à sociedade – n.º 4 do art. 128.º do CComM.

Nos termos do n.º 5 do art. 128.º do CComM, uma tal deliberação apenas será considerada tomada na data em que seja recebida na sociedade o último dos documentos contendo o sentido de voto e a que se refere o n.º 4 do art. 128.º do CComM, devendo o presidente da mesa da assembleia geral ou quem o substitua, nos termos do n.º 6 do mesmo art. 128.º, dar conhecimento da deliberação a todos os sócios, assim como, nos termos do n.º 3 do art. 147.º do CComM, inscrever, no livro de actas ou nas folhas soltas[23], a menção da deliberação tomada por escrito.

A deliberação por escrito, dependendo do exercício do direito de voto por todos os sócios, não depende da unanimidade, podendo ser tomada por simples maioria. Situação que se verifica nos casos em que todos os sócios votem por meio do documento escrito a que alude o n.º 4 do art. 128.º do CComM, mas em que alguns dos sócios votem contra, ainda assim, sem prejudicar a maioria dos votos necessários à tomada da deliberação. Naturalmente que, a um sócio que pretenda impedir que uma tal deliberação seja tomada, bastará não emitir o seu voto escrito, impedindo assim que a deliberação seja tomada. Por este motivo as deliberações por escrito tendem a depender da unanimidade de todos os sócios, sem que a mesma constitua um requisito formal.

[23] De acordo com o n.º 3 do art. 43.º do CComM, os livros obrigatórios dos empresários comerciais podem ser substituídos por fichas, procedimentos contabilísticos ou outros que possibilitem a utilização de novas técnicas de escrituração nos termos que forem legalmente estabelecidos. A legalização, de acordo com o disposto no n.º 2 do art. 44.º do CComM consiste na assinatura dos termos de abertura e de encerramento, bem como na colocação, na primeira folha de cada um, do número de folhas do livro e, em todas as folhas de cada livro, do respectivo número e rubrica que, ao abrigo do n.º 3 do mesmo art. 44.º pode ser oposta por chancela.
Tudo indica que o legislador desde logo admitiu, no n.º 3 do art. 147.º do CComM, que o livro de actas da assembleia geral pudesse ser substituído por folhas soltas, desde que devidamente legalizadas em conformidade com as disposições acabadas de enunciar. Essa tem vindo a ser a prática adoptada por muitas das sociedades comerciais moçambicanas.

3.3. Direito de informação

Um dos direitos gerais dos sócios e transversais a todos tipos de sociedades comerciais moçambicanas é o de o sócio informar-se sobre a vida da sociedade – al. c) do n.º 1 do art. 104.º do CComM.

3.3.1. Âmbito geral do direito à informação

Com relação à amplitude geral do direito à informação, o n.º 1 do art. 122.º do CComM estabelece o seguinte:

"1 – Sem prejuízo do disposto para cada tipo de sociedade, todo o sócio tem direito a:

a) consultar os livros de actas da assembleia geral;

b) consultar o livro de registo de ónus, encargos e garantias;

c) consultar o livro de registo de acções;

d) consultar os registos de presenças, quando existam;

e) consultar todos os demais documentos que, legal ou estatutariamente, devam ser patentes aos sócios antes das assembleia gerais;

f) solicitar aos administradores e, quando existam, ao fiscal único ou aos membros do conselho fiscal quaisquer informações pertinentes aos assuntos constantes da ordem de trabalhos da assembleia geral antes de se proceder à votação, desde que razoavelmente necessárias ao esclarecido exercício do direito de voto;

g) requerer, por escrito, à administração, informação escrita sobre a gestão da sociedade, nomeadamente, sobre qualquer operação social em particular;

h) requerer cópia de deliberações ou lançamentos nos livros referidos nas alíneas de a) a d), anteriores."

O direito à informação assume, assim, três modalidades distintas:

1) O direito à consulta, reflectido nas alíneas de a) a e) do n.º 1 do art. 122.º do CComM;

2) O direito ao esclarecimento ou informação em sentido estrito, reflectido nas alíneas f) e g) do n.º 1 do art. 122.º do CComM e que consiste em o sócio ter o direito de ser esclarecido sobre determinadas matérias; e

3) O direito a documentos, reflectido na alínea h) do n.º 1 do art. 122.º do CComM, que se traduz no direito do sócio poder obter cópias de certos documentos.

3.3.2. Âmbito do direito à informação nas sociedades anónimas

Os accionistas das sociedades anónimas, além do direito à informação de âmbito geral, consagrado no n.º 1 do art. 122.º do CComM, têm, de acordo com o disposto no n.º 1 do art. 415.º do CComM e com relação à assembleia geral ordinária, direito à consulta dos seguintes documentos:

- Relatório da administração contendo os negócios e principais factos ocorridos no exercício anterior; e
- Cópia das demonstrações contabilísticas, acompanhadas de parecer dos auditores independentes e do conselho fiscal, se for o caso.

3.3.3. Conteúdo da informação

Com relação ao conteúdo da informação a que o sócio tem direito, limitar-nos-emos a referir que a informação a ser prestada aos sócios, no exercício do direito destes à mesma, deverá ser verdadeira, correcta, completa e elucidativa, sob pena de, não o sendo, o sócio poder requerer ao tribunal exame judicial à sociedade – n.º 5 do art. 122.º.

3.3.4. Exercício do direito à informação

Com relação ao exercício do direito à informação, dever-se-á ter em consideração que os livros de escrituração mercantil das sociedades anónimas[24] devem estar sempre na sede da sociedade ou em outro local situado no país, desde que

[24] Sem prejuízo de outros de que se possa socorrer, assim como do facto da possibilidade da substituição dos livros por fichas, procedimentos contabilísticos ou outros que possibilitem a utilização de novas técnicas de escrituração, incluindo a sua substituição por registos mecanizados ou electrónicos, em termos legalmente estabelecidos, os livros de escrituração mercantil das sociedades anónimas são os seguintes (n.º 1, 2 e 3 do art. 43.º, n.º 1 do art. 167.º, n.º 1 do art. 455.º e art. 456.º, todos do CComM):
1) Diário;
2) Inventário;
3) Balanço;
4) Livro de actas da assembleia geral;
5) Livro de presenças de accionistas;
6) Livro de actas do conselho de administração;
7) Livro de actas e pareceres do órgão de fiscalização;
8) Livro de registo de acções – substituído por conta de registo de emissão de valores mobiliários escriturais, quando as acções sejam escriturais – (al. a) do art. 11.º e art 14.º, ambos do CMVM);
9) Livro de registo de emissão de obrigação, quando emitidas – substituído por conta de registo de emissão de valores mobiliários escriturais, quando as obrigações sejam escriturais – (al. a) do art. 11.º e art 14.º, ambos do CMVM);
10) Livro de registo de ónus, encargos e garantias.

este local tenha sido, para o efeito, comunicado à Conservatória do Registo das Entidades Legais, pela administração da Sociedade.

Quanto ao modo em como o accionista deva exercer o respectivo direito à informação, depreende-se do disposto no n.º 8 do art. 167.º, assim como no n.º 4 do art. 122.º do CComM que a informação deve ser requerida ou solicitada pelo accionista.

Assim sendo, o sócio deverá solicitar que a sociedade lhe permita exercer o direito à informação. Ou seja, consoante a modalidade do direito a exercer, o sócio solicitará:

- Que lhe seja permitida a consulta;
- Os esclarecimentos ou informações pretendidas e abrangidas pelas alíneas f) e g) do n.º 1 do art. 122.º do CComM; ou
- Cópias dos documentos abrangidos pela alínea h) do n.º 1 do mesmo art. 122.º[25] (por força do disposto n.º 8 do art. 167.º do CComM resulta expressamente que as mesmas devem ser facultadas no mais curto espaço de tempo e em prazo não superior a 8 dias, a preço a ser fixado pela administração da sociedade. Aqui se exceptuam-se as actas e deliberações da administração, como infra se referirá em 3.3.5., na sua al. a)).

Quanto a saber se o sócio tem que exercer do direito à informação pessoalmente ou se o pode fazer por intermédio de representante, entendemos que, desde que não violando disposições legais aplicáveis, designadamente as relativas ao funcionamento e participação nas reuniões de assembleia geral, não haverão motivos que justifiquem impedir que um sócio se faça representar por representante validamente constituído, no exercício do direito à informação.

3.3.5. Limites ao direito à informação

Com relação aos limites ao direito à informação, entendemos poder distinguir duas espécies distintas de limites:

1) Os limites de acesso à informação, consubstanciados em limitações impostas aos sócios para que tenham acesso à informação; e

2) Os limites ao uso da informação, consubstanciados nas limitações impostas aos accionistas relativamente ao uso da informação a que tenham acesso no âmbito do exercício dos respectivos direitos à informação.

[25] Tratam de cópias de deliberações ou lançamentos nos livros de actas da assembleia geral, livro de registo de ónus, encargos e garantias, livro de registo de acções e livro de registos de presenças.

a) Limites de acesso à informação

O direito previsto pela al. g) do n.º 1 do art. 122.º do CComM, pode ser limitado nos estatutos da sociedade e, no que aos sócios de responsabilidade limitada se refere, como é o caso dos accionistas das sociedades anónimas, subordinado à titularidade de uma percentagem no capital social, em circunstância alguma superior a cinco por cento (n.º 2 do art. 122.º do CComM).

Assim sendo, os estatutos de uma sociedade anónima podem limitar o direito de requerer, por escrito, à administração, informação escrita sobre a gestão da sociedade, nomeadamente sobre qualquer operação social em particular, a accionistas que não sejam titulares de acções representativas de um percentual mínimo estatutariamente estabelecido, sem que tal percentual mínimo possa, no entanto, ser superior a cinco por cento.

Por outro lado, o direito de consultar e obter cópia de qualquer acta de reunião ou deliberação da administração, parece só poder ser exercido uma vez decorridos três meses sobre a data da reunião ou deliberação, a menos que seja previamente autorizado pela administração, por esta entender que não há risco de dano para a sociedade resultante de tal divulgação (n.º 9 do art. 167.º do CComM).

b) Limites ao uso da informação

O direito à informação resulta do direito do sócio informar-se sobre a vida da sociedade, ao abrigo do disposto na al. c) do n.º 1 do art. 104.º do CComM. Tal direito justifica-se pelo especial interesse que o sócio tem com relação à sociedade e inerente à sua qualidade de sócio.

O sócio não pode, no entanto, fazer uso da informação obtida por meio do exercício do direito à mesma, em prejuízo da sociedade, sob pena de, se o fizer, responder pelos danos que sejam causados à sociedade (n.º 3 do art. 122.º do CComM).

3.3.6. Recusa do direito à informação

Na eventualidade da sociedade se recusar a prestar a informação solicitada por um sócio e a que este tenha direito, poderá o mesmo sócio requerer, fundamentadamente, ao tribunal que ordene que a informação solicitada seja prestada. O juiz deverá ouvir a sociedade e decidir, sem mais provas, no prazo de dez dias (n.º 4 do art. 122.º do CComM).

Caso um pedido judicial à informação, a que um sócio tenha direito, seja deferido, os administradores da sociedade responsáveis pela recusa na origem de um tal pedido judicial, deverão indemnizar o sócio em causa pelos prejuízos causados, assim como reembolsa-lo das despesas incorridas, desde que provadas (n.º 4 do art. 122.º do CComM).

3.3.7. Exame judicial à sociedade

Como acima mencionado, a informação a ser prestada ao sócio deve ser verdadeira, correcta, completa e elucidativa. Não o sendo, o sócio pode requerer ao tribunal exame judicial à sociedade nos termos do art. 124.º do CComM (por força do disposto no n.º 5 do art. 122.º do CComM).

Nos termos do n.º 1 do art. 124.º do CComM, o exame judicial à sociedade pode resultar ainda de fundadas suspeitas de graves irregularidades na vida da sociedade.

Havendo, assim, fundamento para o pedido de exame judicial à sociedade, o sócio poderá fazê-lo, indicando os factos em que se fundamentam as suspeitas e identificando as irregularidades, por meio de requerimento ao tribunal (n.º 1 do art. 124.º do CComM).

O tribunal, uma vez ouvida a administração da sociedade, pode ordenar a realização do exame, nomeando para o efeito um auditor de contas, podendo, ainda, condicionar a realização do exame à prestação de caução pelo sócio requerente (n.º 2 e 4 do art. 124.º do CComM).

De acordo com o disposto no n.º 5 do art. 124.º do CComM, uma vez apurada a existência de irregularidades, o tribunal pode, atenta a gravidade das mesmas, ordenar:

1) A regularização das situações ilegais apuradas, dentro de prazo a ser fixado para o efeito;
2) A destituição dos titulares dos órgãos sociais responsáveis pelas irregularidades apuradas; e
3) A dissolução da sociedade, se forem apurados factos que constituam causa de dissolução.

3.4. Abuso de maioria/Abuso de minoria

3.4.1. Abuso de maioria

O abuso de maioria, entendido como a influência exercida pelos titulares de uma ou mais participações sociais que isolada ou conjuntamente representem uma maioria do capital social, dos direitos de voto ou de eleição da maioria dos membros da administração, ainda que por meio de relações de domínio ou de grupo ou, ainda, por meio acordos parassociais ou de accionistas, procurando obter, para si ou terceiros, benefícios ou vantagens em condições discriminatórias ou de favor, em prejuízo da sociedade, dos demais sócios ou dos credores sociais, é objecto de tratamento no âmbito do art. 125.º do CComM, a propósito da regulamentação da responsabilidade do sócio dominante.

O n.º 1 do art. 125.º do CComM define o sócio dominante como "...a pessoa singular ou colectiva que por si só ou conjuntamente com outras sociedades de que seja também sócio dominante ou com outros sócios a quem está ligado por acordos parassociais, detém uma participação maioritária no capital social, dispõe de mais de metade dos votos ou do poder de fazer eleger a maioria dos membros da administração".

De acordo com o n.º 2 do art. 125.º do CComM, "[o] sócio dominante que por si só ou por intermédio das pessoas mencionadas no número anterior[26], use o poder de domínio de maneira a prejudicar a sociedade ou os outros sócios, responde pelos danos causados àquela ou a estes".

Já o n.º 3 do art. 125.º do CComM apresenta os seguintes fundamentos exemplificativos do dever de indemnizar que recai sobre os sócios dominantes:

- Fazer eleger administrador ou membro do conselho fiscal ou fiscal único que se sabe ser inapto, moral ou tecnicamente;
- Induzir administrador, mandatário, membro do conselho fiscal ou fiscal único a praticar acto ilícito;
- Celebrar directa ou por interposta pessoa contrato com a sociedade de que seja sócio dominante, em condições discriminatórias e de favor, em seu benefício ou de terceiro;
- Induzir a administração da sociedade ou qualquer mandatário desta a celebrar com terceiros contrato em condições discriminatórias e de favor, em seu benefício ou de terceiro.
- Fazer aprovar deliberações com o consciente propósito de obter, para si ou para terceiro, vantagem indevida em prejuízo da sociedade, de outros sócios ou de credores daquela.

Perante o abuso do poder de influência, prejudicial à sociedade ou aos demais sócios e exercido pelo sócio dominante, sobre administradores e membros do conselho fiscal ou fiscal único recai o dever de não praticarem, ou celebrarem ou ainda impedir, podendo fazê-lo, a prática ou celebração de qualquer acto ou contrato que se enquadre com (n.º 4 do art. 125.º do CComM):

1) Induzir administrador, mandatário, membro do conselho fiscal ou fiscal único a praticar acto ilícito;

2) Celebrar directa ou por interposta pessoa contrato com a sociedade de que seja sócio dominante, em condições discriminatórias e de favor, em seu benefício ou de terceiro; ou

[26] Cf. n.º 1 do art.125.º do CComM.

3) Induzir a administração da sociedade ou qualquer mandatário desta a celebrar com terceiros contrato em condições discriminatórias e de favor, em seu benefício ou de terceiro; sob pena de responderem solidariamente com o sócio dominante pelos danos causados à sociedade ou directamente aos outros sócios.

Respondem ainda solidariamente com o sócio dominante, pelos danos causados, os sócios que dolosamente, concorram com os seus votos para a aprovação de deliberação com o consciente propósito de fazer obter para o sócio dominante ou para terceiro, vantagem indevida em prejuízo da sociedade, de outros sócios ou de credores da sociedade, assim como os administradores que dolosamente executem uma tal deliberação (n.º 5 do art. 125.º).

Por último, ao abrigo do n.º 6 do art. 125.º do CComM, qualquer credor da sociedade poderá exercer o direito de indemnização de que a sociedade seja titular, caso o património social se torne insuficiente para a satisfação dos respectivos créditos, em consequência do sócio dominante:

1) Induzir administrador, mandatário, membro do conselho fiscal ou fiscal único a praticar acto ilícito;

2) Celebrar directa ou por interposta pessoa contrato com a sociedade de que seja sócio dominante, em condições discriminatórias e de favor, em seu benefício ou de terceiro;

3) Induzir a administração da sociedade ou qualquer mandatário desta a celebrar com terceiros contrato em condições discriminatórias e de favor, em seu benefício ou de terceiro; ou

4) Fazer aprovar deliberações com o consciente propósito de obter, para si ou para terceiro, vantagem indevida em prejuízo da sociedade, de outros sócios ou de credores daquela.

3.4.2. Abuso de minoria

O abuso de minoria, tido como correspondendo a uma minoria, traduzida num conjunto de participações sociais cujos titulares estão em desacordo com a forma de condução dos negócios sociais, que possa ser suficientemente significativa para bloquear repetidamente decisões fundamentais da sociedade, como sejam variações de capital social, ou outras alterações contratuais, que visem dotar a sociedade de meios indispensáveis ao seu funcionamento, evitando em certos casos que a inércia ponha em causa a sua subsistência[27], não é objecto de especial tutela no ordenamento jurídico moçambicano.

[27] Cf. Paulo Olavo Cunha, *Direito das Sociedades Comerciais*, Almedina, Coimbra, 4.ª edição, 2010, pags. 259 e 260.

3.5. Divulgação de participações sociais

As acções representativas do capital social de sociedades anónimas moçambicanas, quando tituladas, devem ser objecto de registo no livro de registo de acções, a ser mantido na sede da sociedade (art. 371.º e al. a) do n.º 1 do art. 455.º do CComM).

O referido livro de registo de acções deverá conter entre outras menções previstas pelas alíneas de a) a l) do n.º 1 do n.º 1 do art. 371.º do CComM:

- O número de ordem de todas as acções;
- O nome e domicílio do primeiro titular de cada acção; e
- As transmissões das acções nominativas e respectivas datas.

Deste modo, o livro de registo de acções identifica a totalidade das acções emitidas, os titulares das acções nominativas, assim como os primeiros titulares das acções ao portador.

Este livro pode ser consultado por qualquer accionista no âmbito do exercício do respectivo direito à informação, a que nos referimos no ponto 3.3., supra.

Já as acções escriturais, representativas do capital social das sociedades anónimas não têm número de ordem e a sua emissão materializa-se exclusivamente mediante o respectivo registo na conta de registo de emissão, em suporte documental ou informático, criada e mantida pela sociedade emitente ou por intermediário financeiro designado pela sociedade emitente (n.º 1 do art. 12.º e n.º 1 do art. 13.º do CMVMM).

As contas de registo de emissão de acções escriturais não identificam os titulares das acções registadas, não sendo possível, através das mesmas, identificar a titularidade das acções[28].

A titularidade de acções escriturais é exclusivamente materializada através da respectiva inscrição em conta de registo, denominada "conta de registo de titularidade de valores mobiliários escriturais", aberta a pedido dos interessados em instituição autorizada (n.º 1 do art. 14.º do CMVMM). Sempre que o exercício de direitos inerentes a quaisquer acções dependa, legal ou estatutariamente, da respectiva apresentação ou depósito, sob qualquer forma e junto de qualquer entidade autorizada, poderão as mesmas ser substituídas por declaração emitida e autenticada por intermediário financeiro, comprovativa de que tais acções se encontram depositadas junto dele (n.º 1 do art. 10.º do CMVMM). Deste modo,

[28] A este propósito, tenha-se em consideração a informação que deverá resultar da conta de registo de emissão, de acordo com o disposto no n.º 3 do art. 13.º do CMVMM.

com relação à titularidade de acções escriturais, a titularidade das mesmas poderá ser atestada por meio de declaração emitida e autenticada por intermediário financeiro, confirmando que as acções em causa se encontram creditadas em conta de registo de titularidade de valores mobiliários escriturais, mantida junto do intermediário financeiro declarante.

Por último, importa ter em consideração que com relação a alguns aspectos, a legislação moçambicana distingue o que se deva entender por sociedade moçambicana ou estrangeira. Assim o faz com relação, designadamente, ao direito de uso e aproveitamento de terra, ao exercício de certas actividades mineiras, à propriedade de imóveis com ónus de intransmissibilidade a estrangeiros, à construção civil de obras públicas, ao investimento ou à titularidade de órgãos de informação. Na generalidade destes casos, ainda que de modo não necessariamente idêntico, a qualificação das sociedades moçambicanas e estrangeiras é feita em função do percentual do capital social titulado por parte de moçambicanos ou estrangeiros. Por este motivo entendemos que sempre que o acesso ou abrangência de um determinado direito deva ser considerado, por entidade competente, em função da nacionalidade dos accionistas de uma determinada sociedade, o registo da titularidade das acções representativas do respectivo capital social deve permitir que a entidade competente possa confirmar, com segurança, a titularidade dessas mesmas acções, não nos parecendo que em tais casos seja admissível que as acções representativas do capital social da sociedade em causa possam assumir, cumulativamente, a forma de acções tituladas e a espécie de acções ao portador.

3.6. Mercado de controlo accionista

O controlo do mercado accionista em Moçambique, relativo às acções cotadas na Bolsa de Valores é efectuado pela Central de Valores Mobiliários gerida pela Bolsa de Valores de Moçambique e cujo Regulamento ("RCVMM") foi aprovado pelo Decreto n.º 25/2006, de 23 de Agosto.

Relativamente a cada emissão ou conjunto de emissões fungíveis entre si, acções escriturais admitidas à cotação na bolsa de valores, cada intermediário financeiro autorizado a manter contas de registo de titularidade de valores escriturais deve proceder à abertura junto da bolsa de valores de conta representativa da totalidade dos valores registados junto de si, até à data de início das transacções ou da data de conversão de valores titulados em escriturais (n.º 1 do art. 17.º do CMVMM).

As referidas contas, a serem abertas pelos intermediários financeiros junto da bolsa de valores, destinam-se a evidenciar, em cada momento, a totalidade de acções integrantes de cada emissão ou conjunto de acções fungíveis entre si, mantidas em registo junto de cada intermediário financeiro, de acordo com as transferências de titularidade decorrentes da respectiva negociação em bolsa ou por outras causas, devendo o saldo global da conta de cada intermediário financeiro corresponder em cada momento ao somatório das acções registadas nas contas individuais por si mantidas, e devendo, de igual modo, o somatório das contas de todos os intermediários corresponder à quantidade total da emissão ou emissões em causa (n.º 2 do art. 17.º do CMVMM).

Para o efeito aos intermediários financeiros incumbe (art. 7.º do RCVMM):

1) Abrirem e movimentarem as contas individualizadas;
2) Abrirem e movimentarem as contas globais correspondentes ao somatório das acções inscritas nas contas individualizadas;
3) Prevenir, controlar e corrigir eventuais irregularidades de que tomem conhecimento, por qualquer meio legítimo inerente ao desempenho das suas atribuições legais, das acções registadas ou depositadas junto de si;
4) Comunicar à Central de Valores Mobiliários de todas as situações de irregularidades das acções inscritas junto de si.

Já às sociedades emitentes incumbe (art. 8.º do RCVMM):

1) Abrirem e movimentarem conta de emissão; e
2) Prevenir, controlar e corrigir irregularidades das acções por si emitidas de que tenham conhecimento e comunica-las à Central de Valores Mobiliários.

O sistema de registo e controlo de valores mobiliários, incluindo de acções, administrado pela Central de Valores Mobiliários é formado por conjuntos interligados de contas, através das quais se processa o registo inicial e a movimentação sucessiva dos valores mobiliários nele integrados e se assegura o controlo da quantidade de valores mobiliários em circulação, da sua titularidade e o exercício dos direitos sobre eles constituídos (art. 9.º do RCVMM).

As sociedades emitentes de acções integradas na Central de Valores Mobiliários podem requerer à Bolsa de Valores de Moçambique, por meio de solicitação escrita com a antecedência mínima de cinco dias úteis em relação à data a que a informação se deva reportar[29], informações sobre a identificação dos titulares da totalidade ou parte das acções, bem como sobre a quantidade de acções que cada um dos mesmos detenha, assim como sobre outras informações relevantes para a vida societária (art. 20.º do RCVMM).

[29] O texto do art. 20.º do RCVMM faz menção a "...antecedência mínima de cinco dias úteis em relação à data a que a informação se reportar a sua recolha e envio".

3.7. Negócios com a sociedade

3.7.1. Regime geral

Com relação aos negócios entre a sociedade e os seus sócios/accionistas, o CComM, no seu art. 121.º regula a aquisição e alienação de bens a sócios, nos seguintes termos:

"Artigo 121.º Aquisição e alienação de bens a sócios

1 – Exceptuando-se as que tenham por objecto bens de consumo e se integrem na normal actividade da sociedade, as aquisições e alienações de bens sociais aos sócios, titulares de participação superior a um por cento do capital social, só podem ser feitas a título oneroso e depois de previamente aprovadas por deliberação dos sócios em que não vote o sócio a quem os bens hajam de ser adquiridos ou alienados.

2 – A deliberação dos sócios deve ser sempre precedida da verificação do valor dos bens nos termos do artigo 114.º e registada antes da aquisição ou alienação.

3 – Os contratos de que procedem as alienações e aquisições aos sócios referidos no n.º 1 devem, sob pena de nulidade, constar de documento escrito, que pode ser meramente particular se outra forma não for exigida pela natureza dos bens."

Assim, não são abrangidos pelo regime do art. 121.º em análise os negócios de aquisições ou alienação de bens que:

1) Tenham por objecto bens de consumo e, simultaneamente se integrem na normal actividade da sociedade; ou

2) Sejam efectuadas com sócios titulares de participação social igual ou inferior a 1% do capital social da sociedade.

Deste modo, a sociedade que se dedique ao fabrico e comercialização de alimentos poderá vender esses mesmos alimentos a um seu sócio, independentemente da participação titulada no capital social da sociedade, desde que o faça no âmbito da sua actividade normal, sem que para o efeito tenham que ser cumpridas as formalidades previstas pelo art. 121.º do CComM.

Também a sociedade que para a fabricação dos alimentos por si produzidos adquira trigo, como matéria-prima, poderá comprar trigo a um seu sócio que seja agricultor e se dedique ao cultivo de trigo, independentemente da participação titulada no capital social da sociedade, desde que o faça no âmbito da sua actividade normal, sem que para o efeito tenham que ser cumpridas as formalidades previstas pelo art. 121.º do CComM.

O mesmo não se poderá dizer relativamente a uma venda de alimentos feita pela mesma sociedade a um seu sócio em condições manifestamente mais vantajosas para o sócio, quando comparadas com as condições praticadas com a generalidade dos demais clientes ou relativamente a uma compra de matéria-prima em condições manifestamente mais desvantajosas para a sociedade do que aquelas que poderiam ser obtidas junto de outros fornecedores da mesma matéria-prima. Nestes casos a venda dos alimentos e a aquisição da matéria-prima não se enquadrariam na normal actividade da sociedade[30].

Não se enquadraria, de igual modo, na normal actividade da sociedade nem teria por objecto bens de consumo a venda de imóveis que a mesma sociedade fizesse a favor de seu sócio.

Por outro lado, sempre que uma aquisição ou alienação seja efectuada entre a sociedade e um seu sócio, titular de uma participação social igual ou inferior a um por cento, independentemente de ter por objecto bens de consumo e se integrar na normal actividade da sociedade, não terá, de igual modo, de observar as formalidades previstas pelo art. 121.º do CComM.

Admitimos que o legislador tenha considerado que a influência de um sócio com participação igual ou inferior a um por cento seja de tal modo diminuta, que não seja digna de especiais precauções.

Nas demais situações, ou seja, nos casos em que a aquisição ou alienação, entre a sociedade e um seu sócio, não tenha por objecto bens de consumo que se integrem na normal actividade da sociedade e, por outro lado, se realize com sócio titular de participação social superior a um por cento, tais aquisições ou alienações encontram-se sujeitas ao cumprimento das seguintes formalidades:

- Terão de ser feitas a título oneroso;
- Terão de ser objecto de verificação do valor dos bens nos termos do art. 114.º;
- Terão de ser previamente aprovadas por deliberação dos sócios, sem que o sócio adquirente ou alienante possa votar;
- A deliberação dos sócios aprovando a aquisição ou alienação terá de ser registada, previamente à aquisição ou alienação;
- Terão de ser formalizadas por meio de contrato escrito.

Sem que a onerosidade nos ofereça quaisquer comentários, referir-nos-emos, ainda que brevemente, às demais formalidades elencadas.

a) Verificação do valor dos bens nos termos do art. 114.º

O art. 114.º do CComM regula a avaliação de bens ou direitos com que o sócio pretenda, como sua contribuição, incorporar no capital social da sociedade.

[30] Uma tal prática passou, também, a ser ilegal a partir de 10 de Julho de 2013, à luz da Lei da Concorrência (Lei n.º 10/2013).

Ou seja, refere-se à avaliação de bens ou direitos com que o sócio pretenda realizar a sua participação social, em espécie, no capital social da sociedade.

De acordo com o n.º 1 do art. 114.º do CComM, os bens ou direitos devem ser avaliados por 3 peritos ou por sociedade especializada e independente, nomeados pela assembleia geral dos subscritores, estando impedidos de votar os subscritores conferentes. Naturalmente que no âmbito da matéria em análise, aquisição ou alienação de bens entre a sociedades e sócios, estaremos perante uma sociedade existente e, consequentemente, os peritos ou sociedade especializada deverão ser nomeados pela assembleia geral dos sócios, sem que o sócio adquirente ou alienante possa votar.

Uma vez nomeados, os avaliadores devem elaborar um laudo de avaliação, devidamente fundamentado, com base em métodos e sistemas usualmente aceites, indicando os critérios de avaliação utilizados, o qual será instruído com os documentos comprovativos da titularidade do direito de propriedade relativos ou bens ou direitos avaliados (n.º 2 do art. 114.º do CComM).

Atendendo ao disposto no n.º 4 do art. 114.º do CComM, independentemente da deliberação que possa ser tomada em assembleia geral da sociedade, o negócio entre a mesma e o sócio interessado só se realizará se este último aceitar o valor da avaliação.

Os avaliadores e o sócio interessado, independentemente da responsabilidade penal, respondem perante a sociedade, demais sócios e terceiros, pelos danos que ocasionarem e sejam decorrentes de dolo ou culpa no processo de avaliação (n.º 7 do art. 114.º do CComM).

b) Prévia aprovação por deliberação dos sócios

Uma vez feita a avaliação dos bens a adquirir ou a alienar nos termos do art. 114.º do CComM, a avaliação, assim como a aquisição ou alienação serão objecto de deliberação dos sócios da sociedade.

Para o efeito, os peritos ou sociedade especializada, ou seja, os avaliadores, deverão estar presentes na assembleia geral de avaliação para relatar as conclusões do seu laudo e prestar as informações que forem solicitadas pelos demais sócios (n.º 3 do art. 114 do CComM).

Caso a assembleia geral ou o sócio adquirente ou alienante, interessado, não aceitem a avaliação, o negócio não será realizado (n.º 5 do art. 114.º do CComM).

Na eventualidade da avaliação ser aceite pelo sócio adquirente ou alienante, interessado, assim como pela assembleia geral, será a avaliação aprovada.

Note-se que para efeitos da aprovação da avaliação pela assembleia geral o sócio interessado não poderá votar, quer por força do disposto no n.º 1 do art. 121.º do CComM, quer por se encontrar impedido em face de se encontrar em conflito de interesse com a sociedade (art. 131.º do CComM).

Aprovada a avaliação, deve ser deliberada a aquisição ou alienação entre a sociedade e o sócio interessado, estando este impedido de votar, pelos mesmos motivos que o impedem de votar sobre a avaliação.

c) Registo da deliberação dos sócios aprovando a aquisição ou alienação, prévio à aquisição ou alienação

Uma vez tomada a deliberação que aprove a aquisição ou alienação entre a sociedade e o sócio, deverá a mesma ser registada junto da Conservatória do Registo das Entidades Legais, ainda antes da aquisição ou alienação ter lugar.

d) Formalização da aquisição ou alienação por meio de contrato escrito

O contrato de aquisição ou alienação deverá constar de documento escrito, sob pena de, não o sendo, o negócio ser nulo (n.º 3 do art. 121.º do CComM). Quanto à forma, o documento escrito que traduza uma compra e venda de bem imóvel terá de ser celebrado por escritura pública, assim como terá de o ser nos demais casos em que a lei exija tal forma (art. 219.º e art. 875.º, ambos do CCM) podendo ser celebrado por documento meramente particular nos demais casos.

3.7.2. Negócios entre a sociedade e accionistas dominantes

Analisado o regime geral regulado pelo art. 121.º do CComM, importa agora fazer referência aos negócios mantidos entre a sociedade e os seus accionistas dominantes[31].

Embora os negócios mantidos entre a sociedade e os seus accionistas dominantes, desde que enquadráveis com o disposto no art. 121.º do CComM, fiquem sujeitos ao respectivo regime, outros negócios se podem manter sem que correspondam necessariamente à aquisição e alienação de bens sociais, a que se refere o n.º 1 do art. 121.º do CComM, assim como se reconhece o especial cuidado a ter nas relações que sejam mantidas entre uma sociedade e os seus accionistas dominantes, com a finalidade de evitar que a influencia destes possa resultar em prejuízos para a sociedade, seus demais accionistas e credores sociais. Por este motivo, o art. 125.º do CComM, regula a responsabilidade dos sócios dominantes.

Do n.º 2 do art. 125.º do CComM resulta a obrigação do sócio dominante responder pelos danos causados à sociedade e seus demais sócios, em resultado

[31] Cf. nota de rodapé n.º 3 sobre a noção legal de sócio dominante resultante do n.º 1 do art. 125.º do CComM.

do sócio dominante, por si ou por intermédio de outras sociedades de que seja também sócio dominante ou de outros sócios aos quais se encontrem ligado por acordos parassociais, fazer uso do poder de domínio de maneira a prejudicar a sociedade ou outros sócios.

Por sua vez, o n.º 3 do art. 125.º do CComM, estabelece como fundamento do dever de indemnizar, por parte do sócio dominante, entre outros:

- A celebração, directamente ou por interposta pessoa, de contrato com a sociedade de que seja sócio dominante, em condições discriminatórias e de favor, em benefício do sócio dominante ou de terceiro (al. c) do n.º 3 do art. 125.º do CComM); e
- Induzir a administração da sociedade ou qualquer mandatário da mesma a celebrar com terceiros contrato em condições discriminatórias e de favor, em benefício do sócio dominante ou de terceiro (al. d) do n.º 3 do art. 125.º do CComM).

Com relação aos negócios que possam ser celebrados entre a sociedade e um seu sócio dominante e que se enquadrem com aqueles acabados de enunciar ou com acto ilícito os administradores, mandatários, membros do conselho fiscal ou fiscal único da sociedade tem o dever de não praticar ou celebrar, assim como de impedir, desde que o possam fazer, a prática ou celebração de qualquer acto ou contrato, sob pena de se tornarem solidariamente responsáveis com o sócio dominante pelos danos causados à sociedade ou directamente aos outros sócios da sociedade (n.º 4 do art. 125.º do CComM).

Por outro lado, também os outros sócios da sociedade que dolosamente concorram com os seus votos para a aprovação de deliberação com o propósito de fazer obter, para o sócio dominante ou terceiro, vantagem indevida em prejuízo da sociedade, de outros sócios ou de credores da sociedade, respondem solidariamente com o sócio dominante pelos prejuízos que possam ser causados. Já os administradores têm o dever de não darem execução a uma tal deliberação, sob pena de, executando-a dolosamente, responderem solidariamente com o sócio dominante pelos prejuízos causados (n.º 5 do art. 125.º do CComM).

4. ADMINISTRAÇÃO

4.1. Estrutura

A gestão e representação das sociedades anónimas moçambicanas cabem ao conselho de administração ou, desde que o capital social não exceda 500.000,00 MT e assim for clausulado no contrato de sociedade, a um só administrador (n.º 1 do art. 418.º e art. 419.º, ambos do CComM).

Os conselhos de administração das sociedades anónimas são compostos por um número impar de membros, que podem ser ou não accionistas da sociedade (n.º 1 do art. 418.º do CComM), de entre os quais um exercerá o cargo de presidente do conselho de administração, o qual deverá ser escolhido, consoante o que for determinado pelo contrato de sociedade, pelo próprio conselho ou pela assembleia geral que proceda à eleição dos administradores (n.º 1 do art. 423.º do CComM).

Mediante previsão estatutária podem, ainda, ser designados administradores suplentes até ao número máximo de três (n.º 2 do art. 418.º do CComM).

Os administradores suplentes destinam-se a substituir os administradores em caso de falta definitiva de algum destes (n.º 1 do art. 422.º do CComM). A ordem de precedência dos administradores suplentes deve ser estabelecida na deliberação de eleição e, no silêncio desta, pela maior idade (n.º 2 do art. 418.º do CComM). Em nosso entender nada obsta, no entanto, que a ordem de precedência dos administradores suplentes seja estabelecida no contrato de sociedade.

Assim sendo, a administração das sociedades anónimas moçambicanas estrutura-se por um dos seguintes modos:

- Administrador único – nos casos em que o capital social da sociedade não exceda 500.000,00 MT e assim seja clausulado no contrato de sociedade; ou
- Conselho de administração composto por:

1) Um número impar de membros efectivos, dos quais um exercerá as funções de presidente do conselho de administração; e

2) Se o contrato de sociedade assim o autorizar, por administradores suplentes até um máximo de 3.

Não parece haver uma dimensão usual do Conselho de Administração das sociedades anónimas moçambicanas, as quais consoante a sua na natureza, dimensão, ramo de actividade, entre outros factores, adoptam conselhos de administração com as mais variadas dimensões, podendo o número de administradores variar entre 3 e 15 ou mais administradores.

4.2. Incompatibilidades e independência

No âmbito do Governo das Sociedades existe hoje a tendência de, no seio da administração das sociedades anónimas, criarem-se mecanismos que conduzam à participação e intervenção de administradores independentes, garantes de uma gestão independente, alheia a interesses específicos que se possam gerar em torno das sociedades.

Um administrador independente será um membro não associado a grupos específicos de interesses das sociedades[32].

Em nosso entender uma tal preocupação tem razão de ser na medida em que constitui um meio de salvaguarda dos legítimos interesses de terceiros, assim como dos accionistas minoritários, incapazes, na maioria dos casos, de fazer reflectir tais interesses na administração das sociedades. Com efeito, a nomeação dos administradores, garantida pela maioria dos votos dos accionistas, depende, regra geral, dos votos dos accionistas maioritários o que, por seu turno, pode e tende a prejudicar a independência dos administradores nomeados.

A legislação moçambicana não é alheia a esta realidade contemplando algumas disposições destinadas a salvaguardar a independência dos administradores das sociedades anónimas.

4.2.1. Incompatibilidades

Em termos de incompatibilidades dos administradores das sociedades anónimas, desde logo se destaca o impedimento do exercício, por conta própria ou alheia, de actividade abrangida pelo objecto social da sociedade, sem autorização da assembleia geral (n.º 1 do art. 428.º do CComM).

O administrador que, sem autorização da assembleia geral, exerça, por conta própria ou alheia, actividade abrangida pelo objecto social da sociedade, além de poder ser destituído do cargo de administrador com justa causa, torna-se responsável pelo pagamento de importância correspondente ao valor do acto ou contrato ilegalmente celebrado (n.º 2 do art. 428.º do CComM).

Particularmente no que se refere às instituições de crédito e sociedades financeiras, o exercício de cargos de administração é incompatível com o exercício cumulativo de cargos de gestão ou de outras funções em outras instituições de crédito ou sociedades financeiras (n.º 1 do art. 22.º da LIC). Esta incompatibilidade sofre, no entanto, um desvio com relação a instituições de crédito ou sociedades financeiras com as quais a instituição em causa se encontre em relação de domínio ou de grupo[33] (n.º 2 do art. 22.º da LIC), desvio este que, de certo modo, torna ou pode tornar permeável a independência do administrador, ainda que o Banco de Moçambique se possa opor, sempre que entender que a acumulação seja susceptível de prejudicar o exercício das funções na instituição de crédito ou sociedade financeira.

[32] Cf. JOÃO GOMES DA SILVA em *Código do Governo das Sociedade Anotado*, Almedina, Coimbra, 2012.

[33] Cf. nota de rodapé n.º 4, supra, sobre as noções de relação de domínio e de grupo estabelecidas na LIC.

Também no âmbito das parcerias público-privadas[34], o art. 53.º do Regulamento da Lei sobre Parcerias Público-Privadas, Projectos de Grande Dimensão e Concessões Empresariais, aprovado pelo Decreto n.º 16/2012, de 4 de Junho ("Regulamento das PPPs"), com a finalidade de prevenir a "interferência entre os interesse do empreendimento de PPP e do parceiro público ou privado e os interesses poderes funções ou conexões de sócio ou accionista ou de membro do órgão de administração, direcção ou gestão de empresas", proíbe "a acumulação do exercício de funções no empreendimento[35] de PPP e em outros empreendimentos ou empresas que possam estabelecer relações de negócios com o empreendimento, com ou sem fins lucrativos para qualquer das partes envolvidas em tais relações".

Além das incompatibilidades acabadas de enunciar, a legislação moçambicana estabelece, de igual modo, uma série de impedimentos ao exercício do cargo de administrador.

Assim, com relação à generalidade das sociedades anónimas, "são inelegíveis para qualquer cargo de administração da sociedade as pessoas impedidas por lei especial, inclusive as que regulam o mercado de capitais a cargo do Banco Central, ou condenadas por crime falimentar, de prevaricação, suborno, concussão, peculato, contra a economia e os direitos do consumidor, a fé pública, a propriedade e o meio ambiente ou ainda e pena criminal que cede, mesmo temporariamente, o acesso a cargos públicos" (art. 421.º do CComM)[36].

Por outro lado, os administradores das sociedades anónimas são, ainda, vedados do seguinte (n.º 1 do art. 429.º do CComM):

- Sem prévia autorização da assembleia geral ou do conselho de administração, tomar por empréstimo recursos e bens da sociedade, ou ainda usar os seus serviços e crédito, em proveito próprio ou de terceiros, bem como receber de terceiros qualquer modalidade de vantagem pessoal, em razão do exercício do seu cargo;

[34] Definidas pela al. a) do n.º 2 do art. 2.º da Lei n.º 15/2011, de 10 de Agosto (Lei da PPP's), como "*empreendimento em área de domínio público excluindo o de recursos minerais e petrolíferos, ou em área de prestação de serviço público, no qual, mediante contrato e sob financiamento, no todo ou em parte, do parceiro privado, este se obriga, perante o parceiro público, a realizar o investimento necessário e explorar a respectiva actividade, para a provisão eficiente de serviços ou bens que compete ao Estado garantir a sua disponibilidade aos utentes*".

[35] Conforme Glossário da Lei das PPP's, deve-se entender por entidade implementadora de empreendimento "*a entidade jurídico-legal, existente ou especialmente criada, responsável pela implementação e prossecução do empreendimento de PPP, PGD ou CE*".

[36] Com relação às instituições de crédito e sociedades financeiras, atente-se ao disposto no art. 19.º da LIC o qual estabelece como característica essencial dos respectivos administradores a "idoneidade", assim como estabelece os indicadores de falta de idoneidade.

- Praticar actos de liberalidade às custas da sociedade, salvo quando autorizado em reunião do conselho de administração e em benefício dos empregados ou da comunidade onde actue a sociedade, tendo em vista as suas responsabilidades sociais;
- Deixar de aproveitar oportunidade de negócio do interesse da sociedade, visando a obtenção de vantagens para si ou para outrem;
- Adquirir, objectivando revenda lucrativa, ou qualquer outro benefício directo ou indirecto, bem ou direito que sabe necessário à sociedade, ou que esta tencione adquirir.

Embora não resulte expressamente do art. 429.º do CComM, o desrespeito das proibições contempladas no mesmo poderão conduzir à destituição, com justa causa, do administrador infractor.

4.2.2. Independência

No que toca à independência dos administradores, propriamente dita, o art. 426.º do CComM estabelece que, "[o]s administradores da sociedade devem rigorosamente exercer suas funções como administradores fiduciários de todos os accionistas, sejam eles controladores, minoritários ou titulares e acções preferenciais, cujos direitos devem ser igualmente tratados, independentemente da participação de cada um no capital social".

Também do n.º 1 do art. 433.º do CComM, resultam, entre outros, os seguintes deveres dos administradores das sociedades anónimas:

- Não se fazer valer de informação obtida em função do cargo para auferir, para si ou para outrem, vantagens mediante a compra e venda de valores mobiliários;
- Estabelecer em relacionamento ético com os accionistas minoritários em termos de direitos políticos, nomeadamente, o direito de voto, o de representação nos órgãos sociais e os relativos a direitos patrimoniais; e
- Assegurar a tutela dos interesses dos accionistas, empregados e demais participantes da sociedade, dentro das atribuições que a lei e o estatuto lhe confere, de modo a realizar o objecto e a função sociais.

Por outro lado, resulta da conjugação dos n.os 3 e 4 do art. 125.º do CComM que responde solidariamente com o sócio dominante[37] pelos danos causados à

[37] Cf. nota de rodapé n.º 3, supra, sobre a noção legal de sócio dominante resultante do n.º 1 do art. 125.º do CComM.

sociedade ou directamente aos outros sócios, o administrador que pratique ou celebre ou não impeça, podendo fazê-lo, a prática ou celebração de qualquer acto ou contrato que:

- Seja ilícito;
- Corresponda à celebração de contrato entre a sociedade e sócio dominante em condições discriminatórias e de favor, em benefício do sócio dominante ou de terceiro;
- Possa ser considerado como induzir a administração da sociedade ou qualquer seu mandatário a celebrar com terceiros contrato em condições discriminatórias e de favor, em seu benefício do sócio dominante ou de terceiro.

Não obstante o exposto sobre as incompatibilidades e independência, a legislação moçambicana, além de determinar que os administradores sejam nomeados pela maioria dos votos expressos em assembleia geral, não deixa de reconhecer a possibilidade de, por meio de séries ou classes de acções, se elegerem membros do conselho de administração em separado (art. 357.º e 358.º do CComM) ou de por meio de acordos de accionistas, estes poderem compor os respectivos interesses relativamente ao direito de voto para o preenchimento de cargo na administração da sociedade (al. b) do n.º 2 do art. 411.º do CComM).

Se nos parece evidente que a independência de um administrador pode ficar, de certo modo, limitada em função do ou dos accionistas que tenham sido preponderantes para a sua nomeação, essa mesma limitação não poderá comprometer os respectivos deveres, obrigações e proibições legalmente consagrados.

4.3. Designação, substituição e destituição

4.3.1. Designação

A eleição dos administradores das sociedades anónimas moçambicanas é da competência da assembleia geral (al. a) do art. 129.º do CComM).

Regra geral, aos membros dos órgãos sociais, entre os quais os membros do conselho de administração, são nomeados na primeira reunião de assembleia geral da sociedade, imediatamente seguinte à sua constituição.

Ainda assim, não poucas vezes, os membros dos órgãos sociais são designados no contrato de sociedade para um primeiro mandato ou até que se realize a primeira reunião de assembleia geral. Embora a legislação não preveja expressamente tal faculdade, relativamente às sociedades anónimas, entendemos que a mesma seja admissível atendendo ao facto do contrato de sociedade traduzir o acordo de vontades entre accionistas fundadores da sociedade que, de outro modo, com relação à nomeação dos membros do conselho de administração, seria pelos mesmos reflectido por meio de votação em assembleia geral.

À semelhança da generalidade das demais deliberações da assembleia geral, a deliberação sobre a nomeação dos membros do conselho de administração é tomada pela maioria absoluta dos votos expressos. A legislação moçambicana aplicável às sociedades anónimas não contempla a possibilidade de nomeação de administradores que integrem listas aprovadas por maioria relativa. Deste modo, para a nomeação de administradores será necessário reunir a concordância dos accionistas titulares da maioria dos votos expressos.

Excepção resulta da possibilidade da atribuição de direitos especiais aos titulares de séries ou classes de acções ordinárias ou preferenciais relativamente à nomeação de membros do conselho de administração ou do conselho fiscal.

Com efeito, de entre os direitos que podem ser especialmente conferidos aos titulares de certas séries ou classes de acções ordinárias, consta o direito de eleger, em separado, membros do conselho de administração, titulares e suplentes conforme dispuser o contrato de sociedade (al. c) do n.º 1 do art. 357.º do CComM).

Também aos titulares de certas séries ou classes de acções preferenciais pode ser atribuído o direito especial de eleger, em separado, um membro do conselho de administração, titular e suplente, conforme dispuser o contrato de sociedade (al. c) do n.º 1 do art. 358.º do CComM).

Assim sendo, a regra geral é a de que os administradores são nomeados em assembleia geral pela maioria dos votos expressos. Constituem excepções a esta regra:

1) A possibilidade do contrato de sociedade, desde logo, designar administradores para o primeiro mandato ou até que se realiza a primeira reunião de assembleia geral; ou

2) O direito de eleger administradores, em separado, que possa ser conferido no contrato de sociedade aos titulares de certas séries ou classes de acções ordinárias ou preferências.

Os administradores são eleitos por um mandato de quatro anos, podendo o contrato de sociedade estabelecer um período mais curto (n.º 1 do art. 420.º do CComM).

Findo o mandato para o qual os administradores tenham sido eleitos, os administradores deverão manter-se em funções até serem designados novos administradores (n.º 2 do art. 420.º e n.º 2 do art. 425.º ambos do CComM). Os novos administradores deverão ser nomeados em reunião ordinária da assembleia geral uma vez ser aí que se deve eleger os administradores e os membros do conselho fiscal ou fiscal único para as vagas que nesses órgãos se verifiquem (al. c) do n.º 1 do art. 132.º do CComM). Tal não impede, no entanto, a reeleição de administradores por uma ou mais vezes (n.º 1 do art. 420.º do CComM).

O presidente do conselho de administração pode ser escolhido pelo próprio conselho de administração ou ser designado pela assembleia geral que proceda à eleição dos administradores, consoante o que for determinado pelo contrato de sociedade (n.º 1 do art. 423.º do CComM).

Uma vez designados, os administradores serão investidos dos respectivos cargos mediante a assinatura do termo de posse, a ser lavrado no livro de actas do conselho de administração, sob pena de nulidade da designação (n.º 1 do art. 425.º do CComM).

Ao assinarem o referido termo de posse, os administradores deverão declarar o número de acções, bónus de subscrição, opções de compra de acções e obrigações convertíveis em acções, emitidos pela sociedade e por sociedades controladas ou do mesmo grupo, de que sejam titulares ou que tenham adquirido através de outras pessoas (n.º 3 do art. 425.º do CComM).

Por último entendemos dever referir a possibilidade das pessoas colectivas serem designadas administrador de sociedades comerciais, incluindo das sociedades anónimas (n.º 1 do art. 149.º do CComM).

Em tais casos, a pessoa colectiva que seja designada administrador de sociedade anónima, deve nomear uma pessoa singular para exercer o cargo em sua representação, respondendo a primeira solidariamente com a última pelos actos praticados por esta (n.º 2 do art. 149.º do CComM).

4.3.2. Substituição

Perante a falta definitiva de um administrador, resulte ela do excesso número de faltas[38], pela renúncia ou pela destituição, determina o n.º 1 do art. 422.º do CComM que procede-se à sua substituição pela chamada do primeiro suplente.

A propósito dos administradores suplentes e como supra referido em 4.1., o n.º 2 do art. 418.º do CComM estabelece que o contrato de sociedade pode autorizar a designação de administradores suplentes, até ao número máximo de três, cuja ordem de precedência deve ser estabelecida na deliberação de eleição e que, no silêncio desta, é determinada pela maior idade, ao que acrescentamos o nosso entendimento no sentido da ordem de precedência dos administradores suplentes poder ser estabelecida no contrato de sociedade.

[38] Note-se que a legislação moçambicana não obriga a que o contrato de sociedade estabeleça o limite de faltas que um administrador possa dar. Nada obsta, no entanto, que tal número limite de faltas seja estabelecido no contrato de sociedade.

"Na falta de administradores suplentes, a primeira assembleia geral seguinte deve, ainda que tal matéria não conste da ordem de trabalhos, eleger um ou mais administradores para exercerem funções até ao termo do mandato dos restantes administradores" (n.º 2 do art. 422.º do CComM).

Resulta, assim, do n.º 2 do art. 422.º do CComM que os administradores que forem nomeados em assembleia geral em razão da falta definitiva de um administrador, são-no até ao termo do mandato dos restantes administradores e não para um novo mandato.

Sucede que, por vezes, entre a data em que se dá falta definitiva de um administrador e a data da realização de uma reunião de assembleia geral pode decorrer um longo período de tempo. Em certas sociedades um tal período de tempo sem que seja nomeado um administrador substituto pode mostrar-se prejudicial ao normal funcionamento do respectivo conselho de administração. Assim e sem prejuízo da competência atribuída à assembleia geral, o conselho de administração tem competência para proceder à cooptação de administradores (al. b) do n.º 2 do art. 431.º do CComM). Deste modo, não havendo administradores suplentes, o conselho de administração poderá cooptar novo administrador em substituição do faltoso, caso a assembleia geral ainda não tenha procedido à eleição de novo administrador.

Face ao exposto, a competência da assembleia geral eleger novo administrador em substituição do administrador faltoso (n.º 2 do art. 422.º do CComM) poderá materializar-se por um dos seguintes modos:

1) Simplesmente eleger novo administrador em substituição do administrador faltoso, caso o conselho de administração não tenha, ainda, procedido à cooptação de administrador;

2) Ratificar a cooptação de administrador que tenha sido efectuada pelo conselho de administração; ou

3) Recusar a cooptação de administrador que tenha sido efectuada pelo conselho de administração. Deste posicionamento resultam duas consequências imediatas:

- O administrador cooptado pelo conselho de administração cessa imediatamente funções, embora os respectivos actos que tenha praticado sejam válidos; e
- A assembleia geral elegerá novo administrador para exercer funções até ao termo do mandato dos restantes administradores.

4.3.3. Destituição

De acordo com o disposto no n.º 1 do art. 430.º do CComM, "[o] mandato dos administradores pode, em qualquer momento, ser revogado por deliberação dos accionistas, mas se a revogação não tiver sido fundada em justa causa, o administrador tem o direito a receber, a título de indemnização, as remunerações que receberia até ao termo do seu mandato".

Assim sendo, a destituição dos administradores não tem que se fundar em justa causa. No entanto, caso a destituição seja fundada em justa causa, o administrador não terá direito a qualquer indemnização. Se pelo contrário, a destituição não for fundada em justa causa, o administrador terá direito a receber as remunerações a que teria direito até ao termo do respectivo mandato.

Como resulta do n.º 1 do art. 430.º do CComM, é à assembleia geral que compete destituir os administradores. No entanto, o n.º 2 do art. 430.º do CComM concede a faculdade de um ou mais accionistas, desde que titulares de acções correspondentes a um total de, pelo menos, 10 por cento do capital social, poderem requerer a destituição judicial de qualquer administrador, desde que fundada em justa causa. Este pedido judicial pode, também, ocorrer a qualquer momento.

Por último, importa referir que as pessoas singulares que tenham sido nomeadas para o exercício do cargo de administrador por pessoa colectiva designada administrador de sociedade anónima (n.ºs 1 e 2 do art. 149.º do CComM), podem ser destituídas das funções pela pessoa colectiva que as tenha nomeado, independentemente de deliberação da assembleia geral da sociedade em que o cargo de administrador é exercido pela pessoa singular (n.º 4 do art. 149.º do CComM). Neste caso não estaremos perante uma verdadeira destituição, na medida em que o administrador permanece o mesmo, ou seja, o cargo continuará a ser exercido pela pessoa colectiva eleita. Tão só o administrador pessoa colectiva altera o seu representante no exercício do cargo.

4.3.4. Breve referência ao registo dos administradores

Importa aqui apenas referir que a designação, cessação de funções, por qualquer causa que não seja o decurso do tempo, bem como a alteração do mandato dos membros dos órgãos de administração são actos sujeitos a registo na Conservatória do Registo das Entidades Legais, por força do disposto na al. m) do art. 3.º do RREL.

4.4. Executivos e não executivos

O CComM não faz distinção entre os administradores executivos e administradores não executivos. Os administradores executivos não são, no entanto e como veremos, uma realidade completamente estranha ao ordenamento jurídico moçambicano.

Além dos administradores como tal designados em assembleia geral, o CComM apenas reconhece o ou os administradores delegados.

O administrador ou administradores delegados são aqueles a favor dos quais, no âmbito da delegação de competências do conselho de administração das sociedades anónimas moçambicanas, algumas das competências do conselho de administração podem ser delegadas. Com efeito dispõe o n.º 1 do art. 432.º do CComM que "[o] conselho de administração pode delegar num ou mais administradores a gestão corrente da sociedade".

Não são delegáveis, nos termos do n.º 2 do mesmo art. 432.º do CComM, as competências do conselho de administração relativas a: (i) relatórios e contas anuais; (ii) prestação de cauções e garantias, pessoais ou reais, pela sociedade; (iii) extensões ou reduções da actividade da sociedade; e (iv) projectos de fusão, cisão e de transformação da sociedade.

A delegação de competências por parte do conselho de administração não exclui a competência do mesmo órgão para tomar quaisquer resoluções sobre os assuntos delegados (n.º 3 do art. 432.º do CComM), assim como não exclui a responsabilidade dos administradores pelos prejuízos causados à sociedade por actos ou omissões do administrador delegado ou dos membros da direcção, quando do conhecimento dos administradores. Com efeito, resulta do n.º 4 do art. 432.º do CComM que "[o]s administradores respondem solidariamente com o administrador delegado ou com os membros da direcção pelos prejuízos causados à sociedade por actos ou omissões destes, quando, tendo conhecimento desses actos ou omissões ou do propósito de os praticar, não solicitem a intervenção do conselho de administração para tomar as medidas pertinentes e adequadas".

Tendo-se em consideração o disposto no n.º 4 do mesmo artigo, parece poder concluir-se que o administrador a favor do qual sejam delegadas competências do conselho de administração deva ser designado por administrador delegado. Contudo, o mesmo dispositivo refere-se, não apenas, à responsabilidade solidária dos administradores para com o administrador delegado (administrador a favor do qual tenham sido delegadas competências do conselho de administração), mas ainda à responsabilidade solidária dos administradores para com os membros da direcção, sem que, no entanto, o CComM ofereça qualquer noção do que se deva entender por "direcção".

Poder-se-á assim questionar sobre se com o termo "direcção" o legislador pretendeu referir-se a um órgão colegial composto exclusivamente por administradores e a favor do qual sejam delegadas competências do conselho de administração ou se, pelo contrário, pretendeu referir-se a um órgão colegial a favor do qual o conselho de administração delegue competências, independentemente de aqueles que o integram serem, ou não, administradores.

Não obstante no dia-a-dia confrontamo-nos com as mais diversas realidades traduzindo a delegação de competências do conselho de administração em órgãos colegiais, em alguns casos compostos exclusivamente por administradores, noutros casos por administradores e não administradores e noutros, ainda, por, apenas, não administradores, certo parece ser que, por força do disposto no n.º 1 do art. 432.º do CComM, o conselho de administração apenas poderá delegar a gestão corrente da sociedade a favor de um ou mais administradores, não sendo admissível que essa delegação seja feita a favor de não administradores, a menos que no âmbito da representação voluntária e por meio de procuração.

Face ao exposto entendemos que no âmbito da delegação de competências do conselho de administração, poder-se-á considerar as seguintes três realidades distintas:

1) Administrador delegado – o administrador da sociedade a favor do qual o conselho de administração delega total ou parcialmente a gestão corrente da sociedade;

2) Administradores delegados – os diversos administradores da sociedade, isolada ou conjuntamente considerados, a favor dos quais o conselho de administração delega, em conjunto ou separadamente, total ou parcialmente, a gestão corrente da sociedade; e

3) Direcção – órgão colegial composto por administradores a favor o qual o conselho de administração delega, total ou parcialmente, a gestão corrente da sociedade.

A "direcção" é, frequentemente, designada das formas mais variadas, de entre as quais destacamos: direcção executiva; comissão de gestão; comissão executiva; ou conselho directivo[39].

A adopção de tais designações deve-se, no nosso entender, a duas principais ordens de razão:

- Por um lado, à influência de regimes jurídicos estrangeiros de que as sociedades anónimas moçambicanas são objecto em resultado do investimento realizado e do controlo exercido nas mesmas por parte de agentes económicos estrangeiros; e
- Por outro lado, ao facto de não raras vezes a elaboração da legislação moçambicana merecer a contribuição de consultores estrangeiros e assentar em matrizes de legislação vigente em ordenamentos jurídicos distintos

[39] A título de exemplo, tenha-se me consideração o disposto no n.º 2 do art. 12.º da LIC, o qual refere-se expressamente à *"(...) criação de órgão colegial" (...) "a que se atribua a gestão corrente da instituição de crédito ou sociedade financeira, designadamente direcção executiva" (...) "comissão executiva, conselho directivo ou equiparados (...)"*.

do moçambicano, resultando na importação de terminologia existente e adoptada nos países donde provêm tais consultores e matrizes, sem que a mesma seja, necessariamente, sujeita a uma prévia adequação aos conceitos e terminologia próprios do ordenamento jurídico moçambicano.

É precisamente aos membros da direcção, quando designada por direcção executiva ou comissão executiva que, por vezes, tem sido atribuída a designação de directores executivos ou administradores executivos.

Deste modo, directores executivos ou administradores executivos serão os administradores que assumem a função de membros de um órgão colegial, composto por administradores, a favor do qual são delegadas competências de gestão corrente da sociedade, por parte do conselho de administração (direcção).

4.5. Remuneração

No que toca à remuneração dos administradores das sociedades anónimas o CComM limita-se a no n.º 2 do art. 424.º estabelecer que "[c]abe ao contrato de sociedade ou, no seu silêncio, à assembleia geral ou a uma comissão de accionistas por ele eleita, fixar a remuneração dos administradores".

Deste modo, a remuneração dos administradores poderá, desde logo, ser fixada no contrato de sociedade (realidade pouco frequente). Não sendo fixada no contrato de sociedade, poderá ser fixada em assembleia geral (como sucede na generalidade dos casos das sociedades anónimas moçambicanas), assim como pode, ainda, ser fixada por uma comissão de accionistas a ser eleita pela assembleia geral (realidade que tendo vindo a merecer a adesão crescente de sociedades moçambicanas).

4.6. Prestação de contas

Por força do art. 60.º do CComM "[t]odo o empresário comercial[40] é obrigado a dar balanço anual ao seu activo e passivo nos três primeiros meses do ano imediato e a lança-lo no livro de inventário e balanços, assinando-o devidamente".

Para o efeito, no que se refere às sociedades anónimas e atenta a obrigatoriedade destas terem um conselho fiscal ou fiscal único, o art. 170.º do CComM dispõem que, as respectivas administrações, deverão, no fim de cada exercício, organizar as contas anuais, elaborar um relatório respeitante ao exercício, assim como uma proposta de aplicação de resultados.

[40] De entre os empresários comerciais, como supra mencionado na nota de rodapé n.º 2, as sociedades comerciais (al. b) do art. 2.º do CComM) e dentro destas as sociedades anónimas (n.º 1 do art. 82.º do CComM).

No que respeita ao exercício das sociedades comerciais, este deve ser anual devendo, em regra iniciar a um de Janeiro e terminar a trinta e um de Dezembro, podendo adoptar um período anual diferente, quando razões determinadas pelo tipo de actividade o justifiquem, o qual deverá ser mantido durante um mínimo de cinco exercícios (n.os 1 e 2 do art. 169.º do CComM).

4.6.1. Relatório da Administração respeitante ao exercício anterior:

O referido relatório da administração respeitante ao exercício deve (art. 171.º e n.º 1 do art. 415.º do CComM):

1) Descrever, com referência às contas anuais, o estado e a evolução da gestão da sociedade nos diferentes sectores em que a sociedade actuar;

2) Com a finalidade de permitir de forma fácil e clara, a compreensão da situação económica e da rentabilidade alcançada pela sociedade, fazer especial menção a:

- Custos;
- Condições de mercado; e
- Investimentos.

3) Descrever os negócios e principais factos ocorridos;

4) Conter as demonstrações contabilísticas;

5) Ser assinado por todos os administradores em funções no momento em que o relatório seja apresentado, salvo recusa de algum administrador, devidamente justificada em documento anexo ao relatório. Os administradores que não estejam em funções no momento da apresentação do relatório, embora não tenham que assiná-lo, devem prestar todas as informações que lhes sejam pedidas relativas ao respectivo mandato.

4.6.2. Relatório e Parecer da Fiscalização

Uma vez concluídas as contas anuais, o relatório da administração e a proposta de aplicação de resultados, a administração procederá à entrega dos mesmos ao conselho fiscal ou fiscal único da sociedade, instruídos com o inventário que lhes sirva de suporte, com a antecedência de 30 dias em relação à data prevista para a assembleia geral ordinária da sociedade (n.º do art. 172.º do CComM) e no prazo de 15 dias após a sua aprovação (n.º 3 do art. 437.º do CComM).

O conselho fiscal ou fiscal único procederá, à elaboração de relatório e parecer sobre a sua acção fiscalizadora, dando parecer sobre o balanço, a conta de ganhos e perdas, assim como sobre o relatório e proposta de aplicação de resultados da administração, até à data em que os avisos convocatórios da assembleia geral ordinária devam ser publicados (n.º 2 do art. 172.º, conjugado com a al. f) do n.º 1 do art. 157.º, ambos do CComM).

Face ao exposto, com relação ao momento em que o conselho fiscal ou fiscal único devam proceder à elaboração de relatório e parecer em apreço, assim como ao facto das reuniões de assembleia geral das sociedades anónimas deverem ser convocadas com a antecedência de 30 dias (n.º 1 do art. 416.º do CComM), conclui-se sobre a necessidade da administração entregar as contas relatório e proposta de aplicação de resultados, ao conselho fiscal ou fiscal único, em momento que anteceda a reunião de assembleia geral ordinária em mais do que 30 dias, pois só, assim será possível ao conselho fiscal ou fiscal único procederem à elaboração de respectivo relatório e parecer até à data em que a convocatória da referida reunião deva ser publicada, em conformidade com o disposto no n.º 2 do art. 172.º do CComM. Se é um facto que do n.º 3 do art. 437.º resulta a obrigação da administração entregar, ao conselho fiscal ou fiscal único, as demonstrações contabilísticas no prazo de 15 dias, tal não assegura que, cumprido tal prazo, o conselho fiscal ou fiscal único disponha do tempo adequado para efeitos da elaboração do respectivo relatório e parecer. Deste modo, prudente será estabelecer no contrato de sociedade o momento em que a administração da sociedade deva entregar as contas relatório e proposta de aplicação de resultados, ao conselho fiscal ou fiscal único, de tal modo, que seja possível aos órgãos sociais envolvidos, desempenharem atempadamente as suas funções.

O relatório do conselho fiscal ou fiscal único deve indicar, (n.º 3 do art. 172.º, todos do CComM):

- Se as contas anuais e o relatório da administração são exactos e completos;
- Se as contas anuais e o relatório da administração dão a conhecer fácil e claramente a situação patrimonial da sociedade;
- Se as contas anuais e o relatório da administração satisfazem as disposições legais e estatutárias;
- Se o órgão de fiscalização concorda ou não com a proposta de aplicação de resultados;
- As diligências e verificações a que se procedeu e o respectivo resultado;
- Os critérios valorimétricos adoptados para administração e a sua adequação;
- Quaisquer irregularidades ou actos ilícitos;
- Quaisquer alterações que se entenda deverem ser feitas às contas, relatório e proposta de aplicação de resultados da administração.

Também o relatório e parecer do conselho fiscal devem ser assinados por todos os respectivos membros, em funções no momento em que sejam apresentados, salvo recusa de algum membro, devidamente justificada em documento anexo, assim como os membros que não estejam em funções no momento da apresentação, não tendo que assiná-los, também devem prestar todas as informações que lhes sejam pedidas relativas ao respectivo mandato (n.º 4 do art. 172.º conjugado com os n.os 2 e 3 do art. 171.º, ambos do CComM). Com relação ao fiscal único, naturalmente que apenas este o deverá assinar.

4.6.3. Auditor externo

As contas do exercício das sociedades anónimas elaboradas pelas respectivas administrações, além de deverem ser objecto de relatório e parecer dos respectivos conselhos fiscais ou fiscais únicos, em certos casos são ainda objecto, por imposição legal ou por opção, de parecer de auditor ou de sociedade de auditores sem relação com a sociedade. A este propósito faremos referência no ponto 5.7., infra.

4.6.4. Consulta

As constas anuais, relatório e proposta de aplicação de resultados da administração, juntamente com o relatório e parecer do conselho fiscal ou fiscal único, assim como dos auditores independentes, quando este seja exigível, devem estar patentes aos accionistas na sede da sociedade, às horas de serviço, a partir da data da expedição ou publicação dos avisos convocatórios da assembleia geral ordinária – art. 174.º e n.º 1 do art. 415.º do CComM.

Aos accionistas deve ser comunicado que o relatório da administração, as demonstrações contabilísticas e os pareceres do conselho fiscal ou fiscal único e dos auditores independentes, sendo o caso, se encontram à sua disposição na sede da sociedade, mediante publicação de aviso, em jornal diário de grande circulação, com até um mês de antecedência em relação à data designada para a realização da assembleia geral (n.º 2 do art. 415.º do CComM). Comummente, tal comunicado consta do aviso convocatório da assembleia geral, já que este deve conter a indicação dos documentos que se encontram na sede social para consulta dos sócios (n.º 2 do art. 134.º do CComM).

O n.º 3 do art. 415.º estabelece, ainda, a obrigação da publicação do relatório da administração, das demonstrações contabilísticas e dos pareceres do conselho fiscal ou fiscal único e dos auditores independentes, sendo o caso, em jornal diário de grande circulação, com a antecedência mínima de 10 dias, em relação à data marcada para a realização da assembleia geral ordinária. Esta tem sido, no entanto, uma obrigação ignorada pela grande maioria das sociedades anónimas em Moçambique, as quais têm optado por publicar publicação do relatório da administração, das demonstrações contabilísticas e dos pareceres do conselho fiscal ou fiscal único apenas em momento subsequente ao da sua aprovação em assembleia geral.

4.6.5. Aprovação

a) Assembleia geral ordinária

O balanço, o relatório da administração e a proposta de aplicação de resultados devem ser aprovados na reunião de assembleia geral ordinária, a ter lugar nos três meses imediatos ao termo de cada exercício (als. a) e b) do n.º 1 do art. 132.º do CComM).

b) Aprovação judicial de contas

Na eventualidade das contas anuais e o relatório da administração não serem apresentados aos accionistas nos três meses que se sigam ao termo do exercício a que respeitem (na assembleia geral ordinária), pode qualquer accionista requerer ao tribunal a fixação de um prazo, não superior a 60 dias, para a sua apresentação (n.º 1 do art. 175.º do CComM).

Caso as contas não sejam apresentadas dentro do prazo que venha a ser fixado pelo tribunal, poderá, este, determinar a cessação de funções de um ou mais administradores e ordenar exame judicial nos termos do art. 124.º do CComM[41], nomeando[42] um administrador judicial encarregado de elaborar as contas anuais e o relatório da administração referentes a todo o prazo decorrido desde a última aprovação de contas (n.º 2 do art. 175.º do CComM), os quais serão sujeitos a aprovação dos accionistas, em assembleia geral a ser, para o efeito, convocada pelo administrador judicial (n.º 3 do art. 175.º do CComM).

Na eventualidade das contas elaboradas pelo administrador judicial não serem aprovadas pelos accionistas, o mesmo administrador requererá ao tribunal que sejam as mesmas aprovadas judicialmente, fazendo-as acompanhar, para o efeito, de parecer de auditor de contas sem relação com a sociedade (n.º 4 do art. 175.º do CComM).

4.6.6. Registo e publicação

Estranhamente, o CComM não faz menção expressa à obrigatoriedade de registo ou publicação das contas da sociedade, além da publicação anterior

[41] Supra apreciado em 3.3.7.

[42] No texto do CComM "nomeadamente", em nosso entender, por mero lapso.

à realização da reunião da assembleia geral ordinária, supra mencionada em 4.6.4., assim como o RREL não identifica, no seu art. 3.º, o registo das contas das sociedades anónimas como facto sujeito a registo, tão só referindo-se à inscrição de balanço na al. n) do seu art. 81.º, relativo aos requisitos especiais de algumas inscrições. Ainda assim, certas sociedades sujeitas a regimes especiais e reguladas por legislação avulsa não deixam de se encontrar obrigadas à publicação das respectivas constas, uma vez aprovadas em assembleia geral[43-44-45].

4.7. Negócios com a sociedade

Nas sociedades anónimas moçambicanas, os contratos celebrados entre a sociedade e os seus administradores, directamente ou por interposta pessoa, são nulos, a menos que tenham sido previamente autorizados por deliberação do conselho de administração, na qual o administrador interessado não pode votar, e com parecer favorável do conselho fiscal ou fiscal único (n.º 1 d o art. 427.º do CComM).

São ainda nulos, caso não tenham sido previamente autorizados por deliberação do conselho de administração, sem voto do interessado, assim como objecto de parecer favorável do conselho fiscal ou do fiscal único, os contratos celebrados pelos administradores da sociedade, directamente ou por interposta pessoa, com sociedades que estejam em relação de domínio ou de grupo com a sociedade de que o contratante seja administrador (n.º 2 do art. 427.º do CComM).

Quer isto dizer que, sob a pena de nulidade, um administrador de sociedade anónima apenas pode contratar, directamente ou por interposta pessoa, com a sociedade em que exerça o cargo de administrador ou com sociedade que com a mesma mantenha relação de domínio ou de grupo se:

- A contratação tiver sido previamente autorizada por deliberação do conselho de administração, na qual o administrador contratante ou interessado não pode votar; e
- O conselho fiscal ou fiscal único tenha emitido parecer prévio favorável a tal contratação.

[43] A propósito da obrigação de publicação das contas, parecer do órgão de fiscalização e do relatório dos auditores externos, entre outros documentos das instituições de crédito e sociedades financeiras regula a Circular do Banco de Moçambique n.º 4/SHC/2007, de 12 de Junho de 2007.

[44] A propósito da publicação do relatório e contas anuais, parecer do conselho fiscal e certificado de auditores das sociedades com valores mobiliários admitidos à cotação, como obrigação de informação de carácter geral a ser efectuada no Boletim Oficial de Bolsa regula a al. a) do n.º 1 do art. 74.º do CMVMM.

[45] Também as sociedades que pretendam ser admitidas à cotação deverão ter publicados os seus relatórios de gestão e contas, relativos aos dois exercícios anteriores (al. d) do n.º 1 do art. 60.º do CMVMM).

Porém e de acordo com o n.º 3 do art. 427.º do CComM, o exposto não é aplicável sempre que se verifiquem as seguintes circunstâncias cumulativas:

1) A contratação diga respeito a acto compreendido no próprio comércio da sociedade, com a qual o administrador contrate, seja ela a sociedade em que o administrador contratante ou interessado exerça o cargo de administrador ou sociedade que com a mesma mantenha relação de domínio ou de grupo; e

2) Nenhuma vantagem especial advenha ou seja concedida ao administrador contratante.

5. FISCALIZAÇÃO

5.1. Estrutura

A fiscalização das sociedades anónimas compete ao conselho fiscal ou fiscal único (n.º 1 do art. 436.º do CComM).

Também com relação à fiscalização das sociedades anónimas moçambicanas não parece haver um critério preponderante quanto à atribuição de competências. Com efeito, se desde que foi admitida a figura do Fiscal Único muitas têm sido as sociedades anónimas nas quais se têm optado por atribuir a fiscalização a um Fiscal Único, em muitas outras sociedades anónimas continuam-se a atribuir a competência da fiscalização a um Conselho Fiscal.

5.1.1. Conselho fiscal

O conselho fiscal é composto por três ou cinco membros efectivos e um ou dois membros suplentes, devendo ser composto dois membros suplentes, sempre que seja composto por cinco membros efectivos (n.ºs 2 e 3 do art. 436.º do CComM).

Um dos membros do conselho fiscal deve ser auditor de contas ou sociedade de auditores de contas (n.º 2 do art. 154.º do CComM).

Sempre que uma sociedade de auditores de contas integre o conselho fiscal deverá designar um sócio ou um empregado seu, em qualquer dos casos que seja auditor de contas, para o exercício das funções que lhe são conferidas junto da sociedade (n.º 3 do art. 154.º do CComM).

Com excepção da sociedade de auditores de contas que integre o conselho fiscal, os seus demais membros devem ser pessoas singulares com plena capacidade jurídica (n.º 4 do art. 154.º do CComM).

5.1.2. Fiscal Único

Os estatutos da sociedade podem determinar que o conselho fiscal seja substituído por um fiscal único (n.º 1 do art. 154.º do CComM).

Sempre que a fiscalização da sociedade caiba a um fiscal único, o mesmo cargo deve ser exercido por auditor de contas ou sociedade de auditores de contas (n.º 2 do art. 154.º do CComM). Sempre que o seja por uma sociedade de auditores de contas, deverá a mesma designar um sócio ou um empregado seu, em qualquer dos casos, que seja auditor de contas, para o exercício do referido cargo (n.º 3 do art. 154.º do CComM).

5.2. Incompatibilidades e independência

De acordo com o disposto no n.º 1 do art. 155.º do CComM, não podem ser membros do conselho fiscal ou fiscal único:

- Os administradores da sociedade;
- Qualquer empregado da sociedade ou qualquer pessoa que receba da sociedade qualquer remuneração que não seja pelo exercício das funções de membro do conselho fiscal ou fiscal único;
- Os cônjuges, parentes ou afins, até ao terceiro grau, inclusive, das pessoas referidas nas alíneas anteriores.

Por seu turno o auditor de contas ou sociedade de auditores de contas que seja fiscal único ou membro do conselho fiscal não pode ser sócio da sociedade (n.º 2 do art. 155.º do CComM).

Do n.º 3 do art. 155.º do CComM resulta ainda que a superveniência de algum dos impedimentos abrangidos pelos n.ºs 1 e 2 do mesmo artigo e supra mencionados importa a caducidade automática da designação.

Em face do disposto no art. 155.º do CComM, poder-se-á colocar a questão de saber se um accionista pode ser designado para o cargo de membro do conselho fiscal. Isto porque, muito embora não havendo disposição que o impeça expressamente, entendemos que o direito do accionista aos lucros não deixa de corresponder a um direito do accionista ser remunerado pelo investimento efectuado no capital social da sociedade e, assim sendo, um impedimento a que seja membro do conselho fiscal, nos termos da alínea b) do n.º 1 do art. 155.º do CComM. No entanto, se assim é, o que terá levado o legislador a sentir a necessidade de estabelecer expressamente a impossibilidade do auditor de contas ou sociedade de auditores de contas que seja membro do conselho fiscal ou fiscal único poder ser sócio da sociedade? Com efeito, caso se entenda que os dividendos distribuídos pela sociedade correspondem a uma forma de remuneração do sócio, qualquer sócio estaria impedido, desde logo, pela alínea b) do n.º 1 do art. 155.º do CComM, a exercer o cargo de membro do conselho fiscal ou de fiscal único e, consequentemente, tornar-se-ia desnecessário estabelecer tal incompatibilidade relativamente ao auditor de contas ou sociedade de auditores de contas que sejam sócios da sociedade[46].

Face ao exposto, parece-nos ter que se optar por uma das seguintes conclusões:

1) Ou o disposto no n.º 2 do art. 155.º do CComM, segundo o qual o auditor de contas ou sociedade de auditores de contas que exerça o cargo de fiscal único ou de membro do conselho fiscal não pode ser sócio da sociedade, corresponde a uma redundância, na medida em que tal incompatibilidade resulta já da alínea b) do n.º 1 do mesmo artigo;

2) Ou o legislador, ao referir-se a "qualquer remuneração", na alínea b) do n.º 1 do art. 155.º do CComM, não considerou como tal os dividendos distribuídos pela sociedade ao sócio.

Optando-se pela conclusão acabada de enunciar em 2), concluir-se-á, igualmente, pela não existência de impedimento a que um accionista seja designado para membro do conselho fiscal. Ora se assim for, talvez se justificasse um dispositivo destinado a regular, especificamente, a independência dos membros do conselho fiscal e do fiscal único, como sucede noutros ordenamentos jurídicos, como por exemplo o português, com a finalidade de garantir, entre outros aspectos, a isenção de análise ou de decisão de tais membros, designadamente quando os mesmos representem grupos de interesse específicos na sociedade, em virtude da sua qualidade de accionistas ou de se encontrarem associados a tais grupos de interesses, como sucede com os membros designados por accionistas ou grupo de accionistas da sociedade[47].

Note-se que o acabado de expor sobre a incompatibilidade de membro do conselho fiscal com a qualidade de accionista, não se aplica à figura do fiscal único, na medida em que o fiscal único, por força do disposto no n.º 2 do art. 154.º do CComM, deve ser auditor de contas ou sociedade de auditores de contas que, por sua vez e em função do disposto no n.º 2 do art. 155.º do CComM, não pode ser sócio da sociedade.

[46] A al. e) do n.º 3 do art. 414.º do Código das Sociedades Comerciais português, por exemplo, refere-se aos "... que prestem serviços remunerados com carácter de permanência...", não suscitando a dúvida que agora se refere.

[47] A este propósito, atente-se ao disposto no n.º 5 do art. 414.º do Código das Sociedades Comerciais, português, e também António Menezes Cordeiro, *Manual De Direito Das Sociedades II, Das Sociedades Em Especial*, 2.ª Edição, 2007, Almedina, Coimbra, pag. 794.

Por último, refira-se que em Moçambique, não sendo comum designar um accionista de sociedade anónima para o cargo de membro do conselho fiscal, é no entanto comum encontrar no conselho fiscal das sociedades anónimas membros vinculados a accionistas dominantes dessas mesmas sociedades.

5.3. Designação, substituição e destituição

5.3.1. Designação

Os membros do conselho fiscal ou o fiscal único são eleitos em assembleia geral ordinária, devendo-se na eleição, sempre que se opte pela instituição de um conselho fiscal, designar o presidente do conselho fiscal (n.º 1 d art. 156.º do CComM). A propósito da eleição dos membros do conselho fiscal e fiscal único, também a al. c) do n.º 1 do art. 132.º do CComM, identifica tal eleição como sendo objecto de deliberação em reunião de assembleia geral ordinária.

Já o n.º 4 do art. 436.º do CComM, apresenta a seguinte redacção:

"O conselho fiscal, quando o funcionamento não for permanente, é instalado pela assembleia geral a pedido de accionistas que representem, no mínimo, um décimo das acções votantes e, havendo, cinco por cento das acções preferenciais. Cada período do seu funcionamento termina na primeira assembleia geral ordinária após a sua instalação".

Uma tal redacção, aparentemente extraída do direito brasileiro[48], afigura-se-nos de difícil enquadramento com as demais disposições reguladoras do conselho fiscal, no ordenamento jurídico moçambicano[49]. Ainda assim, tendo-se em consideração o facto do conselho fiscal ou fiscal único corresponder a um órgão social obrigatório das sociedades anónimas (n.º 2 do art. 127.º do CComM), entendemos dever interpretar a referida disposição como o direito dos accionistas que sejam titulares de, pelo menos, 10 por cento das acções com direito a voto, assim como aos accionistas que sejam titulares de, pelo menos 5 por cento de acções preferenciais, caso estas existam, pedirem e, assim, promoverem a eleição dos

[48] A este propósito pode-se consultar SÉRGIO ANTÓNIO LOUREIRO ESCUDER/JOÃO EDUARDO PRUDÊNCIO TINOCO, *O Conselho Fiscal E A Governança Corporativa: Transparência E Gestão De Conflitos*, pag. 5 *"[e]mbora pela Lei das Sociedade Anónimas o conselho fiscal seja um órgão de existência obrigatória nas sociedades por acções, a mesma lei não exige sua instalação e funcionamento permanente"*, www.congressousp.fidecafi.org; assim como ARMINDO DE CASTRO JÚNIOR, *Sociedade Anónima*, pag. 20, em www.armindo.dominiotemporario.com.br

[49] A este propósito talvez valha a pena referir que no âmbito dos trabalhos que conduziram à reforma do Código Comercial, em Moçambique, foram inicialmente seleccionados consultores brasileiros, em conjunto com consultores moçambicanos, cuja proposta apresentada acabou por ser chumbada, levando a que a reforma fosse concluída por uma comissão de juristas moçambicanos cujos trabalhos, ainda que de forma diminuta, não deixaram de ter em consideração alguns aspectos da proposta inicial.

membros do conselho fiscal, caso os membros do conselho fiscal ou o fiscal único não sejam nomeados na reunião de assembleia geral ordinária que os deva nomear.

Por último, refira-se que também os membros do conselho fiscal e o fiscal único devem, por força do disposto no n.º 3 do art. 127.º do CComM, declarar, por escrito, se aceitam exercer o cargo para que forem eleitos ou designados.

5.3.2. Substituição

O CComM não contém qualquer disposição especificamente reguladora da substituição dos membros do conselho fiscal ou do fiscal único. Se com relação ao impedimento do fiscal único parece não haver alternativa senão a de proceder à nomeação de novo fiscal único ou instituição de conselho fiscal, no que se refere ao impedimento dos membros efectivos do conselho fiscal, parece ser natural que os mesmos sejam substituídos pelos membros suplentes.

Ainda assim, esta parece ser uma matéria cuja regulamentação no contrato de sociedade deva ser de considerar. Com efeito várias parecem-nos ser a situações a merecem regulamentação, entre as quais: (i) a de quem exercerá o cargo de presidente do conselho fiscal, em caso de impedimento deste; (ii) a de como suprir o impedimento do membro efectivo do conselho fiscal que seja oficial de auditor de contas ou sociedade auditora de contas, a qual poderá passar por designar um segundo auditor de contas como membro suplente do conselho fiscal; ou (iii) a de se saber a ordem de precedência dos membros suplente do conselho fiscal, no caso de terem sido designados dois membros suplentes.

5.3.3. Destituição

Os membros do conselho fiscal e o fiscal único podem ser destituídos por deliberação dos sócios tomada em assembleia geral, desde que ocorra justa causa para a destituição e, nessa mesma assembleia geral seja dada a oportunidade, aos membros do conselho fiscal ou fiscal único em causa, para exporem as razões das suas acções ou omissões (n.º 3 do art. 156.º do CComM).

Constitui justa causa justificativa de destituição o incumprimento dos respectivo deveres e em especial o de, sem motivo justificativo, um membro do conselho fiscal ou um seu suplente deixar de assistir, durante o exercício social, a pelo menos, duas reuniões do conselho (n.º 3 do art. 438.º do CComM).

5.3.4. Mandato

Uma vez eleitos os membros do conselho fiscal ou o fiscal único, permanecem em funções até à primeira reunião de assembleia geral ordinária realizada após a sua eleição (n.º 1 do art. 156.º e n.º 5 do art. 436.º, ambos do CComM). Tal não obsta, no entanto, a que os membros do conselho fiscal ou o fiscal único possam ser reeleitos (n.º 2 do art. 156.º e n.º 6 do art. 436.º, ambos do CComM).

5.4. Gestão de riscos, controlo interno e auditoria interna

5.4.1. Gestão de riscos

A gestão de risco considerada como um conjunto de políticas e procedimentos para identificar e gerir os riscos relacionados com as actividades, procedimentos e sistemas e para considerar ou definir o nível de risco tolerado[50], não tem, com excepção da actividade de crédito e financeira, regulamentação específica no ordenamento jurídico moçambicano.

Com efeito, relativamente às actividades desenvolvidas pelas instituições de crédito e sociedades financeiras, o Aviso n.º 6/GBM/2007, de 30 de Março, estabelece limites e rácios prudenciais, incluindo limites à concentração de risco, a serem observados.

Porém, a gestão de risco da generalidade das sociedades anónimas moçambicanas cabe à iniciativa das respectivas administrações no âmbito das suas funções, sem que se encontre regulada ou delimitada pela legislação aplicável.

Assim, sendo frequente que as instituições de crédito e sociedades financeiras moçambicanas sejam dotadas pelas respectivas administrações de serviços internos especificamente vocacionados para a gestão de risco, o mesmo não se tem vindo a verificar na generalidade das demais sociedades anónimas, as quais tendem a gerir o risco inerente às respectivas actividades de forma difusa e dispersa por diversos serviços com competências delegadas pelas administrações.

5.4.2. Controlo interno

O controlo interno traduzido em serviços internos de controlo de cumprimento (*compliance*), não sendo juridicamente regulado, vai revestindo crescente relevo e expressão no sector financeiro, em cujas instituições de crédito e sociedades financeiras cada vez mais se têm vindo a preocupar com tais serviços, procurando evitar litígios com clientes e autoridades reguladoras ou de supervisão, assim como as sanções decorrentes do incumprimento das normas vigentes.

[50] Cf. Paulo Câmara, *Manual de Direito dos Valores Mobiliários*, Segunda Edição, Almedina Coimbra, 2011, pag. 381.

Não correspondendo a uma preocupação transversal a todas as sociedades anónimas moçambicanas, outras sociedades, além das instituições de crédito e sociedades financeiras, têm vindo, de forma crescente e pelos mesmos motivos, a adoptar procedimentos de controlo de cumprimento.

5.4.3. Auditoria interna

O ordenamento jurídico moçambicano não contempla a comissão de auditoria que, no modelo anglo-saxónico de governação, consiste simultaneamente num sub-órgão da administração e num órgão autónomo de controlo que convive permanentemente com a gestão da sociedade, partilhando as suas decisões mais relevantes e encontrando-se presente em todas as reuniões do conselho de administração[51].

Já enquanto mero sub-órgão ou serviço da administração, a auditoria interna, tida como um serviço interno das sociedades destinado a proceder à avaliação da eficácia do sistema de controlo interno e visando, funcionalmente, facultar informações rigorosas aos órgãos de fiscalização e aos accionistas, chamando à atenção da administração para informação relevante com a finalidade de prevenir irregularidades[52], também não é objecto de regulamentação no ordenamento jurídico moçambicano e, assim, a existir traduz-se num serviço interno da sociedade com competências delegadas pelo conselho de administração, facultativo.

Também os serviços individualizados de auditoria interna são comuns nas instituições de crédito e sociedade financeiras moçambicanas, não o sendo, ainda, na generalidade das demais sociedades anónimas moçambicanas. É, porém, notória a crescente preocupação com a implementação de serviços de auditoria interna, designadamente nas sociedades ligadas a grandes projectos, com estruturas de governação amplas e complexas que tendem a adoptar políticas de gestão equiparadas àquelas que são usuais nas sociedades que sobre elas exercem uma relação de domínio, geralmente sediadas fora de Moçambique.

5.4.4. Competências, deveres e poderes do conselho fiscal e do fiscal único

Não obstante o supra mencionado nos pontos 5.4.1., 5.4.2. e 5.4.3., compete ao conselho fiscal ou fiscal único das sociedades anónimas a fiscalização independente e autónoma da actuação do conselho de administração, assim como

[51] – Paulo Olavo Cunha, *Direito Das Sociedade Comerciais*, 4.ª Edição, Almedina, Coimbra, 2010, pag. 822.

[52] Cf. Paulo Câmara, *Manual de Direito dos Valores Mobiliários*, Segunda Edição, Almedina Coimbra, 2011, pags. 382 e seg.

informar a administração das irregularidades e inexactidões verificadas que devam ser corrigidas. Por este motivo, procedermos em seguida à análise das competências, deveres e poderes do conselho fiscal e do fiscal único das sociedades anónimas.

5.4.4.1. Competências do conselho fiscal ou do fiscal único

Da conjugação do n.º 1 do art. 157.º com o n.º 1 do art. 437.º do CComM, resultam as seguintes competências do conselho fiscal ou do fiscal único das sociedades anónimas:

- Fiscalizar a administração da sociedade, incluindo os seus actos e verificar o cumprimento dos seus deveres legais e estatutários;
- Verificar a regularidade e a actualidade dos livros da sociedade e dos documentos que aos respectivos lançamentos servem de suporte;
- Verificar, quando o julgue conveniente e pela forma que entenda adequada, a extensão da caixa e as existências de quaisquer espécies de bens ou valores pertencentes à sociedade ou por ela recebidos em garantia, depósito ou a outro título;
- Verificar a exactidão das contas anuais;
- Verificar se os critérios valorimétricos adoptados pela sociedade conduzem a uma correcta avaliação do património e dos resultados;
- Analisar, pelo menos trimestralmente, o balancete e demais demonstrações contabilísticas elaboradas pela sociedade;
- Elaborar anualmente um relatório sobre a sua acção de fiscalização e dar parecer sobre o balanço, a conta de ganhos e perdas, a proposta de aplicação de resultados, o relatório anual da administração e das demonstrações contabilísticas do exercício social, fazendo constar do seu parecer informações complementares, que julgue necessárias ou úteis à deliberação da assembleia geral;
- Opinar sobre as propostas dos órgãos da administração, a serem submetidas à assembleia geral, relativas a modificação do capital social, emissão de obrigações ou bónus de subscrição, planos de investimento ou orçamentos de capital, distribuição de dividendos, transformação, fusão ou cisão;
- Exigir que os livros e registos contabilísticos dêem a conhecer, fácil, clara e precisamente, as operações da sociedade e a sua situação patrimonial;
- Exercer as mesmas atribuições, durante a liquidação da sociedade, observadas as disposições previstas no CComM.

5.4.4.2. Competências dos membros do conselho fiscal, individualmente considerados

De acordo com o disposto no n.º 3 do art. 158.º e no n.º 2 do art. 437.º do CComM, compete a cada um dos membros do conselho fiscal, individualmente considerados:

- Denunciar aos órgãos da administração e, se estes não adoptarem as providências adequadas para a protecção dos interesses da sociedade, à assembleia geral, os erros, fraudes ou crimes que descobrirem, em decorrência da sua regular actividade fiscalizadora, sugerindo ainda providências saneadoras úteis à sociedade;
- Convocar a assembleia geral ordinária, se os órgãos da administração retardarem por mais de um mês essa convocação, e a extraordinária, sempre que ocorrerem motivos graves ou urgentes, incluindo na agenda das assembleias as matérias que considere relevantes; e
- Verificar, sempre que julgar oportuno, a regularidade dos livros e registos contabilísticos da sociedade, além do caixa, bens ou valores a ela pertencentes ou por ela recebidos em garantia, depósito ou a qualquer outro título.

5.4.4.3. Poderes dos membros do conselho fiscal ou do fiscal único

De acordo com o disposto no n.º 1 do art. 158.º e n.º 5 do art. 437.º do CComM, os membros do conselho fiscal e o fiscal único podem:

- Obter da administração, para exame e verificação, a apresentação dos livros, registos e documentos da sociedade;
- Obter da administração quaisquer informações ou esclarecimentos sobre qualquer assunto que caiba nas competências respectivas ou em que qualquer um tenha intervindo ou de que tenha tomado conhecimento;
- Obter de terceiros que tenham realizado operações por conta da sociedade as informações de que careçam para o conveniente esclarecimento de tais operações;
- Assistir às reuniões da administração; e
- Caso a sociedade tenha auditores independentes, solicitar-lhes esclarecimentos ou informações e o apuramento de factos específicos.

5.4.4.4. Deveres dos membros do conselho fiscal e do fiscal único

São deveres dos membros do conselho fiscal e do fiscal único, à luz do disposto nos n.os 2 e 3 do art. 158.º e n.º 4 do art. 437.º do CComM, os seguintes:

- Comparecer às reuniões de assembleia geral e responder às questões que, eventualmente, lhes sejam formuladas pelos accionistas;
- Comparecer nas reuniões da administração em que se apreciem as constas do exercício;
- Guardar segredo dos factos e informações de que tiverem conhecimento, sem prejuízo do dever de participação ao Ministério Público de todos os actos ilícitos sancionados pela lei penal;
- Informar a administração das irregularidades e inexactidões verificadas e, se as mesmas não forem corrigidas, informar a primeira assembleia geral que se realize após o decurso do prazo razoável necessário à sua correcção;
- No prazo de quinze dias fornecer aos accionistas ou grupo de accionistas que representem, no mínimo, cinco por cento do capital social, sempre que solicitarem informações sobre matérias da competência do conselho fiscal ou fiscal único;
- Agir no interesse da sociedade, dos credores e do público em geral, e empregar a diligência de um fiscal rigoroso e imparcial.

O auditor de contas que seja membro do conselho fiscal ou fiscal único tem, ainda o especial dever de proceder a todas as verificações e exames necessários à correcta e completa auditoria e relatório sobre as contas nos termos previstos em lei especial (n.º 2 do art. 157.º do CComM).

5.5. Remuneração

Embora não exista no CComM qualquer disposição relativa à remuneração dos membros do conselho fiscal ou do fiscal único, depreende-se da al. b) do n.º 1 do art. 155.º do CComM, que os referidos cargos são remunerados. Com efeito, resulta da al. b) do n.º 1 do art. 155.º do CComM que não podem ser membros do conselho fiscal ou fiscal único qualquer empregado ou qualquer pessoa que receba da sociedade qualquer remuneração que não seja pelo exercício das funções de membro do conselho fiscal ou fiscal único. Ora, se assim é, admite-se a remuneração dos cargos de membro do conselho fiscal e do fiscal único.

Na falta de disposição a este propósito entendemos dever aplicar por analogia e com recurso ao art. 7.º do CComM, o regime previsto neste mesmo código relativo à remuneração dos membros do conselho de administração e, assim, entender, face ao disposto no n.º 2 do art. 424.º, que "[c]abe ao contrato de sociedade ou, no seu silêncio, à assembleia geral ou a uma comissão de accionistas por ela eleita, fixar a remuneração dos..." dos membros do conselho fiscal e do fiscal único.

Deste modo e à semelhança da remuneração dos administradores, a remuneração dos membros do conselho fiscal e do fiscal único poderá, desde logo, ser fixada no contrato de sociedade (realidade pouco frequente). Não sendo fixada no contrato de sociedade, poderá ser fixada em assembleia geral (como sucede na generalidade dos casos das sociedades anónimas moçambicanas), assim como pode, ainda, ser fixada por uma comissão de accionistas a ser eleita pela assembleia geral (realidade que tendo vindo a merecer a adesão crescente de sociedades moçambicanas).

5.6. Controlo de negócios com partes relacionadas

No que concerne ao controlo exercido pelo conselho fiscal ou pelo fiscal relativamente aos negócios mantidos pela sociedade com partes relacionadas, importa ter em consideração, à luz do ordenamento jurídico moçambicano, por um lado, os negócios mantidos entre a sociedade e os seus administradores, directa ou indirectamente, e, por outro lado, os negócios mantidos entre a sociedade e os seus accionistas, sejam eles accionistas dominantes ou não.

5.6.1. Controlo de negócios mantidos entre a sociedade e os seus administradores, directa ou indirectamente

Como já tivemos a oportunidade de referir no ponto 4.7. supra, dependem de prévio parecer favorável do conselho fiscal ou do fiscal único, sob pena de nulidade:

- Os contratos celebrados entre a sociedade e os seus administradores, directamente ou por interposta pessoa (n.º 1 d o art. 427.º); e
- Os contratos celebrados pelos administradores da sociedade, directamente ou por interposta pessoa, com sociedades que estejam em relação de domínio ou de grupo com a sociedade de que o contratante seja administrador (n.º 2 do art. 427.º do CComM).

Muito embora o parecer prévio do conselho fiscal ou fiscal único não seja exigível relativamente aos negócios celebrados entre a sociedade e os seus administradores, directa ou indirectamente, quando se trate de acto compreendido no próprio comércio da sociedade e nenhuma vantagem especial advenha ou seja concedida ao administrador contratante (n.º 3 do art. 427.º do CComM), ao conselho fiscal ou fiscal único não deixa, ainda assim, de competir fiscalizar e, consequentemente, controlar tais negócios assim como a sua conformidade com a lei e os estatutos da sociedade, designadamente no âmbito do exercício da competência que lhes é atribuída pela al. a) do n.º 1 do art. 157.º e pela al. a) do n.º 1 do art. 437.º ambos do CComM.

5.6.2. Controlo de negócios mantidos entre a sociedade e os seus accionistas

No que se refere ao controlo exercido pelo conselho fiscal ou fiscal único relativamente aos negócios mantidos entre a sociedade e os seus accionistas, importa distinguir os negócios mantidos com os accionistas dominantes dos negócios mantidos com a generalidade dos demais accionistas.

a) Negócios mantidos entre a sociedade e os seus accionistas dominantes

Como já mencionamos no ponto 3.7.2. supra, com relação aos negócios mantidos entre a sociedade e os seus accionistas dominantes, os membros do conselho fiscal e o fiscal único têm o especial dever de impedir, desde que o possam fazer:

- A prática de acto ilícito (al. b) do n.º 3 do art. 125.º do CComM);
- A prática ou celebração de qualquer acto ou contrato entre a sociedade e sócio dominante, directamente ou por interposta pessoa, em condições discriminatórias e de favor, em benefício do sócio dominante ou de terceiro (al. c) do n.º 3, conjugado com o n.º 4, ambos do art. 125.º do CComM); e
- A prática de qualquer acto que corresponda a um modo de induzir a administração da sociedade ou qualquer mandatário da mesma a celebrar com terceiros contrato em condições discriminatórias e de favor, em benefício do sócio dominante ou de terceiro (al. d) do n.º 3, conjugado com o n.º 4, ambos do art. 125.º do CComM).

O não cumprimento dos referidos deveres por parte dos membros do conselho fiscal ou do fiscal único, torna-os solidariamente responsáveis, com o sócio dominante pelos danos causados à sociedade ou directamente aos outros sócios.

b) Negócios mantidos entre a sociedade e a generalidade dos seus accionistas

Com relação aos negócios mantidos entre a sociedade e a generalidade dos seus accionistas, o controlo exercido pelo conselho fiscal ou fiscal único é exercido no âmbito das respectivas competências, deveres e poderes gerais, tais como:

- Pela obtenção da administração de quaisquer informações ou esclarecimentos sobre qualquer assunto que caiba nas respectiva competências ou em que quaisquer membros do conselho fiscal ou o fiscal único tenha intervindo ou de que tenha tomado conhecimento (al. d) do n.º 1 do art. 158.º do CComM);
- Pela obtenção de terceiros que tenha realizado operações por conta da sociedade as informações de que careçam para o conveniente esclarecimento de tais operações (al. c) do n.º 1, do art. 158.º do CComM);
- Comparecendo às reuniões da administração em que se apreciem as contas do exercício ou em se delibere sobre assunto em que devam opinar (al. b) do n.º 2 do art. 158.º e n.º 4 do art. 437.º, ambos do CComM);
- Pela informação à administração das irregularidades e inexactidões verificadas e, se as mesmas não forem corrigidas, informar na primeira assembleia geral que se realize após o decurso do prazo razoável necessário à sua correcção (al. d) do n.º 2 do art. 158.º do CComM;
- Agindo no interesse da sociedade, dos credores e do público em geral, e empregar a diligência de um fiscal rigoroso e imparcial (n.º 3 do art. 158.º do CComM);
- Fiscalizando os actos dos administradores e verificando o cumprimento dos seus deveres legais e estatutários (al. a) do n.º 1 do art. 437.º d CComM);
- Denunciando aos órgãos da administração e, se estes não adoptarem as providências adequadas para a protecção dos interesses da sociedade, à assembleia geral, os erros, fraudes ou crimes que descobrirem, em decorrência da sua regular actividade fiscalizadora, sugerindo ainda providências saneadoras úteis à sociedade (al. a) do n.º 2 do art. 437.º do CComM);
- Convocando a assembleia geral sempre que ocorrerem motivos graves ou urgentes, incluindo na agenda das assembleias as matérias que considere relevantes (al. b) do n.º 2 do art. 437.º do CComM);
- Verificando, sempre que julgar oportuno, a regularidade dos livros e registos contabilísticos da sociedade, além do caixa, bens ou valores a ela pertencentes ou por ela recebidos em garantia, depósito ou a qualquer outro título (al. c) do n,ç 2 do art. 437.º do CComM);
- Solicitando aos auditores independentes os esclarecimentos ou informações e o apuramento de factos específicos (n.º 5 do art. 437.º do CComM); ou
- Dando conhecimento da prática de ocorrências delituosas do Ministério Público, ouvida a assembleia geral (n.º 2 do art. 438.º do CComM).

5.7. Auditoria

Como supra mencionado o ordenamento jurídico moçambicano não contempla a comissão de auditoria que, no modelo anglo-saxónico de governação, consiste simultaneamente num sub-órgão da administração e num órgão autónomo de controlo que convive permanentemente com a gestão da sociedade, partilhando as suas decisões mais relevantes e encontrando-se presente em todas as reuniões do conselho de administração[53].

Tais competências, nas sociedades anónimas moçambicanas são parcialmente exercidas por serviços internos com competências delegadas pelo conselho de administração, quando voluntariamente instituídos, assim como pelo conselho fiscal ou pelo fiscal único, no âmbito das respectivas competências, sem que no entanto, estes últimos partilhem das decisões do conselho de administração, muito embora as fiscalizem, designadamente por meio da participação nas reuniões do conselho de administração em que se delibere sobre manterias sujeitas à supervisão ou parecer do conselho fiscal ou fiscal único.

Não obstante, além dos serviços internos facultativos, do conselho fiscal ou fiscal único, as sociedades anónimas moçambicanas podem, ainda, por decisão interna ou por obrigação legal, serem auditadas por auditores externos.

Por força da legislação aplicável são obrigadas a serem auditadas por auditores externos as sociedades anónimas que:

- Para efeito tenham sido notificadas pelo órgão competente da administração fiscal a fazê-lo[54];
- Emitam obrigações ou recorram a subscrição pública de acções (n.º 1 do art. 173.º do CComM);
- Não tendo a sua sede estatutária nem administração principal em Moçambique, exerçam actividade permanente em Moçambique (n.º 2 do art. 173.º do CComM);

[53] Paulo Olavo Cunha, *Direito Das Sociedade Comerciais*, 4.ª Edição, Almedida, Coimbra, 2010, pag. 822.

[54] Em função de interpretação actualista ao disposto no n.º 1 do art. 1.º e n.º 1 do art. 2.º do Decreto n.º 32/90, de 7 de Dezembro.
A este propósito dever-se-á ter em consideração que o referido Decreto n.º 32/90, de 7 de Dezembro, foi aprovado no âmbito da vigência do Código dos Impostos sobre os Rendimentos ("CIR"), aprovado pelo Decreto n.º 3/87, de 30 de Janeiro, o qual foi revogado, tendo sido substituído pelo Código do Imposto sobre o Rendimento das Pessoas Singulares ("CIRPS") aprovado pela Lei n.º 33/2007, de 31 de Dezembro, bem como pelo Código do Imposto sobre o Rendimento das Pessoas Colectivas, ("CIRPC"), aprovado pela Lei n.º 34/2007, de 31 da Dezembro.
Para efeitos de interpretação, atente-se ao que era disposto no art. 96.º do CIR e ao que actualmente é disposto no art. 75.º do CIRPC.
A propósito do "actualismo" veja-se José de Oliveira Ascensão, *O Direito – Introdução e Teoria Geral – Uma Perspectiva Luso – Brasileira*, 7.ª Edição, Almedina, Coimbra, 1993, pag. 384 e segs.

- Tenham valores mobiliários admitidos à cotação (al. d) do art. 73.º do CMVM);
- Instituições de crédito e sociedade financeiras (n.º 1 do art. 77.º da LIC);
- Sociedades seguradoras, resseguradoras, micro-seguradoras e sociedades de corretagem de seguros (art. 39.º conjugado com o n.º 1 do art. 38.º, ambos do RJS);
- Assumam a qualidade de sociedades implementadoras de projectos de investimento abrangendo investimento directo estrangeiro ao abrigo da legislação moçambicana sobre investimentos[55];
- Operem em Moçambique em regime tributário ou cambial especial – al. d) do n.º 1 do art. 1.º do Decreto n.º 32/90, de 7 de Dezembro.

[55] Também em função de interpretação actualista ao disposto no n.º 1 do art. 1.º e n.º 1 do art. 2.º do Decreto n.º 32/90, de 7 de Dezembro.
A este propósito dever-se-á ter em consideração que o referido Decreto n.º 32/90, de 7 de Dezembro, foi aprovado no âmbito da vigência da Lei n.º 4/84, de 18 de Agosto, a qual regulava o investimento directo estrangeiro e foi parcialmente revogada, sendo o investimento directo estrangeiro, actualmente regido pela Lei n.º 3/93, de 24 de Junho "Lei de Investimentos" e respectivo regulamento, aprovado pelo Decreto n.º 43/2009, de 21 de Agosto.

CAPÍTULO VII

A GOVERNAÇÃO DE SOCIEDADES EM PORTUGAL*

PAULO CÂMARA • RUI DE OLIVEIRA NEVES
FRANCISCO MENDES CORREIA • BRUNO FERREIRA
GABRIELA FIGUEIREDO DIAS • ANA RITA ALMEIDA CAMPOS
HUGO MOREDO SANTOS • DUARTE SCHMIDT LINO

1. INTRODUÇÃO

1.1. Características essenciais das sociedades anónimas

Em Portugal, a sociedade anónima constitui um tipo de sociedade comercial que resulta como fruto de uma larga evolução histórica.

Com raízes nas companhias coloniais pombalinas[1], as sociedades anónimas têm sofrido mudanças importantes no seu regime desde a sua originária regulação, com este *nomen iuris*, através da Lei de 22 de junho de 1867. O seu regime atual consta do Código das Sociedades Comerciais (CSC), aprovado pelo Decreto--Lei n.º 262/86, de 2 de Setembro e sucessivamente alterado, centrando-se em particular no seu Título IV (artigos 271.º-464.º). As sociedades anónimas podem

* Os contributos para este capítulo são assim distribuídos: 1. [Paulo Câmara]; 2. [Rui Oliveira Neves]; 3.1 a 3.3 [Francisco Mendes Correia]; 3.4 a 3.7 [Bruno Ferreira]; 4.1 a 4.3 [Gabriela Figueiredo Dias]; 4.4 a 4.7 [Ana Rita Almeida Campos]; 5.1 a 5.3 [Hugo Moredo Santos] e 5.4 a 5.7 [Duarte Schmidt Lino].

[1] Sobre a evolução histórica das sociedades anónimas, reenvia-se para RUI FIGUEIREDO MARCOS, *A Legislação Pombalina*, BFD Supl. XXXIII, 1990, 1-314; Id., *As Companhias Pombalinas. Contributo para a História das Sociedades por Acções em Portugal*, Almedina: Coimbra, 1997; BORGES DE MACEDO, *A Situação Económica No Tempo de Pombal*[3], Lisboa, 1989, 63-139 (82-100); VISCONDE DE CARNAXIDE, *Sociedades Anonymas*, Coimbra, 1913, 13-31.

constituir a forma jurídica de base a pequenas, médias ou grandes empresas. Assim sendo, mostra-se aconselhável uma estrita seletividade na reconstituição dos traços tipológicos que afirmam a sua marca identitária em relação aos restantes tipos de sociedades comerciais.

As suas características tipológicas mais salientes são as seguintes: responsabilidade limitada dos acionistas, representação das participações sociais através de valores mobiliários, transmissibilidade de ações e estrutura de governo compreendendo uma autonomia entre administração e fiscalização[2]. Cada um destes elementos será percorrido seguidamente, a traço grosso.

Nas sociedades anónimas, os acionistas limitam a sua responsabilidade à realização da sua entrada, isto é, ao pagamento do preço de subscrição pelas acções por si subscritas (artigo 271.º CSC).

Em segundo lugar, a anónima consiste numa sociedade com o capital dividido em ações, o que equivale a dizer que é uma sociedade emitente de acções (uma *società per azioni* ou *Aktiengesellschaft*, nas – neste aspeto – mais expressivas terminologias italiana e alemã).

Além disso, caracteriza-se por as ações representativas do seu capital social serem valores mobiliários – como tal, livremente transmissíveis, podendo ser negociados em mercado (artigos 271.º CSC e 1.º CVM)[3]. Esta feição, aliada à anteriormente referida, expõe de modo particular a sociedade anónima às regras do direito dos valores mobiliários.

[2] Num livro já tornado clássico, é proposta uma classificação próxima, mas diferente, dos traços tipológicos das *corporations* que se caracterizariam por personalidade coletiva, responsabilidade limitada, transmissibilidade de ações, administração centralizada e titularidade partilhada pelos contribuidores do capital (Reinier Kraakman/John Armour/Paul Davies/Luca Enriques/Henry Hansmann/Gerard Hertig/Klaus Hopt/Hideki Kanda/Edward Rock, *The Anatomy of Corporate Law*[2], (2009), 5-19). Adiante-se um par de razões para não perfilharmos inteiramente aquela construção. De um lado, à luz do direito português, o primeiro traço não distingue as anónimas dos demais tipos de sociedades; por outro lado, a evolução nacional da função de fiscalização nas anónimas apresenta particularidades em relação à verificada nomeadamente no Reino Unido e nos EUA. Complemente-se com Andreas Cahn,/David Donald, *The Essential Qualities of the Corporation, Comparative Company Law – Texts and Cases on the Laws Governing Corporations in Germany, the UK, and the USA*, Cambridge/New York, (2010), 1-127.

[3] Acentuando a importância da livre transmissibilidade na decantação histórica do modelo da anónima, cf. por exemplo Daniele Santuosso, *Il principio di libera transferibilità delle azioni. Eccesso di potere nelle modifiche della circolazione*, Milano, 1993, 160-ss e Giampaolo De Ferra, *La Circolazione delle Partecipazioni Azionarie*, Milano 1964. Entre nós, consullte-se Evaristo Ferreira Mendes, *A Transmissibilidade das Acções*, 2 vols, Lisboa 1989; Alexandre Soveral Martins, *Cláusulas do contrato de sociedade que limitam a transmissibilidade das acções. Sobre os arts. 328.º e 329.º CSC*, Coimbra, 2006, 41-69; Paulo Câmara, *Parassocialidade e transmissão de valores mobiliários*, Lisboa, 1996. Em geral, sobre a transmissibilidade dos valores mobiliários, v. Paulo Câmara, *Manual de Direito dos Valores Mobiliários*[2], 2011, 89-107.

Por último, a sociedade anónima implica uma autonomia entre o órgão de administração e o órgão de fiscalização. A relação entre estes órgãos pode estruturar-se segundo diversos modelos de governo, adiante referidos[4].

1.2. Sociedades anónimas submetidas a regimes especiais

Na última década e meia, tem-se multiplicado o número de prescrições injuntivas e recomendatórias aplicáveis a empresas que se estruturam como sociedades anónimas mas que estão sujeitas a regimes especiais. Tal constitui uma das mais importantes manifestações da vocação expansiva do tema do governo das sociedades[5].

Devido à existência de um número muito alargado de investidores e à necessidade de preservar um ambiente jurídico de redobrada confiança, uma das vertentes institucionais mais relevantes prende-se com as sociedades emitentes de valores mobiliários com capital disperso ou que sejam emitentes de valores mobiliários cotados em mercado regulamentado. No sistema jurídico português, cruzam-se diversas categorizações institucionais consoante a ligação ao mercado de valores mobiliários, havendo regras especiais aplicáveis às sociedades emitentes de valores mobiliários admitidos à negociação em mercado regulamentado em geral, às sociedades emitentes de ações admitidas em mercado regulamentado e às sociedades abertas.

As sociedades emitentes de valores mobiliários cotados são visadas por deveres acrescidos de informação e por exigências particulares relacionadas com a fiscalização societária. Na primeira vertente[6], cabe assinalar nomeadamente[7] os deveres de divulgação dos relatórios e contas anuais e semestrais (artigos 244.º e 246.º CVM) e o dever de divulgação de informação privilegiada (artigo 248.º)[8].

Contam-se, entre as especialidades aplicáveis às sociedades emitentes de ações cotadas, as seguintes:

- redução das participações sociais mínimas (2%) para propor ações de responsabilidade, a favor da sociedade, contra membros da administração ou da gerência (artigo 77 .º, n.º 1 CSC);

[4] Cfr. *infra*, 2.

[5] A este fenómeno foi dedicado um volume autónomo da autoria do Governance Lab: *O Governo das Organizações. A Vocação Universal do Corporate Governance*, Coimbra, 2011.

[6] Os deveres de informação consagrados no Código dos Valores Mobiliários são aplicáveis a todos os emitentes de valores admitidos à negociação em mercado regulamentado, independentemente da sua forma jurídica – não se circunscrevendo, portanto, às sociedades anónimas.

[7] Além dos referidos no texto, cfr. ainda os artigos 182.º, n.º 6 e 248.º-C.

[8] Paulo Câmara, *Manual de Direito dos Valores Mobiliários*², 2011, 695-704; Filipe Matias Santos, *Divulgação de informação privilegiada*, Coimbra, 2011; Gonçalo Castilho dos Santos, *O dever dos emitentes de valores mobiliários admitidos à negociação em bolsa de informar sobre factos relevantes*, in *Direito dos Valores Mobiliários*, V, Coimbra, 2004, 273-307.

- inadmissibilidade de prorrogação do prazo de vencimento do crédito de dividendos (artigo 294.º, n.º 2 CSC);
- inaplicabilidade de limites quantitativos à emissão de obrigações (art. 349.º, n.º 4 a) CSC);
- admissão à negociação em mercado regulamentado de obrigações convertíveis na dependência de negociação em mercado regulamentado das ações que servem de subjacente (artigo 365.º, n.º 2 CSC);
- admissibilidade de cláusulas de reajustamento automático da relação de conversão em obrigações convertíveis (artigo 368 .º, n.º 5 CSC);
- admissão à negociação em mercado regulamentado de obrigações com warrant na dependência da negociação em mercado regulamentado das ações que servem de subjacente (artigo 372 .º-A, n.º 2 CSC);
- requisitos de independência dos membros da mesa da assembleia geral (artigo 374 .º-A, n.º 1 CSC);
- agravamento e inderrogabilidade da caução ou seguro da responsabilidade dos administradores (artigo 396 .º, n.ºs 1 e 3 CSC);
- proibição de modelo clássico simplificado de governação (art. 413 .º, n.º 2 a));
- exigência de independência de metade dos membros dos órgãos de fiscalização (artigos 414 .º, n.ºs 4 e 6, 423 .º-B, n.ºs 4 e 5, 444.º, n.ºs 2 e 6 CSC);
- designação obrigatória de secretário e de suplente (artigo 446.º-A-446.º-F CSC).

As sociedades cotadas de maior dimensão estão ainda obrigadas à divulgação de informação financeira trimestral, segundo o regime fixado através do artigo 246.º-A CVM.

Além disso, o Código dos Valores Mobiliários individualiza diversas regras a aplicar às sociedades abertas[9]. As sociedades abertas são aquelas que têm uma dispersão acionista definida através de um conjunto de critérios legislativos estabelecido no artigo 13.º CVM. As especialidades que estas sociedades estão sujeitas são seguidamente elencadas: menções em atos externos, princípio de igualdade de tratamento, comunicação de participações qualificadas e imputação de direitos de voto, deliberações sociais, OPA obrigatória e aquisição tendente ao domínio total[10].

Saliente-se também que, em complemento às regras de natureza injuntiva, a partir de 1999, a CMVM preparou e fez divulgar um conjunto de recomendações, sucessivamente revistas, e dirigidas a sociedades cotadas em mercados

[9] PAULO CÂMARA, *Manual de Direito dos Valores Mobiliários*², 2011, 515-542.

[10] A sociedade aberta, todavia, não configura um tipo societário autónomo: v. PAULO CÂMARA, *Manual de Direito dos Valores Mobiliários*², cit., 538-541.

regulamentados. Estas constam hoje do Código de Governo das Sociedades da CMVM[11]. Como alternativa ao Código do regulador mobiliário, e tendo os mesmos destinatários, conta-se também um código de natureza e iniciativa privada: o Código de Governo das Sociedades, aprovado pelo Instituto Português de Corporate Governance em 2013. As sociedades cotadas estão obrigadas a divulgar anualmente um relatório sobre as práticas e estruturas de governo societário, onde consta uma declaração sobre o acolhimento do código de governo das sociedades, com indicação específica das eventuais partes desse código que não acolhem e os fundamentos do não acolhimento, segundo a matriz *comply or explain*[12].

Uma adicional categorização institucional – a de entidades de interesse público – foi desenhada por influência Diretiva europeia n.º 2006/43/CE. Esta Diretiva, aprovada em resposta aos escândalos Enron, Worldcom e semelhantes, incluía neste perímetro institucional as sociedades emitentes de valores mobiliários admitidos à negociação em mercado regulamentado, as instituições de crédito e as empresas de seguros[13].

Em Portugal, encarregou-se o DL n.º 225/2008, de 20 de Novembro, de proceder a uma transposição maximalista do diploma europeu para o Direito interno português, adotando uma ampla demarcação do conceito de entidades de interesse público, estendendo-as a outras instituições financeiras e a empresas públicas de grande dimensão[14].

Mais tarde, com a Lei n.º 28/2009, de 19 de Junho, estas sociedades viriam a receber um tratamento especial e muito polémico relacionado com a política de remuneração dos órgãos sociais[15].

Por influência europeia, o ordenamento português estabelece ainda plúrimas regras quanto ao governo das instituições de crédito e de sociedades financeiras. Merecem referência, nesse âmbito: a Recomendação n.º 2009/384/CE, da Comissão Europeia, de 30 de Abril de 2009, a Directiva 2010/76/UE do Parlamento Europeu e do Conselho, de 24 de Novembro de 2010, sobre análise de políticas

[11] A versão atual do Código é de 2013, sendo complementado pelo Regulamento n.º 4/2013. Sobre a versão antecedente, reenvia-se para o *Código do Governo das Sociedades Anotado*, Coimbra, 2012.

[12] A avaliação do grau de observância do código de governo em Portugal tem sido realizada, quer através da CMVM, quer através de um projeto científico da Universidade Católica e da AEM – do qual pode consultar-se a edição mais recente: *Governo das Sociedades em Portugal. Dados Relativos a 2011*, 2012, disponível em http://www.emitentes.pt/images/media/docs/203_logos_1150121122_Catolica-AEM_CorporateGovernance2012_RelatorioDados2011_Circulado.pdf).

[13] Art. 2.º, n.º 13 da Directiva n.º 2006/43/CE do Parlamento Europeu e do Conselho, de 17 de Maio de 2006.

[14] Paulo Câmara, *Vocação e influência universal do Corporate Governance: uma visão transversal sobre o tema, em O Governo das Organizações. A vocação universal do corporate governance*, 2011, 24-25.

[15] Paulo Câmara, *Say on Pay: O dever de apreciação da política remuneratória pela assembleia geral, Revista de Concorrência e Regulação* n.º 2, 2010, 321-344.

de remuneração pelas autoridades de supervisão, o DL n.º 88/2011, de 20 de Julho e o artigo 14.º do RGIC[16].

Por último, registam-se ainda regras especiais quanto ao governo das empresas de seguros e de resseguros, designadamente nos artigos 122.-A a 122.º-E e 122.º-O do Decreto-Lei n.º 94-B/98, de 17 de Abril[17].

2. MODELOS DE GOVERNO SOCIETÁRIO

2.1. Estrutura orgânica

I. No direito societário português hodierno a organização interna das sociedades anónimas caracteriza-se pela existência necessária de três órgãos, cada um investido de funções específicas e de competências próprias:

a) a assembleia geral formada pelo coletivo dos sócios;

b) o órgão de administração (administrador único, conselho de administração ou conselho de administração executivo); e

c) o órgão de fiscalização simples (conselho fiscal ou fiscal único) ou reforçado (comissão de auditoria ou conselho geral e de supervisão e revisor oficial de contas)

A assembleia geral é um órgão colegial exclusivamente deliberativo com competência própria e residual, cabendo-lhe decidir sobre matérias de relevo estrutural para o funcionamento e exercício de direitos no seio da sociedade: nomeação e destituição de membros de órgãos sociais, aprovação dos documentos de prestação de contas, distribuição de resultados e alteração do contrato de sociedade.

O órgão de administração tem por funções institucionais a representação e vinculação da sociedade anónima, cabendo-lhe deliberar sobre as matérias que não estejam cometidas, por lei ou estatutariamente, à assembleia geral ou ao órgão de fiscalização.

Ao órgão de fiscalização compete o exercício do controlo e supervisão sobre o exercício da atividade gestória na sociedade.

A estrutura organizativa das sociedades anónimas em Portugal que brevemente se delineou visa assegurar, através da repartição de competências entre

[16] Cfr. SOFIA LEITE BORGES, *O Governo dos Bancos*, em *O Governo das Organizações. A vocação universal do corporate governance*, 2011, 261-317; PAULO CÂMARA, *O Governo societário dos bancos – em especial as novas regras e recomendações sobre remuneração na banca*, *Revista de Direito das Sociedades* n.º 1, 2012, 9-46 também em PAULO CÂMARA/MANUEL MAGALHÃES (coord.), *O Novo Direito Bancário*, Coimbra, 2012, 141-174.

[17] Cfr. ANA RITA ALMEIDA CAMPOS, *O Governo das Seguradoras*, em *O Governo das Organizações. A vocação universal do corporate governance*, 2011, 415-454.

os diferentes órgãos, o funcionamento e o desenvolvimento dos negócios sociais. A responsabilidade limitada dos sócios, a separação entre propriedade e gestão e a finalidade lucrativa da sociedade são os vetores que fundamentam esta estruturação nas sociedades anónimas.

Tal conduz a que vigore um princípio de imperatividade na adoção das estruturas internas de governo societário previstas por lei, não sendo permitida a escolha de outras estruturas de deliberação pelos acionistas, de administração e de fiscalização das sociedades anónimas[18]. Não obstante, é consentido um amplo espaço de liberdade na concreta repartição de poder entre a assembleia geral e o órgão de administração, moldável através do contrato de sociedade, o que confere aos acionistas a opção de adequarem o modelo de governo às concretas exigências operacionais e dimensão da sociedade.

II. O Código das Sociedades Comerciais permite a adoção de três modelos alternativos de estruturação interna do governo das sociedades anónimas:

a) o modelo latino, em que a administração da sociedade é confiada a um conselho de administração, cabendo as tarefas de fiscalização a um conselho fiscal (ou a um fiscal único, nos casos admitidos pela lei[19]);

b) o modelo anglo-saxónico que comete a função de administração igualmente a um conselho de administração e a fiscalização da actividade social a uma

[18] As exceções a este princípio são apenas as admitidas por lei, designadamente, a possibilidade de nas sociedades de modelo latino e germânico haver um administrador único quando o capital social seja igual ou inferior a 200.000 euros.

[19] A natureza unitária ou colegial do órgão de fiscalização no modelo latino varia em função de critérios relacionados com a negociação em mercado de valores mobiliários e com a dimensão económica da sociedade anónima. Com efeito, nos termos do artigo 413.º do Código das Sociedades Comerciais, a existência de conselho fiscal apenas é obrigatória nas sociedades com valores mobiliários admitidos à negociação em mercado regulamentado e nas designadas "sociedades de grande dimensão".
Em relação às primeiras, a exigência de colegialidade do órgão de fiscalização encontra a sua justificação essencialmente nos princípios da protecção dos investidores e do mercado de capitais, dado que não se estabelece qualquer distinção entre o tipo de valores mobiliários dispersos no mercado como elemento definidor da composição quantitativa do órgão de fiscalização. Nesta medida quer se trate de sociedades com acções admitidas à negociação quer se trate de sociedades que admitiram à negociação valores mobiliários representativos de dívida ou de outra natureza, é necessário dispor de um órgão de fiscalização composto por um mínimo de 3 elementos.
Já as "sociedades de grande dimensão" constituem um novo subtipo das sociedades anónimas que foi instituído em atenção às maiores necessidades de controlo a que devem estar sujeitas as sociedades com maior significado no tecido empresarial nacional, em face de três critérios alternativos, dos quais dois se devem verificar de forma conjugada e durante dois anos consecutivos (e, ainda, desde que a sociedade relevante não esteja submetida a uma relação de domínio total com uma sociedade que disponha do modelo em apreço): *(i)* balanço no montante total de 100 milhões de euros, *(ii)* vendas líquidas e outros proveitos no montante total de 150 milhões de euros e *(iii)* número médio de empregados durante o exercício igual a 150.

comissão de auditoria, que integre o órgão de administração, e a um revisor oficial de contas; e

c) o modelo germânico que atribui a um conselho de administração executivo a responsabilidade pela administração da sociedade e reconhece a responsabilidade pela fiscalização societária a um conselho geral e de supervisão e a um revisor oficial de contas.

Os modelos de governo societário surgem como alternativos e caracterizados por uma tendencial indiferenciação e equivalência funcional, conferindo aos sócios um espaço de ampla liberdade na selecção, mas também na conformação da forma de organização interna das sociedades anónimas quer no momento da sua constituição como durante a respetiva vida[20]. A escolha de qualquer dos modelos legais garante aos acionistas que a sociedade anónima em causa dispõe de órgãos sociais com competências e funções equivalentes, embora adequados às especificidades pretendidas quanto ao modo de articulação entre os órgãos de administração e fiscalização e entre estes e os acionistas.

Para além dos órgãos sociais que decorrem de exigência legal, as sociedades anónimas podem ainda designar órgãos legalmente supletivos, como a mesa da assembleia geral e a comissão de vencimentos, os quais assumem funções de relevo a nível organizativo em sociedades de maior dimensão. Para além destes órgãos de fonte legal é ainda admissível que os acionistas prevejam no contrato de sociedade a constituição e designação de membros de órgãos exclusivamente estatutários, com funções internas que lhes poderão ser cometidas dentro dos limites permitidos por lei, em particular em termos que não colidam com as funções e competências que a lei reserva para os órgãos necessários.

III. Um aspeto central para a compreensão do sentido e posicionamento dos órgãos sociais no contexto da organização societária consiste na relação entre os órgãos de administração e fiscalização e o colectivo de accionistas. A legitimidade para o exercício das funções de administração e de controlo interno, respetivamente, reside, em ambos os casos, no binómio composto pela eleição dos membros do órgão em causa pelos acionistas reunidos em assembleia geral e pelo correspetivo dever de *reporting* perante a assembleia geral.

Entre os traços comuns aos três modelos de governo societário em apreço incluem-se a competência exclusiva da assembleia geral para a eleição e destituição dos membros dos órgãos administração e de fiscalização, o qual apenas pode sofrer um desvio, por opção acionista, no caso do modelo de influência

[20] Sobre este tema e em sentido idêntico ao do texto, cf. PAULO CÂMARA, *O governo das sociedades e a reforma do Código das Sociedades Comerciais*, in Código das Sociedades Comerciais e Governo das Sociedades, pp. 119 e ss., em especial pp. 129 e ss.

germânica e no que respeita à eleição dos membros do conselho de administração executivo. A importância das funções de administração e de controlo justificam a concentração nos acionistas da competência para elegerem os responsáveis pelo desempenho de tais funções.

Com efeito, a designação de um órgão social para administrar os negócios sociais permite a separação entre propriedade e gestão, com ganhos de escala económica, por efeito da repartição e disseminação do capital, e de eficiência, em resultado da profissionalização da administração. Porém, mesmo quando os incentivos se encontram alinhados, não deixam de existir problemas de agência entre acionistas e gestores.

Também por esse motivo eleger um órgão social encarregue de fiscalizar os negócios sociais destina-se precisamente a mitigar os efeitos adversos que poderiam decorrer do tendencial afastamento que se verifica entre os acionistas e a atividade societária quotidiana. Na impossibilidade de os acionistas manterem um permanente controlo dessa atividade, a eleição do órgão de fiscalização permite dotar uma estrutura organizativa de competências e meios para controlar a administração e, de um modo geral, a sociedade, cujos resultados devem ser comunicados aos acionistas na assembleia geral anual para aferição da eficácia da atividade fiscalizadora desenvolvida.

2.2. Mitigação de conflitos de interesses

No plano da mitigação dos conflitos de interesses os modelos de governo societário apresentam-se igualmente equivalentes, sendo as regras ou princípios imanentes a cada um deles de aplicação generalizada.

Em qualquer dos três órgãos sociais que constituem os elementos necessários para a estruturação interna do *governance* das sociedades anónimas existem normas e princípios destinados a mitigar ou prevenir conflitos de interesses, sendo alguns aspetos do próprio regime dos modelos de governo societário estipulados com esse mesmo propósito. Passa-se a assinalar os aspetos mais relevantes deste regime.

Situando-se o conflito entre o interesse próprio ou assumindo por acionistas e o interesse da sociedade ou do coletivo de acionistas salienta-se a norma do artigo 384.º, n.º 6 do Código das Sociedades Comerciais que determina a desconsideração dos votos emitidos por acionista que, através desse exercício legítimo, vise prosseguir um objetivo ilegítimo, designadamente obter um benefício para si ou um prejuízo para a sociedade.

Semelhante finalidade se encontra subjacente à norma da alínea b) do n.º 1 do artigo 58.º do Código das Sociedades Comerciais que comina com anulabilidade as deliberações aprovadas com os votos de acionistas com o propósito de obter vantagens especiais para si ou para terceiros ou simplesmente de prejudicar a sociedade ou outros acionistas. O relevo dessa conduta em circunstâncias que constituem conflito de interesses depende do caráter determinante dos votos do acionista conflituado para a formação da maioria deliberativa, o que permite, com manifesta economia de atos e em manifestação do princípio *favor societatis*, prosseguir, de forma temperada, a mitigação de conflitos de interesses acionistas.

Também no plano do conflito entre os interesses dos administradores e os da sociedade ou dos acionistas a lei societária portuguesa assegura que a afetação dos meios patrimoniais da empresa é dirigida à prossecução do interesse social e não à satisfação de interesses egoístas dos administradores.

O artigo 397.º do Código das Sociedades Comerciais proíbe a concessão de empréstimos ou garantias pela sociedade aos administradores ou em seu benefício e restringe a celebração de quaisquer contratos entre a sociedade e os seus administradores que não se compreendam no âmbito da atividade social, a qual apenas é permitida após a emissão de parecer prévio favorável pelo órgão de fiscalização, deliberação do órgão de administração em que o interessado não participe e divulgação no relatório anual da gestão para possibilitar a respetiva sindicação pelos acionistas.

Uma outra dimensão da prevenção do conflito de interesses em relação aos administradores é alcançada por efeito da restrição de exercício de atividade concorrente sem prévia autorização da assembleia geral, nos termos dos n.os 3 e 4 do artigo 398.º do Código das Sociedades Comerciais.

Finalmente, os membros do órgão de fiscalização encontram-se sujeitos a um regime de incompatibilidades e independência (artigos 414.º e 414.º-A do Código das Sociedades Comerciais) que se destina a prevenir o conflito de interesses dos próprios ou de terceiros com os interesses da sociedade e dos respetivos acionistas.

3. ACIONISTAS

3.1. Direito aos lucros

As sociedades comerciais visam a obtenção de lucros (objecto final ou mediato) através do desenvolvimento de uma certa atividade económica que não seja de mera fruição (objecto imediato), nos termos combinados do artigo 980.º/1, CC e do artigo 1.º/2, CSC. A obtenção de lucros destina-se porém, em última análise, à sua repartição pelos sócios (artigo 980.º/1, CC: *a fim de repartirem os lucros resultantes dessa atividade*). Em consequência, o direito a participar nos lucros é uma das situações ativas de primeira grandeza na titularidade do sócio (artigo 21.º/1, alínea a, CSC).

Com terminologia diversa, a doutrina em Portugal converge na distinção entre uma situação jurídica ativa do sócio relativa aos lucros de cariz abstrato e outra de cariz concreto[21]/[22]. A primeira consiste na expectativa juridicamente tutelada de obtenção de lucros e é servida por direitos instrumentais, como o direito de ver incluída no relatório anual de gestão uma proposta de aplicação de resultados (artigo 65.º/5, alínea a, CSC), o direito de que sobre a referida proposta recaia uma deliberação dos sócios (artigo 376.º/1, alínea b, CSC)[23] ou o direito à informação (entre outros, para as SA, artigos 288.º e seguintes, CSC). A segunda – o direito concreto aos lucros – refere-se à situação jurídica dos sócios face a dividendos cuja distribuição foi já validamente deliberada.

A decisão sobre o destino a dar aos resultados líquidos positivos de determinado exercício pode fazer aflorar diferentes perspectivas quanto à participação económica dos sócios na sociedade: enquanto uns podem privilegiar a distribuição periódica dos lucros, outros podem preferir que os mesmos sejam reinvestidos, com vista, por exemplo, ao crescimento da sociedade e a uma futura mais-valia, a obter com a alienação da respectiva participação.

Antecipando este potencial conflito, o legislador societário estabeleceu no artigo 294.º, CSC um regime de tutela mínima do direito à distribuição periódica dos lucros: salvo norma estatutária em sentido diverso, serão distribuídos anualmente metade dos lucros do exercício, a menos que os sócios decidam em sentido contrário, por maioria de 3/4 dos votos correspondentes ao capital social (artigo 294.º/1, CSC).

No que se refere à deliberação dos sócios, estes podem (com a maioria qualificada exigida) aprovar a distribuição de uma parcela inferior dos lucros

[21] António Menezes Cordeiro, *Direito das Sociedades,* I, Almedina, Coimbra, 2011, p. 623; Margarida Costa Andrade, *Anotação ao artigo 21.º*, em Jorge Coutinho De Abreu (Coord.), *CSC em Comentário,* I, Almedina, Coimbra, 2010, 353-354.

[22] Ambas as situações jurídicas se referem, em última análise, aos lucros que forem *distribuíveis* nos termos dos artigos 32.º e 33.º, CSC, e não, obviamente, a qualquer resultado positivo que a sociedade reconheça. Com efeito, o resultado líquido positivo apurado em determinado exercício pode ser necessário para cobrir prejuízos transitados, para reconstituir as reservas legais ou estatutárias (artigo 33.º/1, CSC), ou para amortizar despesas de constituição, de investigação e desenvolvimento (artigo 33.º/2, CSC). Apenas será possível a distribuição dos lucros do exercício se, realizadas estas operações, o capital próprio da sociedade cobrir o capital social, acrescido das reservas legais e estatutárias, e não se tornar inferior a esta soma por força da distribuição (artigo 32.º/1, CSC).

[23] Se a competência para a deliberação sobre a proposta de aplicação de resultados é dos sócios (artigo 31.º/1, CSC), tem-se entendido entre nós que a competência para a referida proposta é reservada, em exclusivo, ao órgão de administração, pese embora as dúvidas que a letra da lei pode suscitar: por todos, Paulo Câmara, *Anotação ao Artigo 31.º* em António Menezes Cordeiro (Coord.), *CSC Anotado,* Almedina, Coimbra, 2011, 163 e Diogo Costa Gonçalves, *Adiantamentos sobre o Lucro do Exercício. Breves Reflexões,* RDS, II, 3-4 (2010), 589-591. Em sentido contrário, Jorge Coutinho de Abreu, *Curso de Direito Comercial,* II, Almedina, Coimbra, 2011, 462-463 (nota 51).

do exercício, ou até a sua não distribuição (porque, por exemplo, pretendem reinvestir inteiramente os resultados positivos). Como é óbvio, podem também decidir distribuir *mais* do que metade dos lucros do exercício, mas nesse caso já não se estará no âmbito de aplicação da norma de tutela em apreço. Ainda a este respeito, não existe consenso na doutrina portuguesa sobre a resposta a dar aos cenários em que não existe sequer deliberação sobre a aplicação dos resultados. Alguns autores entendem que na falta de deliberação, prevalece o escopo de tutela do artigo 294.º/1, CSC formando-se na esfera dos sócios o direito *concreto* à sua quota-parte na metade dos lucros distribuíveis[24]: no limite, a deliberação seria desnecessária. Não parece fácil, no entanto, articular esta pretensa *desnecessidade* da deliberação com o regime expressamente previsto pelo legislador societário para a *falta de apresentação das contas e de deliberação sobre elas* e para a *recusa de aprovação das contas* (artigos 67.º e 68.º, CSC).

Mais complexas são as hipóteses em que no contrato de sociedade se dispõe em sentido diferente ao da distribuição anual de metade dos lucros do exercício (artigo 294.º/1, CSC)[25]. Parece haver entre nós unanimidade quanto à possibilidade de, por disposição estatutária se facilitar (diminuindo a maioria necessária; diminuindo a parcela necessariamente distribuível) ou dificultar (aumentando a maioria necessária; aumentando a parcela necessariamente distribuível) a retenção de lucros pela sociedade[26].

Mais problemática parece ser uma cláusula estatutária que exclua por completo a distribuição de dividendos, impondo por exemplo a constituição sistemática de reservas. Cumpre sublinhar que uma cláusula deste tipo não equivaleria à exclusão dos sócios da comunhão dos lucros (proibida pelo artigo 22.º/3, CSC), uma vez que destes seria sempre o saldo de liquidação. Ainda assim, alguns autores contestam esta possibilidade, com base na competência (inderrogável) dos sócios em relação à aplicação de resultados[27]. Outros, em contraste, parecem admitir este tipo de cláusulas, reunida que está a unanimidade, por natureza, nas cláusulas estatutárias originais[28]. A razão parece estar com os primeiros, não só pelo argumento invocado, mas porque numa sociedade constituída por tempo indeterminado a cláusula que impusesse a constituição sistemática de

[24] Por todos, Filipe Cassiano dos Santos, *O Direito aos Lucros no Código das Sociedades Comerciais* em AAVV, *Problemas do Direito das Sociedades*, Almedina, Coimbra, 2002, 194-195.

[25] Se a cláusula que disponha em sentido diferente ao estabelecido no artigo 294.º/1, CSC for introduzida por alteração estatutária, deve ser aplicada a maioria de ¾ dos votos constante daquela norma, por analogia, a menos que os estatutos estabeleçam maioria mais exigente para a alteração.

[26] António Menezes Cordeiro, *Anotação ao artigo 294.º* em António Menezes Cordeiro (Coord.), *CSC Anotado*, Almedina, Coimbra, 2011, 840.

[27] António Pereira de Almeida, *Sociedades Comerciais e Valores Mobiliários*, Coimbra Editora, Coimbra, 2008, 151.

[28] Filipe Cassiano dos Santos, *O Direito aos Lucros no Código das Sociedades Comerciais*, cit., 198.

reservas afastaria *sine die* o sócio da participação nos lucros, afectando assim de forma permanente um direito essencial, definidor do tipo de pessoa colectiva adoptado[29].

3.2. Participação na Assembleia Geral

Nos termos do artigo 21.º/1, alínea b), CSC, todos os sócios têm direito a participar nas deliberações de sócios, sem prejuízo das restrições previstas na lei[30]. Este direito a participar implica, obviamente, o direito de votar, mas também o de pedir e usar a palavra, assim como colocar questões e apresentar propostas. Em conjunto com os direitos de participação nos lucros e de informação, o direito de participação nas deliberações é estrutural para a compreensão do *status* do sócio: por isso mesmo, e ressalvadas as exceções decorrentes da lei ou do contrato, o direito de participar nas deliberações sociais e, mais concretamente, o direito de votar deve ser exercido pelo sócio[31-32].

Além das deliberações em assembleia geral, o acionista de uma sociedade anónima pode ainda deliberar de forma unânime, por escrito (artigo 54.º/1, 1.ª parte, CSC), assim como em assembleia universal (artigo 54.º/1, 2.ª parte: todos os sócios estão presentes e acordam unanimemente constituir a assembleia e deliberar sobre determinados assuntos, sem que tenham sido observadas as formalidades prévias). A restante análise incidirá apenas sobre as assembleias gerais.

[29] Dir-se-á que os sócios decidiram introduzir a cláusula por unanimidade; o que parecem ter feito por unanimidade, porém, foi aproximar-se da figura da associação, onde a apropriação individual dos excedentes pelos associados não é permitida.

[30] Configuram restrições deste tipo as previstas nos artigos 341.º e 379.º/2 (ações preferenciais sem voto) ou no artigo 384.º/6 (impedimentos de voto), todos do CSC. Sobre esta matéria, ver *infra*, ponto 3.7 e também, por todos, Pedro de Albuquerque/Diogo Costa Gonçalves, *O Impedimento do Exercício do Direito de Voto como Proibição Genérica de Atuação em Conflito*, RDS III, 3 (2011), 657-712.

[31] Exceção a este princípio é, por exemplo, o direito do usufrutuário participar nas deliberações sociais que não se refiram à alteração dos estatutos ou à dissolução da sociedade (artigo 1467.ª/1, alínea a, CC, *ex vi* do artigo 23.º/2, CSC).

[32] No domínio das sociedades com acções admitidas à negociação em mercado regulamentado tem sido recorrentemente suscitado o problema da dissociação entre o exercício do direito de voto e a titularidade do interesse económico (e do risco) da participação social, designado por *empty voting*, Este fenómeno apresenta riscos óbvios para o bom governo societário, uma vez que, como se reconhece de forma consensual, são os accionistas quem dispõe de melhores incentivos para deliberar sobre os destinos da sociedade, na qualidade de titulares da pretensão residual aos activos societários. A possibilidade de o voto ser exercido por não accionistas levanta assim problemas, por ser mais provável a determinação do sentido de voto por motivos extra-societários ou mesmo *contrários* ao interesse da sociedade. Sobre estes problemas, por todos, é essencial o artigo de Henry Hu/Bernard Black, *The New Vote Buying: Empty Voting and Hidden (Morphable) Ownership*, Southern California Law Review, 79, 2006. Entre nós, analisando – entre outros – os problemas que a titularidade indirecta de acções coloca em matéria de exercício de direitos de voto, André Figueiredo, *Titularidade Indirecta de Acções e Exercício de Direitos de Voto*, RDS, IV, 3 (2012).

A regra basilar quanto à participação na assembleia geral consta do artigo 379.º/1, CSC: [*t*]*êm o direito de estar presentes na assembleia geral e aí discutir e votar os acionistas que, segundo a lei e o contrato, tiverem direito a, pelo menos, um voto.* Para transpor os patamares eventualmente exigidos pelo contrato para votar[33], os acionistas podem agrupar-se, nos termos do artigo 379.º/5, CSC. O acionista pode fazer-se representar na assembleia (artigo 380.º/1, CSC).

Como a participação na assembleia geral depende, em regra da prova da qualidade de sócio (ou de outra qualidade, dela derivada: ex. usufrutuário da participação social) revelam-se de especial importância os mecanismos de determinação dessa mesma qualidade, sobretudo nas **sociedades abertas**, marcadas por uma tendencial dispersão de acionistas. Neste contexto, os mecanismos de determinação da identidade de acionistas encontram problemas jurídicos de especial complexidade, mas também problemas de praticabilidade, a que o Direito não pode ser alheio.

Com a transposição da Diretriz n.º 2007/36/CE ("Diretriz dos direitos dos acionistas")[34], foi posto fim em Portugal ao sistema do bloqueio, a que estavam obrigatoriamente sujeitos os valores mobiliários admitidos à negociação. Segundo este sistema, o acionista via bloqueadas as suas participações quando pretendesse obter um certificado da correspondente titularidade junto da entidade registadora. Esse bloqueio assegurava, em princípio, que não aconteciam mudanças entre essa data e a data de realização da assembleia geral e que, por isso, quem apresentava um certificado de titularidade para participar no processo deliberativo era *efetivamente* o titular das participações. O sistema de bloqueio foi no entanto abandonado, com fundamento em argumentos de governo das sociedades: seria um dos motivos de absentismo nas assembleias das sociedades abertas, assim como um obstáculo ao exercício pleno dos direitos dos acionistas[35]. Atualmente, vigora entre nós, a este propósito, o sistema da data do registo: tem direito a participar na assembleia quem for titular das participações na data de registo, correspondente às 0 horas do 5.º dia de negociação anterior ao da respectiva realização (artigo 23.º-C/1, CVM)[36].

Quanto ao direito de voto propriamente dito, tem vindo nos últimos anos a assistir-se à promoção pelo legislador societário da possibilidade de voto por

[33] Caso os estatutos nada disponham a este propósito, a cada ação corresponderá um voto (artigo 384.º/1, CSC).

[34] Através do Decreto-Lei n.º 49/2010, de 19 de Maio.

[35] Sobre toda esta matéria, Francisco Mendes Correia, *Participação na Assembleia* em AAVV, *Código do Governo das Sociedades Anotado,* Almedina, Coimbra, 2012, 67-77.

[36] Sobre os problemas suscitados pela interpretação do n.º 2 deste artigo, onde se pode ler que [*o*] *exercício dos direitos referidos no número anterior não é prejudicado pela transmissão das ações em momento posterior à data do registo,* ver Francisco Mendes Correia, ob. cit. na nota anterior, 75-77.

correspondência. Segundo o regime geral, podem os estatutos prever esta possibilidade, devendo também regular o procedimento para o respectivo exercício e para a verificação da sua autenticidade (artigo 384.º/9, CSC)[37]. Mesmo no silêncio dos estatutos, os sócios podem decidir assim deliberar, nos termos do artigo 384.º/8, CSC. Nas **sociedades abertas**, a possibilidade de exercer o direito de voto por correspondência é o regime regra, devendo os sócios afastar esta possibilidade nos estatutos, se assim o pretenderem (artigo 22.º/1, CVM: esta hipótese não pode ser excluída se a matéria a deliberar se referir à alteração dos estatutos ou à eleição de titulares dos órgãos sociais)[38].

Em matéria de quórum constitutivo, rege o artigo 383.º, CSC: só deve ser transposto um determinado limiar para que a assembleia se constitua quando a matéria deliberativa se referir à alteração do contrato, a outras alterações estruturais (fusão, cisão, transformação e dissolução) ou a outros assuntos para os quais a lei exija maioria qualificada (ex. artigo 294.º/1, CSC já referido a propósito da deliberação de retenção de mais de ½ dos lucros); em todos os outros cenários, a assembleia pode constituir-se qualquer que seja o número de acionistas presentes. Nos casos já indicados, em que exista quórum constitutivo, devem estar presentes ou representados, em primeira convocação, acionistas que detenham, pelo menos 1/3 do capital social (artigo 383.º/1, CSC). Em segunda convocação, a assembleia pode deliberar sobre os assuntos já referidos (alterações e matérias sujeitas a maioria qualificada) sem necessidade de transpor qualquer limite de acionistas para se constituir (artigo 383.º/3, CSC).

O regime geral de deliberação em assembleia geral é o da maioria dos votos emitidos, nos termos do artigo 386.º/1, CSC, não sendo computadas as abstenções[39]. As matérias já referidas quanto ao quórum constitutivo – alterações

[37] A generalidade da doutrina admite que a norma do artigo 398.º/9, CSC também se aplica aos votos por correspondência emitidos por meios electrónicos, quando sejam respeitados os requisitos de autenticidade previstos no Decreto-Lei n.º 290-D/99, de 2 de Agosto, sucessivamente alterado. Por todos, com referências bibliográficas a este respeito, ANDRÉ FIGUEIREDO, *Voto e Exercício do Direito de Voto* em AAVV, *Código do Governo das Sociedades Anotado,* Almedina, Coimbra, 2012, 83. Deve ainda a este propósito ter-se em conta a possibilidade de a própria assembleia geral decorrer através de meios telemáticos, prevista no artigo 377.º/6, alínea b, CSC: sobre esta possibilidade, por todos, ANTÓNIO MENEZES CORDEIRO, *Anotação ao artigo 377.º* em ANTÓNIO MENEZES CORDEIRO (Coord.), *CSC Anotado,* Almedina, Coimbra, 2011, 1018-1022.

[38] Sobre esta matéria, e sobre os principais problemas de governo das sociedades relacionados com o absentismo e com a dissociação entre participação social e direito de voto, por todos, com referências bibliográficas, ANDRÉ FIGUEIREDO, *Voto e Exercício do Direito de Voto* em AAVV, *Código do Governo das Sociedades Anotado,* Almedina, Coimbra, 2012, 79-92.

[39] Embora o legislador societário permita que os estatutos modelem as regras sobre quórum deliberativo estabelecidas no CSC, é recomendado no Código do Governo das Sociedades da CMVM que esta faculdade não seja utilizada para tornar os referidos patamares mais exigentes. Sobre as razões de governo das sociedades subjacentes a esta recomendação, por todos, DIOGO COSTA GONÇALVES, *Quórum Deliberativo,* em AAVV, *Código do Governo das Sociedades Anotado,* Almedina, Coimbra, 2012, 93-97.

estatutárias e estruturais – devem ser aprovadas por 2/3 dos votos emitidos (artigo 386.º/3, CSC). No entanto, quanto a estas matérias, a deliberação também poderá ser aprovada por maioria dos votos, quando em segunda convocação estiverem presentes (ou representados) acionistas detentores de ½ do capital social (artigo 386.º/4, CSC).

O legislador societário concedeu alguma liberdade de conformação aos sócios em matéria de direito de voto: estes podem limitar o direito de voto aos acionistas que detenham um certo número de ações (artigo 384.º/2, alínea a, CSC). Se assim for, não valerá obviamente a regra 1 ação = 1 voto[40]. Os sócios podem também decidir restringir o número de votos que cada acionista pode emitir, independentemente do número de ações que detenha (artigo 384.º/2, alínea b, CSC)[41].

3.3. Direito de informação

O direito de informação do sócio é um dos principais elementos componentes do *status* de sócio, ao lado do direito a quinhoar nos lucros e do direito a participar na vida societária, conforme estabelecido no artigo 21.º/1, alínea c), CSC. São várias as classificações sugeridas entre nós para decompor o conteúdo deste direito[42], mas todas elas alertam para o facto de o direito de informação dos sócios das sociedades comerciais não dever ser visto isoladamente, numa perspectiva limitada ao direito das sociedades, mas em conjunto com outras fontes, gerais (ex. Código Civil: 227.º/1 e 762.º/2, CC) ou especiais (ex. RGIC, CVM, RGES), de que também resultam deveres de informação que oneram a sociedade e, em alguns casos, direitos dos sócios a exigir que a informação seja prestada.

Crucial a este respeito é também sublinhar que o direito de informação *não* se limita a um direito instrumental em relação ao direito de participar na assembleia geral: permite ao sócio aferir com exatidão os contornos jurídicos e económicos da sua participação na sociedade e possibilitar a tomada de decisões informadas em tudo o que àquela se refira[43].

Por último, e ainda em sede introdutória, cumpre referir que ao lado dos deveres de informação que oneram a sociedade e que têm como contraponto um

[40] Para que os sócios possam exercer esta faculdade, devem prever nos estatutos que *todas* as ações da sociedade ficam abrangidas pela limitação, e atribuir um voto, pelo menos a cada € 1.000 de capital (artigo 384.º/2, alínea a, CSC).

[41] Sobre os problemas em matéria de governo das sociedades suscitados por esta norma, por todos, Orlando Vogler Guiné, *Medidas Relativas ao Controlo das Sociedades* em AAVV, *Código do Governo das Sociedades Anotado*, Almedina, Coimbra, 2012, 105-116.

[42] Por todos, António Menezes Cordeiro, *Direito das Sociedades*, I, Almedina, Coimbra, 2011, 713 e ss., Margarida Costa Andrade, *Anotação ao artigo 21.º* em Jorge Coutinho de Abreu, *CSC em Comentário*, Almedina, Coimbra, 2010, 360 e ss.

[43] Margarida Costa Andrade, *Anotação ao artigo 21.º*, cit., 360.

direito de informação do sócio, existem também outros deveres que se destinam a universos mais alargados de destinatários (ex. credores, investidores, clientes), e que também funcionam, ou podem funcionar, como importantes instrumentos de governo das sociedades. Pense-se na informação que deve constar do registo comercial, nos deveres de informação das sociedades abertas relativos aos titulares de participações qualificadas (artigos 16.º e 17.º, CVM)[44] ou nos deveres de informação de sociedades emitentes de valores mobiliários negociados em mercado regulamentado, de natureza periódica (sobretudo informações financeiras) ou pontual (*maxime,* o dever de divulgação de informação privilegiada)[45].

Sem prejuízo do que acima ficou dito, e que aconselha que qualquer questão onde seja suscitado um problema de informação seja vista no contexto amplo que se referiu, a restante análise centra-se na informação reservada, que assiste apenas aos sócios.

Nas sociedades anónimas, o direito à informação é detalhadamente regulado nas disposições da parte especial (artigos 288.º a 293.º, CSC), mas estas normas devem ser vistas em conjunto com as que constam na parte geral, onde também são estabelecidos direitos de informação, que podem ser invocados por acionistas: veja-se a título de exemplo os direitos de informação decorrentes de alterações societárias estruturais, como a fusão, a cisão e a transformação (artigo 101.º e 102.º/4, aplicáveis também à cisão *ex vi* do artigo 120.º e à transformação, *ex vi* do artigo 132.º/3, todos do CSC).

Na parte especial, e num primeiro plano, figuram no artigo 288.º/1, CSC os elementos sobre a vida da sociedade que qualquer acionista com pelo menos 1% do capital social pode consultar, na sede da sociedade, devendo para o efeito alegar motivo justificado: destacam-se os documentos de prestação de contas relativos aos últimos três exercícios (alínea a), elementos relativos às assembleias gerais dos últimos três anos (alínea b), assim como elementos relativos à política de remuneração da sociedade (alíneas c e d). A este conteúdo *mínimo* de informação podem também aceder sócios agrupados que transponham a fasquia de 1%, nos termos combinados da norma referida e dos artigos 379.º/5 e 392.º/1, CSC.

Este conteúdo é adequadamente designado por *mínimo,* quando comparado com a latitude com que o artigo 291.º, CSC reconhece o direito à informação de acionistas que detenham mais de 10% do capital social: o acionista ou acionistas que transponham esta fasquia podem solicitar *informações sobre assuntos sociais.* Os assuntos incluem factos já praticados, ou factos futuros, quando deles possa resultar responsabilidade (artigo 291.º/3, CSC).

[44] Por todos, Paulo Câmara, *Manual de Direito dos Valores Mobiliários,* Almedina, Coimbra, 2011, 528 e ss.

[45] Por todos, Paulo Câmara, *Manual de Direito dos Valores Mobiliários,* cit., 695 e ss.

Ao contrário dos elementos elencados no artigo 288.º/1, CSC que podem ser consultados a todo o tempo, o artigo 289.º/1, CSC concretiza os elementos que devem ser disponibilizados aos sócios *antes* da realização de uma assembleia geral. Pela consulta deste elenco pode confirmar-se que o legislador pretendeu permitir que a participação do sócio na assembleia seja esclarecida, mormente no que se refere à formação do sentido do voto a emitir nessa ocasião.

Num nível de concretização adicional, estabelece o artigo 290.º, CSC as informações a prestar aos sócios *durante* a realização da assembleia geral: devem ser *verdadeiras, completas e elucidativas,* e adequadas a que o acionista forme uma *opinião fundamentada sobre os assuntos sujeitos a deliberação,* sendo certo que este direito abrange elementos relativos às relações entre a sociedade relevante e as demais com ela coligadas. Tem-se entendido, e bem, que os elementos que poderiam ter sido consultados *antes* da assembleia geral nos termos do artigo 289.º/1, CSC podem ser recusados aos acionistas que os requeiram *durante* a assembleia[46].

Cumpre sublinhar que a recusa injustificada das informações a que os acionistas têm direito *antes* ou *durante* a assembleia é causa de anulabilidade das deliberações com elas conexas (artigos 56.º/1, alínea c) e 290.º/3, ambos do CSC). A recusa de informações pedidas ao abrigo dos artigos 288.º ou 291.º, CSC (ou a falsidade, incompletude ou carácter não elucidativo da informação prestada) pode também ser suprida judicialmente, através de inquérito judicial (artigo 292.º, CSC).

O CVM reconhece direitos de informação acrescidos aos acionistas de **sociedades emitentes de ações admitidas à negociação em mercado regulamentado**, de entre os quais se destaca o de consultar, em complemento do disposto no artigo 289.º/1, CSC, informação prévia adicional, para a preparação das assembleias gerais (artigo 21.º-C, CVM). Os elementos referidos no artigo 21.º-C, CVM, bem como os que se elencam no artigo 289.º, CSC serão neste caso disponibilizados na data da divulgação da convocatória, devendo manter-se disponíveis durante pelo menos um ano no sítio da internet da sociedade (artigo 21.º-C/2, CVM).

A amplitude com que o legislador estabeleceu direitos de informação do acionista obriga o intérprete a procurar as respectivas fronteiras. Além das normas que expressamente preveem alguns limites (ex. artigos 290.º/2, 291.º/4, ambos do CSC) deve atribuir-se relevância, a este respeito, a princípios de razoabilidade[47], que podem ditar a recusa de informação supérflua, demasiado detalhada, assim como daquela que se traduza numa *vantagem mínima* para o sócio mas

[46] António Menezes Cordeiro, *Anotação ao artigo 291.º* em António Menezes Cordeiro (Coord.), *CSC Anotado,* cit., 291.

[47] António Menezes Cordeiro, *Manual de Direito das Sociedades,* I, cit., 726.

provoque *esforço máximo à sociedade*[48]: o direito à informação pode obviamente ser paralisado perante um exercício abusivo ou por violação do dever de lealdade do sócio[49]. Este último caso tem aliás algumas concretizações no CSC (artigo 291.º/4, alíneas a e b) e terá especial relevância em matéria de governo das sociedades, sobretudo se for tido em conta que um acionista com uma participação qualificada, e que em princípio estaria em condições de invocar o artigo 291.º, CSC pode ser também um concorrente da sociedade relevante.

3.4. Abuso de maioria/Abuso de minoria

A análise nacional em torno das condutas abusivas dos sócios nas sociedades anónimas tem sido feita fundamentalmente a respeito das deliberações dos sócios. Este facto pode explicar-se com a especial atenção dada pelo legislador societário às chamadas deliberações abusivas[50], sem paralelo nas demais situações de atuação abusiva.

Por outro lado, as abordagens a esta problemática têm tendencialmente associado tais comportamentos a dois pólos: atuação abusiva por parte de uma determinada maioria, mais frequentemente; atuação abusiva de uma minoria, em termos menos frequentes. Esta diferença de tratamento poderá também explicar-se pela maior atenção dada pelo CSC ao primeiro conjunto de situações.

Antes de entrar no desenho dos contornos de tais comportamentos torna-se, porém, necessário enfrentar a (espinhosa) tarefa preliminar de precisar o conceito de maioria e de maioria[51] para estes efeitos. A aparente simplicidade matemática esconde uma realidade que se apresenta bastante complexa.

Partindo do universo das ações emitidas como situação basilar, podemos dizer que um acionista é maioritário se detiver um número de ações maior do que o número de ações detido por cada um dos restantes acionistas, todos eles considerados individualmente[52]. Esta maioria pode ser absoluta caso tal acionista detenha mais de metade das ações emitidas. No primeiro caso, os restantes acionistas apenas são minoritários caso sejam considerados individualmente, sendo no segundo caso sempre minoritários, mesmo que considerados em conjunto.

[48] António Menezes Cordeiro, *Manual de Direito das Sociedades,* I, cit., 734.

[49] Sobre esta matéria, por todos, e com inúmeras referencias, José João Ferreira Gomes, *Conflito de Interesses entre Accionistas nos Negócios Celebrados entre a Sociedade Anónima e o seu Accionista Controlador* em AAVV, *Conflito de Interesses no Direito Societário e Financeiro,* Almedina, Coimbra, 2010; Ana Perestrelo De Oliveira, *Grupos de Sociedades e Deveres de Lealdade,* Almedina, Coimbra, 2012.

[50] Ou melhor, a determinadas deliberações abusivas – cf. artigo 58.º/1/b) do CSC.

[51] Sobre as dificuldades com que, em geral, esta tarefa se depara a propósito das fronteiras do conceito de minoria cf. Armando Manuel Triunfante, *A Tutela das Minorias nas Sociedades Anónimas – Direitos de Minoria Qualificada e Abuso de Direito,* Coimbra Editora, Coimbra, 2004, pp. 28 e ss.

[52] Abstraindo, portanto, as situações de atuação conjunta e de interposição de terceiros.

Podem, a este respeito, considerar-se graus de maioria/minoria diversos, em que por exemplo a maioria deverá ser composta por dois terços das ações ou que a minoria deverá perfazer uma certa percentagem de ações.

A este cenário básico pode, num primeiro momento, acrescentar-se a possibilidade de considerar não apenas as ações detidas individualmente por cada acionista, mas ainda o agrupamento de dois ou mais acionistas. Assim, estamos a acrescentar um fator adicional de variabilidade, consubstanciado pela existência ou não de uma determinada "relação" entre os acionistas assim agrupados, que pode configurar apenas uma atuação em paralelo.

Para além de poder ser realizada a propósito do universo de ações emitidas, esta análise pode ainda ser efetuada em relação ao universo de direitos de voto.

Contudo, estamos ainda assim perante análises que podemos dizer abstratas, na medida em que nelas não se considera a concreta circunstância de atuação do acionista ou do conjunto de acionistas em causa[53]. Na verdade, a consideração da circunstância concreta de atuação em toda a sua extensão acrescenta um elemento adicional de variação.

Atentando em tais circunstâncias concretas de atuação, poderia, assim, a propósito de uma determinada deliberação em assembleia geral, dizer-se que os acionistas que votaram no sentido que fez vencimento seriam maioritários e que os restantes seriam minoritários. Tal análise pode também ser feita a propósito do exercício de outras situações jurídicas por parte dos acionistas.

Da consideração das circunstâncias concretas de atuação podem resultar algumas dificuldades.

Saliente-se em primeiro lugar, como tem aliás vindo a ser referido na doutrina[54], o problema resultante do não envolvimento de todos os acionistas nas diversas situações em que tal intervenção é admitida, mais frequente nas sociedades abertas e nas sociedades com ações admitidas em mercado, cujo capital estará em regra mais disperso. Este facto leva a que, por exemplo, o universo de acionistas que estão presentes em assembleia geral possa não corresponder ao universo total de direitos de voto existentes e que uma determinada deliberação aí tomada seja aprovada com os votos favoráveis de um acionista ou de um conjunto de acionistas que não detenham maioria do total das ações ou dos direitos de voto em nenhum dos sentidos acima analisados.

Por outro lado, existem direitos tradicionalmente identificados como minoritários que podem também ser exercidos por maiorias. Apesar de referidos como

[53] Para além da própria circunstância, já mencionada, de atuação paralela de dois ou mais acionistas que pode resultar na formação de um conjunto de acionistas e que acaba por envolver um elemento de análise mais concreta.

[54] Cf. Armando Manuel Triunfante, *A Tutela das Minorias nas Sociedades Anónimas – Direitos de Minoria Qualificada e Abuso de Direito*, cit., p. 32.

direitos de minoria qualificada e inseridos nas formas de tutela das minorias[55], as situações jurídicas subjacentes podem, na sua quase totalidade, ser exercidas por maiorias, em mais do que um dos sentidos acima identificados. Numa análise perfunctória dos direitos normalmente incluídos na categoria em causa[56] verifica-se que muitos deles não são concedidos exclusivamente a minorias. Em diversas situações as normas em causa exigem que o acionista ou conjunto de acionistas representem pelo menos uma determinada percentagem do capital social, não estabelecendo contudo um limite máximo. Não nos parece existir, por exemplo limitação a que um acionista que detenha mais de 50% do capital requeira que seja convocada uma assembleia geral nos termos do artigo 375.º/2 do CSC ou que requeira a nomeação de representante especial nos termos do artigo 76.º/1 do CSC[57].

Para além de todas estas considerações pode ainda estabelecer-se como critério adicional a eventual influência que o acionista ou acionistas maioritários possam ter na gestão da sociedade. Podemos estar ou não perante uma maioria (nos termos mais estáticos acima identificados) de controlo ou dominante. Podem também existir situações em que uma minoria tem também influência na gestão da sociedade, sendo contudo difícil estabelecer critérios seguros para identificar tais situações.

Poderá, assim, concluir-se que não existe um conceito unívoco de maioria ou minoria, existindo diversos fatores que devem ser tidos em conta aquando da consideração do caso concreto: mesmo na análise inicial mais estática surgem como fatores relevantes de variabilidade as alterações resultantes da transmissão das próprias ações e as vicissitudes que possam atingir os direitos de voto. A estas acrescem as circunstâncias relacionadas com a relação entre os acionistas que atuem conjuntamente ou de outra forma se relacionam em cada circunstância concreta. Importa, portanto, ter em consideração um conjunto vasto de fatores para determinar o que se poderá entender por maioria ou minoria, sendo que haverá que atentar ainda a teleologia das normas em causa.

Tendo em conta todas estas notas e reconhecendo que a temática tem um âmbito mais amplo[58], comecemos porém por fazer um breve desenho do regime legal estabelecido no CSC quanto às deliberações abusivas. Trata-se do ponto

[55] Armando Manuel Triunfante, *A Tutela das Minorias nas Sociedades Anónimas – Direitos de Minoria Qualificada e Abuso de Direito*, cit., em especial pp. 106 e ss.

[56] Cf. Armando Manuel Triunfante, *A Tutela das Minorias nas Sociedades Anónimas – Direitos de Minoria Qualificada e Abuso de Direito*, cit., pp. 106 e ss.

[57] Destacam-se por exemplo como direitos apenas suscetíveis de serem exercidos por minorias aqueles incluídos nas formas de proteção resultantes do artigo 392.º do CSC e que dizem respeito à proposta/eleição de administradores por minorias.

[58] Que percorreremos sumariamente adiante.

de partida mais adequado, na medida em que, como veremos, o fundamento das normas em causa é comum ao regime aplicável a outras situações.

O artigo 58.º/1/d) do CSC estabelece que são anuláveis as deliberações que sejam apropriadas para satisfazer o propósito de um dos sócios de conseguir, através do exercício do direito de voto, vantagens especiais para si ou para terceiros, em prejuízo da sociedade ou de outros sócios ou simplesmente de prejudicar aquela ou estes, a menos que se prove que as deliberações teriam sido tomadas mesmo sem os votos abusivos. O número três do referido artigo estabelece ainda que os sócios que tenham formado maioria na deliberação respondem solidariamente para com a sociedade ou para com os outros sócios pelos prejuízos causados.

Está aqui em causa uma atuação por parte de um ou mais sócios que integram uma determinada maioria deliberativa. O universo aqui em causa é o dos sócios que exerceram o respetivo direito de voto, sendo que, contudo, nem todos os votos têm de ser abusivos para que a deliberação seja anulável. Aliás, caso existam votos inocentes que, por si, sejam suficientes para considerar a deliberação como tomada, esta mantém-se[59].

Temos aqui dois tipos de deliberações: aquelas que sejam suscetíveis de conceder vantagens especiais para determinados sócios ou terceiros em prejuízo da própria sociedade ou de outros sócios; aquelas que sejam suscetíveis de prejudicar a sociedade ou outros sócios, ditas emulativas.

Não existe unanimidade na doutrina nacional sobre a exata configuração dos pressupostos de cada uma das categorias acima identificadas. Havendo algum consenso no que diz respeito à necessidade das deliberações serem suscetíveis de atingir o resultado considerado abusivo, o mesmo acaba por se dissipar quanto à necessidade de uma específica intencionalidade dos sócios que exercem os votos abusivos[60].

Mesmo no que concerne ao conteúdo dos pressupostos, existem posições distintas quanto a determinados aspetos dos pressupostos da primeira das categorias de deliberações acima identificadas, mais precisamente quanto à necessidade do propósito a atingir configurar a obtenção de vantagens especiais a par, ou não, com o intuito de prejudicar a sociedade ou outros sócios[61].

[59] Pedro Pais de Vasconcelos, *A Participação Social nas Sociedades Comerciais*, 2.ª Edição, Almedina, Coimbra, 2006, p. 152.

[60] Para uma descrição detalhada cf. Pedro Pais de Vasconcelos, *A Participação Social nas Sociedades Comerciais*, cit., pp. 155 e ss.

[61] Considerando que o propósito exigido para que sejam anuláveis as deliberações em causa se limita à consecução de vantagens especiais (sendo o prejuízo da sociedade ou dos restantes sócios apenas um dano resultante de tais vantagens) Jorge Manuel Coutinho de Abreu, *Curso de Direito Comercial – Volume II/Das Sociedades*, 4.ª Edição, Almedina, Coimbra, 2011, p. 556; considerando a referência

Como quer que seja, percebe-se bem que o legislador tenha querido dedicar norma expressa a este tema, ainda que possa não o ter feito da melhor forma. Trata-se de procurar estabelecer mecanismos de controlo do princípio maioritário, que rege a tomada de decisões dos sócios quanto ao destino das sociedades anónimas e leva à vinculação das minorias discordantes[62].

As incidências jurisprudenciais em termos nacionais têm surgido essencialmente em torno das sociedades por quotas, contendo, ainda assim, alguns elementos transportáveis para as sociedades anónimas.

Surgem, em geral, como exemplos a deliberação de exclusão de um sócio em resultado da sua não participação em aumento de capital anteriormente deliberado quando os restantes sócios também não haviam realizado as respetivas entradas no referido aumento de capital, deliberação de aumento de capital em situação na qual a sociedade não necessita de meios adicionais de financiamento, deliberação de atribuição de remunerações excessivas para membros do órgão de administração, etc.[63].

O certo é que este é apenas um dos aspetos que poderemos inserir na temática do abuso de maioria deliberativa (na especial configuração de maioria deliberativa inquinada por votos abusivos).

Permanecendo no âmbito deliberativo, existe ainda a possibilidade de exercício abusivo do direito de voto nos termos gerais[64]. Surge aqui como relevante o abuso de direito cuja base jurídico-positiva encontramos no artigo 334.º do Código Civil[65].

a vantagens especiais como dispensável na economia do preceito Armando Manuel Triunfante, *A Tutela das Minorias nas Sociedades Anónimas – Direitos de Minoria Qualificada e Abuso de Direito*, cit., p. 382. Para a análise de uma posição que considera relevantes ambos os elementos (propósito de obter vantagens especiais e de prejudicar a sociedade e os sócios) *vide* Filipe Cassiano dos Santos, *Estrutura Associativa e Participação Societária Capitalística*, Coimbra Editora, Coimbra, 2006, p. 422. Vide também Jorge Henrique da Cruz Pinto Furtado, *Deliberações de Sociedades Comerciais*, Almedina, Coimbra, 2005, pp. 656 e ss.

[62] Sobre este princípio *vide* por último Pedro Pais De Vasconcelos, "Vinculação dos sócios às deliberações da Assembleia Geral", em AAVV., *I Congresso Direito das Sociedades em Revista*, Almedina, Coimbra, 2011, p. 190.

[63] Podem analisar-se estas e outras incidências jurisprudenciais em Jorge Manuel Coutinho de Abreu, *Curso de Direito Comercial – Volume II/Das Sociedades*, cit., pp. 563 e ss.; Jorge Henrique da Cruz Pinto Furtado, *Deliberações de Sociedades Comerciais*, cit., pp. 656 e ss.

[64] Parece estar atualmente sedimentada esta conclusão António Menezes Cordeiro, "Anotação ao artigo 58.º", em António Menezes Cordeiro (Coord.), *Código das Sociedades Comerciais Anotado*, 2.ª Edição, Almedina, Coimbra, 2011, p. 237, ans. 22 e 23. Para uma descrição dos caminhos (por vezes tortuosos) que têm vindo a ser percorridos pela doutrina *vide* Jorge Manuel Coutinho de Abreu, *Curso de Direito Comercial – Volume II/Das Sociedades*, cit., pp. 563 e ss.

[65] Sobre o abuso de direito *vide* com amplas referências António Menezes Cordeiro, *Tratado de Direito Civil Português I – Tomo IV*, Almedina, Coimbra, 2007, pp. 239 e ss.

Tal exercício abusivo no direito de voto abrange não apenas os votos com que sejam aprovadas as deliberações, mas também os votos que obstaculizem a aprovação de deliberações. Pois é precisamente neste âmbito que se tem vindo a tratar com maior atenção o problema do abuso de minoria, sendo de destacar como exemplo a atuação do sócio minoritário que obstrua a aprovação de aumento de capital numa situação em que a necessidade e a adequação do aumento de capital é devidamente comprovada[66].

Fora do âmbito deliberativo continuam, sem dúvida, a existir ocasiões em que pode haver uma atuação irregular por parte dos acionistas no exercício de posições jurídicas. Dir-se-á ainda que existirão tantas ocasiões quantos forem os direitos ou poderes que possam ser exercidos pelos acionistas. A ausência de norma expressa no CSC que regule tais condutas nem sequer permite que se considere razoável a dúvida relativa à aplicabilidade das normas gerais sobre o abuso de direito e a boa-fé.

Assumem posição central a este respeito os deveres de lealdade dos acionistas, exigindo uma atuação conforme ao interesse social[67], dentro e fora do âmbito deliberativo, estando em causa condutas de maiorias ou de minorias. Aliás, em abono de tal relevância no âmbito deliberativo, o artigo 58.º/1/b) têm vindo a ser identificado como um dos afloramentos de tais deveres[68], assumindo-se, contudo, sempre a existência de exigências de atuação leal mesmo sem previsão legal expressa[69].

Adiantam-se como exemplos o abuso no pedido de informações[70], a impugnação abusiva de deliberações[71], a alienação pelo sócio maioritário de participação

[66] Jorge Manuel Coutinho de Abreu, *Curso de Direito Comercial – Volume II/Das Sociedades*, cit., pp. 323 e ss.; Jorge Manuel Coutinho de Abreu, "Abusos de minoria", em AAVV., *Problemas do Direito das Sociedades*, Almedina, Coimbra, 2003, pp. 66 e ss; Armando Manuel Triunfante, *A Tutela das Minorias nas Sociedades Anónimas – Direitos de Minoria Qualificada e Abuso de Direito*, cit., pp. 406 e ss.

[67] Criação essencialmente alemã que, apesar do caminho trilhado pela doutrina nacional, tarda em ser profusamente recebida nos tribunais nacionais (em especial fora dos diversos afloramentos legislativos que se podem identificar no CSC). Cf. a este respeito António Menezes Cordeiro, "A lealdade no direito das sociedades", ROA Ano 66 (2006) III, edição eletrónica disponível em www.oa.pt.; Nuno Tiago Trigo dos Reis, "Os deveres de lealdade dos administradores de sociedades comerciais", em AAVV., *Temas de Direito Comercial – Cadernos O Direito 4*, Almedina, Coimbra, 2009, p. 296. Cf. também Pedro Pais de Vasconcelos, *A Participação Social nas Sociedades Comerciais*, cit., p. 325; Jorge Manuel Coutinho de Abreu, *Curso de Direito Comercial – Volume II/Das Sociedades*, cit., p. 312.

[68] Jorge Manuel Coutinho de Abreu, *Curso de Direito Comercial – Volume II/Das Sociedades*, cit., p. 313; Pedro Pais de Vasconcelos, *A Participação Social nas Sociedades Comerciais*, cit., p. 327.

[69] Falando aqui em deveres de lealdade legalmente atípicos cf. Pedro Pais de Vasconcelos, *A Participação Social nas Sociedades Comerciais*, cit., p. 332. Cf. também Jorge Manuel Coutinho de Abreu, *Curso de Direito Comercial – Volume II/Das Sociedades*, cit., p. 314.

[70] António Menezes Cordeiro, "A lealdade no direito das sociedades", cit., ponto 9.II.

[71] Jorge Manuel Coutinho de Abreu, *Curso de Direito Comercial – Volume II/Das Sociedades*, cit., p. 314.

de controlo a terceiro que pretenda adquirir o controlo para liquidar ou substituir por sociedade por si controlada[72], etc.

Resta, contudo, saber se fora do âmbito deliberativo continua a fazer sentido caraterizar o comportamento em causa em termos de ser realizado por uma maioria ou minoria nos diversos sentidos acima identificados.

Pensamos que sim. Contudo, nem sempre tal será o caso, sendo que para chegar a conclusões por exemplo quanto ao exercício de situações jurídicas fora do âmbito deliberativo terá necessariamente de se atentar no concreto regime jurídico em causa, procurando saber nomeadamente se determinado direito ou poder apenas têm sentido quando exercidos por maiorias ou por minorias. Por exemplo, consideramos que a qualificação doutrinal de direitos de minoria qualificada dificilmente poderá ter aqui alguma influência definitiva, na medida em que, por exemplo, não nos parece que um acionista esteja a exercer de forma irregular o direito de requerer que seja convocada uma assembleia geral nos termos do artigo 375.º/2 do CSC apenas porque detém 90% do capital.

Todas estas exigências devem, contudo, ser ponderadas no caso concreto, tendo em conta a concreta estrutura da sociedade[73].

3.5. Divulgação de participações sociais

A descrição de um quadro sistemático e exaustivo das diversas situações em que a titularidade de participações sociais em sociedades anónimas deve ser objeto de divulgação pública obriga a percorrer diversos âmbitos normativos.

Concentrando-nos apenas nas obrigações legais[74] verificamos que as mesmas se enquadram em domínios normativos distintos, não apenas em consequência do facto das participações sociais nas sociedades anónimas, as ações, configurarem valores mobiliários, mas também em resultado do próprio regime a que estão sujeitas as sociedades anónimas que sejam sociedades abertas. Outros domínios normativos podem ainda ser relevantes, como o domínio bancário institucional.

Conforme teremos oportunidade de confirmar, em regra a divulgação pública da titularidade de ações detidas em sociedades anónimas é efetuada com a mediação da própria sociedade. Daí que a adequada caracterização do regime em causa obrigue frequentemente a adotar uma dupla perspetiva: procurando determinar o dever de comunicação à sociedade e o dever desta proceder à divulgação pública.

[72] Ac. STJ 27/06/2002 (Oliveira Barros), disponível em JusNet (ref. 4146/2002).

[73] Mesmo em termos intra-tipo legal sociedade anónima. Neste sentido, cf. Pedro Pais de Vasconcelos, *A Participação Social nas Sociedades Comerciais*, cit., p. 330.

[74] Deixando, pois, de parte as eventuais obrigações de origem diversa, nomeadamente aquelas que possam resultar do disposto nos estatutos da sociedade.

3.5.1. Regime aplicável às sociedades anónimas em geral

Partindo da obrigação de divulgação da titularidade de ações na generalidade das sociedades anónimas podemos verificar que a informação divulgada publicamente poderá variar consoante a modalidade das ações em causa, nominativas ou ao portador, e também consoante a forma de representação das mesmas, escritural ou titulada.

Estabelecendo a própria sociedade como mediadora na divulgação pública da referida informação, o legislador nacional atribui ao regime jurídico aplicável aos valores mobiliários nominativos em geral as formas de acesso pela sociedade à informação em causa, apenas prescrevendo especiais deveres de comunicação à sociedade aos titulares de ações ao portador.

Para além das disparidades na informação a que a sociedade tem acesso em função da modalidade em causa, que podemos até considerar como resultantes da própria natureza de cada uma dessas modalidades, podem resultar desta estratégia normativa diferenças significativas na informação que acaba por ser divulgada dentro de cada modalidade, consoante a forma de representação.

Tratando-se de ações nominativas, a sociedade tem a faculdade de ter acesso, a todo o tempo, à identidade dos respetivos titulares. A existência desta faculdade é, aliás, o critério legal distintivo das duas modalidades de valores mobiliários[75].

Não obstante, o acesso à referida informação poderá depender de uma atuação da própria sociedade, conforme as funções por si desempenhadas.

Assim, no que diz respeito às ações nominativas escriturais, a sociedade poderá ter acesso à informação de duas formas: por ocasião do pedido de registo de transmissão, caso seja entidade registadora nos termos do artigos 61.º/c) e 64.º do CVM; por sua iniciativa, apresentando pedido quer ao intermediário financeiro que assuma funções de entidade registadora quer à entidade gestora do sistema centralizado, nos termos do artigo 85.º do CVM.

Não estabelecendo a lei qualquer dever para que a sociedade recolha tal informação, resulta que pode variar a informação a que cada sociedade tem acesso e que fica obrigada a divulgar publicamente[76].

Tratando-se de ações nominativas tituladas, a sua transmissão fica sujeita a registo junto da sociedade emitente ou de intermediário financeiro que a repre-

[75] De acordo com o disposto no artigo 52.º/1 do CVM: "Os valores mobiliários são nominativos ou ao portador, conforme o emitente tenha ou não a faculdade de conhecer a todo o tempo a identidade dos titulares".

[76] Considerando que pelo menos para as sociedades abertas se poderá considerar que os comandos do artigo 7.º do CVM obrigam a reconhecer que deve existir uma atitude mais pró-ativa da sociedade na busca da informação em causa *vide* PAULO CÂMARA, "Anotação ao artigo 448.º", em ANTÓNIO MENEZES CORDEIRO (Coord.), *Código das Sociedades Comerciais Anotado*, 2.ª Edição, Almedina, Coimbra, 2011, p. 1155, an. 16.

sente, nos termos do artigo 102.º/1 do CVM, momento em que a sociedade tem acesso à informação. Caso as ações nominativas tituladas se encontrem integradas em sistema centralizado, aplicam-se as normas que regulam as ações nominativas escriturais integradas em sistema centralizado[77], pelo que a sociedade apenas terá acesso à informação por sua iniciativa, nos termos já descritos.

No que diz respeito às ações ao portador, não terá a sociedade emitente acesso à informação sobre a titularidade das mesmas em resultado da normal operação das regras relativas aos valores mobiliários ao portador em geral[78].

Relativamente a estas ações, estabelece a lei que o acionista que for titular de ações ao portador[79] representativas de, pelo menos, um décimo, um terço ou metade do capital de uma sociedade deve comunicar à sociedade o número de ações de que for titular (artigo 448.º/1 do CSC).

A clivagem entre o regime estabelecido para as ações ao portador e para as ações nominativas é aprofundada pelo alargamento estabelecido para os titulares das primeiras no cômputo das respetivas participações. Na verdade, o referido artigo do CSC contém uma remissão para o artigo 447.º/2 do CSC, da qual resulta que para o cômputo dos limiares acima mencionados devem contabilizar-se as ações de que sejam titulares determinadas pessoas relacionadas com o acionista[80].

As comunicações em causa devem ser realizadas por escrito ao órgão de administração e ao órgão de fiscalização no prazo de 30 dias, devendo ser também efetuadas sempre que, reduzida a participação, sejam ultrapassados os limiares acima referidos (artigos 448.º/2 e 3 do CSC). Em termos sancionatórios, a

[77] Cf. art. 105.º e seguintes do CVM.

[78] Lembre-se que tratando-se de ações escriturais ao portador as mesmas devem ser obrigatoriamente registadas num único intermediário financeiro (conforme dispõe o artigo 63.º/1/a) do CVM), sendo que mesmo que a sociedade emitente seja intermediário financeiro não poderá assumir funções de entidade registadora única (artigo 63.º/3 do CVM).

[79] A norma fala aqui em ações ao portador não registadas. Contudo o regime de registo estabelecido no Decreto-Lei n.º 408/82, de 29 de Setembro, foi revogado pelo diploma que aprovou o CVM (*vide* artigo 15.º/1/b) do Decreto-Lei n.º 486/99, de 13 de Novembro) pelo que a referência deve ser entendida como feita às ações ao portador, *tout court*. Cf. Paulo Câmara, "Anotação ao artigo 448.º", cit., p. 1154, an. 5.

[80] Devem, portanto, ser contadas as ações: a) do cônjuge não separado judicialmente, seja qual for o regime matrimonial de bens; b) dos descendentes de menor idade; c) das pessoas em cujo nome as ações se encontrem, tendo sido adquiridas por conta dos acionistas ou das pessoas referidas em a) e b); d) pertencentes a sociedade de que os acionistas ou as pessoas referidas em a) e b) sejam sócios de responsabilidade ilimitada, exerçam a gerência ou algum dos cargos referidos no artigo 447.º/1 do CSC ou possuam, isoladamente ou em conjunto com pessoas referidas em a), b) e c), pelo menos metade do capital social ou dos votos correspondentes a este. Perante uma remissão expressa apenas para o artigo 447.º/2 do CSC parece difícil considerar aplicáveis à presente situação as normas extensivas constantes dos números 3 e 6 do referido artigo (como faz Raúl Ventura, *Novos estudos sobre sociedades anónimas e sociedades em nome colectivo*, Almedina, Coimbra, 2003, p. 72 – considerando não aplicáveis tais normas extensivas *vide* Paulo Câmara, "Anotação ao artigo 448.º", cit., p. 1154, an. 8). Aliás, tal extensão contribuiria para aprofundar as diferenças entre a informação recebida pelas sociedades a respeito das diferentes modalidades de ações.

ausência de comunicação é punida ao nível contra-ordenacional (artigo 528.º/5 do CSC), sendo que a incorreção da informação comunicada poderá ser punida penalmente (artigo 519.º do CSC[81]).

Não obstante as diferenças entre as modalidades de ações acima destacadas, o dever que recai sobre a sociedade de proceder à divulgação da informação em causa é estabelecido sem que seja efetuada tal distinção.

De acordo com o disposto no artigo 448.º/4 do CSC, deverá ser apresentada em anexo ao relatório anual do órgão de administração a lista dos acionistas que, na data de encerramento do exercício social e segundo os registos da sociedade e as informações prestadas, sejam titulares de, pelo menos, um décimo, um terço ou metade do capital, bem como dos acionistas que tenham deixado de ser titulares das referidas frações de capital. A sociedade deve divulgar a informação que lhe seja comunicada ou a que tenha acesso independentemente da modalidade das ações em causa[82].

Refira-se, por último, que tratando-se de membros dos órgãos de fiscalização, o dever de comunicação à sociedade abrange todas as ações de que são titulares e as ações adquiridas e alienadas[83] da sociedade onde exercem funções e de sociedades com as quais aquela esteja em relação de domínio ou de grupo. O artigo 447.º do CSC regula com algum detalhe este dever, bem como o correspondente dever da sociedade proceder à divulgação da informação no relatório anual do órgão de administração, tudo em relativo paralelo com o regime aplicável aos acionistas em geral[84].

[81] Cf. Paulo Câmara, "Anotação ao artigo 448.º", cit., p. 1154, an. 11). Contudo, a nosso ver a referência a informação sobre "matéria da vida da sociedade" levanta aqui algumas dúvidas sobre o preenchimento do tipo nestas situações.

[82] O enquadramento da norma poderia levar a considerar que o dever de divulgação que impende sobre a sociedade diria apenas respeito à informação relativa às ações ao portador (contribuindo para tal o paralelo no que diz respeito aos limiares estabelecidos). Contudo, deve considerar-se que os deveres de divulgação que recaem sobre a sociedade dizem respeito a todas as modalidades de ações, não apenas às ações ao portador. Não faria sentido o contrário. Ou seja, não faria sentido que existisse apenas uma divulgação pública da titularidade das ações ao portador, informação por natureza mais reservada (pelo menos relativamente ao conhecimento que dela pode ter a sociedade), e não da titularidade das ações nominativas. A referência aos registos da sociedade conforta esta interpretação. No mesmo sentido Paulo Câmara, "Anotação ao artigo 448.º", cit., p. 1155, an. 16.

[83] Bem como as respetivas onerações.

[84] Destaque-se a este respeito no confronto com os deveres que impendem sobre os acionistas em geral, que se devem equiparar às aquisições e alienações os contratos de promessa, de opção, de reporte ou outros que produzam efeitos semelhantes (artigo 447.º/3 do CSC) e que estão abrangidas as aquisições e alienações em bolsa e as que porventura estejam sujeitas a termo ou condição suspensiva (artigo 447.º/6 do CSC). Em termos sancionatórios, refira-se que a falta culposa de cumprimento dos deveres que impendem sobre os membros dos órgãos de administração e fiscalização constitui justa causa de destituição (artigo 447.º/8 do CSC).

Observado o regime acima descrito, resta uma palavra final sobre a teleologia subjacente ao mesmo.

Não existem dúvidas de que a sociedade pode ter um interesse legítimo em conhecer a composição acionista. Em termos estritamente jurídicos salienta-se que a interação entre sócio e sociedade depende muitas vezes da detenção de uma determinada percentagem de ações. Refira-se, ainda, que o interesse dos sócios é eleito pela lei como um dos vetores que deve guiar a atuação dos membros dos órgãos de administração nos termos do artigo 64.º/1 do CSC[85]. Por outro lado, a sempre desejada maior interação entre sociedade e sócio pode mesmo exigir que a primeira saiba quem são os seus acionistas.

No que diz respeito à divulgação pública da informação em causa, também é inegável que todos os que se relacionam com a sociedade podem ter interesse em saber quem são os seus acionistas, nem que seja para determinar o risco do cumprimento das obrigações que tais acionistas podem ter perante a sociedade.

Identificados os interesses que podem estar subjacentes ao propósito a atingir, surgem dúvidas sobre a clivagem entre as modalidades de ações e a informação a que a sociedade pode ter acesso quando estejamos perante ações nominativas ou ao portador. Na verdade, não encontramos razões para que na prossecução dos propósitos acima enumerados seja efetuada tal distinção, que como referido pode levar a clivagens, não apenas entre sociedades, mas também relativamente a uma mesma sociedade, tendo em conta que podem coexistir na mesma sociedade ações das duas modalidades e que a conversão entre as referidas modalidades depende apenas de pedido do acionista (e do eventual desejo de que não se saiba a sua identidade).

A estas considerações acrescem, sem dúvida, preocupações relacionadas com o abuso de informação e que levam, aliás, a exigir maior detalhe nos deveres que impendem sobre os membros dos órgãos de administração e fiscalização da sociedade anónima.

3.5.2. Regime aplicável às sociedades abertas e outros regimes

Tratando-se de sociedades abertas[86], o CVM estabelece um conjunto adicional de regras detalhadas sobre a divulgação de participações sociais, referidas como participações qualificadas.

O regime base da divulgação de participações qualificadas é estabelecido nos artigos 16.º a 20.º-A do CVM, sendo essencialmente construído em torno dos direitos de voto inerentes às ações representativas do capital da sociedade aberta. A estrutura base é similar à estabelecida pelo CSC, objeto de análise no

[85] Salientando precisamente este aspeto Paulo Câmara, "Anotação ao artigo 448.º", cit., p. 1153, an. 4.
[86] Cf. ponto 1.2.

ponto anterior: estabelece-se um dever de comunicação à sociedade[87], a qual fica obrigada a divulgar publicamente a informação em causa.

Tendo em conta as regras de cômputo das participações qualificadas estabelecido por lei[88], aquele que poderíamos considerar como núcleo do regime de divulgação de participações qualificadas (a comunicação e posterior divulgação da aquisição da titularidade de ações atingidos ou ultrapassados determinados limiares) sofre uma verdadeira explosão, causada não só pela extensão das situações consideradas relevantes para efeitos do cômputo da participação qualificada, mas também pela previsão da aplicação de tais situações em cadeia[89]. As regras de cômputo em causa servem aliás um conjunto alargado de funções em diversos outros domínios do direito mobiliário, onde se destaca o dever de lançamento de oferta pública de aquisição (artigo 187.º/1 do CVM)[90].

De referir, por último, que em termos sancionatórios, e a par com as eventuais sanções ao nível contra-ordenacional (artigo 389.º do CVM), sobressai a inibição do exercício do direito de voto (artigo 16.º-B do CVM).

Não é apenas a estrutura do mecanismo normativo ora estabelecido que tem algum paralelo com a descrita no ponto anterior, mas também o propósito que lhe subjaz, essencialmente dirigido à transparência informativa, desta feita centrada na tutela dos investidores[91].

Podem ainda apontar-se, em termos ilustrativos, os regimes aplicáveis a certas instituições do sistema financeiro, atualmente largamente harmonizados (não apenas ao nível comunitário, mas também entre os diversos setores abrangidos) em resultado da transposição da Diretiva n.º 2007/44/CE, do Parlamento Europeu e do Conselho, de 5 de Setembro, efetuada pelo Decreto-Lei n.º 52/2010, de 26 de Maio[92]. Em causa estão os regimes aplicáveis a instituições de créditos, empresas de seguros, etc.

Torna-se difícil considerar estes regimes como sendo regimes especiais face aos analisados até ao momento, na medida em que está subjacente aos mesmos um propósito diverso, relacionado com a supervisão prudencial das entidades em causa e com o controlo de participações relevantes.

[87] A que acresce a CMVM (artigo 16.º/1/a) do CVM).

[88] Estabelecidas nos artigos 20.º e 20.º-A do CVM.

[89] *Vide* artigo 20.º/1/h).

[90] Sobre todo este enquadramento e as funções das regras de imputação de direitos de voto cf. Hugo Moredo Santos, *Transparência, OPA Obrigatória e Imputação de Direitos de Voto,* Coimbra Editora, Coimbra, 2011.

[91] Hugo Moredo Santos, *Transparência, OPA Obrigatória e Imputação de Direitos de Voto,* cit., pp. 57 e ss.

[92] Cf. Bruno Ferreira, "Controlo de participações qualificadas em instituições de crédito na sequência da recente reforma: uma primeira aproximação", RDS Ano II (2010)/3-4, pp. 655 e ss.; Paulo Câmara/Miguel Brito Bastos, "O novo regime de aquisição de participações qualificadas e da imputação de direitos de voto", em Paulo Câmara/Manuel Magalhães (Coord.), *O Novo Direito Bancário,* Almedina, Coimbra, 2012, pp. 499 e ss.

3.6. Mercado de controlo acionista

A análise do enquadramento jurídico do mercado de controlo das sociedades anónimas tem especial sentido no que diz respeito às sociedades abertas. Não que alguns dos problemas que se colocam a este respeito não se verifiquem também a propósito das sociedades anónimas em geral, mas não se colocam com a mesma acuidade, tendo em conta a tendencial maior dispersão da base acionista das sociedades abertas.

Salientam-se, a este respeito, dois aspetos particulares do regime jurídico daquele que se pode considerar o mais relevante mecanismo do mercado de controlo: a oferta pública de aquisição. Ambos os aspetos têm um especial impacto no governo das sociedades e dizem respeito à limitação dos poderes do órgão de administração da sociedade visada e à suspensão voluntária de restrições à transmissibilidade e ao exercício do direito de voto.

Não é de fácil apreensão o conceito de controlo ou de domínio relevante para efeitos da presente temática, em especial para efeitos do dever de lançamento de oferta pública de aquisição[93]. Em causa estará certamente a influência na formação da vontade juridicamente relevante da sociedade[94], centrada, por regra, no órgão de administração, estando em jogo as diversas formas em que tal influência se pode manifestar, direta ou indiretamente.

De qualquer forma, deixando de parte outros eventuais mercados de controlo, estamos aqui no âmbito do mercado de controlo por parte dos acionistas, em que a disputa pelo referido controlo é realizada através da aquisição de ações emitidas pelas sociedades[95].

Neste particular, a oferta pública de aquisição configura-se como um dos principais instrumentos de concentração ou aquisição de controlo[96], estabelecendo a lei um processo através do qual são dirigidas ao público propostas com vista à aquisição de valores mobiliários, incluindo ações[97].

[93] Sobre o tema *vide* entre outros Paula Costa e Silva, "Sociedade aberta, domínio e influência dominante", em AAVV., *Direito dos Valores Mobiliários VIII*, 2008, pp. 541 e ss. Para uma síntese detalhada (e com bastantes referências) dos problemas que surgem em torno do recurso aos critérios de imputação de direitos de voto para efeitos do dever de lançamento de oferta pública de aquisição *vide* Hugo Moredo Santos, *Transparência, OPA Obrigatória e Imputação de Direitos de Voto*, cit., em especial pp. 493 e ss.

[94] Paula Costa e Silva, "Sociedade aberta, domínio e influência dominante", cit., p. 550.

[95] Para uma análise de outros mercados de controlo societário *vide* Stefan Grundmann, "The Market for Corporate Control: The Legal Framework, Alternatives, and Policy Considerations", em Klaus J. Hopt/Eddy Wymeersch/Hideki Kanda/Harald Baum, *Corporate Governance in Context: Corporations, States, and Markets in Europe, Japan, and the US*, Oxford, 2005, pp. 421 e ss.

[96] Paulo Câmara, *Manual de Direito dos Valores Mobiliários*, Almedina, Coimbra, 2009, p. 605; Hugo Moredo Santos, *Transparência, OPA Obrigatória e Imputação de Direitos de Voto*, cit., p. 168.

[97] Paulo Câmara, *Manual de Direito dos Valores Mobiliários*, cit., p. 604.

Por ocasião da decisão do lançamento de uma OPA, produzem-se determinados efeitos no governo das sociedades anónimas que a ela estejam sujeitas, de que pretendemos destacar aqui apenas dois, como adiantámos.

Em primeiro lugar, ficam os membros do órgão de administração numa especial posição, estabelecendo expressamente o artigo 182.º/1 do CVM que a partir do momento em que tome conhecimento da decisão de lançamento de oferta pública de aquisição[98] que incida sobre mais de um terço dos valores mobiliários da respetiva categoria e até ao apuramento do resultado ou até à cessação, em momento anterior, do respetivo processo, o órgão de administração da sociedade visada não pode praticar atos suscetíveis de alterar de modo relevante a situação patrimonial da sociedade visada que não se reconduzam à gestão normal da sociedade e que possam afetar de modo significativo os objetivos anunciados pelo oferente[99].

Estabelece para estes efeitos o artigo 182.º/2/b) do CVM que se consideram alterações relevantes da situação patrimonial da sociedade visada, nomeadamente, a emissão de ações ou de outros valores mobiliários que confiram direito à sua subscrição ou aquisição e a celebração de contratos que visem a alienação de parcelas importantes do ativo social. Esclarece ainda a alínea seguinte do referido número (alínea c)) que tal limitação inclui os atos de execução de decisões tomadas antes do período em causa e que ainda não tenham sido parcial ou totalmente executados.

São diversas as exceções a esta restrição, não estando abrangidos os atos que resultem do cumprimento de obrigações assumidas antes do conhecimento do lançamento da oferta, os atos autorizados por força de assembleia geral convocada exclusivamente para o efeito durante o período em causa e os atos destinados à procura de oferentes concorrentes (artigo 182.º/3 do CVM).

Durante o período em que são aplicáveis as limitações, surgem também regras especiais para a convocação e funcionamento da assembleia geral da sociedade visada: a antecedência do prazo de divulgação de convocatória de assembleia geral é reduzida para 15 dias (artigo 182.º/4/a) do CVM); as deliberações da assembleia geral destinada a autorizar os atos não permitidos ao órgão de administração, bem como as relativas à distribuição antecipada de dividendos e de outros rendimentos, apenas podem ser tomadas pela maioria exigida para a alteração dos estatutos (artigo 182.º/4/b) do CVM).

[98] Equipara-se ao conhecimento do lançamento da oferta a receção pela sociedade visada do anúncio preliminar (artigo 182.º/2/a) do CVM).

[99] Sobre este tema cf. Orlando Vogler Guiné, *Da Conduta (Defensiva) da Administração "Opada"*, Almedina, Coimbra, 2009; Jorge Brito Pereira, "A limitação dos poderes da sociedade visada durante o processo de OPA", em AAVV., *Direito dos Valores Mobiliários II*, 2000, pp. 175 e ss.

Destaque-se, ainda, que o oferente é responsável pelos danos causados por decisão de lançamento de oferta pública de aquisição tomada com o objetivo principal de colocar a sociedade visada sob a limitação ora analisada[100].

Por fim, refira-se que o presente regime não é aplicável a ofertas públicas de aquisição dirigidas por sociedades oferentes que não estejam sujeitas às mesmas regras ou que sejam dominadas por sociedade que não se sujeite às mesmas regras, nos termos do disposto no artigo 182.º/6 do CVM.

Por outro lado, e talvez com maior propriedade para o presente capítulo, surge a suspensão voluntária de restrições à transmissibilidade e ao exercício do direito de voto[101]. Estamos aqui perante a frequentemente chamada *breakthrough rule* que foi introduzida no ordenamento jurídico nacional com a transposição da Diretiva das OPA (Directiva 2004/25/CE do Parlamento Europeu e do Conselho de 21 de Abril de 2004 relativa às ofertas públicas de aquisição).

A referida diretiva foi objeto de um longo e complexo processo negocial, tendo o acordo em torno da regra ora analisada acabado por ser a chave para a sua aprovação[102].

Nos termos do disposto no artigo 182.º-A do CVM, as sociedades sujeitas a lei pessoal portuguesa podem prever estatutariamente que:

a) As restrições, previstas nos estatutos ou em acordos parassociais, referentes à transmissão de ações ou de outros valores mobiliários que deem direito à sua aquisição ficam suspensas, não produzindo efeitos em relação à transmissão decorrente da aceitação da oferta;

b) As restrições, previstas nos estatutos ou em acordos parassociais, referentes ao exercício do direito de voto ficam suspensas, não produzindo efeitos nas assembleias gerais destinadas a aprovar medidas defensivas;

c) Quando, na sequência de oferta pública de aquisição, seja atingido pelo menos 75% do capital social com direito de voto, ao oferente não são aplicáveis as restrições relativas à transmissão e ao direito de voto referidas nas anteriores alíneas, nem podem ser exercidos direitos especiais de designação ou de destituição de membros do órgão de administração da sociedade visada.

Os estatutos das sociedades abertas sujeitas a lei pessoal portuguesa que não exerçam integralmente esta opção não poderão fazer depender a alteração ou a eliminação das restrições referentes à transmissão ou ao exercício do direito de voto de quórum deliberativo mais agravado do que o respeitante a 75% dos votos emitidos (artigo 182.º-A/2 do CVM). Caso, pelo contrário, se exerça tal opção os estatutos das sociedades abertas sujeitas a lei pessoal portuguesa os estatutos

[100] Art. 182.º/5 do CVM.

[101] Cf. Paulo Câmara, *Manual de Direito dos Valores Mobiliários*, cit., pp. 627 e ss.

[102] Paulo Câmara, *Manual de Direito dos Valores Mobiliários*, cit., p. 630, em especial nota 1471.

podem prever que o regime em causa não seja aplicável a ofertas públicas de aquisição dirigidas por sociedades oferentes que não estejam sujeitas às mesmas regras ou que sejam dominadas por uma sociedade que não se sujeite às mesmas regras, nos termos do artigo 182.º-A/3 do CVM.

As cláusulas estatutárias em causa, cuja introdução está sujeita a regras especiais de divulgação[103], apenas podem vigorar por um prazo máximo de 18 meses, sendo renováveis através de nova deliberação da assembleia geral, aprovada nos termos legalmente previstos para a alteração dos estatutos (artigo 182.º-A/7 do CVM).

Em termos de responsabilidade, precisa ainda o regime legal as seguinte regras (artigo 182.º-A/4 e 5 do CVM): o oferente é responsável pelos danos causados pela suspensão de eficácia de acordos parassociais integralmente divulgados até à data da publicação do anúncio preliminar; o oferente não é responsável pelos danos causados aos acionistas que tenham votado favoravelmente as alterações estatutárias para efeitos do n.º 1 e as pessoas que com eles se encontrem em alguma das relações previstas no artigo 20.º.

As regras constantes do artigo 182.º-A do CVM não se aplicam no caso de um Estado membro ser titular de valores mobiliários da sociedade visada que lhe confiram direitos especiais[104].

3.7. Negócios com a sociedade

A questão da celebração de negócios entre os acionistas e a sociedade tende, por vezes, a ser tratada principalmente na perspetiva do exercício do direito de voto por parte do acionista, ocasionada quando a celebração de tal negócio está sujeita a deliberação por parte dos sócios.

A apreciação cabal dos problemas que podem surgir da presente temática obriga, contudo, a ir mais além e a percorrer os eventuais mecanismos de controlo dos negócios jurídicos mesmo que não sujeitos a deliberação dos sócios (ou para além das salvaguardas que possam existir em tais deliberações). Adicionalmente, em termos subjetivos há também que ter em conta que podem estar em causa não apenas negócios diretamente celebrados entre o acionista e a sociedade, mas também negócios celebrados entre entidades relacionadas com cada um deles.

[103] O artigo 182.º-A/6 estabelece que a aprovação de alterações estatutárias para este efeitos por sociedades sujeitas a lei pessoal portuguesa e por sociedades emitentes de valores mobiliários admitidos à negociação em mercado regulamentado nacional deve ser divulgada à CMVM e, nos termos do artigo 248.º do CVM, ao público.

[104] Para uma análise crítica desta especialidade do direito nacional *vide* Paulo Câmara, *Manual de Direito dos Valores Mobiliários*, cit., pp. 632 e ss.

Esta abordagem mais ampla tem, aliás, vindo crescentemente a ser adotada, contribuindo em parte para tal avanço o mais adequado enquadramento da questão no âmbito do conflito de interesses entre o acionista e os restantes interessados na sociedade[105].

Consideradas as situações em causa no panorama geral da sociedade anónima, torna-se fácil de compreender que a existência de uma determinada ligação entre um dos interessados[106] na sociedade (mais precisamente um acionista) e a própria sociedade, fora dos feixes da normal relação societária, pode em abstrato representar uma situação de perigo para os restantes interessados.

Para efeitos da presente análise propomo-nos fazer um breve roteiro de alguns dos principais mecanismos de controlo dos negócios em causa, sem que, contudo, pretendamos desenhar um quadro exaustivo dos mesmos[107].

Ainda que se procure tornar a reflexão mais ampla, torna-se útil para efeitos da presente análise partir do regime aplicável ao exercício do direito de voto, não apenas em função da importância que o mesmo poderá ter, que poderia à primeira vista ser despicienda, mas também para apreender aquele que tem sido o caminho percorrido (essencialmente pela doutrina) no enquadrar do tema.

Deixando de parte o debate sobre a repartição de competências para a tomada de decisões de gestão no seio da sociedade anónima (entre o órgão de administração e os acionistas), pode em geral afirmar-se que, por regra, salvo disposição legal ou estatutária ou iniciativa do próprio órgão de administração, resulta do regime legal base que caberá a este último decidir sobre a celebração de um negócio jurídico com um ou mais acionistas[108].

Não obstante, tem a doutrina vindo a identificar certas situações em que devido à importância de uma determinada decisão, deve a mesma ser obrigatoriamente submetida à apreciação dos sócios[109], mesmo não se verificando as exceções acima referidas. A menor frequência da sua verificação será certamente compensada

[105] Destaca-se neste particular Pedro de Albuquerque/Diogo Costa Gonçalves, "O impedimento do exercício do direito de voto como proibição genérica de atuação em conflito", RDS Ano III (2011)/3, pp. 657 e ss.; José Ferreira Gomes, "Conflito de interesses entre accionistas nos negócios celebrados entre a sociedade anónima e o seu accionista controlador", em AAVV., *Conflito de interesses no Direito Societário e Financeiro – Um Balanço a partir da Crise Financeira*, Almedina, Coimbra, 2010, pp. 75 e ss. (com uma análise bastante direcionada para a posição dos administradores ligados aos acionistas controladores); Paulo Câmara, "Conflito de interesses no Direito Financeiro e Societário", em AAVV., *Conflito de interesses no Direito Societário e Financeiro – Um Balanço a partir da Crise Financeira*, Almedina, Coimbra, 2010, pp. 9 e ss.;

[106] No sentido atribuído à expressão inglesa *stakeholders*.

[107] Para uma análise do regime aplicável aos negócios entre a sociedade e os seus administradores *vide* ponto 4.7.

[108] Cf. artigos 405.º/1 e 373.º/3 do CSC e Pedro Maia, *Função e funcionamento do conselho de administração da sociedade anónima*, Coimbra Editora, Coimbra, 2002, pp. 182 e ss.

[109] António Menezes Cordeiro, *SA: Assembleia Geral e Deliberações Sociais*, Almedina, Coimbra, 2007, p. 135 e ss.

pela relevância do problema em causa sempre que ocorra, tendo em conta a previsível relevância da decisão.

Para além da eventual utilidade prático-problemática, partindo do regime aplicável ao exercício de direito de voto é possível percorrer o caminho que tem sido feito pela doutrina no reconhecimento da existência de uma proibição genérica de atuação em conflito fundada no dever de lealdade que impende sobre os acionistas entre si e em relação à sociedade[110].

De acordo com o disposto no número seis do artigo 384.º do CSC, um acionista não pode votar, nem por si, nem por representante, nem em representação de outrem, quando a lei expressamente o proíba e ainda quando a deliberação incida sobre: *a*) Liberação de uma obrigação ou responsabilidade própria do acionista, quer nessa qualidade quer na de membro de órgão de administração ou de fiscalização; *b*) Litígio sobre pretensão da sociedade contra o acionista ou deste contra aquela, quer antes quer depois do recurso a tribunal; *c*) Destituição, por justa causa, do seu cargo de titular de órgão social; *d*) Qualquer relação, estabelecida ou a estabelecer, entre a sociedade e o acionista, estranha ao contrato de sociedade.

Para a temática ora em análise assume importância central a alínea d) do referido artigo, que aponta como situação de conflito de interesses aquela em que a deliberação incida sobre uma qualquer relação, estabelecida ou a estabelecer, entre a sociedade e o acionista, estranha ao contrato de sociedade. Estamos perante um conjunto bastante amplo de situações.

Do confronto do preceito em causa com aquele estabelecido para as sociedades por quotas (artigo 251.º do CSC) resulta a ausência no primeiro da referência genérica constante do segundo ("O sócio não pode votar (...) quando, relativamente à matéria da deliberação, se encontre em situação de conflito de interesses com a sociedade"). Não obstante, apesar de algum debate inicial, parece hoje merecer certo consenso a conclusão de que a enumeração contida nas diversas alíneas do número seis do artigo 384.º do CSC é apenas exemplificativa, sendo expressão de uma mais ampla proibição de exercício de direito de voto em situação de conflito de interesses[111].

[110] Cf. em particular Pedro de Albuquerque/Diogo Costa Gonçalves, "O impedimento do exercício do direito de voto como proibição genérica de atuação em conflito", cit., pp. 657 e ss, em especial p. 684.

[111] Neste sentido e com amplo confronto entre as referidas disposições do CSC cf. Pedro Pais de Vasconcelos, *A Participação Social nas Sociedades Comerciais*, cit., pp. 143 e ss. Cf. também Pedro de Albuquerque/Diogo Costa Gonçalves, "O impedimento do exercício do direito de voto como proibição genérica de atuação em conflito", cit., p. 684; Jorge Manuel Coutinho De Abreu, *Curso de Direito Comercial – Volume II/Das Sociedades*, cit., p. 247 (considerando o artigo 251.º suscetível de aplicação analógica às sociedades anónimas). No sentido de considerar a enumeração taxativa *vide* Raúl Ventura, *Comentário ao Código das Sociedades Comerciais – Sociedades por Quotas/Vol. II*, cit., p. 282 e ss.

As diversas alíneas deste número seis contêm, portanto, um conjunto de exemplos de situações em que o acionista se encontra em situação de conflito de interesses com a sociedade.

Perante estas situações, e outras análogas, pretende-se impedir que o acionista possa ser tentado a privilegiar o seu interesse (direto, porque o acionista é parte no negócio a estabelecer, ou indireto, porque detentor de um interesse relacionado com esse mesmo negócio, como veremos em seguida) em prejuízo do interesse social. Estaremos perante um conflito de interesses para estes efeitos sempre que o interesse do sócio só possa, objetivamente, ser satisfeito com o prejuízo da sociedade[112].

O próprio artigo do CSC determina que se encontra inibido o exercício do direito de voto pelo próprio acionista ou por seu representante, não podendo também o sócio exercer como representante direitos de voto alheios. Apesar destas referências e diferentemente do que acontece, por exemplo, com a regulação de situações de conflito de interesses entre os administradores e os acionistas ou sociedade[113], o legislador foi parco na identificação do âmbito subjetivo da proibição ora em causa. Nada se diz sobre a eventual interposição de terceiros na relação a estabelecer, quer terceiros relacionados com o acionista quer terceiros relacionados com a sociedade, ou mesmo sobre a ligação entre outros acionistas e a relação em causa.

Não parecem existir dúvidas de que muitas das considerações tecidas a propósito da interposição de pessoas a respeito do conflito de interesses entre administrador e acionistas ou sociedade valem para este âmbito. Essencial parece ser a existência de uma ligação entre o acionista e um interesse conflituante com o da sociedade[114], por ser um interesse próprio ou por existir uma ligação com o titular desse interesse conflituante que permitam presumir que o acionista escolherá o interesse do acionista que estabelece a relação em prejuízo do interesse da sociedade.

Adicionalmente ou mesmo em paralelo, o labor de enquadramento de diversos casos problemáticos em torno dos chamados deveres de lealdade dos

[112] Raúl Ventura, *Comentário ao Código das Sociedades Comerciais – Sociedades por Quotas/Vol. II*, Almedina, Coimbra, 1999, p. 296; Pedro Pais de Vasconcelos, *A Participação Social nas Sociedades Comerciais*, cit., p. 140.

[113] *Vide* artigo 397.º/2 do CSC e João Sousa Gião, "Conflito de interesses entre Administradores e os Accionistas na Sociedade Anónima: os Negócios com a Sociedade e a Remuneração dos Administradores", em AAVV., *Conflito de interesses no Direito Societário e Financeiro – Um Balanço a partir da Crise Financeira*, Almedina, Coimbra, 2010, pp. 215 e ss.; José Ferreira Gomes, "Conflito de interesses entre accionistas nos negócios celebrados entre a sociedade anónima e o seu accionista controlador", cit., pp. 102 e ss.

[114] Com conclusão semelhante face ao conflito entre administrador/acionistas João Sousa Gião, "Conflito de interesses entre Administradores e os Accionistas na Sociedade Anónima: os Negócios com a Sociedade e a Remuneração dos Administradores", cit., p. 254.

acionistas entre si e para com a sociedade[115] permitiu que a doutrina encontre em tais deveres também fundamento para a proibição de exercício do direito de voto em situações de conflito[116]. Neste âmbito particular torna-se ainda possível encontrar motivos para considerar que um acionista deve ser impedido de votar quando tenha um interesse colateral ou correlacionado com o interesse principal em conflito[117].

O voto emitido em situação de conflito é nulo, em resultado da violação de preceito legal imperativo (artigo 294.º do CC)[118], sendo que, em termos de consequências para a deliberação tomada com tais votos, a doutrina tem em geral concluído pela anulabilidade[119].

Não estando o negócio sujeito a deliberação dos sócios mantém-se o comando de atuação conforme com o interesse social que é ainda possível enquadrar no âmbito dos deveres de lealdade[120]. Destaca-se neste particular o sócio "parasita" referido por Pedro Pais de Vasconcelos, o qual "obtém vantagens desproporcionadas e injustificadas em detrimento da sociedade e dos demais sócios" e enriquece "à custa da sociedade por meios muito variados"[121].

Conforme ficou claro até ao momento, os deveres em causa surgem quer perante a sociedade quer perante os restantes acionistas, sendo que, contudo, no que diz respeito à celebração de negócios com a sociedade (estranhos ao contrato de sociedade, lembre-se) parecem menos evidentes as situações em

[115] Sobre o surgimento dos deveres de lealdade *vide* António Menezes Cordeiro, "A lealdade no direito das sociedades", cit.; Nuno Tiago Trigo dos Reis, "Os deveres de lealdade dos administradores de sociedades comerciais", cit., pp. 183 e ss.

[116] Pedro de Albuquerque/Diogo Costa Gonçalves, "O impedimento do exercício do direito de voto como proibição genérica de atuação em conflito", cit., p. 696. Reconhecendo o artigo 384.º/6 do CSC como uma manifestação do dever de lealdade dos acionistas *vide* Jorge Manuel Coutinho de Abreu, *Curso de Direito Comercial – Volume II/Das Sociedades*, cit., p. 314.

[117] Pedro de Albuquerque/Diogo Costa Gonçalves, "O impedimento do exercício do direito de voto como proibição genérica de atuação em conflito", cit., p. 697. Incluem estes autores neste âmbito a situação em que para além de estar impedido de votar o acionista que estabelecerá determinada relação com a sociedade, também estará aqueloutro acionista que preste serviços de consultoria ao referido acionista na relação a estabelecer.

[118] Raúl Ventura, *Comentário ao Código das Sociedades Comerciais – Sociedades por Quotas/Vol. II*, cit., p. 308.

[119] Tal parece ser opinião maioritária, cf. Raúl Ventura, *Comentário ao Código das Sociedades Comerciais – Sociedades por Quotas/Vol. II*, cit., p. 308; Jorge Manuel Coutinho de Abreu, *Curso de Direito Comercial – Volume II/Das Sociedades*, cit., p. 250; José Ferreira Gomes, "Conflito de interesses entre accionistas nos negócios celebrados entre a sociedade anónima e o seu accionista controlador", cit., p. 143. Considerando que a deliberação deve ser considerada não tomada caso tenham sido relevantes para tal aprovação os votos nulos *vide* Pedro Pais de Vasconcelos, *A Participação Social nas Sociedades Comerciais*, cit., p. 151.

[120] Pedro Pais de Vasconcelos, *A Participação Social nas Sociedades Comerciais*, cit., p. 325; Jorge Manuel Coutinho de Abreu, *Curso de Direito Comercial – Volume II/Das Sociedades*, cit., p. 312.

[121] Pedro Pais De Vasconcelos, *A Participação Social nas Sociedades Comerciais*, cit., p. 360.

que com tais negócios se prejudiquem os restantes sócios sem que resulte prejudicada a sociedade[122]. Podemos considerar aqui abrangidas, por exemplo, as situações em que a própria celebração do negócio configura uma vantagem que se cria a favor de um acionista, em prejuízo dos outros que dela não beneficiam, mas sem prejuízo da sociedade, assumindo que o negócio é efetuado em condições de mercado.

Violado o padrão de conduta leal poderá então o sócio ser responsabilizado pelos prejuízos causados.

Contudo, podemos ir ainda mais além na identificação de instâncias de controlo dos negócios celebrados com a sociedade.

Antes de analisar a questão da perspetiva do administrador, podem destacar-se duas instâncias adicionais de controlo do comportamento do acionista em causa, em especial do acionista controlador[123]: a sua eventual responsabilização por influência à administração (artigo 83.º/4 do CSC) ou como administrador de facto (artigo 80.º do CSC).

Adicionalmente, surge um conjunto de outras instâncias de controlo relacionadas com a atuação dos administradores da sociedade.

Em primeiro lugar, cabe salientar que na realização de negócios entre os acionistas e a sociedade, como na prática de quaisquer outros atos de gestão, surgem com importância central os deveres que impendem sobre os administradores, de que se destacam os deveres de cuidado e de lealdade. Ainda que não aprofundando aqui a sua relevância em concreto, não podemos deixar de dar algumas pistas: no que aos deveres de cuidado diz respeito, salientam-se os comandos relacionados com o necessário cuidado dentro do âmbito de tomada de decisões, em que desponta a adequada preparação da decisão[124]; em termos de deveres de lealdade poderá eventualmente ter relevância a neutralidade perante os acionistas[125].

Por outro lado, assume também relevância o problema do conflito de interesses dos administradores da sociedade anónima caso seja possível estabelecer uma ligação entre os mesmos e o acionista que celebra o negócio, mormente o

[122] Salientando precisamente as dificuldades que surgem do tratamento separado dos deveres de lealdade perante a sociedade e perante os restantes acionistas cf. JORGE MANUEL COUTINHO DE ABREU, *Curso de Direito Comercial – Volume II/Das Sociedades*, cit., p. 319.

[123] Ambas tratadas em JOSÉ FERREIRA GOMES, "Conflito de interesses entre accionistas nos negócios celebrados entre a sociedade anónima e o seu accionista controlador", cit., pp. 146 e ss. e pp. 152 e ss.

[124] Para referências *vide* BRUNO FERREIRA, "Os deveres de cuidado dos administradores e gerentes (análise dos deveres de cuidado em Portugal e nos Estados Unidos da América fora das situações de disputa sobre o controlo societário)", RDS Ano I (2009)/3, pp. 725 e ss.

[125] ANTÓNIO MENEZES CORDEIRO, "Os deveres fundamentais dos administradores das sociedades", ROA Ano 66 (2006) II, edição eletrónica disponível em www.oa.pt.

acionista controlador[126]. Neste caso, terá o órgão de administração de aprovar o negócio em causa, estando o administrador impedido de votar na deliberação, nos termos do artigo 397.º/2 do CSC.

Podemos ainda destacar os aspetos de controlo dos negócios entre acionistas e a sociedade resultantes das regras relacionadas com o capital social enquanto mecanismo de tutela dos credores sociais.

Em primeiro lugar, refira-se o regime aplicável às quase entradas[127].

O valor das entradas realizadas pelos acionistas deve corresponder à cifra do capital social. Procura assegurar-se que, no momento em que as mesmas são realizadas, tais contribuições têm um valor pelo menos idêntico à cifra do capital social. Este é a ideia central daquilo a que a doutrina tem vindo a chamar de princípio da exata formação do capital[128].

Caso tais entradas incluam bens diferentes de dinheiro, a verificação do valor de tais bens é atribuída a um revisor oficial de contas sem interesses na sociedade, que deve elaborar um relatório de avaliação (artigo 28.º do CSC).

Para obviar a que estas regras sejam defraudadas, estabeleceu o legislador um conjunto de salvaguardas que atuam em determinadas ocasiões em que a sociedade adquira bens a acionistas, diretamente ou por interposta pessoa. Trata-se aqui de evitar que sejam subvertidas as regras relativas à verificação de entradas em espécie, o que facilmente aconteceria caso a sociedade pudesse livremente adquirir bens aos acionistas com o dinheiro que estes contribuíram por ocasião da constituição da sociedade ou do aumento de capital.

Contudo, nem todas as aquisições se encontram abrangidas por este regime, existindo um limiar de relevância (o contravalor dos bens adquiridos durante o período em causa tem de exceder 2% ou 10% do capital social, consoante este for igual ou superior a 50 000 euros, ou inferior a esta importância, no momento do contrato donde a aquisição resulte) e um limiar temporal (o contrato de que provém a aquisição seja concluído antes da celebração do contrato de sociedade, simultaneamente com este ou nos dois anos seguintes ao registo do contrato de sociedade ou do aumento do capital), não ficando abrangidas as aquisições feitas em bolsa, em processo judicial executivo ou compreendidas no objeto da sociedade (artigo 29.º/1 e 2 do CSC).

[126] Explorando exaustivamente esta temática *vide* José Ferreira Gomes, "Conflito de interesses entre accionistas nos negócios celebrados entre a sociedade anónima e o seu accionista controlador", cit., pp. 101 e ss. *Vide* também ponto 4.7. supra.

[127] Relevando também este tema José Ferreira Gomes, "Conflito de interesses entre accionistas nos negócios celebrados entre a sociedade anónima e o seu accionista controlador", cit., pp. 96 e ss.

[128] Paulo de Tarso Domingues, *Do capital social – Noção, princípios e funções*, 2.ª Edição, Coimbra Editora, Coimbra, 2004, pp. 71 e ss.

Como exigências adicionais, para além da sujeição dos bens a relatório do ROC nos termos do artigo 28.º do CSC, surge a necessidade de deliberação prévia da assembleia geral aprovando o negócio em causa, a qual deve ser registada e publicada, sendo que nessa mesma deliberação ficará impedido de votar o acionista vendedor (artigo 29.º/1 e 3 do CSC). O contrato de aquisição deverá ser reduzido a escrito, conforme dispõe o artigo 29.º/4 do CSC.

Salientem-se, ainda, as regras relativas ao cumprimento da obrigação de entrada, mormente no que respeita à proibição de extinção por compensação ínsita no artigo 27.º/5 do CSC.

Para além deste regime, e, a nosso ver, de forma mais relevante, surgem as regras relativas às atribuições patrimoniais efetuadas pela sociedade aos sócios, também elas inseridas no âmbito mais amplo do campo normativo do capital social como mecanismo de tutela do sócio.

Destacamos aqui a análise dos negócios entre o sócio e a sociedade à luz das regras relativas à distribuição de bens aos sócios, em especial no que diz respeito à distribuição encoberta de lucros[129].

A regra basilar desta matéria encontra-se estabelecida no artigo 32.º/1 do CSC, nos termos da qual não podem ser distribuídos aos sócios bens da sociedade quando o capital próprio desta, incluindo o resultado líquido do exercício, tal como resulta das contas elaboradas e aprovadas nos termos legais, seja inferior à soma do capital social e das reservas que a lei ou o contrato não permitem distribuir aos sócios ou se tornasse inferior a esta soma em consequência da distribuição.

Temos aqui uma perspetiva dupla: faz-se por um lado referência implícita ao valor dos bens que são distribuídos e por outro lado ao impacto que a distribuição dos mesmos possa ter no capital próprio da sociedade (o qual não poderá ser ou ficar inferior à soma do capital e das reservas que a lei e o contrato não permitem distribuir).

Ainda que as regras dirigidas à determinação do valor total de bens distribuíveis aos sócios façam referência aos elementos que compõem o capital próprio (refere-se a distribuição de lucros, de reservas ou resultados transitados, etc.), o que é objeto de distribuição aos sócios são os bens que constam do ativo, apenas servindo a referência aos elementos do capital próprio para determinar o valor

[129] Matéria que beneficiou de um notável avanço na doutrina nacional em resultado da obra de Fátima Gomes, Id., *O Direito aos Lucros e o Dever de Participar nas Perdas das Sociedades Anónimas*, Almedina, Coimbra, 2011, em especial pp. 290 e ss. Sobre esta temática, profundamente debatida noutros ordenamentos, *vide* em especial Holger Fleischer, "Verdeckte Gewinnausschüttung und Kapitalschutz im Europäischen Gesellschaftsrecht", em Marcus Lutter (Ed.), *Das Kapital der Aktiengesellschaft in Europa*, de Gruyter, Berlin/New York, 2006, pp. 114 e ss.; Blanca Bago Oria, *Dividendos encubiertos. El reparto oculto del beneficio en sociedades anónimas y limitadas*, Civitas/Thomson Reuters, Cizur Menor, 2010.

máximo de tais bens que podem ser distribuídos, de modo que seja respeitada a intangibilidade do capital social.

Ainda que, em regra, a distribuição tenha por objeto dinheiro, não se encontra afastada a possibilidade de distribuição de outros bens aos sócios a qual terá de respeitar também a regra base constante do artigo 32.º/1.

Pois bem, as regras que presidem a esta distribuição podem resultar defraudadas através de negócios celebrados com a sociedade.

Para além de surgir tal possibilidade com diversos negócios que podemos ainda considerar como enquadráveis na relação societária, ou pelo menos encontram regulação no direito societário, como acontece por exemplo com a aquisição de ações próprias pela sociedade ou a amortização de ações, tal perigo surge também num conjunto de outros negócios. Podemos a este respeito apontar como exemplos a celebração de negócios em condições particularmente vantajosas face ao mercado, como por exemplo a venda de um bem que integra o ativo social por um valor inferior ao seu valor de mercado.

Está aqui em causa a diferença que pode existir, por exemplo, entre o valor de mercado do bem e o valor a que está a ser alienado ou o valor pelo qual está a ser remunerada uma prestação de serviços face à prática de mercado, valor este que está a ser transferido para o acionista sem que tal transferência seja sujeita ao crivo das regras relativas à distribuição de bens aos acionistas.

Tais negócios terão implicações a diversos outros níveis, podendo estar em causa o desrespeito dos limites ao valor distribuível aos acionistas, mas também das regras relativas à competência para a distribuição de bens a acionistas (que pertence em regra aos sócios, nos termos do disposto no artigo 31.º do CSC) e do princípio do tratamento igualitário dos sócios (quando o negócio não envolva toda a base acionista)[130]. Isto para além do crivo ao nível dos deveres fundamentais dos administradores, nos termos acima mencionados.

A questão merece um tratamento mais aprofundado, não deixando de se revelar como uma das instâncias de controlo de negócios entre a sociedade e os acionistas.

Refira-se, por último, os deveres de divulgação a que poderão estar sujeitos os negócios celebrados com a sociedade enquanto negócios celebrados com partes relacionadas. Sobre estes deveres *vide* ponto 5.6.[131].

[130] Cf. sobre estas e outras consequências Fátima Gomes, *O Direito aos Lucros e o Dever de Participar nas Perdas das Sociedades Anónimas*, cit., p. 291.

[131] Sobre esta temática com amplas referências *vide* também José Ferreira Gomes, "Conflito de interesses entre accionistas nos negócios celebrados entre a sociedade anónima e o seu accionista controlador", cit., pp. 174 e ss.

4. ADMINISTRAÇÃO

4.1. Estrutura

4.1.1. Modelos de governo societário e formato da administração

De acordo com a regra do art. 278.º as sociedades anónimas podem adotar um de dois formatos possíveis para a administração da sociedade, dependendo do modelo de governo societário adotado[132]:

- Conselho de administração [correspondente ao modelo clássico ou latino e ao modelo anglo-saxónico, respetivamente previstos no art. 278.º, n.º 1, al. a) e al. b)];
- Conselho de administração executivo [correspondente ao modelo germânico ou dualista, previsto no art. 278.º, n.º 1, al. c)].

Não está em causa uma livre escolha de um formato para o órgão de administração, já que a escolha do modelo de governo – feita no contrato de sociedade e suscetível de ser alterada durante a vida da sociedade por deliberação dos sócios pela maioria requerida para a alteração dos estatutos – condiciona em absoluto o formato da administração: os modelos de governo estabelecidos no art. 278.º, n.º 1 estão sujeitos ao princípio da tipicidade e não admitem escolhas parcelares ou qualquer combinação (*cherry picking*) entre os elementos típicos de cada um desses modelos[133].

Significa isto que a opção por um dos modelos de governo ali disponibilizados – clássico, anglo-saxónico ou germânico – determina de forma automática o formato e a própria estrutura da administração, já que um e outra terão necessariamente de corresponder ao formato e estrutura de administração tipificados na lei para cada modelo de governo[134].

[132] Sobre os modelos de governo societário ver *supra*, Ponto 2.

[133] A flexibilidade que resulta da possibilidade de escolha de um entre três modelos legais, conjugada com a proibição de modelos atípicos, constitui uma "base legal de excelência" para a aplicação dos mais evoluídos princípios de *corporate governance*: Carlos Tavares, "A Reforma do Código das Sociedades Comerciais", *Jornadas em Homenagem ao Prof. Raúl Ventura*, Coimbra, Almedina, 2007, p. 15-18

[134] À semelhança do que sucede com os órgãos de fiscalização, respetivo formato e estrutura, aqui com uma ligeira margem de escolha no que respeita ao órgão de fiscalização no modelo clássico, sempre que em causa não esteja uma sociedade anónima com as caraterísticas enunciadas no art. 413.º, n.º 2 e seja assim possível a opção entre a integração do revisor oficial de contas no órgão plural de fiscalização ou a sua autonomização em relação a esse órgão, garantindo neste caso um duplo grau de fiscalização. Sobre a estrutura da fiscalização, cf *infra*, Ponto 5.

4.1.2. Especificidades do conselho de administração no modelo clássico e anglo-saxónico

Note-se no entanto que, não obstante a idêntica designação – 'conselho de administração' – atribuída pelo legislador ao órgão de administração nos modelos clássico e anglo-saxónico, essa designação não contempla duas realidades idênticas: no modelo latino [art. 278.º, n.º 1, al. a)] o órgão em causa tem apenas funções de administração, sendo as funções de fiscalização exercidas pelo conselho fiscal e pelo revisor oficial de contas, quando se opte pelo modelo clássico complexo. Já no modelo anglo-saxónico [art. 278.º, n.º 1, al. b)], o conselho de administração apresenta uma estrutura *sui generis*, sendo obrigatoriamente constituída uma comissão de auditoria no seio do conselho de administração, composta por administradores não executivos, para o exercício de funções de fiscalização.

Como é evidente, esta configuração impacta diretamente a estrutura, a dimensão e o funcionamento do conselho de administração no modelo anglo-saxónico, conferindo-lhe um perfil e uma dinâmica significativamente diferentes do perfil e da dinâmica do conselho de administração no modelo clássico.

No que respeita à estrutura, o conselho de administração no modelo clássico apresenta uma estrutura simples e plana, sem subconjuntos, sub-órgãos ou quaisquer recortes necessários dentro do órgão de administração (sem prejuízo da constituição voluntária de comissões, designadamente executiva). Já no modelo anglo-saxónico, a constituição obrigatória de uma comissão de auditoria no seio do conselho de administração modifica necessariamente a natureza 'plana' e una do conselho de administração no modelo clássico, já que opera um recorte dentro do próprio órgão, atribuindo a uma parte dos administradores não executivos funções de fiscalização em adição às funções de administração que, enquanto administradores, estão obrigados igualmente a desempenhar.

Mas existem outras diferenças relevantes ao nível do conselho de administração em cada um destes modelos de governo, designadamente no que respeita à dimensão, composição, funções e funcionamento desse órgão.

4.1.3. A administração no modelo de governo germânico

Conceptualmente, o conselho de administração executivo tem sido entendido como o órgão de administração no modelo germânico de governo das sociedades, enquanto o conselho geral e de supervisão é habitualmente qualificado, dentro desta perspetiva dicotómica, como órgão de fiscalização.

As funções de administração do conselho de administração executivo são contudo mais limitadas do que aquelas consignadas pela lei ao conselho de administração nos modelos clássico e anglo-saxónico. E são-no por força da partilha de funções com o conselho geral e de supervisão, que ao assumir algumas funções de gestão no âmbito da sociedade provoca uma constrição nas competências de administração do conselho de administração executivo.

O conselho geral e de supervisão constitui efetivamente um órgão social *sui generis*[135], pois não se limita ao exercício de funções tipicamente fiscalizadoras, cabendo-lhe ainda algumas competências típicas da assembleia geral e de gestão, que lhe conferem um caráter híbrido de órgão de administração e supervisão[136].

Ainda assim – isto é, assumindo que se trata de um órgão híbrido ao qual são também atribuídas competências na área da administração – opta-se, por uma razão de arrumação formal das estruturas de administração e de fiscalização em conformidade com a sequência que lhes é atribuída pela lei, por tratar deste órgão no capítulo da fiscalização, tomando, para este efeito, como órgão de administração o conselho de administração executivo.

4.1.4. Configuração, composição e funções do órgão de administração

Dependendo do modelo de governo adotado, mais do que do formato do órgão de administração, o modo de organização da administração das sociedades anónimas, bem como a sua composição, difere significativamente entre si no que respeita, designadamente, à configuração da administração, à dimensão e composição do órgão de administração, às suas funções e modo de funcionamento.

No modelo clássico e no modelo dualista de governo societário pode verificar-se a separação de funções entre o presidente do conselho de administração (*chairman*) e o presidente da comissão executiva (*chief executive officer – CEO*).

Dimensão: No que respeita à dimensão, o número de administradores é livremente fixado no contrato de sociedade. Verifica-se a este nível uma manifestação maior do princípio da autonomia privada na conformação do contrato de sociedade enquanto contrato normativo[137], não sendo estabelecido qualquer número mínimo nem máximo[138] de administradores e não se exigindo um número ímpar de administradores, como no passado sucedeu; no caso de número par de administradores, é conferido voto de qualidade ao presidente do conselho de administração (art. 395.º, 3, a)).

[135] Cf. *Infra*, Ponto 5.1.

[136] Paulo Olavo Cunha (p. 795) fala, a propósito do conselho geral e de supervisão, de um órgão *intermédio*.

[137] Paulo Câmara/Gabriela Figueiredo Dias, "O governo das sociedades anónimas", *O Governo das Organizações. A Vocação Universal do Corporate Governance"*, Coimbra, Almedina, 2011, p. 51.

[138] Embora seja recomendável a definição de limites nos estatutos da sociedade, já que a alteração do número de administradores pode alterar de forma radical uma relação de forças e de poder estabelecida no seio da sociedade.

Note-se que, não obstante o grau de liberdade conferido quanto ao número de administradores que integram o órgão de administração (com as exceções que de seguida se assinalam para o conselho de administração no modelo germânico), essa liberdade não é unanimemente entendida como uma liberdade de definição estatutária do número de administradores com intervalos. Há, pois, quem defenda que os estatutos têm de definir o número exato de administradores[139], enquanto outros admitem o estabelecimento de um intervalo entre um número mínimo e máximo[140] – situação frequente nos principais ordenamentos jurídicos de referência -, o qual pressupõe, para outros ainda, que esse intervalo deva ser referido a situações concretas[141].

O conselho de administração, no modelo clássico, e o conselho de administração executivo, no modelo germânico, poderão ser compostos apenas por dois membros, já que a lei não estabelece qualquer número mínimo de administradores (art. 390.º, n.º 1)[142], podendo inclusivamente a administração ser exercida, como vimos, por um administrador único (art. 278.º, n.º 2).

No modelo anglo-saxónico, para além de afastada a possibilidade de administrador único, o conselho de administração compreenderá necessariamente um número de pelo menos 4 membros: sendo de 3 o número mínimo de membros da comissão de auditoria, constituída na sua totalidade por administradores não executivos (art. 423.º-B, n.º 3) e não sendo concebível a inexistência de administradores executivos[143], o número mínimo de administradores terá de ser 4[144] ou de 5, consoante a perspetiva que se adote[145].

[139] Pedro Maia, *Função e funcionamento do conselho de administração das sociedades anónimas*, 2002, 169-177; Menezes Cordeiro, *Código das Sociedades Comerciais Anotado*, 2009, 962.

[140] Paulo Câmara/Gabriela Figueiredo Dias, cit., 54-57, sobretudo sublinhando a importância desta flexibilidade no âmbito das sociedades abertas, onde o facto de as mesmas se encontrarem submetidas ao mercado de controlo acionista determina frequentes alterações na composição e dimensão do órgão de administração, sendo desejável que esta possa ocorrer sem necessidade de alteração dos estatutos; Albino Matos, *Constituição de Sociedades*, 2001, 251.

[141] Neste sentido, Ricardo Costa, *Código das Sociedades Comerciais em Comentário*, art. 390.º, Vol. VI, Coorden. Coutinho de Abreu, Coimbra, Almedina, 2013.

[142] Anteriormente à reforma societária de 2006 as sociedades com capital social superior a €200 000 tinham obrigatoriamente de ter um conselho de administração composto no mínimo por 3 membros.

[143] Paulo Câmara/Gabriela Figueiredo Dias, "O governo das sociedades anónimas", *O Governo das Organizações. A Vocação Universal do Corporate Governance"*, Coimbra, Almedina, 2011, pág. 51.

[144] Neste sentido, Paulo Câmara, "Os modelos de governo das sociedades anónimas", *Reformas do Código das Sociedades*, IDET, Colóquios n.º 3, Almedina, Coimbra, 2007 (p. 179-242), p. 216.

[145] Defendendo o número mínimo de 5 nos casos em que a sociedade possua um capital superior a €200 000, recusando a possibilidade de um administrador executivo único, Paulo Olavo Cunha, *Direito das Sociedades Comerciais,* 5.ª ed, Almedina, 2012, pág. 703, de modo reforçado em face das divergências suscitadas por esta perspetiva, igualmente sustentada por Alexandre Soveral Martins, "Comissão Executiva, Comissão de Auditoria e outras Comissões da Administração", *Reformas do Código das Sociedades,* IDET, Colóquios n.º 3, Almedina, Coimbra, 2007 (p. 243-275), p. 258-259

Administrador único: Em alguns casos admite-se, em alternativa ao órgão 'plural' de administração – conselho de administração ou conselho de administração executivo – a existência de um administrador único (art. 278.º, 2). Essa possibilidade é, contudo, vedada no contexto do modelo anglo-saxónico, já que, neste modelo, a própria natureza do órgão de administração, pela necessária integração de uma comissão de auditoria com funções de fiscalização no seio do conselho de administração, impõe uma estrutura plural.

O administrador único constitui, assim, uma possibilidade efetiva apenas nos modelos de governo latino e germânico e dependente, nos termos do art. 390.º, n.º 2, de o capital social não exceder 200 000€.

A lei não resolve a questão pertinente de saber se as sociedades contempladas no art. 413.º, n.º 2 – as chamadas *sociedades anónimas de grande dimensão* – ou, no limite, as sociedades emitentes de valores mobiliários admitidos à negociação em mercado regulamentado – podem, no caso de adotarem o modelo clássico ou germânico, optar pelo administrador único em lugar do órgão plural de administração. Atendendo à dimensão deste tipo de sociedades e à complexidade natural associada ao exercício da sua atividade, essa possibilidade parece, no mínimo, estranha.

Não existe contudo um impedimento legal absoluto a essa possibilidade[146], embora o limite estabelecido quanto ao valor máximo de 200 000€ do capital social não só torne pouco plausível a possibilidade de a questão se colocar, como constitui, na prática, um impedimento de facto a essa possibilidade: se é verdade que a lei igualmente não estabelece um valor mínimo para o capital social de emitentes de valores mobiliários admitidos à negociação em mercado regulamentado, limitando-se a remeter a possibilidade de admissão para uma decisão da entidade gestora do mercado em causa assente em regras transparentes e não discriminatórias, baseadas em critérios objetivos, (arts. 205, n.º 1 e 209.º, n.º 1, al. a) do Código dos Valores Mobiliários), certo é que, na prática, dificilmente se concebe uma sociedade 'cotada' com um capital social inferior àquele valor. Por outro lado, a própria estrutura acionista de uma sociedade anónima emitentes de ações admitidas à negociação em mercado regulamentado, exigindo um grau adequado de dispersão do capital[147], impõe, na prática, um órgão de administração

[146] Paulo Câmara/Gabriela Figueiredo Dias, "O governo das sociedades anónimas", *O Governo das Organizações. A Vocação Universal do Corporate Governance"*, Coimbra, Almedina, 2011, p. 51.

[147] Correspondente a 25% do capital, de acordo com as regras harmonizadas da Euronext – (Regra 6702/1): "Se o pedido respeitar a uma primeira admissão à negociação de Acções, Certificados de Depósito ou de Registo de Acções ou de Valores Mobiliários Representativos de Capital, a admissão terá lugar se estiverem preenchidas as seguintes condições:
(i) À data da admissão à negociação, um número suficiente de Valores Mobiliários deve encontrar-se disperso pelo público.
Considera-se existir uma dispersão em número suficiente de Valores Mobiliários sobre os quais foi apresentado um pedido de admissão à negociação, quando esses Valores Mobiliários estejam distribuídos pelo público numa percentagem de, pelo menos, 25% do capital subscrito representado pela

plural a fim de garantir a representação efetiva dos interesses da sociedade, e não de algum acionista em particular.

Por essas razões, a questão da admissibilidade de sociedades anónimas emitentes de ações admitidas à negociação em mercado regulamentado com uma administração singular não tem assumido relevância prática, não sendo todavia impossível que a mesma se possa em breve vir a colocar com maior acuidade[148].

Acresce ainda, nas sociedades abertas, a necessidade de os estatutos preverem mecanismos de designação de administradores eleitos pelos acionistas minoritários (art. 392.º). Se esta previsão estatutária (obrigatória) for seguida de uma proposta de administrador, a unipessoalidade da administração fica automaticamente comprometida.

Composição: Requisito comum aos membros do órgão de administração, independentemente do modelo de governo adotado, é o de serem titulares de capacidade jurídica plena, podendo ser ou não acionistas (art. 390.º, n.º 3).

No modelo clássico e no modelo germânico não existem restrições quanto à natureza jurídica dos membros, respetivamente, do conselho de administração e do conselho de administração executivo, que podem ser, indiferentemente e não obstante a construção algo equívoca da regra no n.º 3 e 4 do art. 390.º, pessoas singulares ou coletivas[149], devendo estas, neste último caso, designar uma pessoa singular para desempenhar as funções de administração. Significa isto que no limite, todos os membros da administração (que, recorde-se, até pode ser só um) poderão ser pessoas coletivas.

Já no modelo anglo-saxónico, sem prejuízo dessa possibilidade se manter para todos os administradores executivos, essa possibilidade fica afastada pelo menos em relação a um dos membros não executivos do conselho de administração que integre a comissão de auditoria, por força da regra que dispõe sobre a necessidade de pelo menos um dos membros desta comissão 'ter curso superior adequado ao exercício das suas funções e conhecimentos em auditoria e contabilidade' (art. 423-B, n.º 4), já que estes requisitos só são aplicáveis a pessoas singulares e não

correspondente categoria de Valores Mobiliários ou, quando, embora em percentagem inferior a esta, a quantidade elevada de Valores Mobiliários da mesma categoria e a sua dispersão pelo público permitam igualmente o funcionamento do mercado. Esta última percentagem não deve ser inferior a 5% e deve representar um valor de, pelo menos, cinco (5) milhões de euros, calculado com base no preço da oferta."

[148] Designadamente em face da possibilidade atualmente aceite de admissão à negociação de papel comercial por sociedades que não sejam já emitentes de outros valores mobiliários admitidos, o que, a prazo, pode transformar significativamente o perfil de capital de alguns emitentes, designadamente que já possuam uma estrutura de administração singular.

[149] Sobre a elegibilidade de pessoas coletivas para o órgão de administração das sociedades anónimas, Paulo Olavo Cunha, cit, p. 712-714, e ainda "Designação de Pessoas Coletivas para os órgãos das Sociedades Anónimas", *Direito das Sociedades em Revista*, Ano I, Vol. I, março 2009, págs. 165-213.

a pessoas coletivas. Só assim não seria se se considerasse que tais requisitos deveriam ou poderiam aferir-se em relação à pessoa singular designada para desempenhar a administração[150]. Esta não é, contudo, a nosso ver, a abordagem correta, uma vez que, quando seja designada uma pessoa coletiva como administrador, o membro do conselho de administração é, de acordo com o art. 390.º, n.º 4, a pessoa coletiva[151] (que obviamente não pode reunir os requisitos de "curso superior adequado" nem propriamente de "conhecimentos em auditoria e contabilidade") e não a pessoa singular designada para desempenhar a administração, e que é um mero executante das instruções e vontade do administrador (pessoa coletiva).

Conclui-se assim que, no modelo anglo-saxónico, o conselho de administração tem de incluir pelo menos um membro que seja pessoa singular, que reúna os requisitos mencionados no art 423.º-B, n.º 4.

O CSC admite expressamente a alternativa de o cargo de administrador ser ocupado por um acionista ou não acionista. Tal não obsta, contudo, em absoluto a que os acionistas, no uso da autonomia privada que o direito reconhece na organização e autodeterminação societária, introduzam *ab initio* nos estatutos ou venham a deliberar uma cláusula de seleção do administrador com base na sua qualidade de acionista, isto é, restrinjam o acesso ao órgão de administração aos acionistas.

Esse tipo de cláusula, reconhecida de forma irrestrita por alguns autores[152], é, de acordo com outros, suscetível de gerar graves problemas de formação do órgão de administração, considerando nessa medida que a validade da cláusula de reserva de administração a acionistas deve ser restringida no sentido de apenas deverem poder ser eleitos acionistas se não houver não acionistas suficientes para compor o órgão de administração ou, existindo eles em número suficiente, não aceitem exercer essas funções ou não possuam as qualidades pessoais necessária para o exercício do cargo[153].

150 O que corresponde à perspetiva de alguma doutrina, aliás relevante: neste sentido, de forma inequívoca, Ricardo Costa, CSC em Comentário, art. 390.º, cit., bem como toda a bibliografia aí mencionada – por exemplo, Raúl Ventura, *Novos estudos sobre sociedades anónimas e sociedades em nome colectivo- Comentário ao Código das Sociedades Comerciais*, Coimbra, Almedina, 1994, p. 159-171; João Labareda, "*Da designação de pessoas coletivas para cargos sociais em sociedades comerciais*", *Direito Societário Português – algumas questões*, Quid Iuris, lisboa, 1998, *Pág.* 12 ss; Coutinho de Abreu, *Governação das sociedades comerciais*, Coimbra, Almedina, 2010, p. 65;

151 Entende-se, como Paulo Olavo Cunha em *Direito das Sociedades Comerciais*, 5.ª Ed, 2012,p. 713-714, que existe uma relação de comissão ou de mandato sem representação *sui generis* que explica o interesse específico da pessoa coletiva (solidariamente responsável com a pessoa singular por ela designada para o exercício do cargo de administração) na designação.

152 Ricardo Costa, CSC em Comentário, art. 390.º.

153 Pedro Maia, *Voto e Corporate Governance: um Novo Paradigma para a Sociedade Anónima*, Dissertação para Doutoramento, Coimbra, 2009, p. 63 ss.

O CSC é omisso, no que respeita à composição do órgão, quanto a exigências genéricas de diversificação na composição do órgão de administração, bem como de competência profissional e de idoneidade, não obstante a orientação que pode recolher-se do critério de responsabilidade dos administradores estabelecido no art. 64.º, n.º 1, o qual aponta para um requisito de competência e qualificação para o cargo.

Existem, contudo, dispersas na lei algumas regras de idoneidade, honorabilidade, capacidade técnica e experiência e qualificação profissionais, impostas para certo tipo de sociedades anónimas em razão de critérios setoriais e determinadas pela especificidade da área de negócio ou pelos particulares riscos que a respetiva atividade importa para a comunidade ou para o sistema[154], cuja não verificação é causa de recusa de registo do administrador junto das respetivas autoridades de supervisão[155] ou do respetivo cancelamento, quando as qualificações exigidas se deixem de existir na vigência do mandato.

Segue-se que os acionistas podem, por sua vontade manifestada nos estatutos ou através de deliberação da assembleia geral tomada pela maioria necessária para a alteração dos estatutos, introduzir exigências de qualificação ou qualidades ou circunstâncias pessoais para assumir o cargo de administrador da sociedade[156] – situação relativamente comum nas sociedades anónimas abertas onde as relações entre alguns acionistas são reguladas por acordos parassociais, nos quais são frequentemente inscritas, como pré-requisito de assunção de cargo de administrador na sociedade, certas qualidades ou circunstâncias pessoais.

Em relação à diversificação dos membros do órgão de administração, em termos de género, experiência profissional, qualificações, etc. existem apenas indicações de caráter recomendatório para as sociedades emitentes de ações admitidas à negociação, enquanto tal obrigadas a adotar um código de governo das sociedades por força do art. 1.º do Regulamento n.º 4/2013 da CMVM e destinatárias das recomendações incluídas no Código de Governo das Sociedades da CMVM de 2013 e/ou no Código de Governo das Sociedades do Instituto Português de Corporate Governance (Princípio IV.B). Este último inclui recomendações que apontam para a diversidade dos membros do conselho de administração como

[154] Caso dos arts. 30.º e 31.º do Regime Geral das Instituições de Crédito e Sociedades Financeiras, que estabelece critérios de *fit and proper* para os administradores das instituições financeiras, ou do Regime Jurídico da Atividade Seguradora (art. 51.º), ou do art. 41.º do DL n.º 453/99, de 5-11, sobre o regime da titularização de créditos.

[155] Nos exemplos apontados, respetivamente, o Banco de Portugal, o Instituto de Seguros de Portugal e a Comissão do Mercado de Valores Mobiliários.

[156] Menezes Cordeiro, *Código das Sociedades Comerciais Anotado*, Coimbra, Almedina, 2011,. Art. 390.º; Ricardo Costa, cit., Art. 390.º.

uma boa prática de governo, dirigidas a estas sociedades na base do princípio *comply or explain*.

Ainda no que respeita à composição da administração, a decomposição do órgão em administradores executivos e não executivos dependerá em parte da lei e em parte da opção da sociedade[157].

Assim, o conselho de administração no modelo clássico poderá ser exclusivamente composto por membros comuns ou executivos, não sendo imposta a inclusão de membros não executivos, a qual é todavia recomendada, numa proporção adequada e sempre numa base *comply or explain*, pelo Código de Governo das Sociedades da CMVM (Recomendação II.1.7) e pelo Código de Governo das Sociedades do IPCG (Recomendações IV.2 e IV.3).

Estas recomendações, sobretudo no que respeita ao equilíbrio entre o número de executivos e não executivos, valem ainda para a composição do conselho de administração no modelo anglo-saxónico. Este, todavia, tem obrigatoriamente de compreender pelo menos alguns membros não executivos, já que os membros da comissão de auditoria constituída no seio do conselho de administração com funções de fiscalização estão impedidos, por força do art. 423-B, n.º 3, para o exercício de funções executivas.

Por último, os membros do conselho de administração executivo no modelo germânico são, por definição, todos eles executivos.

Funções: Assinala-se que o direito societário português não opera qualquer distinção entre funções de gestão e funções de administração estratégica da sociedade[158], incluindo ambas as dimensões na função de administração (art. 405.º e 406.º CSC).

O conselho de administração, no modelo clássico como no modelo anglo-saxónico, tem desde logo a seu cargo as funções de gestão dos negócios sociais, o exercício do objeto social e a representação da sociedade (arts. 405.º, 406.º e 431.º).

No que respeita à competência do conselho de administração, o art. 406.º atribui a este órgão poderes para *deliberar* sobre qualquer assunto da administração da sociedade, ou seja, de formar a vontade da sociedade, no exato perímetro de competências e assuntos não atribuídos à assembleia geral[159]. É através do exercício deste poder deliberativo que o conselho de administração exerce a administração estratégica da sociedade, em cumulação com poderes *executivos* que marcam a sua atuação.

[157] Sobre o tema dos administradores executivos e não executivos, vide *infra*, Ponto 4.3.

[158] Paulo Câmara/Gabriela Figueiredo Dias, "O governo das sociedades anónimas", *O Governo das Organizações. A Vocação Universal do Corporate Governance"*, Coimbra, Almedina, 2011, p. 48.

[159] A assembleia geral pode contudo conferir poderes excecionais ao conselho de administração para deliberar sobre assuntos da competência daquela (por exemplo, para deliberar um aumento de capital).

O conjunto de assuntos sobre os quais o conselho de administração tem poderes deliberativos é enunciado de forma exemplificativa nas várias alíneas do art. 406.º, sem prejuízo de outros que, não estando excluídos da sua competência por força da lei, dos estatutos ou de contrato (por exemplo, acordo parassocial), caibam no conceito amplo de administração.

O conselho de administração tem ainda poderes para representar (art. 408.º) e vincular (art. 409.º) a sociedades.

A gestão corrente da sociedade pode ser delegada num conjunto de administradores delegados ou numa comissão executiva (mínimo de 2 membros: art. 407.º, n.º 4), devendo a delegação de poderes ser contratualmente autorizada e fixados os respetivos limites. A delegação de competências na comissão executiva ou nos administradores delegados não afasta, todavia, nem prejudica a competência dos restantes administradores e do órgão de administração enquanto tal[160].

A competência atribuída pela lei ao conselho de administração executivo, no contexto do modelo germânico, são aparentemente simétricos aos poderes atribuídos ao conselho de administração nos restantes modelos de governo, Contudo, é o próprio art. 431.º que, após remeter, no que respeita às funções do conselho de administração executivo, para o disposto no art. 406.º, 408.º e 409.º sobre as competências do conselho de administração, ressalva "*as modificações determinadas pela competência atribuída na lei ao conselho geral e de supervisão*".

Este, não obstante tratar-se do órgão ao qual é cometida a fiscalização da sociedade no modelo germânico, tem, além dessas funções, algumas funções típicas da assembleia geral (nomeação e destituição dos administradores, quando os estatutos não atribuam essa função à assembleia de acionistas) e de administração, como a designação do presidente do conselho de administração executivo e, quando os estatutos assim o disponham, dar consentimento prévio para a prática de certos atos de gestão pelo conselho de administração executivo.

Por outro lado, o conselho de administração executivo não pode delegar poderes de gestão (art. 431.º, n.º 3) nem constituir uma comissão executiva, na medida em que todos os administradores são, por definição, executivos, todos eles possuindo poderes de gestão.

Funcionamento: O funcionamento do conselho de administração é, no essencial, regulado pelo art. 410.º, aplicável por remissão do art. 433.º ao funcionamento do conselho de administração executivo.

[160] Coutinho de Abreu, *Governação das Sociedades Comerciais,* cit, p. 100; Paulo Olavo Cunha, *Direito das Sociedades Comerciais,* p. 707; Cf, ainda *infra*, neste volume, Ponto. 4.4., p. 57.

Este órgão reúne por convocatória por escrito do seu presidente ou de outros dois administradores, com uma periodicidade mínima mensal, exigindo-se um quórum constitutivo de pelo menos metade e mais um dos administradores para que possam ser tomadas deliberações.

4.2. Incompatibilidades e independência

Para além dos requisitos pessoais positivos necessários como condição de elegibilidade dos administradores, estabelecidos por via normativa ou estatutária, existem ainda pressupostos negativos de elegibilidade, isto é, a verificação da inexistência de situações ou condições que afetem negativamente a legitimidade para ser designado administrador de uma específica sociedade.

Esses pressupostos negativos correspondem a situações de *impedimento* ou *incompatibilidade* para o exercício do cargo – impedimentos ou incompatibilidades absolutos ou relativos, de direito público ou privado, legais ou estatutários[161] – cuja enumeração ou identificação *a priori* se mostra impossível, tal a multiplicidade de situações concretas que podem determinar essas incompatibilidades[162] para além daquelas expressamente mencionadas no art. 398.º.

Existe uma situação de incompatibilidade relevante sempre que em relação a um sujeito se verifica qualquer circunstância ou facto que a lei ou os estatutos[163], com base numa presunção absoluta de existência de um conflito de interesses e consequente perda de independência ou neutralidade, reputa como impedimento relevante para o exercício do cargo[164].

Destaca-se aqui, pela sua relevância, o impedimento decorrente da condição de *insolvente* a qual, nos termos do art. 81.º do Código da Insolvência e Recuperação de Empresas, gera um impedimento (relativo)[165] para o exercício da administração da massa insolvente, mas afeta igualmente, em forma de impedimento

[161] A possibilidade de estabelecimento de incompatibilidades por via estatutariamente é pacificamente admitida pela doutrina dominante; assim, Ricardo Costa, CSC em Comentário, Art. 390.º; Coutinho de Abreu, *Governação de Sociedades Comerciais*, 2010, p. 148; João Labareda, cit., p. 157-158.

[162] Para uma enumeração exemplificativa exaustiva de situações suscetíveis de se constituírem como incompatibilidades, Ricardo Costa, cit., Art. 390.º.

[163] Nada impede, de facto, que a sociedade adicione aos impedimentos legais outros factos ou circunstâncias geradores de um impedimento para o exercício do cargo; cf. Paulo Olavo Cunha, "Independência e incompatibilidades para o desempenho de cargos sociais", *Direito e Justiça – Direito das Sociedades – Estudos em Memória do Professor Doutor Paulo Sendim*, Universidade Católica, 2012, p. 298.

[164] Paulo Olavo Cunha, "Independência e incompatibilidades para o desempenho de cargos sociais", *cit.*, p. 290.

[165] Qualificado por uns como uma *incapacidade de exercício* (Menezes Cordeiro, *Código das Sociedades Anotado*, art. 390.º, p. 1047) e por outros como uma situação de *ilegitimidade em relação à massa falida* (por todos, Ricardo Costa, cit., Art. 390.º), concordando-se obviamente com esta última qualificação.

absoluto, quando declarada a título culposo, a legitimidade para o exercício de qualquer cargo de administração ou fiscalização em qualquer sociedade comercial (art. 189.º, n.º 2, al. c) do CIRE).

A designação de um administrador em situação de incompatibilidade originária, isto é, que se verifica já no momento da designação, é causa de *nulidade* da designação[166], a qual não produz, assim, qualquer efeito, enquanto a verificação superveniente de uma situação de incapacidade ou incompatibilidade gera, nos termos do art. 401.º, o dever para o órgão de fiscalização de declarar o termo de funções do administrador impedido.

Não obstante o caráter algo equívoco desta consequência, a ocorrência de uma incapacidade ou de uma incompatibilidade no decurso do mandato determina necessariamente a caducidade do mesmo[167]: não só é esta a consequência expressamente prevista no art. 425.º, n.º 7, no âmbito do modelo germânico (pelo que poderemos aqui falar de um *imperativo sistemático*[168]), como parece ser esta a única consequência jurídica coerente com a existência de pressupostos de legitimidade para a integração do órgão de administração, por um lado, e o procedimento instituído pelo art. 401.º para a formalização do afastamento do administrador supervenientemente impedido, por outro. A caducidade, que opera uma vez decorrido o prazo de 30 dias ali estabelecido para a remoção da incompatibilidade, será o pressuposto jurídico material da declaração de cessação de funções cometida ao órgão de fiscalização, a qual reveste uma natureza procedimental de formalização da cessação de funções que opera por caducidade do mandato.

No que respeita à *independência* dos administradores, é hoje considerada uma boa prática de governo[169] a instituição de mecanismos que promovam a independência no processo de tomada de decisões pelo órgão de administração, designadamente através de inclusão, em proporção adequada, de administradores executivos naquele órgão e, de entre estes, de administradores *independentes*[170].

Todavia, o CSC não qualifica a independência como um requisito de legitimidade nem como critério de exercício do cargo de administração.

[166] Consequência explicitamente estabelecida para o conselho de administração executivo, no modelo germânico, pelo art. 425.º, n.º 7.

[167] Ricardo Costa, cit., anot. Art. 401.º.

[168] Coutinho de Abreu, pág. 146; Ricardo Costa, cit., anot. Art. 401.º.

[169] Veja-se contudo, com grandes reservas quanto à imposição da inclusão de independentes, Paulo Olavo Cunha, "Independência e incompatibilidades para o exercício de cargos sociais", cit., p. 306-308, concluindo até por uma certa perversão da estrutura e composição dos órgãos sociais, sobretudo em consequência do critério de independência estabelecido na lei societária, que impede que sejam considerados independentes quaisquer acionistas titulares de participação social superior a 2% do capital (art. 414.º, n.º 5, al. b)).

[170] Paulo Câmara/Gabriela Figueiredo Dias, "O Governo das Sociedades Anónimas", *O Governo das Organizações – A Vocação Universal do Corporate Governance*. Coimbra, Almedina, 2011, p. 57.

Contrariamente ao que sucede com o órgão de fiscalização, onde expressamente se impõe que pelo menos um – no caso das sociedades anónimas de grande dimensão, previstas no art. 413.º, n.º 2, al. a)[171] – ou a maioria – no caso das sociedades emitentes de valores mobiliários admitidos à negociação em mercado regulamentado[172] – dos membros do órgão, não se estabelece qualquer requisito *direto* de independência para os membros do órgão de administração.

O tema é por demais ambicioso e complexo para ser tratado de forma exaustiva nesta sede. Não se dispensam, no entanto, algumas notas sobre o mesmo.

Desde logo, importaria estabelecer um critério adequado de *independência* para os membros do órgão de administração, que não pode simplesmente consistir numa importação acrítica do critério (discutível) estabelecido no art. 414.º, n.º 5 para a independência dos membros dos órgãos de fiscalização.

O único critério de independência que aqui poderá valer terá de tomar como matriz a típica tensão entre a posição e o interesse dos acionistas e a posição e interesses dos administradores e a consequente necessidade de assegurar a eliminação dos conflitos decorrentes dessa tensão enquanto problema de agência[173].

O critério de independência dos administradores deve assim assentar na inexistência de circunstâncias suscetíveis de afetar o correto exercício do dever fiduciário que a gestão de bens e interesses alheios determina para o administrador[174], ou seja, deve assegurar a inexistência de conflito de interesses, e em resumo garantir o exercício da administração no exclusivo interesse dos sócios e da sociedade.

[171] Arts. 414.º, n.º 4, 423.º-B, n.º 4, 434.º, n.º 4 e 444.º, n.º 5, respetivamente para o conselho fiscal, comissão de auditoria, conselho geral e de supervisão e comissão para as matérias financeiras.

[172] Arts. 414.º, n.º 6, 423.º-B, n.º 5, 434.º, n.º 5 e 444.º, n.º 6

[173] Sobre os conflitos de interesses no direito das sociedades, desenvolvidamente e com caráter paradigmático, Paulo Câmara, "Conflito de interesses no direito societário e financeiro: um retrato anatómico", *Conflito de Interesses no Direito Societário e Financeiro. Um balanço a partir da crise financeira, Coimbra,* Almedina, pág. 9-77.

[174] Sobre a relação fiduciária entre os administradores e os acionistas e os deveres fiduciários dos administradores, Paulo Câmara, "O governo das sociedades e os deveres fiduciários dos administradores", *Jornadas Sociedades Abertas, Valores Mobiliários e Intermediação Financeira* (coord. Maria de Fátima Ribeiro), Coimbra, Almedina, 2007; Id, , "O Governo das Sociedades e a Reforma do Código das Sociedades Comerciais", *Código das Sociedades Comerciais e Governo das Sociedades,* Coimbra, Almedina, 2008, p. 25-43; João de Sousa Gião, "Conflitos de interesses entre Administradores e os Accionistas na Sociedade Anónima. Os negócios com a sociedade e a remuneração dos administradores", *Conflitos de Interesses no Direito Societário e Financeiro. Um balanço a partir da Crise Financeira,* Coimbra, Almedina, 2010, p. 217-291 (em especial, 223223-237); Pedro Caetano Nunes, Concorrência e oportunidades de negócio societárias – Estudo comparativo sobre o dever de lealdade dos administradores de sociedades anónimas", *Corporate* Governance, Coimbra, Almedina, 2006, pág. 89; Calvão da Silva, "Corporate Governance. Responsabilidade Civil de Administradores Não Executivos, da Comissão de Auditoria e do Conselho Geral e de Supervisão, *RLJ* 3940, 2006, pág. 53; Carneiro da Frada, "A business judgement rule no quadro dos deveres gerais dos administradores", *Jornadas – Sociedades Abertas, valores mobiliários e intermediação financeira* (coorden. Maria de Fátima Ribeiro), Almedina, Coimbra, 2007, p. 207 e 209 ss.; Menezes Cordeiro, *Código das Sociedades Comerciais Anotado,* Coimbra, Almedina, 2009, art. 64.º; Ricardo Costa/Gabriela Figueiredo Dias, CSC em Comentário, Vol. I, Coimbra, Almedina, 2010, art. 64.º

De referir ainda que quer o Código de Governo das Sociedades da CMVM de 2013, quer o Código de Governo das Sociedades do IPCG abordam o tema da independência dos administradores, recomendando a existência de administradores independentes e cometendo-lhe, ainda em termos recomendatórios, diversas funções e responsabilidades.

4.3. Designação, substituição e destituição da sociedade

Designação de administradores: A designação dos membros do órgão de gestão pode ser feita, em qualquer modelo de governo, diretamente pelos estatutos (nomeação contratual) ou pelos acionistas em assembleia constitutiva. Trata-se, em ambos os casos, de uma designação *originária*[175].

A título *subsequente*, a designação dos membros do conselho de administração poderá ainda ser feita por alteração dos estatutos ou, mais frequentemente, por eleição pela assembleia geral (art. 391.º, n.º 1 e 392.º). No modelo germânico, a eleição do conselho de administração executivo será feita pelo conselho geral e de supervisão, desde que tal competência não tenha sido atribuída pelos estatutos à assembleia geral (art. 425.º, n.º 1).

Nas sociedades constituídas através de subscrição pública, o processo de designação originária dos administradores ocorre igualmente na assembleia constitutiva, nos termos previstos no art. 281.º, n.º 7, al. b).

Para a generalidade das sociedades anónimas podem ser consagradas regras estatutárias especiais de eleição dos membros dos órgãos de administração. Há contudo regras imperativas sobre a eleição de administradores para casos especiais, como a eleição de administradores pelos sócios minoritários nas sociedades abertas[176], que observa certas regras especiais (cf. art. 392.º, n.º 8) ou a designação de administradores em representação do Estado, que segue a respetiva legislação. Destaca-se a este último propósito a recente novidade introduzida pela 3.ª alteração à Lei n.º 63-A/2008, de 24 de novembro, que estabelece medidas de reforço da solidez financeira das instituições de crédito no âmbito da iniciativa para o reforço da estabilidade financeira e da disponibilização de liquidez nos mercados financeiros, introduzida pela Lei n.º 4/2012, de 11 de janeiro, e que prevê a designação pelo Estado de um administrador em sua representação para integrar o órgão de administração das instituições de crédito intervencionadas, sem qualquer participação eletiva dos acionistas nessa escolha.

A designação de administradores pode ainda ser feita por nomeação judicial, que deverá ter lugar sempre que, por alguma razão, falte algum ou alguns adminis-

[175] Ricardo Costa, 91.º; CSC em Comentário, Anot. Art. 391.º.

[176] Sobre este tema, Paulo Olavo Cunha, *Direito das Sociedades Comerciais*, p. 716-717; Ricardo Costa, CSC em Comentário, Anot. Art. 391.º.

tradores para perfazer o número mínimo legal ou estatutariamente definido e os próprios acionistas não promovam a respetiva eleição (art. 394.º e 426.º). Quanto a esta nomeação, a lei estabelece como pressuposto da legitimidade dos acionistas para requerem a nomeação judicial o decurso de 60 dias sem que tenha sido possível reunir o conselho de administração por falta de administradores efetivos em número suficiente sem que se tenha promovido a respetiva substituição, ou o decurso de um prazo de 180 dias sobre o termo do mandato, sem que se tenha procedido a nova eleição. Significa isto que a falta de um ou mais administradores pode manter-se não suprida por um período indefinido de tempo sem que essa situação legitime a nomeação judicial a requerimento dos acionistas.

A designação de administradores, originária ou subsequente, tem de ser aceite para ser eficaz, definindo-se o início da relação orgânica de administração a partir do ato de aceitação – expressa ou tácita – do cargo de administrador.

A duração do mandato é, no máximo, de 4 anos, se outro prazo (inferior) não for estabelecido nos estatutos (art. 391.º n.º 3 e 425.º n.º 2). Na designação originária deverá ser observada uma regra de coincidência temporal dos mandatos – i.e., todos os administradores devem ser eleitos por períodos de tempo coincidentes[177].

No caso de os administradores se manterem em funções depois de decorrido o prazo do seu mandato (vg., porque o mandato caducou sem que tenha sido promovida ou possível a eleição de novos administradores em tempo útil), em cumprimento do disposto no art. 391.º, n.º 4, é indiscutível a legitimidade para o exercício da administração nessas condições – única solução possível de resto, para evitar a paralisação da atividade da sociedade. Menos evidente é, contudo, o título dessa legitimação – isto é, se o administrador em funções para além do prazo de caducidade do seu mandato mas antes da designação de novos administradores exerce uma *administração de direito*[178] ou uma *administração de facto*[179].

Substituição de administradores: Sempre que falte, temporária ou definitivamente, um administrador, deve proceder-se à respetiva substituição.

Esta não é todavia imperativa, desde que os remanescentes administradores perfaçam o número mínimo legal ou estatutário e a falta de um ou mais administradores não impeça a realização regular de reuniões e a tomada de deliberações[180].

[177] Ricardo Costa, CSC em Comentário, Anot. ao art. 391.º.

[178] Menezes Cordeiro, *Manuel de Direito das Sociedades*, Vol. I, *Das Sociedades em Especial*, pág. 891-892; neste sentido parece inclinar-se também Paulo Olavo Cunha, p. 721-722;

[179] Ricardo Costa, CSC em Comentário, Anot. ao art. 391.º.

[180] Sobre o tema de não injuntividade (ou injuntividade restrita a certas situações) da substituição de administradores, desenvolvidamente, Paulo Câmara/Gabriela Figueiredo Dias, "O Governo das Sociedades Anónimas", *O Governo das Organizações – A Vocação Universal do Corporate Governance*. Coimbra, Almedina, 2011, p. 59-68.

Verificando-se a falta de um administrador a título definitivo (vg, por morte, impedimento pessoal pelo período em falta para finalizar o mandato, excesso de faltas, destituição, etc.), a sua substituição ocorrerá, em primeira linha, pela *chamada de suplentes* ou, quando estes não existirem, por *cooptação*.

A *cooptação* consiste na escolha de um novo administrador pelos próprios administradores que se mantenham em funções e atribui ao administrador cooptado um mandato de duração correspondente ao remanescente do mandato do administrador substituído, devendo ser ratificada na assembleia geral imediatamente subsequente à cooptação.

Caso o conselho de administração não proceda à cooptação, deverá o órgão de fiscalização promover a designação de um administrador substituto, sendo essa designação igualmente submetida a ratificação pelos acionistas na assembleia geral subsequente.

Na ausência de substituição do administrador em falta por uma das vias referidas, deverá o mesmo ser substituído por eleição *ad hoc* de novo administrador pela assembleia geral da sociedade[181].

Destituição de administradores: No que respeita à destituição de administradores, a regra é da *destituição* livre[182], ou seja, a todo o tempo, com ou sem justa causa. Não vale aqui, atenta a distinta natureza das funções exercidas, qualquer regra ou princípio de inamovibilidade, como sucede com os membros dos órgãos de fiscalização, que apenas podem ser destituídos por justa causa e como corolário de um processo que visa rodear de garantias essa destituição: a destituição de administradores é juridicamente configurada como um direito de natureza potestativa, isto é, cujo exercício produz inelutavelmente os seus efeitos na esfera jurídica do administrador, sem que este se possa por alguma forma opor, sequer com fundamento em deliberação abusiva[183]. A assembleia geral pode, efetivamente, a qualquer momento, destituir um administrador, com ou sem justa causa e sem que essa proposta não conste da ordem de trabalhos (art. 376.º, n.º 1, al. c)[184]. Trata-se em regra de um ato *ad nutum*, sem necessidade de fundamentação ou justificação, que gera contudo para o administrador destituído um direito a ser indemnizado pelos danos sofridos de acordo com eventuais critérios contratualmente estabelecidos – *golden parachutes*, frequentemente leoninos – ou em conformidade com os princípios gerais de direito.

[181] Paulo Olavo Cunha, p. 726.

[182] Coutinho de Abreu, CSC em Comentário, Vol.VI, 2013, Anot. Art. 403.º.

[183] Coutinho de Abreu, CSC em Comentário, Vol.VI, 2013, Anot. Art. 403.º.

[184] Contra, Coutinho de Abreu, CSC em Comentário, Vol. VI, 2013, Anot. Art. 403.º, que considera prevalecerem aqui as regras gerais e consequentemente, ser anulável a deliberação de destituição *ad nutum* tomada em assembleia geral cuja ordem de trabalhos não contemplava essa destituição.

Atentos os valores estabelecidos em cláusulas indemnizatórias em caso de destituição sem justa causa, é hoje considerada uma boa prática de governo dar a conhecer aos acionistas o 'preço' acordado com os administradores em caso de destituição e as condições para o seu pagamento, sendo inclusivamente obrigatória para certos tipos de sociedades, como é o caso das sociedades emitentes de valores mobiliários admitidos a mercado regulamentado[185] e das instituições bancárias[186].

Quando ocorra sem justa causa, a destituição encontra-se sujeita às regras especiais de eleição de administradores. Assim, a deliberação de destituição *sem justa causa* de administrador eleito ao abrigo das regras especiais do art. 392.º é ineficaz se contra ela tiverem votado acionistas que representem pelo menos 20% do capital. O que bem se compreende: se assim não fosse, por exemplo, o direito dos minoritários de elegerem um administrador ao abrigo de um processo e uma legitimação especiais tal como estabelecido no art. 392.º, n.º 6 seria facilmente esvaziado de conteúdo, na medida em que o administrador eleito pelos minoritários poderia ser de imediato destituído, *ad nutum*, pelos restantes administradores[187].

A regra da *livre destituição* sofre uma derrogação no caso dos administradores que integram a comissão de auditoria, no modelo anglo-saxónico: atenta a dupla função – de administração e de fiscalização – desempenhada por estes administradores, entendeu-se (e bem), no que respeita aos pressupostos de destituição, fazer prevalecer a regra da *inamovibilidade* estabelecida em geral para os membros do órgãos de fiscalização (a fim de evitar enviesamentos na atividade de fiscalização induzidos pelo espetro da destituição) sobre a regra da *livre destituição* estabelecida para os administradores.

A destituição opera *com justa causa*, nos termos da lei, quando se verifique alguma das seguintes circunstâncias:

- Violação grave dos deveres do administrador;
- Inaptidão do administrador para o exercício normal das respetivas funções.

De notar, por um lado, que esta enumeração de situações de justa causa de destituição é exemplificativa, como demonstra a utilização da palavra *"nomeadamente"* no art. 403.º, n.º 4, sendo, por conseguinte, inteiramente possível estabelecer outras justas causas para além daquelas enunciadas.

[185] Regulamento CMVM n.º 3/2013, art. 2.º.

[186] Aviso do Banco de Portugal n.º 10/2011, art. 16.º, n.º 1, al. j).

[187] Nas palavras de Paulo Olavo Cunha, p. 755, "(...) estaríamos a permitir a entrada pela janela à entidade a que pretendemos fechar a porta"

Por outro lado, a duas situações mencionadas como constituindo situações de justa causa de destituição são, em si mesmas, suficientemente amplas e indeterminadas para permitir o seu preenchimento, na aplicação ao caso concreto, através de factos e circunstâncias muito diferentes.

Os deveres de cuja violação pode decorrer *justa causa* de destituição podem ser deveres legais gerais, deveres legais específicos ou deveres estatutários[188].

A destituição pode igualmente, se houver justa causa para a mesma, ser determinada pelo tribunal a requerimento de acionistas titulares, de forma individual ou em conjunto, de pelo menos 10% do capital social. Trata-se de um processo de jurisdição voluntária[189], que inclui um incidente de natureza cautelar – a suspensão do administrador.

4.4. Administradores executivos e não executivos

I. Embora nem todas as sociedades anónimas optem pela divisão de funções executivas e não executivas no seio do seu órgão de administração, a verdade é que a lei prevê essa possibilidade nos modelos de organização societária latino e anglo saxónico[190] e, nos casos de coexistência dos dois tipos de administradores, a respetiva articulação constitui atualmente um tema muito relevante e em alguns casos sensível do governo societário.

A este respeito é reconhecido que as boas práticas em matéria de governo societário vão no sentido de assegurar a independência na tomada de decisões pela administração, nomeadamente através da presença de administradores não executivos e, de entre estes, de administradores independentes do conselho de administração[191]. Porém, no que toca a determinar o número de administradores e qual a separação de funções entre eles, revela-se essencial atentar à dimensão da sociedade, já que pode acontecer que uma separação entre executivos e não executivos se revele desadequada em sociedades pequenas, onde um elevado número de administradores se revele excessivo[192] e nas quais o órgão de fiscalização

[188] Para uma enumeração exemplificativa alargada de deveres legais gerais e específicos e deveres estatutários cuja violação configura justa causa de destituição cf, Coutinho de Abreu, cit.

[189] Previsto e regulado no art 1484.º-B do Código de processo Civil.

[190] Sobre os modelos de organização societária em Portugal, Paulo Câmara, *O Governo das Sociedades e a Reforma do Código das Sociedades Comerciais,* In Código das Sociedades Comerciais e o Governo das Sociedades, Coimbra (2008), págs.9 e segs.

[191] No mesmo sentido, a Recomendação da Comissão Europeia, de 15 de Fevereiro de 2005, relativa ao papel dos administradores não executivos ou membros do conselho de supervisão de sociedades cotadas e aos comités do conselho de administração ou de supervisão, complementada pela Recomendação da Comissão (2007/385/CE), de 30 de Abril de 2009 (recomendações 3.1 e 4).

[192] Paulo Câmara/Gabriela Figueiredo Dias, *O Governo das Sociedades Anónimas, O Governo das Organizações. A vocação expansiva do Corporate Governance.*

assegure os objetivos de supervisão e vigilância, subjacentes à designação de administradores não executivos.

No modelo latino (conselho de administração/conselho fiscal) a possibilidade da existência de administradores executivos decorre do artigo 407.º n.º3 do CSC que dispõe que o contrato de sociedade pode autorizar o conselho de administração a delegar num ou mais administradores ou numa comissão executiva a gestão corrente da sociedade. Os limites desta delegação deverão, porém, constar da respetiva deliberação e nela não podem ser incluídas determinadas matérias previstas no artigo 406.º, a saber: escolha do conselho de administração, cooptação de administradores, pedido de convocação de assembleias gerais, aprovação de relatórios e contas, prestação de cauções e garantias pessoais ou reais pela sociedade, mudança de sede e aumento de capital, projetos de fusão, de cisão e de transformação da sociedade.

Caso a opção seja pela delegação de poderes numa comissão executiva, a deliberação do conselho de administração que a criar deve igualmente estabelecer a sua composição e modo de funcionamento e os seus membros ou os membros do conselho de administração devem designar o seu presidente. Este presidente, por seu turno, terá um papel fundamental a desempenhar nas relações entre administradores executivos e não executivos, já que lhe compete não apenas manter os administradores não exceutivos informados sobre o exercício da atividade da comissão a que preside, como também assegurar o cumprimento dos limites da delegação de poderes, da estratégia da sociedade e dos deveres de colaboração com o presidente do conselho de administração.

Sendo certo que a delegação de poderes acima referida consubstancia a clivagem entre administradores executivos e não exceutivos, não pode ser descurado que ela não exclui a competência do conselho de administração para deliberar sobre os assuntos delegados, nem a responsabilidade geral dos administradores não executivos pela vigilância geral da atuação dos executivos e também pelos seus atos e omissões, promovendo a adequada intervenção do conselho sempre que aqueles se revelem prejudiciais à sociedade.

No modelo anglo-saxónico (conselho de administração, compreendendo uma comissão de auditoria e revisor oficial de contas) os administradores executivos serão, em princípio, aqueles que não fazem parte da comissão de auditoria (administradores não auditores). Porém, nada impede que, também neste caso, os estatutos prevejam a possibilidade de o conselho de administração proceder a alguma das modalidades de delegação acima referida, nos termos descritos. Adicionalmente, não é obrigatório que todos os administradores não executivos integrem a comissão de auditoria, já que a lei também admite a existência de administradores não executivos que não a integrem.

Das regras enunciadas resulta uma inegável preponderância do conselho de administração, quer sobre os administrador(es) executivos, quer sobre a comissão executiva e, também por este motivo, é natural que na vida da sociedade a relação entre administradores executivos e não executivos nem sempre decorra pacíficamente, podendo desencadear lideranças conflituosas. Quando exista comissão executiva, uma das formas de mitigar esse risco pode passar pela designação do presidente do conselho de administração para presidente da comissão executiva. Nestes casos, porém, cumpre-nos slientar as recomendações de bom governo societário constantes do CodGov e do CodGov do IPCG, que devem servir de referência ao governo das sociedades cotadas numa base *comply or explain*. O primeiro estabelecendo que *caso o presidente do conselho de administração exerça funções executivas, o Conselho de Administração deve encontrar mecanismos eficientes de coordenação dos trabalhos dos membros não executivos, que designadamente assegurem que estes possam decidir de forma independente e informada, e deve proceder-se à devida explicitação desses mecanismos aos accionistas no âmbito do relatório sobre o Governo da Sociedade*[193] e o segundo recomendando que *se o Presidente do órgão de administração exercer funções executivas, deve existir um administrador independente encarregado de coordenar o exercício das funções dos não executivos*[194].

No que toca ao modelo dualista (conselho de administração executivo, conselho geral e de supervisão e revisor oficial de contas), da previsão de que o mesmo inclui apenas um conselho de administração executivo (artigo.º 278.º n.º 1 c do CSC)), resulta que nele apenas existem administradores executivos – sendo também admitida[195] a figura do administrador delegado – cabendo as funções supervisoras da atividade dos administradores ao conselho geral e de supervisão.

Na ausência de qualquer remissão do artigo 431.º n.º 3 para o artigo 407.º[196] do CSC, discute-se na doutrina se o modelo dualista comportará a criação de uma comissão executiva, nos termos previstos naquele segundo artigo. Tal hipótese parece-nos viável, desde que prevista no contrato de sociedade.[197]Porém, não podemos deixar de questionar se, na prática, esta consubstancia uma boa solução, porquanto ela conduz à existência, não necessariamente pacífica e eficiente, de um "mini" conselho de administração no seio de um "macro" conselho de administração.

[193] CodGov, Recomendação II.2.3.1.

[194] CodGov do IPCG, Recomendação IV.

[195] Por via da remissão do artigo 431.º n.º3 para o artigo 408.º do CSC.

[196] Esta remissão foi eliminada na revisão do CSC ocorrida em 2006.

[197] Neste sentido, cfr. Menezes Cordeiro, *Código das Sociedades Comerciais Anotado*, Coimbra (2009), anotação 4. ao artigo 431.º.

II. No que toca especificamente às sociedades cotadas em Portugal, cumpre salientar um cuidado acrescido no que respeita ao desempenho das funções dos membros executivos e não executivos do órgão de administração. Neste sentido, o Anexo I[198] ao Regulamento n.º 4/2013 da CMVM (fixa a estrutura da informação que deve constar do relatório anual a remeter à CMVM sobre o governo das sociedades cotadas[199]) estabelece uma série de exigências informativas relativas àqueles administradores, de entre as quais destacamos[200] o dever de (i) distinguir os membros executivos dos não executivos e, de entre estes, discriminar os que cumprem critérios de independência[201], (ii) indicar as regras que presidem ao processo de nomeação e substituição de administradores, e (iii) conter informações sobre a estrutura da remuneração dos administradores[202].

III. Finalmente, no plano recomendatório, tanto o CodGov[203], como o CodGov do IPCG[204] – contêm recomendações, a observar pelas sociedade cotadas numa base *comply or explain*, quanto à determinação do número de membros executivos e não executivos do órgão de administração e quanto aos requisitos de independência dos administradores não executivos[205].

No que respeita específicamente à independência dos administradores não executivos, do teor das recomendações referidas – e em linha com o teor do Anexo I ao Regulamento n.º 4/2013 da CMVM – resulta que a sua implementação se deve concretizar, com recurso aos critérios previstos na Secção II.1.7.

Nesta matéria, tanto o CodGov, como o CodGov do IPCG incluem ainda recomendações inerentes à avaliação do desempenho do órgão de administração (órgão executivo e órgão de administração considerado na sua globalidade)[206].

[198] Modelo de Relatório de Governo Societário.

[199] Através deste relatório as sociedades cotadas prestam informação à CMVM sobre o respetivo grau de cumprimento das recomendações contantes do Código do Governo das Sociedades da CMVM. Para uma análise das referidas recomendações, cfr. *Código do Governo das Sociedades Anotado*, Almedina (2012).

[200] Modelo de Relatório de Governo Societário, cfr. Parte I, B, II.

[201] Aferidos nos termos dos critérios constantes da Parte I, B, II, 18-1.

[202] Sobre a remuneração dos administradores, cfr. 4.5 infra.

[203] CodGov, Recomendações II.1.2.1., II.1.2.2. e II.1.2.3.

[204] CodGov do IPCG, Princípios II.B e IV.B, Recomendações IV.2 e IV.3.

[205] Para uma análise detalhada das recomendações relativas às incompatibilidades e independência dos membros do órgão de administração cfr. João Gomes da Silva e Rui de Oliveira Neves, comentários às Recomendações II.1.2. no *Código do Governo das Sociedades Anotado*, Almedina (2012).

[206] CodGov, Recomendações II.1.4 e CodGov do IPCG, Princípio V.1 e Recomendações IV.4 , V.1.1 e V.1.2.

4.5. Remuneração

I. Os contornos da crise financeira internacional que teve início no Verão de 2007, vieram chamar a atenção para a remuneração dos membros do órgão de administração de grandes empresas, porquanto a origem, extensão e duração da crise e os fracassos detectados nos sistemas de governo de muitas das sociedades por ela afectadas, aparecem muitas vezes associados ao apetite das suas administrações em obterem desempenhos e resultados sem precedentes no curto prazo. É neste contexto que a remuneração dos administradores tem sido entendida como um dos vetores nucleares do governo societário e, nesta medida, objeto de uma intervenção por parte de legisladores e reguladores, apostados em assegurar uma necessária relação entre o desempenho dos administradores e os respetivos níveis remuneratórios, dando particular relevância às circunstâncias remuneratórias dos administradores executivos, enquanto protagonistas do desempenho da gestão de longo prazo.

Apesar de no nosso país o ponto da partida para a análise da remuneração dos administradores das sociedades anónimas continuar a ser o CSC – cuja atual versão corresponde, nesta matéria e no essencial, à inicial (de 1986) – não se limita àquele, antes exigindo a necessária articulação com outros diplomas de teor legislativo, regulamentar e recomendatório.

II. Independentemente do modelo de organização societária que esteja em causa (latino, anglo sáxónico ou dualista) o CSC estabelece que a remuneração dos administradores deve atender às funções desempenhadas e à situação económica da sociedade e pode ser certa ou consistir parcialmente numa percentagem dos lucros de exercício. Neste último caso, porém, exige ainda que tal percentagem não incida sobre distribuições de reservas, nem sobre qualquer parte do lucro do exercício, que não possa ser legalmente distribuída aos accionistas, bem como que o seu valor máximo seja expressamente autorizado no contrato de sociedade, (artigo 399.º n.º2 e 3 do CSC).

Já a competência para a fixação da remuneração dos administradores varia, consoante esteja em causa o modelo latino e anglo saxónico ou o modelo dualista. Nos primeiros dois modelos tal competência é atribuída à assembleia geral ou a uma comissão de vencimentos por aquela nomeada (artigo 399.º n.º1 do CSC), enquanto no terceiro modelo compete, em primeiro lugar, ao conselho geral e de supervisão ou a uma comissão por aquele nomeada e só secundariamente, e caso tal possibilidade seja estipulada no contrato de sociedade, à assembleia geral ou a uma comissão de vencimentos por aquela nomeada (artigos 429.º e 399.º do CSC).

III. Ao delimitar o âmbito das competências atribuídas à comissão de vencimentos, a lei apenas refere que se reconduzem à *fixação das remunerações de cada um dos administradores* (n.º 1 do art. 399.º, aplicável ao modelo dualista por remissão do art. 429.º CSC). Expressão equivalente (*a remuneração é fixada...*) é utilizada no art. 440.º, n.º 2, a propósito da remuneração do conselho geral e de supervisão. Não se esclarecendo o conceito de remuneração subjacente às referidas competências, torna-se necessário um esforço interpretativo de modo a determinar o alcance do que deve ser incluído na esfera de atuação da assembleia geral ou, por delegação desta, na esfera da comissão de vencimentos.

Adicionalmente, o facto de as questões remuneratórias assumirem actualmente notória complexidade e heterogeneidade, determinadas, essencialmente, quer por uma crescente concorrência do mercado de trabalho, quer por práticas que levam a que o pacote remuneratório tenha diferentes componentes, aumenta as dificuldades da fixação remuneratória, tornando-se essencial que as sociedades consigam adaptar os seus métodos remuneratórios às tendências e evoluções de mercados de trabalho exigentes sob pena de os mesmos se revelarem inadequados e, consequentemente, insusceptíveis de atrair os melhores e mais capazes profissionais.

Dos motivos expostos parece resultar que o art. 399.º do CSC se encontra já distanciado do atual contexto, carecendo, por isso, de adicionais cautelas interpretativas. Um dos instrumentos que pode constituir um importante auxílio nesta tarefa, nomeadamente na documentação da pluralidade de esquemas e técnicas remuneratórias hoje vigentes, decorre do Anexo I[207] ao Regulamento n.º 4/2013 da CMVM, que fixa o conteúdo da informação a prestar anualmente relativa à remuneração dos administradores executivos das sociedades cotadas[208].

IV. Para além das regras gerais estabelecidas no CSC, a Lei n.º 28/2009, de 19 de junho[209], em vigor desde 20 de Junho de 2009 ("Lei n.º 28/2009"), estabelece o regime do *say on pay* português, ao atribuir ao órgão de administração ou à comissão de remunerações das entidades de interesse público[210] caso exista, o dever de submeter anualmente à assembleia geral uma declaração sobre a política

[207] Modelo de Relatório de Governo Societário.

[208] Cfr. Parte I, D, III.

[209] Lei que tem por objeto a disciplina sancionatória financeira, mas também incide sobre o regime de aprovação e de divulgação da política de remuneração dos membros dos órgãos de administração e fiscalização das entidades de interesse público.

[210] As entidades de interesse público encontram-se enumeradas no artigo 2.º do Decreto-Lei n.º 225/2008, de 20 de novembro, e incluem, entre outras, as sociedades cotadas, as instituições de crédito que estejam obrigadas à revisão legal das contas e as seguradoras e resseguradoras.

de remuneração dos membros dos órgãos de administração e fiscalização[211] e a divulgar nos documentos anuais de prestação de contas, não apenas aquela política, mas também o montante anual de remuneração auferida por aqueles membros, de forma agregada e individual.

A declaração sobre política de remunerações ora em causa deve conter informação sobre: os mecanismos que permitam o alinhamento dos interesses dos membros do órgão de administração com os interesses da sociedade; os critérios de definição da componente variável da remuneração; a existência de planos de atribuição de acções ou de opções de aquisição de acções por parte de membros dos órgãos de administração e de fiscalização; a possibilidade de o pagamento da componente variável da remuneração, se existir, ter lugar, no todo ou em parte, após o apuramento das contas de exercício correspondentes a todo o mandato; os mecanismos de limitação da remuneração variável, no caso de os resultados evidenciarem uma deterioração relevante do desempenho da empresa no último exercício apurado ou quando esta seja expectável no exercício em curso[212].

Deste elenco de informação obrigatória decorre que, embora as sociedades visadas devam respeitar a estrutura informativa referida, mantêm a sua autonomia no respeitante ao conteúdo da informação que em concreto consta da declaração sobre política de remunerações, podendo, desta forma, excluir do documento em causa dados confidenciais relativos a essa política.

Sem entrar na análise detalhada da articulação entre a previsão da Lei n.º 28/2009, e as competências estabelecidas no CSC para a fixação de remunerações[213], não pode deixar de notar-se que, apesar de na estrutura do CSC, o órgão de administração não ter competência deliberativa na fixação da sua remuneração, a Lei n.º 28/2009, possibilita, em alternativa à comissão de remunerações, que seja aquele conselho a apresentar a declaração obrigatória sobre a política de remunerações, para aprovação pela assembleia geral[214].

211 Para uma análise detalhada das recomendações relativas às declaração sobre a política de remuneração dos membros dos órgão de administração e fiscalização, e à comissão de remuneração cfr. *no Código do Governo das Sociedades Anotado*, Almedina (2012) os comentários de Paulo Câmara às Recomendações II.1.5.2. e II.1.5.3. e de Ana Rita Almeida Campos, às Recomendações II.5.2. e II5.3., respetivamente.

212 Art. 2.º, n.º 3 da Lei n.º 28/2009.

213 Para maior detalhe sobre as questões levantadas pelo *say on pay* português, cfr. Paulo Câmara, *El Say on Pay Portugués*, Revista de Derecho de Mercado de Valores n.º 6 (2010), 83-96; Id., *Say on Pay: O dever de apreciação da política remuneratória pela assembleia geral, Revista de Concorrência e Regulação* n.º 2 (2010), 321-344; Id., *Crise Financeira e Regulação*, Revista da Ordem dos Advogados (2009), 720-721.

214 A crítica a esta solução foi já exposta em publicações anteriores: Paulo Câmara, *El Say on Pay Portugués*, Revista de Derecho de Mercado de Valores n.º 6 (2010), 93-94; Id, *Conflito de Interesses no Direito Societário e Financeiro*, (2010), 53-55; Id., *Say on Pay: O dever de apreciação da política remuneratória pela assembleia geral, Revista de Concorrência e Regulação* n.º 2 (2010), 335-337; Id., *Crise Financeira e Regulação, Revista da Ordem dos Advogados* (2009), 720-721; Id., *Medidas Regulatórias Adoptadas em Resposta à Crise Financeira: Um Exame Crítico, Direito dos Valores Mobiliários*, Vol. IX (2009), 95-97, *A Comissão de Remunerações*, RDS n.º 1 (2011).

V. No plano recomendatório é obrigatória nesta sede a referência às Recomendações do CodGov e aos Princípios e Recomendações do CodGov do IPCG que contêm indicações relevantes, a observar pelas sociedades cotadas numa base *compy or expl*ain, sobre as seguintes matérias:

i) Os critérios gerais que devem nortear a política remuneratória da sociedade e a determinação da remuneração dos seus administradores[215];
ii) a forma como a remuneração deve ser estruturada (componentes fixa e variável) e atribuída de modo a permitir a concretização de três objetivos fundamentais: (i) o alinhamento dos interesses dos administradores com os interesses de longo prazo da sociedade; (ii) basear-se em avaliação de desempenho e (iii) desincentivar a assunção excessiva de riscos; (III.1. do CodGov e V.3.1 e V.3.2 do CodGov do IPCG);
iii) a informação adicional a fornecer no âmbito da declaração sobre a política de remuneração dos administradores a que alude a Lei n.º 28/2009[216];
iv) a obrigatoriedade de submeter à assembleia geral a proposta relativa à aprovação de planos de atribuição de acções, e/ou opções de aquisição de acções ou com base nas variações do preço das acções a membros do órgão de administração e quais os requisitos a que tal proposta deve obedecer[217];
v) a obrigatoriedade de divulgação no relatório anual sobre o governo da sociedade: (i) do montante da componente variável diferida e explicitar os critérios de que depende a confirmação do seu pagamento; (ii) da remuneração atribuída a cada administrador executivo, distinguindo a componente fixa e a componente variável e, nesta última, os valores já pagos, bem como os diferidos, e informar sobre os direitos de pensão adquiridos por cada administrador executivo; e (iii) do montante da remuneração recebida pelos administradores, de forma agregada e individual, em outras empresas do grupo[218].

No que respeita às indicações referidas em iii e v (iii) acima, cumpre notar que o respetivo caracter recomendatório está hoje ultrapassado, porquanto as mesmas são já hoje de cumprimento obrigatório, nomeadamente no âmbito, seja da lei 28/2009, seja do Regulamento n.º 4/2013 da CMVM.

215 CodGov do IPCG, Princípios e Recomendações V.2 e V.3.

216 CodGov, Recomendação II.3.3.

217 CodGov, Recomendação II.3.4.

218 CodGov, Recomendação II.3.3 e CodGov do IPCG, Recomendação V.3.3.

No plano regulamentar esta nota não ficaria completa sem uma alusão ao Aviso n.º 10/2011 do Banco de Portugal e a Norma Regulamentar n.º 5/2010-R do Instituto de Seguros de Portugal – complementadas, por seu turno, com um catálogo de recomendações constante, da Circular n.º 6/2010 do ISP – com indicações sobre remuneração dirigidas respectivamente às instituições de crédito e sociedades financeiras gestoras discricionárias de activos e às empresas de seguros e de resseguros e sociedades gestoras de fundos de pensões.

4.6. Prestação de contas

I. A prestação das contas de exercício de uma sociedade anónima constitui uma das funções mais relevantes da sua administração (artigo 65.º do CSC) cuja violação culposa determina a responsabilidade civil dos administradores (artigo 72.º e ss. do CSC). A importância da prestação de contas é diretamente proporcional ao papel que a gestão e a situação patrimonial de uma sociedade têm na sua atividade e na relação estabelecida com os seus accionistas, trabalhadores, credores e terceiros, a qual tem sido objeto de fiscalização e exigências acrescidas, fruto dos diversos escândalos empresariais que têm ilustrado a crise financeira dos últimos anos.

Integrando como documentos fundamentais o relatório de gestão e as contas, que devem ser acompanhados pela demais documentação de prestação de contas prevista na lei[219], a prestação de contas tem como primordial objetivo a cabal informação por parte da administração e, consequentemente, a sua protecção perante situações adversas da vida da sociedade que lhes possam ser imputadas ou prejudiciais.

É também a relevância da prestação de contas na vida societária que explica a preocupação do legislador com a respetiva transparência, divulgação e publicidade, expressa na sujeição da informação respeitante às contas do exercício e aos demais documentos de prestação de contas a registo comercial, bem como do dever da sociedade de disponibilizar aos interessados, sem encargos, no respectivo sítio da Internet (quando exista), e na sua sede social cópia integral

[219] No respeitante ao formato e requistos da prestação de contas destacaríamos: arts. 66.º e 66.º-A do CSC, regras constantes do pacto social, Normas Internacionais de Contabilidade (NIC), Decreto-Lei n.º 410/89, de 21 de novembro, Plano Oficial de Contabilidade (POC), regras especiais para a Banca, Seguros e outras áreas reguladas.

dos documentos essenciais que integram a prestação de contas[220] (artigo 70.º do CSC).

II. As contas sociais devem obrigatóriamente ser elaboradas e deliberadas pelo órgão de administração e submetidas à aprovação da assembleia geral que procede à apreciação geral da administração da sociedade, a qual deve reunir para o efeito no prazo de 3 meses[221] a contar da data do encerramento do exercício (artigo 376.º 1 a) e b)). Por sua vez, o exercício anual pode ou não corresponder ao ano civil, mas na primeira hipótese a data do respetivo encerramento deve coincidir com o último dia do mês de calendário (artigo 9.º n.º1 i) do CSC).

O CSC estabelece a tramitação a que deve obedecer a prestação de contas e a deliberação sobre estas pelo órgão de administração (artigo.º65), bem como que esta é uma das matérias que o conselho de administração não pode delegar em algum ou alguns dos seus membros ou numa eventual comissão executiva (artigos 407.º n.º 2 e 406.º d)).

O exposto não implica, contudo, que os documentos de prestação de contas tenham de ser sempre aprovados pela unanimidade dos administradores. Com efeito, apesar de prever que o relatório de gestão e as contas do exercício devem ser assinados por todos os membros da administração em funções ao tempo da respetiva apresentação, o artigo 65.º do CSC também prevê que aquela assinatura possa ser recusada por qualquer membro da administração. Porém, esta recusa deve ser justificada no documento de prestação de contas que esteja em causa e explicada pelo administrador discordante perante a assembleia geral.

É importante referir que a responsabilidade de cada um dos administradores pelos documentos que consubstanciam a prestação de contas da sociedade estende-se para além da cessação das suas funções. Tal extensão concretiza-se, quer no dever imposto aos antigos membros da administração de prestar todas as informações relativas ao período em que exerceram as suas funções que, revelando-se necessárias para a prestação de contas de um determinado exercício, lhes sejam solicitadas pelos administradores em funções (artigo 65.º n.º 4 do CSC), quer ainda na obrigação imposta ao administrador que se tenha recusado a assinar os documentos de prestação de contas de explicar ao colégio de sócios os motivos dessa discordância, ainda que à data da respetiva submissão tenha já cessado as respetivas funções (artigo 65.º n.º 4 do CSC).

[220] a) Relatório de gestão; b) Relatório sobre a estrutura e as práticas de governo societário, quando não faça parte integrante do documento referido na alínea anterior; c) Certificação legal das contas; d) Parecer do órgão de fiscalização, quando exista.

[221] Este prazo é de 5 meses a contar da mesma data se se tratar de sociedades que devem apresentar contas consolidades ou apliquem o método de equivalência patrimonial. (artigo 376.º do CSC).

Antes da apresentação das contas à assembleia geral, estas são objeto de exame pelo órgão de fiscalização e pelo revisor oficial de contas da sociedade[222], ao qual devem ser submetidas até 30 dias antes da data marcada para aquela assembleia.

III. Esta nota não ficaria completa sem uma alusão às vicissitudes que podem ocorrer no âmbito da prestação de contas e ao papel dos membros da administração aquando da respetiva ocorrência. Tais vicissitudes podem, em termos gerais, consubstanciar três contextos: (i) o conselho de administração não apresenta as contas quando estas são devidas (artigo 67.º n.os 1, 2 e 3 do CSC); (ii) o conselho de administração apresenta as contas, porém estas não são objeto de deliberação pela assembleia geral (artigo 67.º n.º4 do CSC); (iii) o conselho de administração apresenta as contas, estas são objeto de deliberação pela assembleia geral, mas no sentido da sua não aprovação (artigo 68.º do CSC).

No primeiro caso – falta de apresentação das contas nos dois meses seguintes ao termo do prazo devido indicado acima – qualquer um dos sócios pode requerer ao tribunal que se proceda a inquérito no âmbito do qual o juiz – ouvidos os administradores e considerando procedentes as razões invocadas por estes para a falta de apresentação das contas – fixa um prazo que considere adequado para que as contas sejam apresentadas. Caso considere improcedentes aquelas razões, o juiz deverá nomear um administrador para, no prazo que lhe for fixado, elaborar o relatório de gestão, as contas do exercício e os demais documentos de prestação de contas e submetê-los à assembleia geral, que poderá ser convocada pelo administrador em causa. Na eventualidade de os documentos de prestação de contas elaborados pelo administrador assim nomeado não serem aprovados pela assembleia geral, assiste àquele a possibilidade de submeter a divergência ao juiz, para decisão final.

No segundo caso – falta de deliberação da assembleia geral sobre a prestação de contas pelo órgão de administração – qualquer sócio pode requerer ao tribunal a convocação da assembleia geral para aquele efeito. Se na assembleia geral assim convocada as contas não forem aprovadas ou forem rejeitadas, qualquer interessado pode requerer que os documentos sejam examinados por um revisor oficial de contas independente, a nomer pelo juiz. Em face do relatório do perito nomeado, do mais que dos autos constar e das diligências que ordenar, o juiz aprovará as contas ou recusará a sua aprovação.

[222] A apreciação em causa compete, no modelo latino ao conselho fiscal ou fiscal único, consoante aplicável (artigo 451.º do CSC), no modelo anglo sáxónico à comissão de auditoria (artigo 451.º do CSC) e no modelo dualista ao conselho geral e de supervisão (artigo 453.º do CSC). Em qualquer dos três modelos de organização societária a certificação legal das contas compete ao respetivo revisor oficial de contas.

No terceiro caso – recusa de aprovação pela assembleia geral da prestação de contas proposta pelos administradores da sociedade – aquela assembleia deverá deliberar que estes procedam à elaboração de novas contas na totalidade ou à reforma, em pontos concretos, das apresentadas. No entanto, se a reforma deliberada incidir sobre juízos para os quais a lei imponha critérios, aos administradores assiste a faculdade de requerer inquérito judicial, em que se decida sobre a reforma pretendida[223].

IV. No plano regulamentar e recomendatório, uma última e breve referência às menções sobre informação financeira constantes do CodGov e do CodGov do IPCG, que devem servir de referência ao governo das sociedades cotadas numa base *comply or explain.*

O Regulamento da CMVM n.º 4/2013 alude ao facto de os documentos de prestação das sociedades cotadas deverem estar acessíveis no respetivo sítio da internet pelo período mínimo de cinco anos[224] .

Já o CodGov do IPCG, num capítulo dedicado à "*Informação Financeira*", estabelece que *o órgão de administração tem a responsabilidade pela adopção de políticas e critérios contabilísticos apropriados e por estabelecer sistemas adequados para o reporte financeiro, para o controlo interno, para a gestão de riscos e para a sua monitorização*[225], recomendando, nesta matéria que *o órgão de fiscalização deve garantir que o órgão de administração tenha em prática um processo de preparação e de divulgação de informação financeira adequado, que inclua os critérios para a definição de políticas contabilísticas, elaboração de estimativas, julgamentos, divulgações relevantes e sua aplicação consistente entre exercícios, devidamente documentado e comunicado*[226].

4.7. Negócios com a sociedade

I. Os negócios com a sociedade devem entender-se como sendo os negócios concluídos entre a sociedade e um seu administrador, os quais se encontram atualmente sujeitos à disciplina do artigo 397.º do CSC.

Poderíamos classificar o regime em causa como consubstanciando uma graduação de negócios com a sociedade: (i) absolutamente proíbidos, (ii) permitidos com observância de determinados requisitos e (iii) permitidos verificados determinados pressupostos.

[223] Este requerimento deverá ser efetuado nos oito dias seguintes à deliberaçãp que determine a elaboração de novas contas ou a reforma das contas apresentadas.

[224] Parte I, C, V, 63.

[225] CodGov do IPCG, Princípio VII.A.

[226] CodGov do IPCG, Recomendação VII.1.1.

Num primeiro nível, mais severo, temos a total proibição de determinados negócios entre a sociedade e um seu administrador, a saber: concessão de empréstimos ou crédito, pagamentos por conta, prestação de garantias a obrigações por aquele contraídas, adiantamentos de remunerações superiores a um mês (artigo 397.º n.º 1)[227]. Da conjugação desta regra com as regras gerais sobre negócios jurídicos contrários à lei, reulta que a celebração de qualquer um dos negócios referidos está ferida de nulidade (artigo 294.º do CC).

Seguidamente, surge a possibilidade da celebração pelos administradores de qualquer tipo de negócios não incluídos na lista acima com a sociedade. Porém, sob pena de nulidade, tais negócios devem ser préviamente autorizados por deliberação do conselho de administração – na qual o administrador interessado está impedido de votar[228] – à qual deve acresescer o parecer favorável do conselho fiscal (artigo 397.º n.º 2 e 4), da comissão de auditoria (artigo 423.º-H) ou do conselho geral e de supervisão (artigo 428.º do CSC), consoante aplicável. Neste caso, o relatório anual do conselho de administração tem de especificar as autorizações concedidas e o relatório do órgão de fiscalização em causa deve aludir aos pareceres com aquelas relacionados (artigo 397.º n.º 4).

De referir que as regras acima enunciadas se aplicam, indiferenciadamente, quer a atos e contratos celebrados pelo administrador diretamente com a sociedade, quer aos atos e contratos que o administrador celebre com sociedades que estejam em relação de domínio ou de grupo com aquela (artigos488.º a 507.º do CSC).

Finalmente, surgem como viáveis, sem sujeição a quaisquer autorizações ou procedimentos especiais, os negócios compreendidos no *próprio comércio da sociedade* e dos quais nenhuma *vantagem especial* decorra para o contraente administrador (artigo 397.º n.º 5). Embora os conceitos de "próprio comércio" e "vantagem especial" sejam algo vagos, devendo ser objeto de análise em função das circunstâncias concretas, parece incontornável que o que não deverá ocorrer é a obtenção de vantagens para o administrador que não beneficiem, em igual medida, a sociedade ou que sejam passíveis de aumentar o patrimonio daquele em prejuízo do desta ou sem o aumentar[229].

II. A rácio subjacente a este preceito está intimamente relacionada com os deveres fundamentais dos administradores, nomeadamente com o dever de leal-

[227] No que respeita às instituições de crédito, esta proibição consta expressamente do artigo 85.º do RGICSF.

[228] Cfr. artigo 410.º n.º6, nos termos do qual o administrador está impossibilitado de votar no conselho de administração em circunstâncias que possam consubtanciar um conflito dos seus interesses com os da sociedade.

[229] Cfr. fórmula do Tribunal da Relação do Porto no acórdão de 5-Dez.-1995 (Mário Cruz), CJ XX (1995) 5, 216-219 (218/I), segundo a qual são "vantagens especiais" as que se afastem das vantagens normais na forma legítima de negociar, fazendo entrar diretamente, no todo ou em parte, no património do administrador, aquilo que, no todo ou em parte, seria dirigido à sociedade.

dade, genéricamente enunciado no artigo 64.º do CSC, o qual deve ser observado no interesse da sociedade e não no seu próprio interesse pessoal. Parece-nos, assim, evidente que a inexistência desta disciplina dos negócios entre a sociedade e os seus administradores, potenciaria, quer dúvidas sobre a correção e bondade de alguns dos seus atos, quer atos indiscutivelmente praticados por aqueles em benefício próprio e suscetíveis de prejudicar não apenas a sociedade, mas também os seus accionistas ou os seus credores. Neste contexto, as regras enunciadas afiguram-se como essenciais para a garantia de um exercício profissional das funções de administração, isento e transparente, focado no interesse da sociedade e na sua boa imagem, em linha com os melhores padrões de governo societário.

III. No plano recomendatório, o CodGov do IPCG, susceptível de ser adotado por sociedades cotadas numa base *comply or explain* contempla, no Capítulo I – Parte Geral, os conflitos de interesse, estabelecendo para as sociedade cotadas o Princípio segundo o qual *devem existir mecanismos para prevenir a existência de conflitos de interesses, actuais ou potenciais, entre os membros de órgãos ou comissões societárias e a sociedade. O membro em conflito não deve interferir no processo de decisão*[230].

As Recomendações implementadoras deste Princípio incluem a existência de um regulamento interno do órgão de administração em causa, que (i) preveja a obrigação de os seus membros informarem pontualmente o órgão sobre os factos que possam constituir ou dar causa a um conflito entre os seus interesses e o interesse social; e (ii) .estabeleça que o membro em conflito não interfere no processo de decisão, sem prejuízo do dever de prestação de informações e esclarecimentos que o órgão ou os respectivos membros lhe solicitarem.

Adicionalmente, e num escrutínio, a nosso ver, mais exigente do que o estabelecido na lei, é igualmente recomendado que *a decisão do órgão sobre a existência de conflito de interesses de um administrador fica condicionada a confirmação pela Comissão de Auditoria, Conselho Fiscal ou Conselho Geral e de Supervisão, conforme o caso, sempre que a decisão não tenha sido tomada por unanimidade ou o administrador em causa o solicite.*

5. FISCALIZAÇÃO

5.1. Estrutura

I. É ao órgão de fiscalização que compete a espinhosa missão de, entre muitas outras tarefas associadas ao controlo e verificação da regularidade societária, fiscalizar a administração da sociedade. Pela sensibilidade das funções que lhe

[230] CodGov do IPCG, Princípio e Recomendações 1.4.

estão confiadas, o órgão de fiscalização tem que ser desenhado tendo em atenção a sociedade na qual se integra: sociedades de maior dimensão tendem a apresentar uma atividade mais diversificada e complexa, pelo que se justifica que a fiscalização seja entregue a um órgão com uma formação mais ampla; já sociedades de menor dimensão podem não justificar uma estrutura de fiscalização tão pesada, considerando o mais reduzido âmbito de atividades e volume de negócios. Daí que o Código das Sociedades Comerciais tenha previsto vários modelos de fiscalização, atendendo não apenas aos diferentes tipos societários, mas também às diversas realidades societárias que cada tipo societário pode acolher.

E a verdade é que se as sociedades por quotas tendem a ser mais homogéneas entre si – sociedades de pequena dimensão, com um número muito reduzido de sócios, nas quais é frequente a acumulação das funções de sócio e gerente –, as sociedades anónimas podem abranger realidades muito díspares. Também por essa razão, desde a aprovação do Código das Sociedades Comerciais, o legislador previu mais do que um modelo de governo societário. Sendo que na grande reforma societária de 2006 deu um passo decisivo neste domínio, ao acolher entre nós um novo modelo de organização societária – o modelo anglo-saxónico. A partir de então, as sociedades anónimas passaram a poder adotar, incluindo no que respeita à fiscalização, um de três modelos distintos, inspirados por distintos ordenamentos.

II. Na definição da estrutura de fiscalização os sócios situam-se num espaço que é simultaneamente de liberdade e limitação. Liberdade na medida em que a lei procura dar várias opções de escolha aos sócios. E são vários os casos em que a lei deixou espaço aos sócios para conformar a estrutura do órgão de fiscalização. Muito amplos na sociedade anónima, no que respeita à escolha do modelo de fiscalização (cfr. art. 278.º, n.º 1); amplos na sociedade por quotas, ao permitir que os sócios indiquem no contrato de sociedade que a sociedade tenha um conselho fiscal (cfr. art. 262.º, n.º 1); também amplos quanto às sociedades anónimas relativamente às quais não se verifiquem os requisitos indicados no art. 413.º, n.º 2, al. (a), dado que os respetivos sócios podem escolher um modelo de fiscalização mais exigente (art. 413.º, n.º 1, al. (b)) ou menos exigente (art. 413.º, n.º 1, al. (a)).

III. Feita esta brevíssima introdução, quais são as estruturas de fiscalização que podemos encontrar no Código das Sociedades Comerciais? A resposta mais pedagógica determina a distinção entre sociedades por quotas e anónimas, ainda que haja pontos de convergência entre os modelos possíveis em cada um desses tipos societários.

Sociedades por quotas

Embora não seja totalmente correto afirmar que o legislador tenha assumido que a fiscalização de sociedades por quotas compete aos sócios – estes devem ser os primeiros fiscalizadores da sociedade, pois ao escrutinarem a administração estarão a proteger o seu investimento –, a verdade é que lhes concedeu a palavra definitiva para, no contrato de sociedade, decidir se a sociedade terá ou não um conselho fiscal. Se decidirem no sentido afirmativo, os órgãos sociais dessa sociedade por quotas corresponderão ao habitual triângulo societário – assembleia geral de sócios, órgão de administração (gerência) e órgão de fiscalização (conselho fiscal) –, sendo aplicáveis as regras previstas para o efeito para as sociedades anónimas no que se refere ao conselho fiscal.

Se os sócios decidirem negativamente, a sociedade por quotas não terá um órgão de fiscalização próprio, autónomo, embora venha a ter um revisor oficial de contas se, durante dois anos consecutivos, dois dos seguintes indicadores forem ultrapassados: (a) total do balanço superior a €1 500 000; (b) total das vendas líquidas e outros proveitos superior a €3 000 000; ou (c) número de trabalhadores empregados em média durante o exercício superior a 50. A designação do revisor oficial de contas deixa de ser exigível se a sociedade já tiver ou passar a ter conselho fiscal ou se dois dos três mencionados limites não forem ultrapassados durante dois anos consecutivos.

Sociedades anónimas

As sociedades anónimas evidenciam em matéria de modelos de organização uma diversidade que é estranha às sociedades por quotas. Os modelos possíveis são três:

Modelo clássico

A estrutura de administração e fiscalização das sociedades anónimas que sigam o modelo clássico compreende um conselho de administração e um conselho fiscal (cfr. art. 278.º, n.º 1, al. (a)), sendo obrigatória, nos casos previstos na lei, a existência de um revisor oficial de contas (cfr. art. 278.º, n.º 3). Porém, o legislador percebeu que as sociedades anónimas podem ser muito diferentes entre si e que a certas sociedades se justifica impor uma fiscalização reforçada, compreendendo um conselho fiscal e um revisor oficial de contas ou uma sociedade de revisores oficiais de contas que não seja membro do conselho fiscal.

Que sociedades justificam este modelo reforçado? Por um lado, sociedades emitentes de valores mobiliários admitidos à negociação em mercado regulamentado, uma vez que, entre outras razões, se encontram sujeitas a um regime informativo muito mais exigente no que respeita à prestação de informação periódica (cfr. art. 245.º e segs do Código dos Valores Mobiliários) e contínua (cfr. art. 248.º e 248.º-B do Código dos Valores Mobiliários, por exemplo). Por outro lado, sociedades que, não emitindo valores mobiliários admitidos à negociação em mercado regulamentado nem sendo totalmente dominadas por outra sociedade que adote o modelo de fiscalização reforçada, tenham uma dimensão relevante e, durante dois anos consecutivos, ultrapassem dois dos seguintes limites: (a) total do balanço superior a € 100 000 000; (b) total das vendas líquidas e outros proveitos superior a € 150 000 000; e (c) número de trabalhadores empregados em média durante o exercício superior a 150. Estas sociedades, pelas razões referidas, caso escolham o modelo de administração e fiscalização clássico, terão que adotar uma modalidade de fiscalização reforçada, integrando um conselho fiscal e um revisor oficial de contas ou uma sociedade de revisores oficiais de contas que não seja membro do conselho fiscal.

Os acionistas das demais sociedades anónimas podem determinar que a sociedade da qual são sócios siga esta modalidade de fiscalização. Porém, não estão obrigados a tal, podendo confiar a fiscalização da sociedade a um fiscal único, que deve ser um revisor oficial de contas ou sociedade de revisores oficiais de contas, ou a um conselho fiscal.

Modelo germânico

A estrutura de administração e fiscalização das sociedades anónimas que acolham o modelo germânico integra um conselho de administração executivo, um conselho geral e de supervisão e revisor oficial de contas (cfr. art. 278.º, n.º 1, al. (c)), devendo o conselho geral e de supervisão compreender, nos casos previstos na lei, uma comissão para as matérias financeiras (cfr. art. 278.º, n.º 4).

O modelo germânico assume maior particularidade pelas funções alargadas que são cometidas ao conselho geral de supervisão. Este órgão social é *sui generis*, pois não se limita ao exercício de funções tipicamente fiscalizadoras, enveredando ainda por terrenos que, noutros modelos, se situam na jurisdição da assembleia geral (um bom exemplo é, salvo se os estatutos previrem algo em contrário, a possibilidade de nomeação dos administradores – art. 441.º, n.º 1, al. (a)).

Conforme já mencionado, em certas sociedades – as emitentes de valores mobiliários admitidos à negociação em mercado regulamentado e as demais sociedades que ultrapassem os limites referidos no art. 413.º, n.º 2, al. (a) –, o conselho geral e de supervisão deve constituir uma comissão para as matérias financeiras, especificamente dedicada ao exercício das funções referidas nas als. (f) a (o) do art. 441.º, as quais, sem compreender, por exemplo, a fiscalização das atividades do conselho de administração executivo, integram, nomeadamente, a emissão de parecer sobre o relatório de gestão e as contas do exercício ou a fiscalização do processo de preparação e divulgação de informação financeira (cfr. art. 444.º, n.º 2).

Modelo anglo-saxónico

A estrutura de administração e fiscalização das sociedades anónimas que sigam o modelo anglo-saxónico compreende um conselho de administração, no qual está integrada uma comissão de auditoria, e revisor oficial de contas (cfr. art. 278.º, n.º 1, al. (b)).

Ao contrário dos dois outros modelos – clássico e germânico –, no modelo anglo-saxónico o órgão de fiscalização subsume-se ao órgão de administração. Quer isto dizer que os membros do órgão de fiscalização convivem com os membros do órgão de administração, aliás, todos eles merecendo a qualificação de administradores. A própria lei o refere expressamente: a comissão de auditoria é um órgão da sociedade composto por uma parte dos membros do conselho de administração (cfr. art. 423-B, n.º 1). Naturalmente, aos membros da comissão de auditoria está vedado o exercício de funções executivas.

5.2. Incompatibilidades e independência

I. Os membros de órgãos de fiscalização respondem nos termos aplicáveis das disposições previstas para os membros do órgão de administração (art. 81.º, n.º 1), sendo que os membros de órgãos de fiscalização respondem solidariamente com os gerentes ou administradores da sociedade por atos ou omissões destes no desempenho dos respetivos cargos, nos casos em que o dano se não teria produzido se houvessem cumprido as suas obrigações de fiscalização (art. 81.º, n.º 2).

O regime de responsabilidade é muito forte para fazer sentir a qualquer membro de um órgão de fiscalização que dele se espera que cumpra as respetivas funções nos termos previstos no art. 64.º, n.º 2, observando deveres de cuidado, empregando para o efeito elevados padrões de diligência profissional e deveres de lealdade, no interesse da sociedade.

II. Porém, dadas as funções que são atribuídas ao órgão de fiscalização, a lei não se cingiu ao estabelecimento de um regime de responsabilidade – este é essencialmente repressivo e deve funcionar como reação a algo que correu mal. Foi mais longe e, gerindo por antecipação potenciais conflitos de interesses, fixou os casos de inelegibilidade para eleição ou designação e exercício como membro de um órgão de fiscalização, procurando assim evitar que alguém possa ser ou estar investido como membro de um órgão de fiscalização se sobre si puderem recair dúvidas quanto à capacidade para cumprir os referidos deveres. Deste modo, a lei assume que apenas alguém que se situe numa posição de completa independência e imparcialidade estará apto a cumprir os seus deveres fundamentais como membro de um órgão de fiscalização. Adicionalmente, nada impede os sócios de, estatutariamente, preverem outras incompatibilidades para além das estabelecidas na lei.

A lei começa por circunscrever a aferição da incompatibilidade aquando da eleição ou designação. Nesse momento, é indispensável averiguar se o candidato a titular do órgão em causa se encontra ou não numa posição compatível com o exercício das funções para as quais será eleito ou designado. Porém, o escrutínio não pode esgotar-se aí. Se alguém for titular de um órgão de fiscalização e passar a estar numa situação que configuraria uma incompatibilidade para efeito da sua eleição ou designação, tal pessoa deverá ser considerada como incompatível para o exercício do cargo social. A lei di-lo (art. 414.º-A, n.º 2) e não poderia deixar de ser assim. Se alguém não pode ser eleito ou designado em virtude de uma incompatibilidade, também não pode manter-se no cargo, pelo que a superveniência da incompatibilidade implica a caducidade da designação.

A matéria aparece concentrada no art. 414.º-A, que apesar de se referir ao fiscal único, ao conselho fiscal e ao revisor oficial de contas, acaba por assumir uma vocação universal: aplica-se, por remissão, com as necessárias adaptações, nomeadamente, aos membros da comissão de auditoria (art. 423.º-B, n.º 3) e do conselho geral e de supervisão (art. 434.º, n.º 4).

II. São vários os casos de incompatibilidade aplicáveis à eleição ou designação e exercício como membro do fiscal único e do conselho fiscal (no modelo clássico), da comissão de auditoria (no modelo anglo-saxónico) e do conselho geral e de supervisão (no modelo germânico), a saber:

a) Os beneficiários de vantagens particulares da própria sociedade;

b) Os que exercem funções de administração na própria sociedade;

c) Os membros dos órgãos de administração de sociedade que se encontrem em relação de domínio ou de grupo com a sociedade fiscalizada;

d) O sócio de sociedade em nome coletivo que se encontre em relação de domínio com a sociedade fiscalizada;

e) Os que, de modo direto ou indireto, prestem serviços ou estabeleçam relação comercial significativa com a sociedade fiscalizada ou sociedade que com esta se encontre em relação de domínio ou de grupo;

f) Os que exerçam funções em empresa concorrente e que atuem em representação ou por conta desta ou que por qualquer outra forma estejam vinculados a interesses da empresa concorrente;

g) Os cônjuges, parentes e afins na linha reta e até ao 3.º grau, inclusive, na linha colateral, de pessoas impedidas por força do disposto nas alíneas a), b), c), d) e f), bem como os cônjuges das pessoas abrangidas pelo disposto na alínea e);

h) Os que exerçam funções de administração ou de fiscalização em cinco sociedades, excetuando as sociedades de advogados, as sociedades de revisores oficiais de contas e os revisores oficiais de contas, aplicando-se a estes o regime do artigo 76.º do Decreto-Lei n.º 487/99, de 16 de Novembro;

i) Os revisores oficiais de contas em relação aos quais se verifiquem outras incompatibilidades previstas na respetiva legislação;

j) Os interditos, os inabilitados, os insolventes, os falidos e os condenados a pena que implique a inibição, ainda que temporária, do exercício de funções públicas.

III. Para além destas incompatibilidades, que podemos designar universais pelo seu amplo âmbito de aplicação, há ainda incompatibilidades circunscritas a certos modelos de organização:

a) no modelo clássico, o fiscal único e o suplente não podem ser acionistas (art. 414.º, n.º 1, 2.ª parte);

b) no modelo anglo-saxónico, aos membros da comissão de auditoria é vedado o exercício de funções executivas (art. 423.º-B, n.º 3);

c) no modelo germânico, não pode ser designado membro do conselho geral e de supervisão quem seja administrador da sociedade ou de outra sociedade que com aquela se encontre em relação de domínio ou de grupo (art. 437.º, n.º 1).

IV. Por último, há ainda requisitos de elegibilidade mínimos que determinam a compatibilidade ou não de alguém para ser titular de um órgão de fiscalização:

a) no modelo clássico não reforçado, o fiscal único e o suplente têm que ser revisores oficiais de contas (art. 414.º, n.º 1, 1.ª parte);

b) no modelo clássico não reforçado, o conselho fiscal deve incluir um revisor oficial de contas ou uma sociedade de revisores oficiais de contas (art. 414.º, n.º 2);

c) no modelo clássico, reforçado ou não reforçado, e no anglo-saxónico os acionistas que sejam membros do conselho fiscal devem ser pessoas singulares com capacidade jurídica plena e devem ter as qualificações e a experiência profissional adequadas ao exercício das suas funções (art. 414.º, n.º 3, 2.ª parte e art. 423.º-B, n.º 6);

d) no modelo clássico reforçado e no modelo anglo-saxónico, quando a sociedade for emitente de ações admitidas à negociação em mercado regulamentado, a maioria dos membros do conselho fiscal ou da comissão executiva, respetivamente, deve ser independente (art. 414.º, n.º 6 e art. 423.º-B, n.º 6);

e) no modelo germânico, na falta de autorização da assembleia geral, os membros do conselho geral e de supervisão não podem exercer por conta própria ou alheia atividade concorrente da sociedade nem exercer funções em sociedade concorrente ou ser designados por conta ou em representação desta (art. 434.º, n.º 5);

f) nos três modelos, nas sociedades emitentes de valores mobiliários admitidos à negociação em mercado regulamentado e nas sociedades que cumpram os critérios referidos no art. 413.º, n.º 2, al. (a), o conselho fiscal, a comissão de auditoria ou a comissão para as matérias financeiras deve incluir pelo menos um membro que tenha curso superior adequado ao exercício das suas funções e conhecimentos em auditoria ou contabilidade e que seja independente (art. 414.º, n.º 4, art. 423.º-B, n.º 4 e art. 444.º, n.º 5).

V. Para efeito de fiscalização, a noção de independente surge no art. 414.º, n.º 5: "Considera-se independente a pessoa que não esteja associada a qualquer grupo de interesses específicos na sociedade nem se encontre em alguma circunstância suscetível de afetar a sua isenção de análise ou de decisão, nomeadamente em virtude de: (a) ser titular ou atuar em nome ou por conta de titulares de participação qualificada igual ou superior a 2% do capital social da sociedade; (b) ter sido reeleita por mais de dois mandatos, de forma contínua ou intercalada".

5.3. Designação, substituição e destituição

I. Qualquer sócio tem direito a ser designado para os órgãos de administração e de fiscalização da sociedade, nos termos da lei e do contrato (art. 21.º, n.º 1, al. (d)). No entanto, tal como nem todos os sócios são designados para o órgão de administração, também nem todos os sócios são designados para o órgão de fiscalização, sendo que há casos em que essa designação não é sequer admitida (cfr. art. 414.º, n.º 1, 2.ª parte).

II. Sem prejuízo da possibilidade de nomeação no contrato de sociedade, é a assembleia geral que tem competência para designar os membros do órgão de fiscalização. Assim sucede em qualquer dos três modelos – clássico (art. 415.º, n.º 1), anglo-saxónico (art. 423.º-C, n.º 1) e germânico (art. 435.º, n.º 1) –, sem prejuízo de outras regras, nomeadamente, para colmatar absentismo eletivo por parte da assembleia geral – vejam-se os casos de nomeação judicial previstos nos arts. 416.º e segs.

III. No modelo clássico, os membros efetivos do conselho fiscal que se encontrem temporariamente impedidos ou cujas funções tenham cessado são substituídos pelos suplentes, mas o suplente que seja revisor oficial de contas substitui o membro efetivo que tenha a mesma qualificação (art. 415.º, n.º 3). Já no modelo germânico, na falta definitiva de um membro do conselho geral e de supervisão, deve ser chamado um suplente, conforme a ordem por que figurem na lista submetida à assembleia geral dos acionistas (art. 438.º, n.º 1).

IV. No modelo clássico, no que respeita à destituição de membros do conselho fiscal, do revisor oficial de contas ou do fiscal único, a regra é simples: a destituição carece sempre de justa causa e será determinada pela entidade que tiver procedido à nomeação. Assim, há que distinguir consoante a nomeação tenha sido judicial ou não. Para não retirar efetividade à nomeação judicial – e recorde-se que esta tem lugar num cenário de absentismo eletivo da assembleia geral, suprido pelo pedido de nomeação judicial da administração ou de qualquer acionista –, a assembleia geral pode destituir com justa causa os membros do conselho fiscal, o revisor oficial de contas ou o fiscal único que não tenham sido nomeados judicialmente. Já os membros do conselho fiscal, o revisor oficial de contas ou o fiscal único nomeados pelo tribunal só podem ser destituídos, havendo justa causa, na sequência de pedido da administração ou daqueles que tiverem requerido a nomeação, devendo proceder-se a nova nomeação judicial, se o tribunal ordenar a destituição.

A destituição não esgota os deveres do membro do conselho fiscal, do revisor oficial de contas ou do fiscal único destituído. No prazo de 30 dias, os membros do conselho fiscal e os revisores destituídos são obrigados a apresentar ao presidente da mesa da assembleia geral um relatório sobre a fiscalização exercida até ao termo das respetivas funções (art. 419.º, n.º 4), o qual será partilhado com a administração e o conselho fiscal e submetido oportunamente à apreciação da assembleia geral (art. 419.º, n.º 5).

V. O que acaba de ser dito a propósito do modelo clássico tem igual aplicação à comissão de auditoria (art. 423.º-E), não existindo regras expressas aplicáveis à destituição de membros do conselho geral e de supervisão ou à comissão para as matérias financeiras.

5.4. Gestão de Riscos, Controlo Interno e Auditoria Interna

As referências aos conceitos de "gestão de riscos", "controlo interno" e "auditoria interna" no CSC são uma inovação introduzida por alterações que aquele diploma foi sofrendo durante a primeira década do século XXI[231].

Também a questão dos controlos internos e da gestão do risco (ou talvez até sobretudo) sofreu uma "evolução reactiva" determinada pelos sucessivos escândalos com sociedades cotadas e entidades do sector financeiro e que motivaram ondas contínuas de reforma do direito do governo das sociedades a nível internacional, europeu e nacional.

O reforço da carga regulatória incidiu sobre vários aspectos do regime das sociedades anónimas. Pela especial proximidade entre a fiscalização e a gestão de riscos, controlo interno e auditoria interna, remetemos para as secções anteriores deste capítulo 5. ("*Fiscalização*").

Ao contrário do que sucedeu relativamente a diversos outros temas de governo de sociedades, uma abordagem normativa injuntiva e prescritiva de aplicação universal a toda e qualquer sociedade sobre a gestão de risco e sistema de controlo interno seria sempre inviável, excepto no que diz respeita à sua cúpula: os órgãos de administração, fiscalização e alguns direitos dos accionistas perante a sociedade.

A gestão do risco é uma matéria particularmente adequada para instrumentos de *soft law,* dada a marcada especificidade sectorial dos riscos que cada sociedade enfrenta e as marcadas diferenças de capacidade económica para suportarem uma estrutura de controlo de riscos elaborada. Como refere Menezes Cordeiro "*a montagem e o funcionamento* [de um sistema de gestão dos riscos, de controlo interno e de auditoria interna] *requerem o domínio das leges artis, isto é, o know how próprio da sociedade onde o problema se ponha*"[232]. Nesta matéria seguramente *one size does not fit all* e também não seria viável produzir um catálogo de soluções prontas a vestir suficientemente amplo. O controlo interno e a gestão de riscos tem um custo que aumenta na proporção directa da sofisticação do sistema, pelo que na maior parte do tecido empresarial português, terá uma expressão muito rudimentar[233].

A auditoria interna é claramente um importante instrumento de governo das sociedades na medida em que contribui fortemente para a qualidade da

[231] Introduzidos pelo Decreto-Lei n.º 88/2004, de 20 de Abril, pelo Decreto-Lei n.º 35/2005, de 17 de Fevereiro, pelo Decreto-Lei n.º 76-A/2006, de 29 de Março e pelo Decreto-Lei n.º 185/2009, de 12 de Agosto.

[232] António Menezes Cordeiro, *Direito das Sociedades,* I, Almedina, Coimbra, 2011, p. 1015;

[233] Ver a este propósito "*Resultados Preliminares do III Survey sobre a Função de Auditoria Interna em Portugal – 2012*", elaborado pela KPMG e pelo IPAI, disponível em survey_ipai_kpmg_2012_resultados_prelim_vf_1358104607.pdf.

informação sobre as sociedades e para a identificação, monitorização e gestão de riscos (operacionais, financeiros e de fraude ou outros incumprimentos de regras ou instruções).

De facto, a regulamentação do controlo interno de riscos e gestão de risco começou focada na protecção da veracidade da documentação das informações contabilísticas das sociedades, mas ao longo do tempo foi-se expandido para outras áreas como a operacional e a ambiental.

Ao nível comunitário a regulação da gestão dos riscos e dos controlos internos concentra-se essencialmente no órgão de fiscalização e de supervisão e na sua missão de apreciação anual da eficácia e efectividade dos sistemas internos de controlo de riscos das sociedades e na publicação de relatório anual.

Também em Portugal, o CSC, se limita a impor: (1) ao órgão de fiscalização, em qualquer dos modelos disponíveis, o dever de fiscalizar a eficácia do sistema de gestão de riscos, do sistema de controlo interno e do sistema de auditoria interna, se existentes (artigo 420.º n.º 1 (i), 423.º-F n.º 1 (i) e 441.º n.º 1 (i))[234] e a (2) de divulgação no relatório da gestão, individual e consolidado, de cada exercício, uma "*descrição dos principais riscos e incertezas* com que a sociedade ou o grupo se defronta e, em especial, "*os objectivos e as políticas da sociedade em matéria de gestão dos riscos financeiros, incluindo as políticas de cobertura de cada uma das principais categorias de transacções previstas para as quais seja utilizada a contabilização de cobertura, e a exposição por parte da sociedade aos riscos de preço, de crédito, de liquidez e de fluxos de caixa, quando materialmente relevantes para a avaliação dos elementos do activo e do passivo, da posição financeira e dos resultados, em relação com a utilização dos instrumentos financeiros*" (artigo 66.º/1 e 66.º/5(h) e 508.º-C/1 e 508.º-C/5(e))[235-236].

Importa, no entanto, notar que a descrição do dever de fiscalizar a eficácia do sistema de controlo e auditoria interna como eventual (dependente de esse sistema existir na sociedade em causa) não deve ser interpretada no sentido de a sua criação ser, em absoluto, facultativa. Não é. Perante as circunstâncias de certas sociedades (sobretudo em termos de riscos específicos que enfrenta e dimensão), a existência de um sistema de controlo e auditoria interna pode ser absolutamente essencial para que o órgão de administração consiga cumprir os seus deveres perante a sociedade. É nesse contexto – do dever de cuidado dos

[234] Alteração introduzida pelo Decreto-Lei 76-A/2006, que transpôs, nesta parte, a Directiva n.º 2006/43/CE do Parlamento Europeu e do Conselho de 17 de Maio.

[235] Alteração introduzida pelo Decreto-Lei n.º 185/2009, de 12 de Agosto, que transpôs, a Directiva n.º 2006/46/CE do Parlamento Europeu e do Conselho de 14 de Junho.

[236] Sobre a divulgação de informação sobre o risco e suas gestão em sede de prestação de contas por sociedades emitentes de acções admitidas à negociação em mercado regulamentado situado ou a funcionar em Portugal, relevam também os artigos 245.º n.º 1 c), 245.ºA n.º 1 m) e 246.º n.º 2 do CVM.

administradores – que a criação de um sistema de controlo e auditoria interna se torna juridicamente vinculativa[237].

Isto chama a atenção para um aspecto já abordado de passagem: no topo de qualquer sistema de gestão de riscos e controlo e auditoria interna está necessariamente, primeiro, o órgão de administração. De facto, a definição da estratégia da sociedade é o aspecto central de uma função a que alguns autores chamam de "*alta administração*"[238]. É da essência de uma actuação racional a eleição dos objectivos, do percurso para os atingir e dos factores que podem contribuir para o sucesso ou insucesso e das respectivas probabilidades[239]. Se aceitarmos que "*risk is where the probabilities of different outcomes are known, but not the outcome itself*"[240] é fácil entender que gerir é jogar com probabilidades e, logo, com o risco. Neste aspecto, a gestão de risco é sempre uma função inescapável da actividade de administração e de fiscalização, mesmo que seja exercida inconscientemente. A grande variação entre as formas como, de sociedade para sociedade, se lida com o risco e o controlo interno resulta, antes de mais, das diferentes respostas do órgão de administração a estas perguntas: cria-se um sistema autónomo especializado para gerir o risco? E, se sim, qual a sua extensão e grau de sofisticação e que recursos se lhe afectam?

No caso mais habitual dos grupos de sociedades, parece claro que o sistema de gestão de controlo e gestão de riscos deve cobrir todo o respectivo perímetro de forma integrada.

A gestão do risco é um dos aspectos fundamentais da administração em qualquer sociedade. Tem porém relevo especialmente intenso em certas actividades, como no caso paradigmático do sector financeiro, onde, por isso, a matéria é especialmente regulada[241].

[237] Neste sentido, Paulo Câmara, A Auditoria Interna e o Governo das Sociedades, em Estudos de Homenagem ao Professor Doutor Paulo de Pitta e Cunha (2010), Almedina, Coimbra, 311

[238] J. M. Coutinho de Abreu, *Corporate Governance em Portugal*, in Miscelâneas n.6, Instituto de Direito das Empresas e do Trabalho, 2010, Almedina, p.16.

[239] De acordo com a Recomendação II.2.2. do Código de Governo das Sociedades da CMVM (2010), esta é uma competência que não deve ser delegada e em cujo exercício devem participar tanto executivos como não executivos.

[240] Frank H. Knight, *Risk, Uncertainty, and Profit, Mifflin Company, The Riverdale Press, Cambridge), Boston, Hart, Schaffer & Marx Houghton*

[241] Ver a este propósito o regime do artigo 305.º-A a 305.º-D do CVM e o Aviso 5/2008, do Banco de Portugal. Sobre a divulgação de informação sobre o risco e sua gestão em sede de prestação de contas por sociedades emitentes de acções admitidas à negociação em mercado regulamentado situado ou a funcionar em Portugal, relevam também os artigos 245.º n.º 1 c), 245.ºA n.º 1 (m) e 246.º n.º 2 do CVM.

5.5. Remuneração

A remuneração dos membros do conselho fiscal (artigo 422.º-A, n.º 1) da comissão de auditoria (423.º-D) e do conselho geral e de supervisão (artigo 423.º), que também é fixada pela assembleia geral ou por uma comissão de remunerações por ela nomeada, é necessariamente fixa. O objectivo é evitar incentivos errados e um potencial alinhamento nefasto de interesses entre administração e fiscalização, tendo em conta a função desempenhada por esta última de verificação da veracidade da informação sobre a sociedade produzida pela administração e que os dados que essa informação exprimir têm um impacto determinante nas remunerações variáveis (dos administradores e dos membro de qualquer outro órgão social, se a remuneração variável fosse admissível)[242]. A prática generalizada nas sociedades portuguesas (pelo menos nas cotadas e nas não cotadas de maior dimensão) é remunerar os membros do órgão de fiscalização e do presidente da mesa da assembleia geral através de senhas de presença[243].

A assembleia geral pode, a qualquer momento, reduzir ou aumentar a remuneração dos membros conselho geral e de supervisão em função de alterações nos factores que presidiram à sua fixação: (i) as funções desempenhadas e a (ii) situação económica da sociedade (artigo 440.º, n.º 3). Considerando que a alteração de remuneração poderia ser utilizada coactivamente pela assembleia geral, prejudicando a independência dos membros do conselho geral e de supervisão e que pode afectar expectativas particularmente relevantes e legítimas dos seus titulares, há quem interprete restritivamente este preceito[244].

Por fim, refira-se que qualquer accionista com uma participação igual ou superior a 1% do capital social pode consultar na sede da sociedade, desde que alegue motivo justificado, os montantes globais das remunerações pagas aos membros dos órgãos sociais, relativamente a cada um dos últimos três anos, (artigo 288.º, n.º 1 c)).

[242] Como a mesma *ratio*, sugere a alínea (i) da Recomendação II .1.5.1. do Código de Governo das Sociedades que a remuneração dos membros do não executivos do órgão de administração não inclua "*nenhuma componente cujo valor dependa do desempenho ou do valor da sociedade*", dado a sua função de fiscalização (que, contudo, não exercem necessariamente no modelo clássico e, eventualmente, no modelo anglo-saxónico, que admite administradores não-executivos que não integrem a comissão de auditoria) e de supervisão. Nos casos em que não integrem o órgão de fiscalização, Paulo Câmara entende que "*não pode condenar-se, de modo absoluto, a variabilidade da remuneração de administradores não executivos; interditada deve apenas ser a fixação da remuneração destes em termos que venha deprimir a sua capacidade de avaliação critica do desempenho da gestão*" in, *Remuneração* em AAVV, *Código do Governo das Sociedades Anotado,* Almedina, Coimbra, 2012, 185.

[243] Sobre a admissibilidade desta prática, ver Paulo Bandeira, *Participação na Assembleia* em AAVV, *Código do Governo das Sociedades Anotado,* Almedina, Coimbra, 2012, 62-65.

[244] *Anotação ao Artigo 440.º* em António Menezes Cordeiro (Coord.), *CSC Anotado,* Almedina, Coimbra, 2011, 1133;

5.6. Controlo de negócios com partes relacionadas

A abrir esta secção, importa enquadrar o controlo de negócios com partes relacionadas, dentro da problemática geral da prevenção de conflitos de interesses da sociedade com *insiders,* que é também tratada na Secção 2.2. (Modelos de Governação Societária: Mitigação de Conflitos de Interesses) no que respeita às relações entre os membros do órgão de administração e a sociedade e na Secção 3.7. a propósito de negócios entre a sociedade e accionistas, para onde se remete.

Debrucemo-nos, agora, especificamente sobre o mecanismo de prevenção de conflitos de interesses através da prestação obrigatória de informação, no anexo ao relatório de gestão, sobre operações (i) relevantes e (ii) fora de condições normais de mercado, realizadas entre a sociedade anónima e *partes relacionadas* no período de referência (introduzido no CSC pelo Decreto-Lei n.º 185/2009, de 12 de Agosto[245] [246] (artigos 66.º-A, n.º 2, 508.º-F n.º 2).

Numa disposição paralela, o CSC estende também o dever de informação às contas *consolidadas* não elaboradas de acordo com as normas internacionais de contabilidade ("NIC"), em cujo anexo devem ser divulgadas informações sobre operações: (i) relevantes – para o grupo – e (ii) realizadas fora de condições normais de mercado pela sociedade mãe ou por outras sociedades incluídas no perímetro de consolidação com partes relacionadas (com excepção das operações intragrupo).

Esta obrigação de prestação de informação recai sobre sociedades que *não* elaboram as suas contas de acordo com as NIC adoptadas nos termos de regulamento comunitário, dado que as demais já estão sujeitas a deveres de prestação mais exigentes.

É certo que a eficácia destas disposições fica prejudicada pela utilização de conceitos gerais para delimitar as operações entre partes relacionadas sujeitas a divulgação (apenas as que sejam relevantes para a sociedade ou para o grupo e que não tenham sido realizadas em condições normais de mercado). De facto, é deixada ao órgão de administração uma significativa margem de manobra para, pela via da interpretação destes dois requisitos, se furtar à divulgação de operações objectivamente dentro do escopo das normas em análise.

É importante, porém, referir a este propósito que a alternativa seria, com enorme probabilidade, excessivamente onerosa para as sociedades que lhe ficassem sujeitas com uma dimensão média ou superior.

[245] Que transpôs parte da Directiva n.º 2006/46/CE do Parlamento Europeu e do Conselho, que, por sua vez, altera a Directiva n.º 78/660/CEE, do Conselho, a Directiva n.º 83/349/CEE, do Conselho, a Directiva n.º 86/635/CEE, do Conselho e a Directiva n.º 91/674/CEE, do Conselho.

[246] Como referido na Secção 3.2. o artigo 397.º, n.º 4 do CSC também exige (já antes das alterações introduzidas no Decreto-Lei n.º 185/2009, de 12 de Agosto) a divulgação, no relatório de gestão e no relatório do conselho fiscal ou da comissão de auditoria dos contratos celebrados (directamente ou por interposta pessoa) entre a sociedade e os seus administradores com autorização prévia do conselho de administração e parecer favorável do conselho fiscal ou da comissão de auditoria.

Por outro lado, nas sociedades anónimas, independentemente do modelo de governo escolhido, o critério utilizado pelo órgão de administração é sujeito a apreciação crítica em sede de fiscalização, o que limita a margem da gestão para manobras furtivas.

Em ambos os casos (documentos de prestações de contas individuais ou consolidadas) devem ser revelados: (i) os montantes das operações, (ii) a natureza da relação com a parte relacionada e (iii) outras informações necessárias à avaliação da situação financeira das sociedades incluídas no perímetro de consolidação.

Em qualquer das situações, a informação sobre as operações pode ser agregada em função da sua natureza, excepto quando seja necessária informação separada para compreender os respectivos efeitos sobre a situação financeira da sociedade (artigos 66.º-A, n.º 2, b) e 508.º-F n.º 2 b)).

Para a definição do conceito de partes relacionadas, o CSC remete para as NIC adoptadas nos termos de regulamento comunitário (artigos 66.º-A CSC n.º 3 a), 508.º-F n.º 3 a)). O Regulamento Comunitário (CE) n.º 1606/2002, do Parlamento Europeu e do Conselho, de 19 de Julho rege a aplicação das NIC no espaço da UE. A NIC (ou IAS: *Internacional Accounting Standard*) relevante é a 24, segundo a qual são relevantes (sendo expressamente ressalvado que, na aplicação concretas destas normas se deve ter presente sempre o princípio contabilístico da prevalência da substância sobre a forma) as relações entre a sociedade em causa e outra entidade que:

a) directa ou indirectamente, através de um ou mais intermediários: (i) controlar, for controlada (entendendo-se por controlo: o poder de gerir as políticas financeiras e operacionais de uma entidade de forma a obter benefícios das suas actividades.) por ou estiver sob o controlo comum (ou seja, a partilha de controlo acordada contratualmente de uma actividade económica) da entidade (isto inclui empresas-mãe, subsidiárias e subsidiárias colegas); (ii) tiver um interesse na entidade que lhe confira influência significativa (isto é, o poder accionista, estatutário ou contratual de participar nas decisões financeiras e operacionais de uma entidade, por quem não tem controlo sobre essas políticas.) sobre a entidade; ou (iii) tiver um controlo conjunto sobre a entidade;

b) que for uma associada da entidade (definida na NIC (ou IAS) 28) – Investimentos em Associadas – como as *entidades, incluindo as não constituídas em sociedade, tal como uma parceria, sobre as quais o investidor tenha influência significativa e que não seja nem uma subsidiária nem um interesse num empreendimento conjunto;*

c) que for um empreendimento conjunto em que a entidade seja um empreendedor (sendo um empreendimento conjunto, definido nas NIC (ou IAS) 31 como *um acordo contratual pelo qual dois ou mais parceiros empreendem uma actividade económica que esteja sujeita a controlo conjunto);*

d) a parte for membro do pessoal chave da gerência da entidade ou da sua empresa-mãe (ou seja, se for uma das pessoas com autoridade e responsabilidade pelo planeamento, direcção e controlo das actividades da entidade, directa ou indirectamente, incluindo qualquer administrador (executivo ou outro) dessa entidade);

e) a parte for membro íntimo da família de qualquer indivíduo referido nas alíneas (a) ou (d) (entendendo-se por "membros íntimos da família de um indivíduo os membros da família que se espera que influenciem, ou sejam influenciados por, esse indivíduo nos seus negócios com a entidade. Podem incluir: (a) o parceiro doméstico e filhos do indivíduo; (b) filhos do parceiro doméstico do indivíduo; e (c) dependentes do indivíduo ou do parceiro doméstico do indivíduo.");

f) a parte for uma entidade controlada, controlada conjuntamente ou significativamente influenciada por, ou em que o poder de voto significativo nessa entidade reside em, directa ou indirectamente, qualquer indivíduo referido nas alíneas (d) ou (e); ou

g) a parte for um plano de benefícios pós-emprego para benefício dos empregados da entidade, ou de qualquer entidade que seja uma parte relacionada dessa entidade[247].

É aqui plenamente aplicável a racionalidade descrita na Seção 3.3 (Accionistas: Direito de Informação) para a utilização dos deveres de prestação de informação pelas sociedades como um importante instrumento de governo das sociedades e de promoção da eficiência do mercado de valores mobiliários. A divulgação de informação em geral e, concretamente, a referente aos negócios da sociedade com partes relacionadas[248] serve vários objectivos. Desde logo, funciona também como um instrumento de governo societário, servindo como um dissuasor de extracção de benefícios privados do controlo por parte de gestores e accionistas

[247] Sendo que as NIC 24 excluem expressamente do conceito de partes relacionadas as relações entre:
a) duas entidades cuja única relação seja apenas terem um administrador ou outro membro do pessoal chave da gerência em comum, não obstante as alíneas (d) e (f) da definição de «parte relacionada» (ou seja, não há uma relação relevante para efeito das NIC 24 entre a sociedade e outra sociedade onde haja um administrador ou pessoa chave da gerência em comum, desde que esse administrador ou pessoa chave da gerência em comum não controle ou tenha influência decisiva sobre a entidade em relação).
b) dois empreendedores simplesmente por partilharem o controlo conjunto sobre um empreendimento conjunto.
c) as (i) entidades que proporcionam financiamentos; (ii) sindicatos; (iii) empresas de serviços públicos, e (iv) os departamentos e agências governamentais (estatais), simplesmente em virtude dos seus negócios normais com uma entidade (embora possam afectar a liberdade de acção de uma entidade ou participar no seu processo de tomada de decisões)
d) um cliente, fornecedor, franchisador, distribuidor ou agente geral com quem uma entidade transaccione um volume significativo de negócios meramente em virtude da dependência económica resultante;

[248] José Ferreira Gomes, *Os Deveres de Informação sobre Negócios com Partes Relacionadas e os Recentes Decretos-Lei n.os 158/2009 e 185/2009*, Revista de Direito das Sociedades, n.º1 (2009); *Conflito de Interesses entre Accionistas nos Negócios Celebrados entre a Sociedade Anónima e o seu Accionista Controlador* em AAVV, *Conflito de Interesses no Direito Societário e Financeiro*, Almedina, Coimbra, 2010;

com influência relevante na gestão da sociedade, além de ser instrumental para a activação dos mecanismos legais de responsabilização dos actores societários por práticas irregulares (*vide* a este propósito a Secção 2.2). Por outro lado, contribui para a eficiência dos mercados de valores imobiliários, na medida em que promove uma adequada formação dos preços e nivela as circunstâncias entre todos os investidores (com e sem controlo) e potenciais investidores.

Como se depreende pela definição do conceito de "partes relacionadas" houve um propósito claro de capturar as situações em que certos indivíduos ou entidades jurídicas têm a capacidade de determinar ou influenciar decisivamente as acções das sociedades para, por essa via, instituir um mecanismos de especial vigilância sobre as transacção entre esses sujeitos e a sociedade para identificar (e dessa forma desincentivar) a extracção indevida de benefícios da sociedade[249].

A linguagem utilizada tem uma falta de precisão e introduz conceitos e terminologia estranha ao sistema jurídico nacional, por ter origem num texto contabilístico de aplicação internacional que precisa de ser mais descritivo por estar impedido de beneficiar da condensação de sentido que certas expressões e conceitos contêm em cada uma das diversas jurisdições relevantes[250].

[249] José Ferreira Gomes, *Os Deveres de Informação sobre Negócios com Partes Relacionadas e os Recentes Decretos-Lei n.os 158/2009 e 185/2009*, Revista de Direito das Sociedades, n.º1 (2009); *Conflito de Interesses entre Accionistas nos Negócios Celebrados entre a Sociedade Anónima e o seu Accionista Controlador* em AAVV, *Conflito de Interesses no Direito Societário e Financeiro*, Almedina, Coimbra, 2010;

[250] Menezes Cordeiro considera mesmo que o artigo 66.º-A veio introduzir no CSC regras contabilísticas "*fora do local próprio*" vide *Anotação ao Artigo* 399.º em António Menezes Cordeiro (Coord.), *CSC Anotado*, Almedina, Coimbra, 2011, 1064-1066;

CAPÍTULO VIII

A GOVERNAÇÃO DE SOCIEDADES EM SÃO TOMÉ E PRÍNCIPE

BRUNO XAVIER DE PINA
CLARA MARTINS PEREIRA

1. INTRODUÇÃO

1.1. Características essenciais das sociedades anónimas

O regime das sociedades anónimas em S. Tomé e Príncipe não tem sido objecto do esforço modernizador necessário à sua plena compatibilização com a realidade santomense, nem com a modernidade. Com efeito, as sociedades comerciais são, ainda nos dias de hoje, reguladas em S. Tomé e Príncipe pelo antigo Código Comercial dos tempos da monarquia portuguesa, conhecido como Código Veiga Beirão – aprovado pela Carta de Lei de 23 de agosto de 1888, com as alterações de detalhe introduzidas pela Lei n.º 14/2009, de 31 de Dezembro de 2009 ("Código Comercial"), com excepção das sociedades por quotas, que se regem pela Lei das Sociedades por Quotas, de 11 de Abril de 1901.

De resto, não tem a doutrina ou jurisprudência santomense contribuído para desenvolver ou densificar, por via da interpretação e aplicação consensualizada da lei, as disposições constantes do Código Comercial – pelo que as sociedades comerciais santomenses se encontram, ainda hoje, sujeitas a um regime jurídico datado e para cujo estudo não existem elementos de apoio interpretativo para além da estrita análise da lei.

Importa começar por assinalar que, a par com o que acontece também com as sociedades comerciais reguladas pelo direito português, as sociedades comerciais santomenses representam individualidades jurídicas distintas dos seus associados, que apenas são consideradas "juridicamente existentes" quando constituídas em obediência aos trâmites dispostos na lei (cfr. artigo 107.º do Código Comercial).

A sociedade anónima é um dos quatro tipos societários legalmente previstos no Código Comercial – definindo o artigo 105.º, §2.º daquele diploma a sociedade anónima como "aquela" em que os associados limitam a sua responsabilidade ao valor das acções que subscrevam para o capital social". Da definição enunciada, resulta que o regime de limitação de responsabilidade é idêntico ao aplicável às sociedades anónimas de direito português, em que o património dos accionistas não pode ser chamado a responder pelas dívidas da sociedade e em que, nesses termos, os accionistas apenas arriscam a perda do valor investido aquando da subscrição das acções de que são titulares. Há, no entanto, uma importante (e anacrónica) excepção: as deliberações da assembleia geral cujo conteúdo viole a lei ou os estatutos torna ilimitada a responsabilidade dos accionistas que tenham votado favoravelmente as deliberações viciadas.

Note-se ainda, porém, que, até ao registo definitivo da sociedade, os fundadores de qualquer sociedade anónima são solidária e ilimitadamente responsáveis pelos actos praticados no seu âmbito – sem prejuízo de eventual direito de regresso contra a sociedade (cf. § único do artigo 165.º do Código Comercial).

A constituição de sociedades anónimas apresenta, segundo o Código Comercial, uma forma vinculada: todas as sociedades comerciais devem ser constituídas por documento escrito (cfr. artigo 113.º do Código Comercial) e as sociedades anónimas são obrigatoriamente constituídas por escritura pública – onde, a par com o que acontece a propósito das restantes sociedades comerciais santomenses, é especificado o nome ou firma, o domicílio dos accionistas, o objecto, a duração, a organização da administração e fiscalização, as vantagens especiais eventualmente conferidas a accionistas, os poderes da assembleia geral (a par com as condições necessárias à sua constituição e funcionamento, os termos que presidem ao exercício do direito de voto pelos accionistas e as respectivas formas de representação), e, no caso específico das sociedades anónimas, a importância do capital social em dinheiro, créditos ou outros bens (com especificação do valor que lhes é atribuído, e do modo de calcular esse valor, e com discriminação do montante de capital subscrito e realizado), quaisquer vantagens especialmente concedidas aos accionistas fundadores e se as acções são nominativas ou ao portador e reciprocamente convertíveis ou não (devendo o instrumento de constituição das sociedades anónimas especificar, ainda, os prazos e importâncias de quaisquer pagamentos que tenham ficado por fazer). A constituição de sociedades anónimas exige um mínimo de 10 accionistas (cfr. artigo 162.º n.º 1 do Código Comercial).

Para efeitos de publicidade, cada sociedade tem uma matrícula no registo comercial realizada pela Conservatória do Registo Comercial. Todos os elementos do documento constitutivo que sejam alterados devem ser averbados à matrícula (cfr. artigo 49.º do Código Comercial). Dispõe, ainda, o artigo 193.º do Código Comercial que logo que a sociedade seja constituída devem os seus estatutos ser publicados – bem como quaisquer alterações que estes venham a sofrer. É, ainda, objecto de publicidade eventual acta de dissolução da sociedade. Por fim, também os balanços das sociedades anónimas são, depois de aprovados e discutidos em assembleia geral, publicados em conjunto com os relatórios de administração e parecer do Conselho Fiscal – "cujas cópias devem ser depositadas junto da Conservatória do Registo Comercial competente" (cfr. artigo 194.º do Código Comercial).

De resto, cumpre notar que, em todos os contratos, correspondência, publicações, anúncios e actos que, em geral, digam respeito à sociedade, devem ser claramente indicadas a espécie e sede da sociedade (cfr. artigo 117.º do Código Comercial).

Para além dos requisitos formais que lhe presidem, a constituição das sociedades anónimas santomenses está sujeita, ainda, à verificação de uma série de condições. Nos termos do artigo 162.º do Código Comercial, as sociedades anónimas só se poderão constituir definitivamente se (i) apresentarem, pelo menos, 5 accionistas, se (ii) o respectivo capital social for integralmente subscrito, se (iii) os accionistas subscritores tiverem pago em dinheiro 10% do capital por eles subscrito – devendo a correspondente importância ser depositada à ordem da administração da sociedade com expressa declaração da quantia subscrita por cada associado – e se (iv) a sociedade houver adoptado denominação social que não seja idêntica ou semelhante à de outra existente.

Também importa referir que, de acordo com a alteração introduzida pela Lei n.º 14/2009, o capital social mínimo para a constituição de uma sociedade anónima é hoje de 350.000.000,00 Dobras (cfr. artigo 105.º-A do Código Comercial), o que corresponderia aproximadamente a 18.000,00 dólares norte-americanos. Este capital social deve ser constituído em dinheiro ou em valores de qualquer natureza – devendo ser representado e dividido em acções de valor igual (cfr. artigo 166.º do Código Comercial). Contudo, a prática é a de que o capital social tenha um mínimo de 5.000,00 dólares norte-americanos.

As sociedades anónimas dissolvem-se quando, por mais de seis meses, tiverem existido com um número de accionistas inferior a 5 e qualquer interessado requerer a sua dissolução (cfr. artigo 120.º 7.ª § 3.º do Código Comercial). Também os credores de uma sociedade anónima podem requerer a sua dissolução, demonstrando que, uma vez cumpridas as obrigações de que são credores, metade do capital social da sociedade anónima terá sido perdido – sendo certo que a sociedade anónima se pode opor a tal dissolução, contanto que apresente aos seus credores as garantias de pagamento necessárias (cfr. artigo 120.º, 7.ª, § 4.º do Código Comercial).

1.2. Sociedades anónimas submetidas a regimes especiais

A lei santomense contempla, ainda, a possibilidade de serem constituídas sociedades anónimas submetidas a regimes especiais. Contam-se de entre estas, por exemplo, (i) as sociedades anónimas de seguros, e todas aquelas cujo capital não for destinado, imediata e directamente à realização do seu objecto podem constituir-se com o depósito de 5% do capital subscrito, (ii) as sociedades que tiverem por objecto adquirir bens imobiliários para os conservar em seu domínio e posse por mais de 10 anos, as quais só se poderão constituir mediante especial autorização dos poderes executivo e legislativo, segundo as leis vigentes (cfr. §1.º e §2.º do artigo 162.º, 4.ª do Código Comercial) e (iii) as sociedades que explorarem concessões feitas pelo Estado ou por qualquer corporação administrativa – ou relativamente às quais tiver sido constituído qualquer privilégio ou exclusivo – que poderão ser fiscalizadas também por agentes do governo ou da respectiva corporação administrativa, os quais, a par com o conselho fiscal da sociedade, devem fiscalizar o cumprimento pela sociedade do disposto na lei e nos respectivos estatutos, devendo, em particular, aferir dos termos em que são satisfeitas as condições exaradas nos diplomas das concessões e dos termos em que são cumpridas as obrigações da sociedade anónima para com o ente público em questão (cfr. §1.º do artigo 178.º do Código Comercial).

O capital social mínimo das sociedades anónimas também pode variar de acordo com o seu objecto: nos termos do artigo 105.º-B do Código Comercial, mais concretamente as que se seguem: (i) as sociedades que têm por objecto social os hidrocarbonetos e seus derivados devem ter um capital social mínimo de 500.000.000,00 Dobras (aproximadamente 26.850,00 dólares norte-americanos), (ii) as sociedades comerciais financeiras, gestoras de participações sociais, titularização de créditos, gestoras de fundos de pensões, de comercialização e gestão de capital de risco e entidades de investimento colectivo que comercializem as suas unidades de participação devem ter um capital social mínimo de 500.000.000,00 Dobras, (iii) as sociedades comerciais não financeiras de concessão e exploração de jogos, pagamentos de prémios de apostas ou lotarias devem ter um capital social mínimo de 300.000.000,00 Dobras (aproximadamente 16.120,00 dólares norte-americanos) e (iv) as sociedades comerciais que exerçam actividades no sector imobiliário devem ter um capital social mínimo de 200.000.000,00 Dobras.

2. MODELOS DE GOVERNO SOCIETÁRIO

2.1. Estrutura orgânica

O modelo de governo societário da sociedade anónima santomense estrutura-se num conjunto de órgãos que inclui a Assembleia Geral (órgão representativo dos accionistas), a Direcção (órgão de administração) e um órgão de fiscalização interno que corresponde, normalmente, a um Conselho Fiscal.

2.2. Mitigação de conflitos de interesse

A lei apenas permite que o cargo de director seja exercido por sócios (cfr. artigo 172.º do Código Comercial), o que contribuiria para diminuir os custos de agência. No entanto, o efeito seria meramente teórico, dado que uma acção apenas é considerada suficiente para tornar sócio o candidato a director.

3. ACCIONISTAS

3.1. Direitos dos accionistas: em especial, direito aos lucros

Nas sociedades anónimas santomenses, como na generalidade das sociedades comerciais constituídas ao abrigo da lei santomense, os accionistas têm direito a quinhoar nos lucros distribuídos a título de dividendo, na proporção da sua participação no capital social, a eleger os membros do órgão de administração da sociedade, a examinar a escrituração e demais documentos da sociedade e a fazer reclamações ou apresentar propostas nos termos prescritos na lei (cfr. artigo 119.º do Código Comercial). No que toca, em especial, ao direito aos lucros, importa notar que "é expressamente proibido que nos estatutos se estipulem juros certos e determinados para as acções, as quais só dão direito à parte proporcional que lhes caiba nos lucros líquidos que efectivamente resultem das operações da sociedade, comprovados pelos balanços" (cfr. artigo 192.º do Código Comercial) – considerando-se a distribuição de dividendos fictícios como uma violação do mandato por parte dos directores que a tiverem consentido (cfr. artigo 192.º, § 1.º do Código Comercial).

A proibição de distribuição de dividendos fictícios é, porém, excepcionada em casos de necessidade de mobilização de quantidades significativas de capital – na medida em que, nestes casos, a lei admite que possam as sociedades anónimas conceder aos accionistas um juro determinado sobre o capital por eles subscrito e efectivamente pago por um período de tempo não superior a 3 anos e numa medida que não exceda os 5% (cfr. artigo 192.º, §2.º do Código Comercial). Estes juros são considerados despesas de administração, e ficam a cargo de balanços futuros que apresentarem dividendos superiores àquela taxa (cfr. artigo 192.º, § 3.º do Código Comercial).

Veja-se, por fim, que, nos termos do artigo 191.º do Código Comercial, uma percentagem não inferior à vigésima parte dos lucros líquidos das sociedades anónimas deve ser alocada à formação de um fundo de reserva até que este represente, pelo menos, um quinto do capital social da sociedade.

3.2. Participação na Assembleia Geral (direito de voto, impedimentos ao seu exercício e regras sobre quórum e maiorias deliberativas)

A Assembleia Geral das sociedades anónimas santomenses é o órgão supremo que decide sobre as políticas a seguir pela sociedade – sendo normalmente composta pelo conjunto dos sócios com direito de voto. Assim, os accionistas das sociedades anónimas santomenses reúnem-se em assembleias gerais – as quais podem ser ordinárias ou extraordinárias (cfr. artigo 179.º do Código Comercial).

As assembleias ordinárias têm por objecto (i) discutir, aprovar ou modificar o balanço e o relatório do conselho fiscal, (ii) substituir os directores e os vogais do conselho fiscal que tiverem terminado o seu mandato e (iii) deliberar sobre qualquer outro assunto para que tenham sido convocadas (cfr. artigo 179.º do Código Comercial). Já as assembleias extraordinárias são convocadas sempre que a Direcção ou o Conselho Fiscal as julguem necessárias, ou quando sejam requeridas por accionistas representativos da vigésima parte do capital subscrito, sem prejuízo de disposição mais exigente, constante dos estatutos da sociedade (cfr. artigo 180.º do Código Comercial).

Em relação ao direito de voto, determina o Código Comercial que as deliberações sociais serão sempre tomadas por maioria absoluta de votos, excepto nos casos em que os estatutos exigirem maior número. Ainda a este propósito, importa notar que os estatutos podem limitar o número de votos de que cada accionista dispõe na assembleia, quer pessoalmente, quer como procurador, admitindo-se que o façam para todas as acções ou apenas para acções de uma ou mais categorias (mas não para accionistas determinados). Contudo, não pode o direito de voto dos accionistas ser limitado nos casos em que a lei ou os estatutos exijam para a validade das deliberações sociais uma certa maioria de capital – salvo se estabelecido diversamente nos estatutos – ou, bem assim, nos casos em que os votos pertençam ao Estado ou a entidades que lhe sejam equiparadas por legislação especial (cfr. artigo 183.º, § 3.º do Código Comercial).

Em qualquer caso, nenhum accionista poderá representar mais da décima parte dos votos conferidos por todas as acções emitidas (cfr. artigo 183.º, § 4.º do Código Comercial).

Em qualquer caso, e sempre que os estatutos exijam a posse de um determinado número de acções para o exercício do direito de voto em assembleia geral, o artigo 183.º, §4.º admite que possam os accionistas titulares de um número inferior de acções agrupar-se por forma a completarem o número exigido e fazerem-se representar por um dos agrupados, incumbido de traduzir a vontade do grupo de accionistas representado.

Quando uma assembleia geral regularmente convocada segundo as regras prescritas nos estatutos da sociedade, não possa funcionar por falta de número de accionistas ou por falta de suficiente representação de capital, dispõe o artigo 184.º do Código Comercial que são os interessados imediatamente, convocados para uma nova reunião, a efectuar no prazo máximo de 30 dias (mas nunca antes de decorridos 15 dias) – sendo consideradas como válidas as deliberações tomadas em segunda convocatória, independentemente, do número de accionistas presentes e do quantitativo do capital representado.

As deliberações tomadas nas assembleias gerais das sociedades anónimas podem ser impugnadas pelos accionistas nos termos do artigo 186.º do Código Comercial – tendo estes o direito de protestar contra as deliberações tomadas em oposição às disposições legais e estatutárias e de requerer judicialmente a suspensão da execução de tais deliberações. Cumpre, ainda, notar que caso as deliberações das assembleias gerais tomadas contra os preceitos da lei ou dos estatutos convertem a sociedade anónima numa sociedade de responsabilidade ilimitada, no que toca aos accionistas que tenham votado favoravelmente as deliberações viciadas. De resto, a actuação da Direcção que se apresente como contrária à lei ou aos estatutos não obriga a sociedade – ficando solidariamente responsáveis pelos seus efeitos (salvo exercício do direito de protesto) todos os que tomarem parte nessa actuação pessoal.

3.3. Direito de informação

O direito de informação dos accionistas das sociedades anónimas santomenses decorre do parágrafo 3.º do artigo 118.º do Código Comercial. Nos termos do referido artigo, os sócios têm direito a examinar a escrituração e os documentos relativos às operações sociais, nos termos e para os efeitos constantes da lei e dos estatutos – podendo, no silêncio dos estatutos ou da lei, proceder à referida examinação sempre que o desejarem.

De resto, também o artigo 168.º do Código Comercial confere aos accionistas o direito de consultar um livro de registo na sede da sociedade onde conste o nome dos subscritores das acções da sociedade anónima em causa e os números das respectivas acções, os pagamentos efectuados pelos seus accionistas, a transmissão de quaisquer acções nominativas (com indicação da sua data e a especificação das acções que se converteram ao portador e dos respectivos títulos que por elas se passaram) e o número de acções consignadas como caução ao bom desempenho dos cargos inerentes à governação da sociedade.

Ainda a propósito do direito de informação – e desta feita no que toca à convocação das assembleias gerais, dispõe o artigo 181.º do Código Comercial que tal convocação será feita por anúncios públicos, com um mínimo de 15 dias de antecedência e em obediência às demais condições previstas nos estatutos. A convocatória deve, ainda, informar os accionistas sobre a ordem de trabalhos que será objecto da assembleia geral convocada.

3.4. Abuso de maioria/Abuso de minoria

O direito santomense não regula este aspecto da governação societária.

3.5. Divulgação de participações sociais

Não existe qualquer dever de divulgação de participações sociais em sociedades anónimas.

3.6. Mercado de controlo accionista

Não existe um mercado organizado, muito menos regulamentado, de transmissão de participações sociais em São Tomé e Príncipe.

3.7. Negócios com a sociedade

Nenhuma disposição da legislação santomense se dedica ao tratamento específico deste aspecto da governação societária.

4. ADMINISTRAÇÃO

4.1. Estrutura

Nos termos do Código Comercial, a administração de uma sociedade anónima é confiada a uma Direcção eleita pela Assembleia Geral – devendo a primeira Direcção ser designada no instrumento de constituição da sociedade.

4.2. Incompatibilidades e independência

Nos termos do art.173.º, §4.º, os directores de uma sociedade anónima santomense não poderão exercer pessoalmente comércio ou indústria iguais aos da sociedade em que exercem funções – excepto se para tal forem especialmente autorizados pela Assembleia Geral da referida sociedade.

De resto, a Direcção é um órgão independente, eleito pelos sócios e no seio do qual os directores desempenham as suas funções em estrita obediência aos parâmetros fixados na lei e nos estatutos da sociedade junto da qual exercem funções.

4.3. Designação, substituição e destituição

A composição da Direcção das sociedades anónimas santomenses é determinada pela Assembleia Geral – a qual incumbe um conjunto de sócios do desempenho de funções de administração junto da respectiva sociedade. O mandato dos membros da Direcção não deve exceder três anos – podendo ser revogado antes do seu término, sempre que a Assembleia Geral o tenha por conveniente (cfr. artigo 171.º do Código Comercial). Já a reeleição é proibida sempre que os estatutos não a autorizem expressamente (cfr. art. 172.º, §1.º do Código Comercial).

No que toca à substituição dos administradores, o art.172.º, n.º2 do C.Com. diz que o estatuto da sociedade deve indicar a forma de suprir as faltas temporárias de qualquer dos directores; caso contrário, competirá ao Conselho Fiscal, ou, na falta deste, à mesa da assembleia geral, nomear os directores que exercerão funções até que tal assembleia geral se volte a reunir (cfr. artigo 172.º, n.º2 do Código Comercial).

4.4. Executivos e não executivos

Nenhuma disposição da legislação santomense regula a separação entre executivo e não executivos. Nem sequer é regulada expressamente a possibilidade de delegação de funções de gestão corrente. A prática, porém, vai no sentido de os estatutos frequentemente preverem a possibilidade de delegação de competência de gestão num ou mais administradores.

4.5. Remuneração

O exercício da função dos membros da Direcção de uma sociedade anónima santomense é remunerado, salvo disposição contrária dos estatutos (cfr. artigo177.º do Código Comercial). Deste modo, se a remuneração dos directores não for fixada nos estatutos da sociedade onde estes exercem funções, sê-lo-á fixada pela respectiva Assembleia Geral (cfr. artigo 177.º, § único do Código Comercial).

4.6. Prestação de contas

Os administradores das sociedades anónimas santomenses não contraem qualquer obrigação pessoal ou solidária pelas operações das sociedades por respeito às quais exercem as suas funções. Os administradores não deixam, porém, de responder pessoal ou solidariamente para com a sociedade e para com terceiros pela inexecução do mandato e pela violação dos estatutos e preceitos constantes da lei (cfr. artigo 173.º do Código Comercial). Em qualquer caso, estão isentos desta responsabilidade os directores que não tiverem tomado conhecimento da respectiva resolução, e, bem assim, os directores que tiverem protestado contra as deliberações da maioria antes de lhe ser exigida a competente responsabilidade (cfr. artigo 173.º, § 1.º do Código Comercial). Entre os factos que são considerados violação expressa do mandato contam-se a prática, por conta da sociedade, de operações alheias ao seu objecto ou fim (cfr. artigo 173.º, §2.º do Código Comercial).

4.7. Negócios com a sociedade

De acordo com o artigo 173.º § 3.º do Código Comercial, é expressamente, proibido aos directores das sociedades anónimas negociar por conta própria, directa ou indirectamente, com sociedade cuja gerência lhes estiver confiada.

5. FISCALIZAÇÃO

5.1. Estrutura

As sociedades anónimas de responsabilidade limitada têm um órgão de fiscalização da respectiva gerência correspondente, normalmente, a um Conselho Fiscal.

O Conselho Fiscal das sociedades anónimas santomenses é composto três membros efectivos e um ou dois suplentes, ou por cinco efectivos e dois suplentes, conforme for estabelecido nos estatutos – os quais deverão ser eleitos pela Assembleia Geral (cfr. artigo 175.º do Código Comercial). Os membros do conselho fiscal e o fiscal único podem ser ou não sócios da sociedade, prescreve a lei que pelo menos um deles, ou o fiscal único e um suplente têm de ser designados entre os inscritos em lista específica de revisores oficiais de contas.

Os estatutos das sociedades anónimas podem dispor, porém, que a fiscalização de sociedade anónima cujo capital social não excede 2.500.00$ seja exercida por um fiscal único efectivo.

5.2. Incompatibilidades e independência

Não existe na legislação santomense qualquer regime de incompatibilidade, nem de exigência de independência.

5.3. Designação, substituição e destituição

A designação do Conselho Fiscal das sociedades santomenses é feita pela respectiva Assembleia Geral – que indicará, de entre eles, o respectivo presidente. A respeito da substituição de membros do Conselho Fiscal, dispõe o artigo 175.º, §1.º e §2.º do Código Comercial que podem os estatutos da sociedade anónima indicar o modo de suprimento das faltas temporárias de qualquer dos membros do conselho fiscal – mais acrescentando que na falta de indicação dos estatutos, competirá à mesa da assembleia geral, nomear os membros do conselho fiscal que exercerão funções até que a assembleia geral da sociedade em causa se volte a reunir (cfr. artigo 175.º, § 1.º do Código Comercial), em obediência ao disposto de seguida quanto a suplentes.

Existindo suplentes – e desde que exista mais do que um suplente e se verifique o impedimento temporário ou a cessação das funções de um membro efectivo do conselho fiscal – deve este ser substituído nos seguintes termos: (i) se for um membro escolhido entre lista de revisores oficiais de contas, é substituído pelo suplente aí inscrito; e (ii) se não for um membro escolhido entre lista de revisores oficiais de contas, é substituído pelo suplente mais velho, salvo se a assembleia geral estabelecer critério diverso.

Esgotados os suplentes eleitos, os cargos vagos são preenchidos por nova eleição levada a cabo pela assembleia geral.

A não ser que a reeleição de membros do Conselho Fiscal se encontre especificamente prevista nos estatutos da sociedade em que estes exercem funções, tal reeleição haver-se-á por proibida nos termos da lei (cfr. artigo 172.º, § 1.º do Código Comercial, aplicável ex vi do artigo 175.º, § 2.º do mesmo diploma).

5.4. Gestão de riscos, controlo interno e auditoria interna

Nos termos do artigo 176.º do Código Comercial, são atribuições do Conselho Fiscal das sociedades anónimas (i) examinar, sempre que conveniente, e pelo menos de três em três meses, a escrituração da sociedade, (ii) convocar assembleias gerais extraordinárias sempre que julgue necessário (exigindo-se, neste caso, uma votação unânime do Conselho Fiscal nesse sentido – caso este seja composto apenas por três membros – ou a votação favorável de 2/3 dos seus membros – caso este seja composto por maior número de membros), (iii) assistir às sessões da Direcção, sempre que julgue conveniente, (iv) fiscalizar a administração da sociedade, (v) verificar o cumprimento das condições estabelecidas pelos estatutos das sociedades anónimas relativamente à intervenção dos sócios nas assembleias, (vi) fiscalizar as operações de liquidação da sociedade, (vii) dar parecer sobre o balanço, inventário e relatório apresentado pela Direcção da sociedade e (viii) velar pelo cumprimento das disposições legais e estatutárias aplicáveis pela Direcção.

Em relação ao controlo interno e a auditoria interna, cabe ao Conselho Fiscal examinar, sempre que o julgue conveniente e pelo menos de três em três meses, a escrituração da sociedade; convocar a assembleia geral extraordinariamente, quando o julgar necessário, exigindo neste caso o voto unanime do conselho, quando for composto só de três membros, e de dois terços dos vogais, quando for composto de maior número; assistir às acções da direcção, sempre que o entenda conveniente; fiscalizar a administração da sociedade, verificando frequentemente, o estado da caixa, a existência dos títulos ou valores de qualquer espécie confiados a guarda da sociedade; verificar o cumprimento dos estatutos relativamente às condições estabelecidas para a intervenção dos sócios nas assembleias; vigiar pelas operações da liquidação da sociedade e dar parecer sobre o balanço, inventário e relatório apresentados pela direcção (artigo176.º do Código Comercial).

5.5. Remuneração

As funções dos membros do Conselho Fiscal são remuneradas, salvo disposição contrária dos estatutos. Desta forma, se a remuneração dos membros do Conselho Fiscal não for fixada nos estatutos da sociedade onde estes exercem funções, sê-lo-á fixada pela respectiva Assembleia Geral (cfr. art.177.º, § único do Código Comercial).

5.6. Controlo de negócios com partes relacionadas

Não existe qualquer disposição na legislação santomense sobre negócios entre partes relacionadas, para além do que se descreve na Secção 4.7 quanto ao controlo de negócios realizados com partes relacionadas.

5.7. Auditoria

Nenhuma disposição da legislação santomense se dedica ao tratamento específico deste aspecto da governação societária.

APRESENTAÇÃO DOS AUTORES

Paulo Câmara – Professor Convidado da Faculdade de Direito da Universidade Católica Portuguesa, do Instituto dos Valores Mobiliários, do Instituto de Direito Económico, Financeiro e Fiscal, da Universidade Nova de Lisboa e da Universidade Agostinho Neto de Luanda. Advogado (Sérvulo & Associados). No passado desempenhou funções como: Vice-Presidente do *Public Company Practice and Regulation Subcommittee* da *International Bar Association* (2011-2012); Membro da Comissão de Redacção do Código de Corporate Governance do Instituto Português de Corporate Governance (2011-2013); Director da Comissão do Mercado de Valores Mobiliários (1998-2008). Assistente da Faculdade de Direito de Lisboa (1993-2006); Membro da Comissão de Revisão do Código do Mercado de Valores Mobiliários (1997-1999); Membro do *European Securities Committee* (2006-2008); Membro do *Steering Group on Corporate Governance* organizado pela OCDE (1999-2008). Autor de meia centena de publicações na área do governo das sociedades, direito dos valores mobiliários e direito financeiro.

Bruno Ferreira – Licenciado em Direito (Faculdade de Direito da Universidade de Coimbra, 2001) e Mestre em Direito (Faculdade de Direito da Universidade de Lisboa, 2010). Advogado (Garrigues).

Sofia Vale – Professora da Faculdade de Direito da Universidade Agostinho Neto (Angola) desde 2004, onde é regente da cadeira de Direito Comercial. É coordenadora dos Cursos de Pós-Graduação em Direito das Sociedades, Mercados Financeiros e Compliance e Combate ao Branqueamento de Capitais. É também consultora no escritório Faria de Bastos & Lopes, Advogados (Angola). Licenciada em Direito pela Faculdade de Direito da Universidade de Coimbra (Portugal), concluiu Mestrado em Direitos Humanos na Universidade de Pádua (Itália) e encontra-se actualmente a preparar Doutoramento em Direito, ao abrigo do 1.º Programa Conjunto de Doutoramento realizado entre a Faculdade de Direito da Universidade Agostinho Neto e a Faculdade de Direito da Universidade Nova de Lisboa, sendo o tema da sua tese "O Governo dos Bancos em Angola".

Ary Oswaldo Mattos Filho – Professor sênior da Fundação Getúlio Vargas/Direito GV.

Juliana Bonacorsi de Palma – Pesquisadora da Fundação Getúlio Vargas/Direito GV e professora da Direito GV/GV*Law*.

Raquel Spencer Medina – Licenciada em Direito pela Faculdade de Direito da Universidade de Coimbra (1987). Foi Diretora dos Serviços Jurídicos do Banco de Cabo Verde. Advogada e Consultora Jurídica em Cabo Verde (Amado & Medina – Advogadas), com experiência nas áreas de Direito Bancário, Direito Comercial, Direito dos Seguros, Direito Civil, Direito Laboral e Direito da Família.

José Espírito Santo Leitão – Licenciado em Direito (Faculdade de Direito da Universidade de Lisboa) e advogado em Macau (MdME).

Telmo Ferreira – Licenciado em Direito, pela Faculdade de Direito da Universidade Eduardo Mondlane, Maputo, Moçambique (1999). Advogado (CGA – Couto, Graça e Associados), dedicado ao Direito Comercial (societário, aquisições, fusões, cisões, reestruturações, cambial, investimento, mercado de valores mobiliários, entre outros) e ao Direito Civil (contratos, imobiliário).

Rui de Oliveira Neves – Mestre em Direito (Faculdade de Direito de Lisboa, 2009) e Diretor Jurídico da Galp Energia. Docente convidado do Curso de Pós-Graduação do Instituto de Valores Mobiliários em Direito dos valores mobiliários. Autor de diversas publicações na área do Direito das sociedades comerciais e valores mobiliários.

Francisco Mendes Correia – Licenciado em Direito na Faculdade de Direito da Universidade de Lisboa (FDL) (2001), onde também obteve o grau de Mestre em Ciências Jurídico--Empresariais (2008). Actualmente, é Assistente e doutorando da FDL. As suas principais áreas de trabalho são o direito bancário, o direito civil e o direito das sociedades comerciais, onde tem desenvolvido o seu trabalho académico – sobretudo através da publicação de artigos em revistas e obras colectivas, assim como monografias – e enquanto advogado. É membro da Comissão de Redação da Revista de Direito das Sociedades e do Governance Lab.

Hugo Moredo Santos – Licenciado e Mestre em Direito (FDUL, 2009) e advogado (Vieira de Almeida e Associados). Membro da Direcção do Instituto dos Valores Mobiliários. Docente convidado em vários Cursos de Pós-Graduação do Instituto de Valores Mobiliários em Direito dos Valores Mobiliários. Autor de diversas publicações na área do Direito dos Valores Mobiliários.

Gabriela Figueiredo Dias – Mestre em Direito (FDUC) e Assessora do Presidente do Conselho Diretivo da CMVM. Autora de diversas publicações na área do Direito das sociedades, Direito civil e Direito dos valores mobiliários. Membro do *Corporate Governance Committee* da OCDE e respectivo *Bureau* (2008), do *Corporate Finance Standing Committee* (ESMA), da Comissão Jurídica do Instituto Português de Corporate Governance, do Instituto de Direito Bancário, da Bolsa e dos Seguros e do European Corporate Governance Institute. Membro do Conselho Directivo da AIDA Portugal (Secção portuguesa da *Association International de Droit des Assurances*). Lecciona em diversos cursos de Pós-Graduação (Faculdade de Direito da Universidade de Coimbra, Universidade Católica de Lisboa, Faculdade de Direito da Universidade de Lisboa).

Duarte Schmidt Lino – Licenciado em Direito (Faculdade de Direito da Universidade Católica de Lisboa, 2000) e advogado (PLMJ).

Ana Rita Almeida Campos – Licenciada em Direito (FDUL), LL.M. pela Universidade Católica Portuguesa (2007/2008). Coordenadora do Núcleo de Avaliação de Idoneidade no Departamento de Supervisão Prudencial do Banco de Portugal.

Bruno Xavier de Pina – Licenciado em Direito (Faculdade de Direito da Universidade de Lisboa, 2001) e pós-graduado em Fiscalidade, no Curso de Gestão Fiscal das Organizações do Instituto Superior de Economia e Gestão (ISEG, 2003). Advogado (PLMJ).

BIBLIOGRAFIA

Abreu, J. M. Coutinho de, *Abusos de minoria*, em AA.VV., in *Problemas do Direito das Sociedades*, Almedina, Coimbra (2003), 65-70

Abreu, J. M. Coutinho de, *Corporate Governance em Portugal*, in *Miscelâneas*, N. 6, Instituto de Direito das Empresas e do Trabalho, Almedina (2010), 9-47

Abreu, J. M. Coutinho de, *Curso de Direito Comercial – Volume II/Das Sociedades*, 4.ª Edição, Almedina, Coimbra (2011)

Abreu, J. M. Coutinho de, *Governação das Sociedades Comerciais*, Coimbra, Almedina (2010)

Albuquerque, Pedro de/Gonçalves, Diogo Costa, *O Impedimento do Exercício do Direito de Voto como Proibição Genérica de Atuação em Conflito*, in *Revista de Direito das Sociedades* III, 3 (2011), 657-712

Almeida, António Pereira de, *Sociedades Comerciais – Valores Mobiliários e Mercados*, Coimbra Editora, 6.ª Edição (2011)

Almeida, António Pereira de, *Sociedades Comerciais e Valores Mobiliários*, Coimbra Editora, Coimbra (2008)

Almeida, Carlos Ferreira de, *Direito Comparado. Ensino e Método*, Cosmos, Lisboa, (2000)

Almeida, Carlos Ferreira de, *Introdução ao Direito Comparado*, Almedina, Coimbra (1994)

Alves, Carlos Francisco, *Deverão os Investidores Institucionais Envolver-se no Governo das Sociedades?*, in *Cadernos do mercado de Valores Mobiliários*, N.º 8 (2000), 91-123

Alves, Carlos Francisco, *Os Investidores Institucionais e o Governo das Sociedades: Disponibilidade, Condicionantes e Implicações*, Almedina, Coimbra (2005)

Andrade, Adriana/Rossetti, José Paschoal, *Governança Corporativa. Fundamentos, Desenvolvimentos e Tendências*, Atlas, São Paulo (2004)

Andrade, Margarida Costa, *Anotação ao artigo 21.º*, in Jorge Coutinho de Abreu (Coord.), *Código das Sociedades Comerciais em Comentário*, I, Almedina, Coimbra (2010), 352-363

Armour, John/McCahery, Joseph A., *Introduction – After Enron – Improving Corporate Law and Modernising Securities Regulation in Europe and the US*, in John Armour/Joseph A. McCahery (Eds.), *After Enron – Improving Corporate Law and Modernising Securities Regulation in Europe and the US*, Hart Publishing, Oxford/Portland (2006), 1-26

Armour, John/Deakin, Simon/Mollica, Viviana/Siems, Mathias, *Law and Financial Development: What We are Learning from Time-Series Evidence*, in *Brigham Young University Law Review (2009)*, 1435-1500

Arruñada, Benito, *The Provision of Non-Audit Services by Auditors: Let the Market Evolve and Decide*, in *International Review of Law and Economics*, Vol. 19, 4 (1999), disponível em http://papers.ssrn.com/sol3/papers.cfm?abstract_id=224744 (consultado em 13.10.2012), 513-531

Arruñada, Benito/Paz-Ares, Cándido, *Mandatory Rotation of Company Auditors: A Critical Examination*, in *International Review of Law and Economics*, 17:1, Elsevier (1997), disponível em http://www.arrunada.org/files/research/ARRUNADA_PAZ_ARES_1997_Mandatory_Rotation_Aud_IRLE.pdf (consultado em 13.10.2012), 31-61

Arun, Thankom Gopinath/Turner, John (Coords.), *Corporate Governance and Development. Reform, Financial Systems and Legal Frameworks*, Cheltenham/Northhampton (2009)

Ascensão, José de Oliveira, *O Direito – Introdução e Teoria Geral – Uma Perspectiva Luso-Brasileira*, 7.ª Edição, Almedina, Coimbra (1993)

Baghat, Sanjai/Bolton, Brian, *Corporate governance and firm performance*, in *Journal of Corporate Finance*, Vol. 14 (2008), 257–273

Bago Oria, Blanca, *Dividendos encubiertos. El reparto oculto del beneficio en sociedades anónimas y limitadas*, Civitas/Thomson Reuters, Cizur Menor (2010)

Balotti, Franklin/Elson, Charles/Laster, Travis, *Equity Ownership and the Duty of Care: Convergence, Revolution, or Evolution?*, in *Business Lawyer*, N.º 55 (2000), disponível em http://papers.ssrn.com/sol3/papers.cfm?abstract_id=223493 (consultado em 13.10.2012), 661-677

Bandeira, Paulo, *Participação na Assembleia* em AA.VV., in *Código do Governo das Sociedades Anotado*, Almedina, Coimbra (2012), 62-65

Berkowitz, Daniel/Pistor, Katharina/Richard, Jean François, *The transplant effect*, in *American Journal of Comparative Law*, Vol. 51, N.º 1 (2003), 163-203

Bhagat, Sanjai/Bolton, Brian, *Corporate governance and firm performance*, in *Journal of Corporate Finance*, Vol. 14, N.º 3 (2008), 257–273

Black, Bernard S./Carvalho, Antonio Gledson de/Gorga, Érica, *What Matters and for Which Firms for Corporate Governance in Emerging Markets? Evidence from Brazil (and Other BRIK Countries)* (2012), disponível em http://ssrn.com/abstract=18324044 (consultado em 29.07.2013)

Borges, Sofia Leite, *O Governo dos Bancos*, in *O Governo das Organizações. A vocação universal do corporate governance* (2011), 261-317

Cahn, Andreas/Donald, David, *The Essential Qualities of the Corporation, Comparative Company Law – Texts and Cases on the Laws Governing Corporations in Germany, the UK, and the USA*, Cambridge/New York (2010)

Câmara, Paulo/Dias, Gabriela Figueiredo, *O Governo das Sociedades Anónimas*, in *O Governo das Organizações – A Vocação Universal do Corporate Governance*, Almedina, Coimbra (2011), 43-94

Câmara, Paulo, *A Auditoria Interna e o Governo das Sociedades*, in *Estudos de Homenagem ao Professor Doutor Paulo de Pitta e Cunha*, Vol. III, Almedina, Coimbra (2010), 303-316

Câmara, Paulo, *A Comissão de Remunerações*, in *Revista de Direito das Sociedades* III, 1 (2011), 9-52

Câmara, Paulo, *Anotação ao Artigo 31.º*, in António Menezes Cordeiro (Coord.), *Código das Sociedades Comerciais Anotado*, Almedina, Coimbra (2011), 163 e ss.

Câmara, Paulo, *Códigos de Governo das Sociedades*, in *Cadernos do Mercado de Valores Mobiliários*, N.º 15, (2002), 65-90

Câmara, Paulo, *Conflito de interesses no Direito Financeiro e Societário: um retrato anatómico*, em AA.VV., in *Conflito de interesses no Direito Societário e Financeiro – Um Balanço a partir da Crise Financeira*, Almedina, Coimbra (2010), 9-74

CÂMARA, PAULO, *Corporate Governance de 2013 a 2023: Desafios e Objetivos*, in INSTITUTO PORTUGUÊS DE CORPORATE GOVERNANCE, *Volume comemorativo do 10.º aniversário* (2013)

CÂMARA, PAULO, *Crise Financeira e Regulação*, in Revista da Ordem dos Advogados (2009), 720-721

CÂMARA, PAULO, *El Say on Pay Portugués*, in *Revista de Derecho de Mercado de Valores*, N.º 6 (2010), 83-96

CÂMARA, PAULO, *Manual de Direito dos Valores Mobiliários*, 2.ª Edição, Almedina, Coimbra (2011)

CÂMARA, PAULO, *O Governo das Bolsas*, in *Direito dos Valores Mobiliários*, Vol. VI, Coimbra, (2006), 187-228

CÂMARA, PAULO, *O Governo das Sociedades e a Reforma do Código das Sociedades Comerciais*, in *Código das Sociedades Comerciais e Governo das Sociedades*, Coimbra, Almedina (2008), 25-43

CÂMARA, PAULO, *O governo das sociedades e os deveres fiduciários dos administradores*, in *Jornadas – Sociedades Abertas, Valores Mobiliários e Intermediação Financeira* (coord. Maria de Fátima Ribeiro), Coimbra, Almedina (2007), 163-179

CÂMARA, PAULO, *O Governo societário dos bancos – em especial as novas regras e recomendações sobre remuneração na banca*, in *Revista de Direito das Sociedades*, Vol. IV, 1, (2012), 9-46

CÂMARA, PAULO, *Os Modelos de Governo das Sociedades Anónimas*, in *Jornadas em Homenagem ao Professor Doutor Raúl Ventura*, Almedina, Coimbra (2007), 197-258; Id., *Os modelos de governo das sociedades anónimas*, in *Reformas do Código das Sociedades*, IDET, Colóquios N.º 3, Almedina, Coimbra (2007), 179-242

CÂMARA, PAULO, *Parassocialidade e transmissão de valores mobiliários*, Lisboa (1996)

CÂMARA, PAULO, *Remunerações*, in *Código de Governo das Sociedades Anotado*, Almedina, Coimbra (2012), 185-203

CÂMARA, PAULO, *Say on Pay: O dever de apreciação da política remuneratória pela assembleia geral*, in *Revista de Concorrência e Regulação* N.º 2 (2010), 321-344

CÂMARA, PAULO, *Vocação e Influência Universal do Corporate Governance: uma visão transversal sobre o tema*, in *O Governo das Organizações. A vocação universal do corporate governance*, Almedina, Coimbra (2011), 13-42

CÂMARA, PAULO/BASTOS, MIGUEL BRITO, *O novo regime de aquisição de participações qualificadas e da imputação de direitos de voto*, em PAULO CÂMARA/MANUEL MAGALHÃES (Coord.), *O Novo Direito Bancário*, Almedina, Coimbra (2012), 499-534

CÂMARA, PAULO/MAGALHÃES, MANUEL (Coords.), *O Novo Direito Bancário*, Coimbra (2012)

CAMPOS, ANA RITA ALMEIDA, *Comissões Especializadas*, em AA.VV., in *Código do Governo das Sociedades Anotado*, Almedina, Coimbra (2012), 253-268

CAMPOS, ANA RITA ALMEIDA, *O Governo das Seguradoras*, in *O Governo das Organizações. A vocação universal do corporate governance* (2011), 415-454

CARVALHO, ANTONIO GLEDSON DE/PENNACHI, GEORGE G., *Can a Stock Exchange Improve Corporate Behavior? Evidence from Firms' Migration to Premium Listings in Brazil* (2010), disponível em http://ssrn.com/abstract=678282 (consultado em 29.07.2013)

CASTRO JÚNIOR, ARMINDO DE, *Sociedade Anónima*, disponível em www.armindo.dominiotemporario.com.br (consultado em 29.07.2013), 1-35

CLAESSENS, STIJN/YURTOGLU, B. BURCIN, *Corporate Governance in Emerging Markets: A Survey* (2012), disponível em http://ssrn.com/abstract=19888800 (consultado em 29.07.2013)

CMVM, *Relatório Anual sobre o Governo das Sociedades Cotadas* (2011)

COOLS, SOFIE, *The Real Difference in Corporate Law between the United States and Continental Europe: Distribution of Powers*, in *Delaware Journal of Corporate Law*, Vol. 30, N.º 3 (2005), disponível em http://ssrn.com/abstract=893941 (consultado em 29.07.2013), 697-766

CORDEIRO, ANTÓNIO MENEZES (Coord.), *Código das Sociedades Comerciais Anotado*, 2.ª Edição, Almedina, Coimbra (2011)

CORDEIRO, ANTÓNIO MENEZES, *A lealdade no direito das sociedades*, in *Revista da Ordem dos Advogados*, Ano 66, III (2006), edição eletrónica disponível em www.oa.pt, 1033-1065

CORDEIRO, ANTÓNIO MENEZES, *Código das Sociedades Comerciais Anotado*, Coimbra, Almedina (2009)

CORDEIRO, ANTÓNIO MENEZES, *Código das Sociedades Comerciais Anotado*, 2.ª Edição, Editora Almedina (2011)

CORDEIRO, ANTÓNIO MENEZES, *Direito das Sociedades*, I, Almedina, Coimbra (2011)

CORDEIRO, ANTÓNIO MENEZES, *Manual De Direito Das Sociedades II, Das Sociedades Em Especial*, 2.ª Edição, Almedina, Coimbra (2007)

CORDEIRO, ANTÓNIO MENEZES, *Ofertas Públicas de Aquisição*, in *Direito dos Valores Mobiliários*, Lex, Lisboa (1997), 267-290

CORDEIRO, ANTÓNIO MENEZES, *Os deveres fundamentais dos administradores das sociedades*, in *Revista da Ordem dos Advogados*, Ano 66, II (2006), edição eletrónica disponível em www.oa.pt, 443-488

CORDEIRO, ANTÓNIO MENEZES, *SA: Assembleia Geral e Deliberações Sociais*, Almedina, Coimbra (2007)

CORDEIRO, ANTÓNIO MENEZES, *Tratado de Direito Civil Português I – Tomo IV*, Almedina, Coimbra (2007)

CORREIA, FRANCISCO MENDES, *Participação na Assembleia*, em AA.VV., in *Código do Governo das Sociedades Anotado*, Almedina, Coimbra (2012), 67-77

CORREIA, LUIS DE BRITO, *Direito Comercial – Deliberações dos Sócios*, Vol. III, Associação Académica da Faculdade de Direito de Lisboa (1987), 3.ª tiragem (1997)

COSTA, RICARDO, *Código das Sociedades Comerciais em* Comentário, Art. 390.º, Vol. VI, Coord. J. M. COUTINHO DE ABREU, Coimbra, Almedina (2013)

COSTA, RICARDO/DIAS, GABRIELA FIGUEIREDO, *Código das Sociedades Comerciais em Comentário*, Vol. I, Coimbra, Almedina (2010)

CUNHA, PAULO OLAVO, *Designação de Pessoas Coletivas para os órgãos das Sociedades Anónimas*, in *Direito das Sociedades em Revista*, Ano I, Vol. I, (março 2009), 165-213

CUNHA, PAULO OLAVO, *Direito Das Sociedade Comerciais*, 4.ª Edição, Almedina, Coimbra (2010)

CUNHA, PAULO OLAVO, *Direito das Sociedades Comerciais*, 5.ª Edição, Almedina, Coimbra (2012)

DIAS, GABRIELA FIGUEIREDO, *A Fiscalização Societária Redesenhada: Independência, Exclusão de Responsabilidade e Caução Obrigatória dos Fiscalizadores*, in *Reformas do Código das Sociedades*, Almedina, Coimbra (2007), 277-334

Direcção dos Serviços da Reforma Jurídica e do Direito Internacional da RAEM – Revista Jurídica de Macau, N.º Especial, *"Anotações à Lei 16/2009 Alterações ao Código Comercial"*, (Coord. de MIGUEL QUENTAL)

DOMINGUES, PAULO DE TARSO, *A telemática e o direito das sociedades*, in *Reforma do Código das Sociedades*, IDET, Colóquios, N.º 3, Almedina (2007), 87-118

DOMINGUES, PAULO DE TARSO, *Do capital social – Noção, princípios e funções*, 2.ª Edição, Coimbra Editora, Coimbra (2004)

DU, JULAN, *Does China need Law for Economic Development?*, in MICHAEL FAURE/JAN SMITS (Eds.), *Does Law Matter? On Law and Economic Growth*, Intersentia, Cambridge (2011), 265-293

ESCUDER, SÉRGIO ANTÓNIO LOUREIRO/TINOCO, JOÃO EDUARDO PRUDÊNCIO, *O Conselho Fiscal e a Governança Corporativa: Transparência e Gestão De Conflitos*, pág. 5, em www.congressousp.fidecafi.org

Esperança, José Paulo/Sousa, Ana/Soares, Elisabete/Pereira, Ivo, *Corporate Governance no Espaço Lusófono*, Alfragide (2011)

Estudos em homenagem ao Prof. Doutor Martim de Albuquerque, Palestra proferida em Díli, em 8 de Setembro de 2009, na abertura do ano letivo na Universidade Nacional de Timor-Leste, disponível em http://www.fd.ul.pt/LinkClick.aspx?fileticket=Hok25hMXaWk%3D&tabid=341 (consultado em 29.07.2013) (=AAVV., *Estudos em homenagem ao Prof. Doutor Martim de Albuquerque*, Coimbra (2010), 401-429

Ferra, Giampaolo De, *La Circolazione delle Partecipazioni Azionarie*, Milano (1964)

Ferreira, Bruno, *Controlo de participações qualificadas em instituições de crédito na sequência da recente reforma: uma primeira aproximação*, in *Revista de Direito das Sociedades* II, 3-4 (2010), 655-679

Ferreira, Bruno, *Os deveres de cuidado dos administradores e gerentes (análise dos deveres de cuidado em Portugal e nos Estados Unidos da América fora das situações de disputa sobre o controlo societário)*, in *Revista de Direito das Sociedades* I, 3, (2009), 681-737

Ferrer Correia, A., *Lições de Direito Comercial*, Reprint, LEX Edições Jurídicas, Lisboa (1994)

Figueiredo, André, *Titularidade Indirecta de Acções e Exercício de Direitos de Voto*, in *Revista de Direito das Sociedades* IV, 3 (2012), 517-548

Figueiredo, André, *Voto e Exercício do Direito de Voto* em AA.VV., in *Código do Governo das Sociedades Anotado*, Almedina, Coimbra (2012), 79-92

Fleischer, Holger, *Verdeckte Gewinnausschüttung und Kapitalschutz im Europäischen Gesellschaftsrecht*, in Marcus Lutter (Ed.), *Das Kapital der Aktiengesellschaft in Europa*, de Gruyter, Berlin/New York (2006), 114-133

Frada, Manuel Carneiro da, *A business judgement rule no quadro dos deveres gerais dos administradores, Jornadas – Sociedades Abertas, valores mobiliários e intermediação financeira* (Coord. Maria de Fátima Ribeiro), Almedina, Coimbra (2007)

Furtado, Jorge Henrique da Cruz Pinto, *Deliberações de Sociedades Comerciais*, Almedina, Coimbra (2005)

Gião, João de Sousa, *Conflito de interesses entre Administradores e os Accionistas na Sociedade Anónima. Os negócios com a sociedade e a remuneração dos administradores*, in *Conflitos de Interesses no Direito Societário e Financeiro. Um balanço a partir da Crise Financeira*, Coimbra, Almedina (2010), 268-291

Gião, João de Sousa, *Notas Sobre o Anunciado Fim do Bloqueio de Ações como Requisito do Exercício do Direito de Voto em Sociedades Cotadas*, in *Cadernos do Mercado de Valores Mobiliários*, N.º 21, Edição da Comissão do Mercado de Valores Mobiliários (2005), disponível em http://www.cmvm.pt/CMVM/Publicacoes/Cadernos/Documents/f9be7d6e784d42e684827a486cb4b6bcJoaoGiao.pdf, 48-56

Gomes, Diogo Costa, *Adiantamentos sobre o Lucro do Exercício. Breves Reflexões*, in *Revista de Direito das Sociedades* II, 3-4 (2010), 589-591

Gomes, Fátima, *O Direito aos Lucros e o Dever de Participar nas Perdas das Sociedades Anónimas*, Almedina, Coimbra (2011)

Gomes, José J. Ferreira, *A Fiscalização Externa das Sociedades Comerciais e a Independência dos Auditores*, in *Cadernos do Mercado de Valores Mobiliários*, N.º 24, Edição da Comissão do Mercado de Valores Mobiliários (2006), disponível em http://www.cmvm.pt/CMVM/Publicacoes/Cadernos/Documents/4ed5cf07b8fb479b85dbdb48a26ccd2eCadernosMVM25.pdf (consultado em 13.10.2012), 180-216

Gomes, José J. Ferreira, *Conflito de interesses entre accionistas nos negócios celebrados entre a sociedade anónima e o seu accionista controlador*, em AA.VV., in *Conflito de interesses no Direito Societário e Financeiro – Um Balanço a partir da Crise Financeira*, Almedina, Coimbra (2010), 75-213

GOMES, JOSÉ J. FERREIRA, *Conselho de Administração*, in *Código de Governo das Sociedades Anotado*, Almedina, Coimbra (2012), 205-217

GOMES, JOSÉ J. FERREIRA, *Deveres de Informação sobre Negócios com Partes Relacionadas e os Recentes Decretos-Lei n.os 158/2009 e 185/2009*, in *Cadernos do Mercado de Valores Mobiliários*, N.º 33, Edição da Comissão do Mercado de Valores Mobiliários (2009), disponível em http://www.cmvm.pt/CMVM/Publicacoes/Cadernos/Documents/C33Art5l.pdf (consultado em 13.10.2012), 105-141

GOMES, JOSÉ J. FERREIRA, *Os Deveres de Informação sobre Negócios com Partes Relacionadas e os Recentes Decretos-Lei n.os 158/2009 e 185/2009*, in *Revista de Direito das Sociedades* I, 3 (2009), 587-633

GOMES, JOSÉ J. FERREIRA, *Relações com Acionistas*, in *Código de Governo das Sociedades Anotado*, Almedina, Coimbra (2012), 309-318

GONÇALVES, DIOGO COSTA, *Quórum Deliberativo*, em AA.VV., in *Código do Governo das Sociedades Anotado*, Almedina, Coimbra (2012), 93-97

GOVERNANCE LAB, *O Governo das Organizações. A Vocação Universal do Corporate Governance*, Coimbra (2011)

GRUNDMANN, STEFAN, *The Market for Corporate Control: The Legal Framework, Alternatives, and Policy Considerations*, in KLAUS J. HOPT/EDDY WYMEERSCH/HIDEKI KANDA/HARALD BAUM, *Corporate Governance in Context: Corporations, States, and Markets in Europe, Japan, and the US*, Oxford (2005), 421 e ss.

GUINÉ, ORLANDO VOGLER, *Da Conduta (Defensiva) da Administração "Opada"*, Almedina, Coimbra (2009)

GUINÉ, ORLANDO VOGLER, *Medidas Relativas ao Controlo das Sociedades* em AA.VV., in *Código do Governo das Sociedades Anotado*, Almedina, Coimbra (2012), 105-116

HÄUSERMANN, DANIEL M., *The Case Against Statutory Menus in Corporate Law*, in *U. of St. Gallen Law & Economics Working Paper* No. 2012-01 (2012), disponível em http://ssrn.com/abstract=2024876

HELLAND, ERIC/KLICK, JONATHAN, *Legal origins and empirical credibility*, in MICHAEL FAURE/JAN SMITS (Eds.), *Does Law Matter? On Law and Economic Growth*, Intersentia, Cambridge (2011), 99-113

HIGGS, DEREK, *Review of the Role and Effectiviness of Non-Executive Directors*, Edição do Stationary Office, London (2003), disponível em http://www.ecgi.org/codes/documents/higgsreport.pdf (consultado em 13.10.2012)

HU, HENRY/BLACK, BERNARD, *The New Vote Buying: Empty Voting and Hidden (Morphable) Ownership*, in *Southern California Law Review*, 79 (2006), 811-908

JUNGMANN, CARSTEN, *The Effectiveness of Corporate Governance in One-Tier and Two-Tier Board Systems – Evidence from the UK and Germany*, in *ECFR* 4 (2006), 426-474

KNIGHT, FRANK H., *Risk, Uncertainty, and Profit, Mifflin Company*, The Riverdale Press, Cambridge, Boston, Hart, Schaffer & Marx Houghton (1921)

KPMG, IPAI, *Resultados Preliminares do III Survey sobre a Função de Auditoria Interna em Portugal – 2012*, em survey_ipai_kpmg_2012_resultados_prelim_vf_1358104607.pdf

KRAAKMAN, REINIER/ARMOUR, JOHN/DAVIES, PAUL/ENRIQUES, LUCA/HANSMANN, HENRY/HERTIG, GERARD/HOPT, KLAUS/KANDA, HIDEKI/ROCK, EDWARD, *The Anatomy of Corporate Law* (2009)

LA PORTA, RAFAEL/LOPEZ-DE-SILANES, FLORENCIO/SHLEIFER, ANDREI, *Corporate Ownership Around the World*, in *Harvard Institute of Economic Research Paper* No. 1840 (1998), disponível em http://ssrn.com/abstract=1031300, (consultado em 29.07.2013), 471-517

LABAREDA, JOÃO, *Da designação de pessoas coletivas para cargos sociais em sociedades comerciais, Direito Societário Português – algumas questões,* Quid Iuris, Lisboa (1998)
LAMY FILHO, ALFREDO/PEDREIRA, JOSÉ LUIZ BULHÕES, *A Lei das S. A.: pressuposto, elaboração, aplicação,* Rio de Janeiro: Renovar, Vol. 1 (1996)
LEGRAND, PIERRE, *The Impossibility of 'Legal Transplants'*, in *Maastricht Journal of European and Comparative Law* 4 (1997), 111-114
LEITÃO, LUÍS MENEZES, *Voto Por Correspondência e Realização Telemática de Reuniões de Órgãos Sociais,* in *Cadernos do Mercado de Valores Mobiliários,* N.º 24, Edição da Comissão do Mercado de Valores Mobiliários (2006), disponível em http://www.cmvm.pt/CMVM/Publicacoes/Cadernos/Documents/608032e98c5c41289da4248cab523234Artigo9.pdf (consultado em 13.10.2012), 256-260
LINO, DUARTE SCHMIDT, *Estrutura e Competência,* in *Código de Governo das Sociedades Anotado,* Almedina, Coimbra (2012), 119-124
LÜCKERATH-ROVERS, MINTJE/BOS, AUKE DE, *Code of Conduct For Non-Executive and Supervisory Directors,* in *Journal of Business Ethics* (2010), disponível em http://papers.ssrn.com/sol3/papers.cfm?abstract_id=1586305 (consultado em 13.10.2012), 1-34
LUTHER, GILBERTO, *A Questão da Preferência Societária – Um Breve Olhar Sobre um Problema Novo no Direito das Sociedades em Angola,* in *RAD – Revista Angolana de Direito,* Casa das Ideias, Luanda (2009), 99-142
LUTHER, GILBERTO, *A Responsabilidade Solidária do Sócio e o Direito de dar Instruções nos Grupos de Sociedades,* Coleção Teses e Mestrados, Casa das Ideias, Luanda (2012)
MACEDO, BORGES DE *A Situação Económica No Tempo de Pombal,* Lisboa (1989)
MAHER, MARIA/ANDERSSON, THOMAS, *Corporate Governance: Effects on Firm Performance and Economic Growth* (2000), disponível em http://ssrn.com/abstract=2184900
MAIA, PEDRO, *Função e funcionamento do conselho de administração das sociedades anónimas* (2002)
MAIA, PEDRO, *Voto e Corporate Governance: um Novo Paradigma para a Sociedade Anónima,* Dissertação para Doutoramento, Coimbra (2009)
MANGUEIRA, ARCHER, Entrevista *Novo Rosto do Mercado,* in *Exame Angola,* publicada em 15.08.2012, disponível em http://www.exameangola.com/pt/?id=2000&det=28361 (consultada em 13.10.2012)
MARCOS, RUI FIGUEIREDO, *A Legislação Pombalina,* in *BFD,* Supl. XXXIII (1990), 1-314
MARCOS, RUI FIGUEIREDO, *As Companhias Pombalinas. Contributo para a História das Sociedades por Acções em Portugal,* Almedina, Coimbra (1997)
MARQUES, MIGUEL ATHAYDE/CÂMARA, PAULO/MODESTO, LEONOR, *Governo das Sociedades em Portugal em 2011. Relatório Católica Lisbon/AEM,* 48 (2012), disponível em http://www.clsbe.lisboa.ucp.pt/resources/Documents/PROFESSORES/CEA/Estudos%20Recentes/121122_Catolica-AEM_CorporateGovernance2012_RelatorioDados2011_Circulado.pdf
MARTINS, ALEXANDRE SOVERAL, *Cláusulas do contrato de sociedade que limitam a transmissibilidade das acções. Sobre os arts. 328.º e 329.º CSC,* Coimbra (2006)
MARTINS, ALEXANDRE SOVERAL, *Comissão Executiva, Comissão de Auditoria e outras Comissões na Administração,* in *Reformas do Código das Sociedades,* IDET, Colóquios N.º 3, Almedina, Coimbra (2007), 243-275
MATOS, ALBINO, *Constituição de Sociedades,* Almedina (2001)
MATTOS FILHO, ARY OSWALDO/PRADO, VIVIANE MULLER, *Tentativas de desenvolvimento do mercado acionário brasileiro desde 1964,*in Maria Lucia L. M. Pádua (Coord.), *Agenda Contemporânea, Direito e Economia: 30 anos de Brasil,* Tomo II, São Paulo, Saraiva (2012), 194-206

MEDINA, MARIA DO CARMO, *Código da Família Anotado*, Edição da Faculdade de Direito da Universidade Agostinho Neto, Luanda (2005)

MEDINA, MARIA DO CARMO, *Direito da Família*, 1.ª edição, Escolar Editora, Luanda (2011)

MENDES, EVARISTO FERREIRA, *A Transmissibilidade das Acções*, 2 Vols., Lisboa (1989)

MICHAELS, RALF, *Comparative Law by Numbers? Legal Origins Thesis, Doing Business Reports, and the Silence of Traditional Comparative Law*, in *American Journal of Comparative Law* 57 (2009), disponível em http://scholarship.law.duke.edu/faculty_scholarship/2109,/(consultado em 29.07.2013), 765-795

MICHAELS, RALF, *Make or Buy – A Public Market for Legal Transplants?*, in HORST EIDENMÜLLER (Ed.), *Regulatory Competition in Contract Law and Dispute Resolution*, Hart Publishing, Oxford (em curso de publicação)

MICHAELS, RALF, *The Functionalism of Legal Origins*, in MICHAEL FAURE/JAN SMITS (Eds.), *Does Law Matter? On Law and Economic Growth*, Intersentia, Cambridge (2011), 21-39

MONTEIRO, MANUEL ALVES, *A chamada corporate governance deve a sua génese à discussão da relação entre a propriedade e o controlo das empresas* – Artigo publicado originalmente no Anuário do Economista, da Ordem dos Economistas (Portugal)

MONTEIRO, MANUEL ALVES, *Instituto Português de Corporate Governance: Razões e Desafios do seu Aparecimento e da sua Afirmação*, in INSTITUTO PORTUGUÊS DE CORPORATE GOVERNANCE, *Volume comemorativo do 10.º aniversário* (2013)

MORAIS, HELENA R., *Deveres Gerais de Informação*, in *Código de Governo das Sociedades Anotado*, Almedina, Coimbra (2012), 271-305

MORCK, RANDALL K./STEIER, LLOYD, *The Global History of Corporate Governance*, in RANDALL K. MORCK (Ed.), *A History of Corporate Governance Around the World*, The University of Chicago Press, Chicago/London (2005), 1-64

NEGASH, MINGA, *Corporate Governance and Ownership Structure in Sub Sahara Africa: The Case of Ethiopia*, in *Ethiopian Electronic Journal for Research and Innovation Foresight*, Vol.5, N.º 1 (2013), disponível em http://ssrn.com/abstract=21215044 (consultado em 29.07.2013), 33-50

NENOVA, TATIANA, *The Value of Corporate Voting Rights and Control: A Cross-Country A Cross-Country Analysis*, in *Journal of Financial Economics*, n.º 68, Edição de Elsevier (2003), disponível em http://www.sciencedirect.com/science?_ob=ArticleListURL&_method=list&_ArticleListID=2141276739&_sort=r&_st=13&view=c&_acct=C000228598&_version=1&_urlVersion=0&_userid=10&md5=7c143ada54d63452dccd62c2d5a92a5b&searchtype=a (consultado em 13.10.2012), 325-351

NEVES, RUI DE OLIVEIRA, *O Administrador Independente*, in *Código das Sociedades Comerciais e Governo das Sociedades*, Almedina, Coimbra (2008), 143-194

NEWELL, ROBERTO/WILSON, GREGORY, *Corporate Governance. A Premium for Good Governance*, in *The Mckinsey Quarterly* N.º 3 (2002), 20-23

NGUYEN, BANG DANG/NEILSEN, KASPAR MEISNER, *The Value of Independent Directors: Evidence from Sudden Deaths*, in *Journal of Financial Economics*, Vol. 98 (2010) disponível em http://papers.ssrn.com/sol3/papers.cfm?abstract_id=1342354## (consultado em 13.10.2012), 550-567

NUNES, PEDRO CAETANO, *Concorrência e oportunidades de negócio societárias – Estudo comparativo sobre o dever de lealdade dos administradores de sociedades anónimas*, *Corporate* Governance, Coimbra, Almedina (2006)

OECD, *Corporate Governance and the Financial Crisis: Key Findings and Main Messages*, 2009, disponível em http://www.oecd.org/corporate/corporateaffairs/corporategovernance-principles/43056196.pdf

OECD, *Corporate Governance in Eurasia. A comparative overview*, (2004)

OECD, *White paper on Corporate Governance in Latin America*, (2003)

OECD, *White paper on Corporate Governance in Asia*, (2003)

OECD, *Evidence from the Regional Corporate Governance Roundtables*, (2003)

OECD, *Corporate Governance of Non-Listed Companies in Emerging Markets*, (2006)

Oliveira, Ana Perestrelo de, *Grupos de Sociedades e Deveres de Lealdade*, Almedina, Coimbra (2012)

Oliveira, António Fernandes, *Atas e Informações Sobre Deliberações Adotadas*, in *Código de Governo das Sociedades Anotado*, Almedina, Coimbra (2012), 99-104

Oliveira, Joaquim Marques de, *Manual de Direito Comercial Angolano*, Vol. II, Cefolex, Luanda (2011)

Olivieri, Gustavo, *Costi e benefici dei nuovi modelli di amministrazione e controllo*, in Giuliana Sconamiglio (Org.), *Profili e problemi dell'amministrazione nella riforma delle società*, Giuffrè, Milano (2003), 59-72

Pereira, Jorge Brito, *A limitação dos poderes da sociedade visada durante o processo de OPA*, em AA.VV., in *Direito dos Valores Mobiliários II*, (2000), 175-202

Peters, Anne, *Wettbewerb von Rechtsordnungen*, in *Veröffentlichungen der Vereinigung der Deutschen Staatsrechtslehrer* 69, 2010, 7-56

Pistor, Katharina, *Rethinking the 'Law and Finance' Paradigm*, in *Brigham Young University Law Review*, 2009/6 (2010), 1647-1670

Pistor, Katharina/Keinan, Yoram/Kleinheisterkamp, Jan/West, Mark D., *Evolution of corporate law and the transplant effect: Lessons from six countries*, in *The World Bank Research Observer*, Vol. 18, N.º 1 (2003), 89-112

Porta, Rafael La/Lopez-de-Silanes, Florencio/Shleifer Andrei, *The Economic Consequences of Legal Origins* (2007), disponível em http://ssrn.com/abstract=1028081 (consultado em 29.07.2013)

Porta, Rafael La/Lopez-de-Silanes, Florencio/Shleifer Andrei/Vishny, Robert W., *Law and Finance*, in *NBER Working Paper* No. W5661 (1996), disponível em http://ssrn.com/abstract=77888 (consultado em 29.07.2013), 1-80

Reis, Nuno Tiago trigo dos, *Os deveres de lealdade dos administradores de sociedades comerciais*, em AA.VV., in *Temas de Direito Comercial, Cadernos O Direito*, 4, Almedina, Coimbra (2009), 279-419

Rodriguez, José Rodrigo (coord.)/Machado, Ana Mara/Ferreira, Luisa/Mation, Gisela/Andrade, Rafael/Pereira, Bruno., *O Novo Direito e Desenvolvimento: Entrevista com David Trubek*, in *Revista Direito GV* 6 (2007), disponível em http://direitogv.fgv.br/sites/direitogv.fgv.br/files/rd-06_13_pp.305-330_o_novo_direito_e_desenvolvimento_-_entrevista_com_david_trubek.pdf (consultado em 29.07.2013), 305-329

Rogers, Pablo/Ribeiro, Kárem C. S./Securato, José Roberto, *Corporate Governance, Stock Market and Economic Growth in Brazil*, in *Corporate Ownership & Control*, Vol. 6, N.º 2 (2008), 222-237

Romano, Roberta, *Law as a Product – Some Pieces of the Incorporation Puzzle*, in *Journal of Law, Economics, & Organization*, Vol. 1/2 (1985), 225-283

Santos, Filipe Cassiano dos, *Estrutura Associativa e Participação Societária Capitalística*, Coimbra Editora, Coimbra (2006)

Santos, Filipe Cassiano dos, *O Direito aos Lucros no Código das Sociedades Comerciais* em AA.VV., in *Problemas do Direito das Sociedades*, Almedina, Coimbra (2002), 185-199

SANTOS, FILIPE MATIAS, *Divulgação de informação privilegiada*, Coimbra (2011)

SANTOS, GONÇALO CASTILHO DOS, *O dever dos emitentes de valores mobiliários admitidos à negociação em bolsa de informar sobre factos relevantes*, in *Direito dos Valores Mobiliários*, V, Coimbra (2004), 273-307

SANTOS, HUGO MOREDO, *Transparência, OPA Obrigatória e Imputação de Direitos de Voto*, Coimbra Editora, Coimbra (2011)

SANTUOSSO, DANIELE, *Il principio di libera transferibilità delle azioni. Eccesso di potere nelle modifiche della circolazione*, Milano (1993)

SERENS, MANUEL NOGUEIRA, *Designação de Pessoas Coletivas Para os Órgãos de Sociedades Anónimas e por Quotas*, in *Direito das Sociedades em Revista*, Ano I, Vol. I, Almedina, Coimbra (2009), 153-163

SIEMS, MATHIAS M., *Convergence in Shareholder Law*, Cambridge University Press, Cambridge (2008)

SIEMS, MATHIAS M., *What Does Not Work in Comparing Securities Laws: A Critique on La Porta et al.'s Methodology*, in *International Company and Commercial Law Review* (2005), disponível em http://ssrn.com/abstract=608644 (consultado em 29.07.2013), 300-305

SILVA, ANDRÉ CARVALHAL DA/LEAL, RICARDO CÂMARA, *Ownership, Control, Valuation and Performance of Brazilian Corporations*, in *Corporate Ownership & Control*, Vol. 4, N.º 1 (2006), 300-308

SILVA, JOÃO CALVÃO DA, *"Corporate Governance" – Responsabilidade Civil de Administradores Não Executivos, da Comissão de Auditoria e do Conselho Geral e de Supervisão*, in *Revista de Legislação e Jurisprudência* 3940 (2006), 31-59

SILVA, JOÃO GOMES DA/NEVES, RUI DE OLIVEIRA, *Incompatibilidade e Independência*, in *Código de Governo das Sociedades Anotado*, Almedina, Coimbra (2012), 125-138

SILVA, PAULA COSTA E, *Sociedade aberta, domínio e influência dominante*, em AA.VV., in *Direito dos Valores Mobiliários*, VIII (2008), 541-571

SILVEIRA, ALEXANDRE DI MICELI DA/SAITO, RICHARD, *Corporate Governance in Brazil: Landmarks, Codes of Best Practices, and Main Challenges* (2008), disponível em http://ssrn.com/abstract=12684855 (consultado em 29.07.2013)

SMITH, ROBERT, *Audit Committees – Combined Code Guidance*, Edição do Financial Reporting Council Limited, Londres (2003), disponível em http://www.fide.org.my/v1/publications/reports/0008_rep_20081211.pdf (consultado em 13.10.2012)

SOUSA, PEDRO REBELO DE, *O Instituto Português de Corporate Governance de 2013/2023*, in INSTITUTO PORTUGUÊS DE CORPORATE GOVERNANCE, *Volume comemorativo do 10.º aniversário* (2013)

SPAMANN, HOLGER, *Contemporary Legal Transplants – Legal Families and the Diffusion of (Corporate) Law*, in *Brigham Young University Law Review*, 2009/6 (2010), 1813-1877

TAVARES, CARLOS, *A Reforma do Código das Sociedades Comerciais*, in *Jornadas em Homenagem ao Prof. Raúl Ventura*, Coimbra, Almedina (2007), 15-19

TORRES, CARLOS PINHO, *Direito à Informação nas Sociedades Comerciais*, Almedina (1998)

TRIUNFANTE, ARMANDO MANUEL, *A Tutela das Minorias nas Sociedades Anónimas – Direitos de Minoria Qualificada e Abuso de Direito*, Coimbra Editora, Coimbra (2004)

TRUBEK, DAVID M, *Law, Planning and the Development of the Brazilian Capital Market*, in *N.Y.U. Institute of Finance Bulletin* (1971), disponível em http://www.law.wisc.edu/facstaff/trubek/pub_Law_Planni-arket_1971.pdff (consultado em 29.07.2013), págs

TRUBEK, DAVID M./GALANTER, MARC, *Scholars in Self-Estrangement: Some Reflections on the Crisis in Law and Development Studies in the United States*, in *Wisconsin Law Review* (1974), 1062-1102

TRUBEK, DAVID M./SANTOS, ALVARO, *Introduction: the third moment in law and development theory and the emergence of a new critical practice*, in DAVID M. TRUBEK/ALVARO SANTOS (Eds.), *The New Law and Economic Development – A Critical Appraisal*, Cambridge University Press, Cambridge (2006), 1-18

TRUBEK, DAVID M./VIEIRA, JORGE HILÁRIO GOUVÊA/SÁ, PAULO FERNANDES DE, *Direito, Planejamento e desenvolvimento do mercado de capitais brasileiro 1965-1970*, 2.ª Edição, São Paulo, Ed. Saraiva (2011)

VALE, SOFIA/LOPES, TERESINHA, *A Responsabilidade Civil dos Administradores de Facto*, in *Revista da Faculdade de Direito da Universidade Agostinho Neto*, N.º 10, Edição da FDUAN, Luanda, (2010), 55-77

VASCONCELOS, PEDRO PAIS DE, *A Participação Social nas Sociedades Comerciais*, 2.ª Edição, Almedina, Coimbra (2006)

VASCONCELOS, PEDRO PAIS DE, *Vinculação dos sócios às deliberações da Assembleia Geral*, em AA.VV., in *I Congresso Direito das Sociedades em Revista*, Almedina, Coimbra (2011), 189-205

VENTURA, RAÚL, *Comentário ao Código das Sociedades Comerciais – Sociedades por Quotas*, Vol. II (1989)

VENTURA, RAÚL, *Novos estudos sobre sociedades anónimas e sociedades em nome colectivo- Comentário ao Código das Sociedades Comerciais*, Coimbra, Almedina (1994)

VICENTE, DÁRIO MOURA, *Direito Comparado – Volume I*, Almedina, Coimbra (2008)

VISCONDE DE CARNAXIDE, *Sociedades Anonymas*, Coimbra (1913)

WATSON, ALAN, *Legal Transplants: An Approach to Comparative Law*, University of Georgia Press, Athens (1974, reimp. 1993)

ZWEIGERT, KONRAD/KÖTZ, HEIN, *An Introduction to Comparative Law*, 3.ª edição, OUP, Oxford (1998)

ÍNDICE